पूर्वी राजस्थान

(राजनीति, समाज एवं संस्कृति)

महेश कुमार मीना

Made with ♥ on the Notion Press Platform
www.notionpress.com

प्यारी बिटिया तुमुल

और

उसके दादा जी को समर्पित

क्रम-सूची

आभार

इस पुस्तक के लिए मैं बहुतों का कृतज्ञ हूँ तथा उन सभी लोगों के प्रति आभार व्यक्त करना अपना पुनीत दायित्व समझता हूँ। इसका वर्तमान स्वरूप मेरे गुरु प्रो0 आनन्द शंकर सिंह, पूर्व अध्यक्ष, इतिहास विभाग, काशी हिन्दू विश्वविद्यालय, वाराणसी के सकारात्मक निर्देशों एवं सतत् उत्साहवर्धन की परिणति है। इसके लिए मैं सदैव उनका ऋणी रहूँगा, जिन्होंने मुझे विषयगत बारीकियों से अवगत कराया और सतत् अध्ययनशील रहने को प्रेरित किया। मैं अपने पूजनीय माता-पिता का भी आभारी हूँ, जिनके शुभ आशीर्वाद एवं प्रोत्साहन ने मुझे सदैव कर्मशील बनने को प्रेरित किया। इस क्रम में प्रो0 केशव मिश्रा एवं प्रो0 ताबिर कलाम का भी आभारी हूं जिन्होंने मुझे इस विषय पर कार्य करने में मेरी हर सम्भव मदद की एवं अपने अमूल्य सुझाव भी एक अभिभावक की भाँति हमेशा देते रहे। प्रो0 के0जी0 शर्मा, पूर्व-अध्यक्ष इतिहास विभाग, राजस्थान विश्वविद्यालय, जयपुर एवं प्रो0 विद्या जैन, पूर्व निदेशक, गाँधी अध्ययन केन्द्र, राजस्थान विश्वविद्यालय, जयपुर को भी मैं विशेष रूप से आभार व्यक्त करना अपना पुनीत कर्त्तव्य समझता हूँ, जिन्होंने हमेशा मुझे अध्ययनशील रहने के लिए शुभाशीष प्रदान किया। इस पुस्तक की पूर्णता में मेरी जीवन संगिनी का भी अमूल्य योगदान रहा, जिनके प्रत्यक्ष-अप्रत्यक्ष सहयोग, प्रेरणा एवं शुभ कामनाओं ने सदैव मेरा उत्साहवद्र्धन किया। इसी क्रम में मैं उन सभी मित्रों को, जो सदैव इस कार्य को पूरा करने के लिए प्रेरित करते रहे, धन्यवाद देना चाहूँगा। इस पुस्तक के प्रकाशन के क्रम में कुलदीप शर्मा द्वारा उपलब्ध करवाई गई सूचनाओं के लिए मैं उनके प्रति भी आभारी हूँ। इस पुस्तक के संयोजन और प्रकाशन के लिए मैं प्रकाशक के प्रति भी आभार व्यक्त करता हूँ।

बुद्ध पूर्णिमा , वाराणसी

महेश कुमार मीना

प्राक्कथन

पूर्वी राजस्थान की रियासतें (जयपुर, अलवर, भरतपुर, धौलपुर एवं करौली) अपने गौरवपूर्ण इतिहास, ऐतिहासिक व वैविध्यपूर्ण सामाजिक एवं सांस्कृतिक परम्परा के लिए विश्व प्रसिद्ध हैं। पूर्वी राजस्थान की इन रियासतों का वर्तमान स्वरूप ब्रिटिश काल में निर्मित हुआ था। इस काल में ही इन रियासतों में राजनैतिक एवं सांस्कृतिक जन-चेतना का शुभारम्भ हुआ, जो 1857 ई0 के विद्रोह में इस क्षेत्र की भूमिका से परिलक्षित होता है एवं जिसकी परिणति आधुनिक राजस्थान के निर्माण के रूप में हुई। राजें-रजवाड़ों एवं सामन्तों के समय समाज में विद्यमान सामाजिक परम्पराएं, रीति-रिवाज, लोकोत्सव, लोक-कलाएँ एवं लोक-संस्कृति समाज का अभिन्न अंग थी। अतः इस क्षेत्र का इतिहास केवल राजनीतिक इतिहास नहीं, अपितु समाज के सामाजिक, सांस्कृतिक व लौकिक जीवन की अभिव्यक्ति का भी एक सशक्त माध्यम हैं। समय के बदलते चलचित्र का स्पष्ट प्रभाव पूर्वी राजस्थान के इतिहास पर भी दिख पड़ता है। यही वजह है कि मैंने इस पुस्तक में औपनिवेशिक काल के प्रभावों एवं इन प्रभावों की प्रतिक्रिया पर दृष्टि डालने का प्रयास किया है।

प्रस्तुत पुस्तक में ब्रिटिश शासन के दौरान पूर्वी राजस्थान के राजनीतिक एवं सामाजिक इतिहास की प्रस्तुति का एक प्रयास है। इन रियासतों का सर्वोच्च सत्ता से सम्बन्ध, इनके पारस्परिक सम्बन्ध, मैत्री व आपसी विवाद, मराठों व पिण्डारियों द्वारा इन रियासतों में लूटमार हेतु आक्रमण तथा उनका प्रतिरोध, 1857 के विद्रोह में इन रियासतों की भूमिका आदि की प्रस्तुति का भी प्रयास यहाँ किया गया है। व्यवस्था परिवर्तन के संक्रमणकाल में इन रियासतों के तत्कालीन ब्रिटिश हुकूमत के साथ सम्बन्धों में आये उतार-चढ़ाव, प्रशासनिक परिवर्तनों, जन-आन्दोलनों की पृष्ठभूमि और भूमिका तथा लोकतंत्र की भावना के प्रबल होने आदि विषयों को प्रस्तुत किया गया है। इसके अतिरिक्त इन रियासतों में प्रजातान्त्रिक संस्थाओं के माध्यम से उत्तरदायी शासन की स्थापना एवं आधुनिक राजस्थान के निर्माण का विस्तृत वर्णन इस पुस्तक में किया गया है।

इस पुस्तक का उद्देश्य न केवल पूर्वी राजस्थान की रियासतों के राजनीतिक इतिहास का विवेचन करना है, बल्कि सामाजिक इतिहास लेखन की विभिन्न दृष्टियों के तहत यहाँ की सामाजिक एवं सांस्कृतिक संरचना की बहुविविधता का भी अध्ययन करना है। इसके अतिरिक्त सामाजिक परम्पराओं सांस्कृतिक आदर्शों, रीति-रिवाज, सामाजिक संस्थाओं, सामन्त व्यवस्था एवं शिक्षा पर ब्रिटिश शासन के प्रभावों की समीक्षा करना भी शामिल है। यहाँ की स्थानीय संस्कृति की विशिष्ट पहचान लोकोत्सव, मेलें, लोकगीत, लोक-नृत्य, लोक-नाट्य एवं लोक-कला पर भी प्रस्तुत पुस्तक में दृष्टिपात किया गया है। जिस प्रकार साहित्य समाज का दर्पण होता है, उसी प्रकार इतिहास भी अतीत की वह खिड़की है, जो भविष्य का दरवाजा खोलती है। इस संदर्भ में प्रस्तुत पुस्तक की विषय-वस्तु व साथ ही

उसके स्वरूप निर्धारण का प्रयास किया गया है। राष्ट्र के पटल पर स्थानीय इतिहास को स्थान दिलाने के लिए स्थानीय विषय पर अनुसंधान कार्य करना आवश्यक है अतः यह स्वभाविक हो जाता है कि क्या पूर्वी राजस्थान की कोई ऐतिहासिक पहचान है? यदि है तो ऐतिहासिक विकास क्रम का पूर्वी राजस्थान के राजनीतिक एवं सामाजिक जीवन पर क्या प्रभाव पड़ा? उन प्रभावों का स्वरूप क्या रहा? क्या इतिहास के रंगमंच पर पूर्वी राजस्थान की भी कोई उल्लेखनीय भूमिका है या महज एक आकस्मिक आविर्भाव है? 1857-1947 ई0 के दौरान पूर्वी राजस्थान का ऐतिहासिक विकास क्रम क्या रहा है? पूर्वी राजस्थान के सांस्कृतिक जीवन के विभिन्न आयाम कौन-कौन से हैं? इत्यादि जिज्ञासा जन्य प्रश्न ही इस पुस्तक के केन्द्र में है। ऐतिहासिक महत्व, पूर्वी राजस्थान की विशिष्ट सांस्कृतिक पहचान एवं 1857-1947 ई0 के दौरान पूर्वी राजस्थान के राजनीतिक एवं सामाजिक जीवन में हुए परिवर्तनों के विषय में जानकारी प्राप्त करने की जिज्ञासा ही मेरे विषय चयन की मूल प्रेरणा रही है। विषय की व्यापकता को ध्यान में रखते हुए वर्तमान अध्ययन को पूर्वी राजस्थान तक ही सीमित रखा गया है। इस विषय को चुनने के पीछे एक कारण यह भी रहा है कि पूर्वी राजस्थान के राजनीतिक एवं सामाजिक जीवन पर कोई महत्वपूर्ण अध्ययन अभी तक नहीं हुआ है जो अध्ययन एवं अध्यापन की दृष्टि से अत्यन्त महत्वपूर्ण है।

पूर्वी राजस्थान से तात्पर्य वर्तमान राजस्थान के 7 जिलों यथा- जयपुर, अलवर, भरतपुर, धौलपुर, करौली, सवाई माधोपुर एवं दौसा से है जो तत्कालीन पूर्वी राजस्थान की 5 रियासतों जयपुर, अलवर, भरतपुर, धौलपुर एवं करौली के अंतर्गत आते थे। भौगोलिक दृष्टि से पूर्वी राजस्थान की सीमाएँ वर्तमान में पश्चिमी उत्तर प्रदेश, दक्षिणी हरियाणा तथा उत्तर-पश्चिमी मध्य प्रदेश को स्पर्श करती है। प्रस्तुत विषय के माध्यम से मैंने पूर्वी राजस्थान में 1857-1947 ई0 के दौरान होने वाली उन तमाम घटनाओं को देखने का प्रयास किया है जो राजनीतिक एवं सामाजिक जीवन के अंतर्गत आती है तथा जिन्होंने पूर्वी राजस्थान के समाज को गति प्रदान करने में अपना महत्वपूर्ण योगदान दिया है। 1857-1947 ई0 का काल पूर्वी राजस्थान के इतिहास में भारी परिवर्तन का काल था जिसे संक्रमण काल भी कहा जा सकता है क्योंकि इसी काल में राजनीतिक एवं सामाजिक जीवन में व्यापक स्तर पर परिवर्तन हुए तथा राजस्थान का नवनिर्माण हुआ। 1857 की क्रांति तक पूर्वी राजस्थान के लोग राजनैतिक एवं सामाजिक दृष्टि से जागृत नहीं हो पाये थे। आर्थिक क्षेत्र में भी महत्वपूर्ण परिवर्तन नहीं हो पाये थे परन्तु 1857 की क्रांति के परिणामस्वरूप पूर्वी राजस्थान में भी राष्ट्रीय आन्दोलन सक्रिय हुआ जिसका दूरगामी परिणाम राजनीतिक एवं सामाजिक जीवन में दृष्टिगोचर होता है।

पूर्वी राजस्थान अपने गौरवशाली अतीत एवं वर्तमान के लिए प्रसिद्ध है। सोलह महाजनपदों में उल्लेखित मत्स्य जनपद का सम्बन्ध इसी क्षेत्र से है। मत्स्य जनपद का उल्लेख प्राचीन ग्रन्थों में भी मिलता है। यह जनपद उत्तर-पश्चिम में कुरुक्षेत्र, थानेश्वर तथा पूर्व में शूरसेन जनपद के समीप ही अवस्थित था। विराटनगर इसकी राजधानी थी

जो वर्तमान में जयपुर के पास स्थित है। इसी मत्स्य प्रदेश में पाण्डवों ने अज्ञातवास किया था। मध्यकाल पर दृष्टिपात करे तो यह स्पष्टतः कहा जा सकता है कि सल्तनत काल एवं मुगलों के समय यह क्षेत्र मुस्लिम शासकों के आक्रमणों से अत्यधिक प्रभावित रहा। मुसलमानों के आक्रमणों के बावजूद पूर्वी राजस्थान का स्वतंत्र अस्तित्व बना रहा परन्तु राजस्थान की इन रियासतों का वर्तमान स्वरूप अंग्रेजों के समय अस्तित्व में आया जब इन रियासतों ने मराठों एवं पिण्डारियों की विनाशकारी गतिविधियों से बचने के लिए अंग्रेजों से सन्धियाँ की। इन सन्धियों के दूरगामी परिणाम हुए।

अंग्रेजों से सन्धियाँ करके पूर्वी राजस्थान की इन रियासतों को यह उम्मीद थी कि कम्पनी सरकार के सहयोग से उनके सभी संकटों व समस्याओं का निवारण हो सकेगा तथा उनके राज्यों में शान्ति स्थापित की जा सकेगी परन्तु इन सन्धियों से उनकी बाह्य स्वतंत्रता का अन्त हो गया। अब पड़ोसी राज्यों के साथ वे राजनैतिक व मैत्री सम्बन्ध नहीं रख सकते थे। उनके आपसी झगड़े या विवाद कम्पनी सरकार की मध्यस्थता से ही निपटाये जा सकते थे। कम्पनी सरकार की साम्राज्यवादी नीति के तहत जिस प्रकार से लॉर्ड डलहौजी ने गोद निषेध सिद्धान्त को भारतीय नरेशों पर थोपा उससे पूर्वी राजस्थान की इन रियासतों के राजाओं को अपना अस्तित्व खतरे में लगने लगा। इस नवीन व्यवस्था से आम जनता का भी दोहरा शोषण प्रारम्भ हो गया। अब उन्हें अपने अधिकारों की रक्षा एवं स्वतंत्रता प्राप्ति के लिए एक ओर निरंकुश देशी नरेशों से तो दूसरी तरफ अंग्रेजों से भी लड़ना पड़ा। अंग्रेजों की इन दमनकारी नीतियों के विरूद्ध 1857 ई0 की क्रांति में राजाओं द्वारा ब्रिटिश सरकार को सहयोग करने के बावजूद पूर्वी राजस्थान में सैनिकों, सामन्तों, छोटे जागीरदारों एवं आम जनता ने अंग्रेजों के विरूद्ध इस विद्रोह में भाग लिया तथा आगरा एवं ग्वालियर के विद्रोहियों को लगातार सहयोग प्रदान किया। इस विद्रोह के परिणामस्वरूप 1857 ई0 के पश्चात् ब्रिटिश सरकार को राजस्थान की इन रियासतों के साथ सहयोग की नीति अपनानी पड़ी। अंग्रेज सरकार भी अपने साम्राज्य को सुदृढ़ बनाने के लिए देशी राज्यों से सहयोग की इच्छुक थी।

उन्नीसवीं सदी के उत्तरार्द्ध में ब्रिटिश सरकार ने पूर्वी राजस्थान की रियासतों में भी ब्रिटिश भारत की तरह शासन व्यवस्था को लागू किया। न्याय, प्रशासन तथा राजस्व के क्षेत्र में ब्रिटिश शासन व्यवस्था को लागू किया गया जिससे इन रियासतों के नागरिकों को कुछ लाभ हुआ। देशी रियासतें होने के कारण पूर्वी राजस्थान में राजनैतिक जन-जागृति की शुरूआत देरी से हुई परन्तु 1885 ई0 में भारतीय राष्ट्रीय कांग्रेस की स्थापना के समय से ही इसके लिए यहाँ भी पृष्ठभूमि तैयार हो चुकी थी जिसमें स्वामी दयानन्द सरस्वती का महत्वपूर्ण योगदान रहा। स्वामी जी द्वारा स्थापित आर्य समाज का जन-जागरण में महत्वपूर्ण योगदान था। उन्होंने समस्त पूर्वी राजस्थान में न केवल राजपरिवार के सदस्यों में बल्कि आम जनता में भी राजनीतिक जन-जागृति उत्पन्न की।

बीसवीं सदी की शुरूआत में क्रान्तिकारी गतिविधियों में तेजी आई जिसके परिणामस्वरूप राजस्थान में भी स्वतंत्रता आन्दोलन को नेतृत्व प्रदान करने हेतु किसी राजनीतिक संगठन की आवश्यकता महसूस हुई। इसी कड़ी में आगे जाकर जमना लाल बजाज, विजय सिंह पथिक, चांदकरण शारदा, गणेश शंकर विद्यार्थी आदि के प्रयासों से 1918 ई0 में राजपूताना मध्य भारत सभा नामक एक संस्था की स्थापना हुई जिसका उद्देश्य रियासतों में उत्तरदायी सरकार की स्थापना करना और रियासतों के लोगों को कांग्रेस का सदस्य बनाना था। पूर्वी राजस्थान में राजनीतिक जन-चेतना के विकास में राजस्थान सेवा संघ की भी महत्वपूर्ण भूमिका रही जिसकी स्थापना 1919 ई0 में विजय सिंह पथिक, रामनारायण चौधरी और हरिभाई किंकर के प्रयासों से हुई। इस संघ का मुख्य उद्देश्य जनता की समस्याओं को हल करना तथा जागीरदारों और राजाओं का अपनी प्रजा के साथ सौहार्द्रपूर्ण सम्बन्ध स्थापित करवाना था।

राजस्थान की समस्त रियासतों में राष्ट्रीय आंदोलन को नेतृत्व प्रदान करने के लिए कांग्रेस के सहयोगी के रूप में प्रजामण्डलों की स्थापना की गई। इसी कड़ी में जयपुर प्रजामण्डल (1936), धौलपुर प्रजामण्डल (1936), भरतपुर प्रजामण्डल (1938), अलवर प्रजामण्डल (1938) तथा करौली प्रजामण्डल (1938) की स्थापना हुई। राजस्थान सेवा संघ के अथक प्रयासों के बावजूद देशी नरेश अपनी रियासतों में उत्तरदायी शासन की स्थापना एवं प्रशासनिक सुधारों के लिए जब तैयार नहीं हुए तो इन प्रजामण्डलों से जुड़े नेताओं यथा- जमनालाल बजाज, हीरालाल शास्त्री, त्रिलोक चंद माथुर, हरिनारायण शर्मा आदि के सहयोग से इन देशी रियासतों में उत्तरदायी शासन की स्थापना हुई। देशी रियासतों में संवैधानिक एवं प्रशासनिक सुधारों को लागू करके राजस्थान के नवनिर्माण में इन प्रजामण्डलों का महत्वपूर्ण योगदान है।

जहाँ तक एकीकृत राजस्थान के निर्माण का प्रश्न है यह कार्य बहुत चुनौतीपूर्ण था क्योंकि कोई भी देशी नरेश अपने अधिकारों को त्यागना नहीं चाहता था। प्रत्येक देशी राज्य अपना स्वतंत्र अस्तित्व बनाये रखना चाहता था। पूर्वी राजस्थान की अलवर एवं भरतपुर रियासतों में स्थिति और संकटपूर्ण थी। वहाँ राजनीतिक उत्पाद होने लगे थे। अलवर, भरतपुर के मेव बाहुल्य क्षेत्रों में मेव मुसलमानों द्वारा अलवर, भरतपुर और गुड़गाँव को मिलाकर अलग से मेवस्तान बनाने की माँग को लेकर हिंसक घटनाएं हो रही थी। दोनों राज्यों में साम्प्रदायिक तनाव एवं हिंसा का माहौल था। ऐसी परिस्थितियों में राजस्थान के एकीकरण की शुरूआत पूर्वी राजस्थान की रियासतों को मिलाकर मत्स्य संघ के निर्माण से हुई जिसका समापन विभिन्न चरणों से गुजरते हुए 10 मई 1949 ई0 को वृहत् राजस्थान में मत्स्य संघ के विलय के साथ हुआ। इन रियासतों को एकीकृत राजस्थान संघ में शामिल करने में रियासती विभाग के मंत्री सरदार वल्लभ भाई पटेल एवं प्रजामण्डल आंदोलन से जुड़े कुशल एवं कर्मठ नेताओं का महत्वपूर्ण योगदान रहा जिसके लिए हम इन विभूतियों के सदा ऋणी रहेंगे।

सामाजिक दृष्टि से पूर्वी राजस्थान का समाज धर्म, परम्परा और विश्वास के आधार पर हिन्दू, मुस्लिम, जैन आदि में बँटा हुआ था। समाज में ब्राह्मण, राजपूत, मीना (मीणा), जाट, गुर्जर, चमार, कोली, नाई, कुम्हार आदि प्रमुख जातियाँ थी। मुस्लिम समाज शिया, सुन्नी, मेव, शेख, पठान आदि के मध्य बँटा हुआ था। इस क्षेत्र में मीना (मीणा) आदिवासी सर्वाधिक थे। जाति का निर्धारण जन्म के आधार पर होता था जिससे समाज में विभिन्न जाति समूहों की भूमिका निश्चित हो गई। ब्राह्मण पूजा-पाठ, अध्ययन-अध्यापन आदि कार्य करते थे, राजपूत शासन कार्य में संलग्न थे, वैश्यों का कार्य व्यापार-वाणिज्य था। मीना (मीणा), गुर्जर एवं मेव जातियों का पूर्वी राजस्थान में बाहुल्य था जो मुख्य रूप से कृषि एवं पशुपालन से जुड़े हुए थे। चमार, कोली, कुम्हार, नाई, बढ़ई, लुहार आदि जातियाँ जीविकोपार्जन हेतु मुख्य रूप से कृषक जातियों पर ही निर्भर थी। हिन्दू-मुसलमानों के बीच भाईचारे की भावना थी। मेव मुसलमान होली और दीवाली मनाते थे। मेवों की पोशाक और रीति-रिवाज भी हिन्दुओं से मिलते-जुलते थे। मेवों के घरों के बाहर भैंरुजी का चबूतरा हुआ करता था। भाईचारे की यह भावना ही दोनों पक्षों के बीच सकारात्मक पक्ष की द्योतक थी।

ब्रिटिश आधिपत्य स्थापित होने के पश्चात् पूर्वी राजस्थान में यद्यपि जाति प्रथा का परम्परागत स्वरूप बना रहा लेकिन सामाजिक गतिशीलता आरम्भ हो गई। अन्य प्रान्तों से लोगों का यहाँ आना तथा यहाँ से लोगों का निष्क्रमण प्रायः चलता रहा। जातीय समुदायों के व्यवसायों में परिवर्तन होने लगा। ब्राह्मण, क्षत्रिय, वैश्य, शूद्र सभी में व्यवसायिक परिवर्तन हो रहा था। इस सामाजिक गतिशीलता का प्रमुख कारण शासकों एवं सामन्तों की सेनाओं का विघटन, व्यापार-वाणिज्य पर अंग्रेजों का बढ़ता हुआ नियंत्रण, भूमि बंदोबस्त, यातायात के साधनों का विकास, प्रशासनिक संस्थाओं में परिवर्तन, अंग्रेजी शिक्षा का प्रसार आदि थे।

सामाजिक गतिशीलता के बावजूद सामाजिक जीवन का नकारात्मक पक्ष था समाज में व्याप्त विभिन्न कुरीतियाँ जैसे-बेगार, दास प्रथा, मानव व्यापार, अस्पृश्यता, सती प्रथा, कन्या वध, डायन प्रथा, बहु विवाह, पर्दा प्रथा आदि। स्वामी दयानन्द सरस्वती ने इन कुरीतियों के विरूद्ध आवाज उठाई। उन्होंने सामाजिक रीति-रिवाजों को धर्म से अलग करके सामाजिक जीवन में परिवर्तन का मार्ग प्रशस्त किया। स्वामी जी से प्रेरित होकर हीरालाल शास्त्री, अर्जुनलाल सेठी, शोभाराम कुमावत, कैप्टन छुट्टन लाल मीणा, झूंथालाल नाढ़ला, महादेव राव पबड़ी, डॉ0 नारंगी देवी, लक्ष्मी नारायण झरवाल आदि समाज सुधारकों ने राजनैतिक जन-जागृति के साथ-साथ समाज सुधार के क्षेत्र में भी अपना अमूल्य योगदान दिया। अंग्रेज सरकार ने विभिन्न कानून बनाकर इन कुरीतियों को प्रतिबन्धित किया जिससे बीसवीं शताब्दी तक इन कुरीतियों पर काफी हद तक नियंत्रण किया जा सका।

शिक्षा की दृष्टि से पूर्वी राजस्थान की रियासतें बहुत पिछड़ी हुई थी जिसके पीछे प्रमुख कारण देशी नरेशों द्वारा इसमें रूचि नहीं लेना था। आधुनिक शिक्षा की शुरूआत अंग्रेजों के समय हुई। शिक्षा के प्रचार-प्रसार में अंग्रेज अधिकारियों, ईसाई धर्म-प्रचारकों, गैर-सरकारी संस्थाओं, प्रतिष्ठित व्यक्तियों और सेठ-साहूकारों द्वारा स्थापित शिक्षण संस्थाओं का

महत्वपूर्ण योगदान रहा। इनसे प्रेरित होकर कुछ देशी नरेशों ने भी शिक्षण संस्थाओं को धनराशि देने के साथ-साथ कुछ शिक्षण संस्थाओं की स्थापना की, उन्हें संरक्षण दिया तथा राज्य के बजट में शिक्षा के लिए प्रावधान भी किया। महाराजा रामसिंह द्वारा 1844 ई0 में जयपुर में महाराजा स्कूल की स्थापना की गई जो आज महाराजा कॉलेज के नाम से जाना जाता है। जयपुर के प्रधानमंत्री मिर्जा इस्माइल के काल में महारानी इण्टरमीडिएट कॉलेज खोला गया जो वर्तमान में महारानी कॉलेज के नाम से प्रसिद्ध है। 1945 ई0 में जयपुर में स्थापित संत जेवियर स्कूल तथा 1930 ई0 में अलवर में स्थापित राजऋषि इण्टर कॉलेज आदि अन्य प्रमुख शिक्षण संस्थान है जो आधुनिक शिक्षा के लिए स्थापित हुए। इस प्रकार पूर्वी राजस्थान में शिक्षा के लिए एक नया आलोक मिला जिसका प्रकाश आज तक विद्यमान है।

सांस्कृतिक क्षेत्र में पूर्वी राजस्थान की विशिष्ट पहचान यहाँ के लोक जीवन से जुड़े विभिन्न पक्ष लोकोत्सव, लोक-कलाएँ, लोकगीत, लोक-नृत्य, लोक-नाट्य इत्यादि है। गणगौर, तीज, शीतलाष्टमी, अन्नकूट, अक्षय तृतीया आदि लोकोत्सव यहाँ की स्थानीय संस्कृति की अभिव्यक्ति के सशक्त माध्यम हैं क्योंकि इनके साथ प्राचीन परम्पराएँ तथा विचारधाराएँ जुड़ी रहती हैं। ये विचारधाराएँ व परम्पराएँ धार्मिक, ऐतिहासिक अथवा सामाजिक होती है। इन उत्सवों का पारस्परिक संबंध मेलों से भी है क्योंकि इन त्यौहारों के अवसर पर मेलों का आयोजन भी होता है। शीतला माता का मेला, श्रीमहावीर जी का मेला, कैलादेवी का मेला, त्रिनेत्र गणेश का मेला, भर्तृहरि का मेला, नारायणी माता का मेला आदि सांस्कृतिक सद्भावना एवं सामाजिक एकता के प्रतीक है।

लोक-जीवन की समस्त विधाओं में लोकगीत, लोक-नृत्य एवं लोक नाट्यों का महत्वपूर्ण स्थान है। इन विधाओं में लोक-जीवन, मनोरंजन और संस्कृति के विभिन्न रूप देखने को मिलते हैं। ये विधाएँ धर्म, समाज और परम्पराओं से जुड़ी हुई है जो प्राचीन काल से लेकर आज तक जनसामान्य में लोकप्रिय है। लोकगीत लौकिक जीवन की अनमोल धरोहर है जिनके माध्यम से मानव समाज की विशुद्ध मनोवृत्तियाँ, प्रेम-ईर्ष्या, उल्लास-भक्ति आदि प्रकट होती है। रविन्द्रनाथ टैगोर के अनुसार "लोकगीत संस्कृति का सुखद संदेश ले जाने वाली कला है।" महात्मा गांधी के शब्दों में "लोकगीत ही जनता की भाषा है....लोकगीत हमारी संस्कृति के पहरेदार है।" उक्त दोनों महान विभूतियों की उक्तियाँ लोकगीतों की जनमानस में महत्ता को प्रकट करती है। लोकगीतों का सह-संबंध लोक-नृत्यों से है। पूर्वी राजस्थान में कन्हैया-दंगल और हैला ख्याल लोकगीत एवं लोक-नृत्य के पारस्परिक संबंध को अभिव्यक्त करने के श्रेष्ठतम उदाहरण है। इनमें लोक-संस्कृति की तीनों विधाओं- लोकगीत, लोक-नृत्य एवं लोक-नाट्य का अद्भुत सम्मिश्रण देखने को मिलता है। तमाशा, नौटंकी, स्वांग, रम्मत, लीलाएँ आदि लोक-नाट्य के अन्य माध्यम है। पूर्वी राजस्थान के समाज में लोकगीत एवं लोक-नृत्यों के साथ-साथ इन लोक नाट्यों का महत्वपूर्ण स्थान है।

पूर्वी राजस्थान के सांस्कृतिक जीवन का सृजनात्मक पक्ष स्थानीय लोक-कलाएँ हैं। लोक-कलाएँ यहाँ के जन-जीवन का अभिन्न अंग है एवं वे ग्रामीणों के आन्तरिक सौन्दर्य, कलात्मक अभिव्यक्ति, लोक रंजकता आदि की परिचायक है। लोक-कलाएँ उनके सामाजिक, धार्मिक एवं सांस्कृतिक जीवन से जुड़ी विभिन्न परम्पराओं, विश्वासों, अंध-विश्वासों की सरल स्वभाविक अभिव्यक्ति है। इस लोक-कला का क्षेत्र यद्यपि बहुत विकसित है तथापि पूर्वी राजस्थान में मुख्यतया हम इसका दर्शन मांडणा, गोदना, सांझी, पाना, थापा, मेहंदी-महावर तथा कठपुतली कला आदि रूपों में ही करते हैं।

1

पूर्वी राजस्थान की रियासतें एवं 1857

किसी भी क्षेत्र के इतिहास को जानने से पहले उसकी भौगोलिक स्थिति को जानना अत्यन्त आवश्यक होता है। इतिहास के भौगोलिक आधारों को समझने के बाद हम उस क्षेत्र से सम्बन्धित बहुत से जटिल प्रश्नों पर अनायास ही प्रकाश डाल सकते हैं और उसकी गुत्थियाँ सुलझा सकते हैं। भौगोलिक दृष्टि से पूर्वी राजस्थान का क्षेत्र अरावली पर्वतमाला के आस-पास स्थित है। एक तरफ अलवर का क्षेत्र अरावली की हरी-भरी पहाड़ियों से आच्छादित है तो दूसरी तरफ भरतपुर, दौसा एवं जयपुर का विशाल मैदान है। इस क्षेत्र में बनास, बाणगंगा, रूपारेल, ढूंढ, गम्भीरी, साबी आदि बरसाती नदियाँ हैं तो दूसरी तरफ चम्बल नदी है। चम्बल इस क्षेत्र की एकमात्र बारहमासी नदी है। यह नदी मध्यप्रदेश के साथ राजस्थान की सीमा रेखा भी बनाती है। इन नदियों एवं अरावली पर्वतमाला की विशेष स्थिति के कारण इस क्षेत्र में प्राचीनकाल से ही मानव बसावट राजस्थान के अन्य क्षेत्रों की तुलना में अधिक हुई है। इसकी भौगोलिक स्थिति इससे जुड़े मिथक और इसकी संस्थाओं, किलों, महलों, भवनों और धार्मिक स्थलों आदि से जुड़ा इतिहास इसे और भी दिलचस्प बना देता है। संक्षेप में इस क्षेत्र के इतिहास और भूगोल का अन्तर्सम्बन्ध अनूठा है।

ऐतिहासिक दृष्टि से महाजनपद कालीन मत्स्य प्रदेश का सम्बन्ध पूर्वी राजस्थान से ही है। महाभारत के भीष्म पर्व में मत्स्य प्रदेश का उल्लेख मिलता है। इसी मत्स्य प्रदेश में पाण्डवों ने अज्ञातवास किया था। यह मत्स्य प्रदेश पांचाल एवं शूरसेन के मध्य स्थित था। जयपुर जिले का विराटनगर कस्बा मत्स्य प्रदेश की राजधानी थी।[1] सम्राट अशोक के समय यह विराटनगर (बैराठ नगर) अति समृद्धशाली था। विराट देश का उल्लेख चीनी तथा मुस्लिम इतिहासकारों ने भी किया है।

भौगोलिक, राजनैतिक एवं आर्थिक कारणों से पूर्वी राजस्थान का मध्यकाल एवं आधुनिक काल में महत्व और बढ़ गया। दिल्ली एवं आगरा के नजदीक अवस्थित होने से इस क्षेत्र की भौगोलिक एवं राजनीतिक महत्ता स्पष्ट प्रतीत होती है। मध्यकाल में दिल्ली के

सुल्तानों एवं मुगलों द्वारा गुजरात एवं राजस्थान के राज्यों को जीतने एवं उन पर नियंत्रण हेतु किये गये आक्रमणों से यह क्षेत्र अत्यधिक प्रभावित रहा।[2] मराठों एवं पिण्डारियों ने भी इस क्षेत्र के आर्थिक एवं राजनीतिक महत्व को देखते हुए इस क्षेत्र पर कई आक्रमण किये एवं नियंत्रण बनाये रखने का प्रयास किया। ईस्ट इण्डिया कम्पनी एवं बाद में अंग्रेज सरकार ने भी अपने लाभ हेतु रेल एवं सड़क मार्ग के विस्तार हेतु इसी क्षेत्र को चुना जिसकी परिणती 19वीं सदी के प्रारम्भ में देशी रियासतों एवं अंग्रेजों के मध्य सम्पन्न सन्धियों के रूप में देख सकते हैं। प्रस्तुत अध्याय में इन सन्धियों के परिणामस्वरूप देशी रियासतों एवं अंग्रेजों के मध्य सम्बन्धों में समय-समय पर आये परिवर्तनों पर दृष्टिपात किया है।

मराठों और पिण्डारियों एवं उच्छृंकल व उद्दण्ड सामन्तों की विनाशकारी गतिविधियों से राजस्थान के राजाओं की शक्ति इतनी क्षीण हो चुकी थी कि वे सामन्तों को नियंत्रित करने में सक्षम नहीं थे। ऐसी परिस्थितियों में राजस्थान के राजाओं को अंग्रेज ही एकमात्र त्राता दिख रहते थे। अतः उन्होंने ईस्ट इण्डिया कम्पनी के साथ संधियाँ की।[3] ये संधियाँ 1803-05 में गवर्नर जनरल लॉर्ड वैलेजली के समय एवं इसके पश्चात् गवर्नर जनरल लॉर्ड हैस्टिंग्स के समय दिल्ली के रेजिडेन्ट चार्ल्स मेटकॉफ के नेतृत्व में 1817-18 में की गई। इन संधियों के माध्यम से राजस्थान की देशी रियासतों ने ब्रिटिश संरक्षण को स्वीकार कर लिया जिससे उनकी बाह्य स्वतन्त्रता का हनन हो गया क्योंकि उन्हें अब किसी भी राज्य के साथ सन्धि या मैत्री सम्बन्ध स्थापित करने के लिए अंग्रेजों की अनुमति लेनी होती थी। इन रियासतों ने अंग्रेजी सरकार के अधीन रहकर उसे सहयोग देना स्वीकार कर लिया।[4] इन संधियों की शर्तों के अनुकूल ही राजपूताना की रियासतों ने 1857 के विप्लव में अंग्रेजों को पूर्ण सहयोग प्रदान किया था। 5 नवम्बर, 1817 को चार्ल्स मेटकॉफ ने दौलतराव सिंधिया के साथ सन्धि की जिसके अनुसार सिंधिया ने भी राजस्थान की रियासतों के साथ अंग्रेजों द्वारा की जाने वाली संन्धियों को स्वीकार कर लिया।

अंग्रेजो से संधि करने वाली पूर्वी राजस्थान की प्रमुख रियासतें जयपुर, अलवर, भरतपुर, धौलपुर तथा करौली थी। लॉर्ड हेंस्टिंग्स के समय अंग्रेजों के साथ सर्वप्रथम करौली रियासत ने 15 नवम्बर, 1817 ई0 को संधि की थी। इसके पश्चात् पूर्वी राजस्थान की अन्य रियासतों अलवर, भरतपुर, जयपुर, धौलपुर ने भी 1818 ई0 तक अंग्रेजों से सन्धियाँ कर ली थी जिससे पूर्वी राजस्थान पर अंग्रेजों का अधिकार हो चुका था।[5] इन संधियों के परिणामस्वरूप राजस्थान को मराठों व पिण्डारियों से निजात मिली तथा सामन्तों पर भी नियंत्रण स्थापित किया जा सका जिससे पूर्वी राजस्थान में अराजकता और लूट-खसोट का अन्त हुआ। सर्वत्र शान्ति और व्यवस्था स्थापित हो सकी। अंग्रेजी आधिपत्य से राजस्थान में युगान्तकारी परिवर्तन हुए।

अंग्रेजो के साथ संधियाँ हो जाने के पश्चात् भले ही पूर्वी राजस्थान में शान्ति-व्यवस्था कायम हुई तथा मराठों, पिण्डारियों एवं सामन्तों के उपद्रवों का खतरा नहीं रहा हो परन्तु ये संधियाँ राजस्थान के लिए नुकसानदायक साबित हुई क्योंकि यहाँ की जनता का तिहरा

शोषण होने लगा क्योंकि अब शासन शक्ति तीन स्तरों पर बँट चुकी थी कंपनी सरकार, राजा तथा सामन्त। इससे किसान एवं आम जनता को आर्थिक दृष्टि से बहुत कष्ट उठाने पड़े साथ ही साथ इससे राजाओं की भी आय कम हुई क्योंकि उनकों भी कंपनी सरकार को राज्य की आय का एक निश्चित हिस्सा देना होता था। कुछ सामंत भी अपने अधिकार छिन जाने से कंपनी सरकार से नाखुश थे। आम जनता एवं कुछ प्रमुख सामंतों ने अंग्रेजो के खिलाफ 1857 के विप्लव में भाग लिया और अपने - अपने क्षेत्रों में अंग्रेजो के दाँत खट्टें कर दिये।

1857 के विप्लव के समय राजपूताने पर उत्तर पश्चिमी प्रान्त के लैफ्टिनेंट गवर्नर कोलविन का नाममात्र का नियंत्रण था। उसका मुख्यालय आगरा में था। राजपूताना के देशी राज्यों पर नियंत्रण रखने के लिए पॉलिटिकल एजेन्ट नियुक्त थे जो राजपूताना रेजीडेन्सी के सर्वोच्च अधिकारी ए.जी.जी. (एजेन्ट टू गवर्नर जनरल) के अधीन थे।[6] इसका कार्यालय अजमेर में था। 1857 के विप्लव के समय राजपूताना का ए.जी.जी. जॉर्ज पैट्रिक लॉरेन्स था। वह सात वर्ष तक मेवाड़ का पॉलिटिकल एजेन्ट रह चुका था अतः राजस्थान की राजनीति से पूर्णतया परिचित था। जयपुर में कर्नल ईडन, भरतपुर में मॉरीशन, कोटा में बर्टन, जोधपुर में मैक मेसन तथा उदयपुर में सी. एल. शॉवर्स पॉलिटिकल एजेन्ट के पदों पर नियुक्त थे। 1857 के विप्लव के समय राजस्थान में छः सैनिक छावनियां थी नसीराबाद, देवली, नीमच, एरिनपुर, ब्यावर एवं खेरवाडा । इनमें सबसे शक्तिशाली छावनी नसीराबाद थी। यहाँ पैदल सेना की दो टुकडियां नियुक्त थी। कोटा कान्टेन्जेन्ट के घुड़सवार और पैदल सैनिक नसीराबाद से 60 मील दूर स्थित देवली छावनी में रखे गये, तीसरी छावनी अजमेर से 120 मील दूर नीमच में स्थित थी। अजमेर से 100 मील की दूरी पर ऐरिनपुर में जोधपुर लीजन के नाम से एक सैनिक टुकड़ी रखी गई थी। इनके अतिरिक्त उदयपुर से लगभग 50 मील के फासले पर खेरवाडा में भील कोर और अजमेर के पास ब्यावर में मेर रेजीमेन्ट के सैनिकों के रहने की व्यवस्था थी। इन सभी छावनियों में रहने वाले सैनिकों की संख्या पाँच हजार से अधिक नहीं थी। ये सभी भारतीय सैनिक थे। यहाँ कोई यूरोपीय सैनिक नहीं था। राजस्थान के किसी भी भाग में रेल लाइन का विस्तार नहीं हो सका था। कलकत्ता से कानपुर तक ही रेलमार्ग था। बंबई से राजपूताना भी रेल मार्ग से जुड़ा हुआ नहीं था।[7]

मेरठ मे हुए विप्लव की जानकारी ए.जी.जी. जॉर्ज पैट्रिक लॉरेन्स को माउन्ट आबू में 19 मई को प्राप्त हुई। उसने तुरन्त एक घोषणा पत्र तैयार करवाया और राजस्थान के सभी शासकों के पास उसे भिजवाया। इस घोषणा पत्र में कहा गया था कि सभी शासक अपने-अपने क्षेत्रों में शान्ति बनाये रखें, अपने राज्य की सीमा में विद्रोहियों को प्रविष्ट नहीं होने दे और यदि विद्रोही उनके राज्य में प्रविष्ट हो जाये तो उन्हें तुरन्त गिरफ्तार करें। देशी राज्यों के नरेशों को कम्पनी सरकार के प्रति निष्ठावान बने रहने के लिए आहवान किया गया, साथ ही उन्हें यह कहा गया कि आवश्यकतानुसार वे माँगे जाने पर अपनी सेवाएँ ब्रिटिश सरकार की सहायतार्थ प्रस्तुत करें।[8]

राजस्थान में विप्लव की शुरूआत नसीराबाद से हुई क्योंकि इसमें बंगाल नैटिव इन्फेन्ट्री के 15 वें और 30 वें रेजीमेन्ट के सैनिक थे। वे कुछ दिनों पहले ही मेरठ से आये थे। जहाँ कि पहले से इस विप्लव की शुरूआत हो चुकी थी। मेरठ से आये सैनिकों की निष्ठा के प्रति ब्रिटिश अधिकारियों को सन्देह था कि कहीं ये सैनिक विद्रोह न कर दें इसलिए कंपनी सरकार ने इन सैनिकों पर शिंकजा कसने की तैयारी कर ली जिससे नसीराबाद छावनी के सैनिकों ने विद्रोह कर दिया।[9] धीरे-धीरे विद्रोह का फैलाव नीमच, देवली, आऊवा, ऐरिनपुर, कोटा आदि सभी क्षेत्रो में हो गया। इन सैनिक छावनियों में विद्रोह के पश्चात् इस विप्लव का प्रसार पूर्वी राजस्थान की रियासतों जयपुर, अलवर, भरतपुर, धौलपुर एवं करौली में भी हुआ जहाँ के शासकों ने इस विप्लव को दबाने में अंग्रेजों को भरपुर सहायता प्रदान की परन्तु फिर भी इन रियासतों की आम जनता तथा कुछ देशभक्त नेताओं ने क्रान्तिकारियों की सहायता की।

राजस्थान के राज्यों के सामने 1857 के विप्लव के समय दो कठिनाईयाँ थी- उनकी सेनाएं ब्रिटिश प्रशिक्षित सेनाओं के मुकाबने कमजोर थी और सिपाहियों की चरबी मँढे ऐनफील्ड कारतूसों के बारे में शिकायत कि इनमें गाय की चरबी है।[10] महाराजा रामसिंह जो उस समय जयपुर शासक थे की सेना विद्रोही सैनिकों पर आक्रमण करने से डरती थी, विशेषतः नसीराबाद के सेल्स की सेना के विद्रोही सिपाहियों से जो अपने साथ बेहतर किस्म की तोपें और आग्नेयास्त्र लाए थे। राजपूताना की हिन्दू जनता ने न तो उन सिपाहियों के प्रति रोष प्रकट किया जो गदर में शामिल थे, और न ही उन्हें किसी प्रकार की मदद दी। किन्तु फिर भी राजपूताना की तीन प्रमुख रियासतें जयपुर, उदयपुर और जोधपुर अपनी सेनाएं लेकर अंग्रेजों की सहायता के लिए उतर आई। जब तीन मुख्य क्षत्रिय वंशों कछवाहा, सीसोदिया और राठौड़ राजा स्वयं अंग्रेजों के साथ थे तो इसका सामान्य जनता पर भी नैतिक दबाव पड़ा।[11] सर जॉर्ज लॉरेन्स जो उस समय राजस्थान का पॉलिटिकल एजेन्ट था, का कहना था कि पैरामाउण्ट पावर के प्रति निष्ठा और प्रसन्नता के साथ अपना हार्दिक सहयोग देने में राजपूताना की 19 में से एक भी रियासत ने संकोच नहीं किया। 1890 में आये पॉलिटिकल एजेन्ट ने स्वीकार किया कि महाराणा स्वरूप सिंह (उदयपुर) महाराजा तख्त सिंह (जोधपुर), महाराजा सवाई रामसिंह ने उदाहरण प्रस्तुत किया, उसी का अनुकरण दूसरी रियासतों ने भी किया। वे अपनी सेनाएं लेकर मुस्तैदी से जुटे रहे और यही कारण है मुठ्ठी भर अंग्रेज शांति कायम कर सके और अपनी खोई हुई छावनियों पर फिर से कब्जा कर सकें।[12]

सर जॉर्ज लॉरेन्स के अनुसार उसके लिखने पर जयपुर के महाराजा रामसिंह ने अपने 6-7 हजार सैनिक रेजीडेन्ट मेजर ईडन के हवाले कर दिये और जयपुर की रक्षा के लिए केवल 700 सिपाही और 1880 पुलिस के सिपाही छोड़े। जयपुर की 6000 आधी घुड़सवार और आधी पैदल नागा सैनिकों की सेना का प्रधान सेनापति फैज अली खाँ था। और उसका दूसरा सेनापति अचरोल का ठाकुर रणजीत सिंह था।[13] मेजर ईडन के साथ चलकर यह

सेना रेवाड़ी पहुँची और गुड़गाँव के इलाके में घोर अराजकता और अशांति देखी। वहाँ के मेव हथियारबंद होकर गांवों और शहरों को लूट रहे थे। तब मेजर ईडन ने दिल्ली न जाकर गुड़गाँव जिले की ओर रूख किया। सोहना में जयपुर के सेनापति ने वहाँ के विद्रोही थानेदार की हत्या कर दी और मेवों के कई गाँव जला दियें। सोहना में विद्रोहियो के डर से भागे हुए तीस यूरोपीय अधिकारी सेना की शरण में आये, जो अधिकांशः सिविल सेना में थे। इसके बाद काफी समय तक यह सेना आगरा-दिल्ली मार्ग पर पलवल और होडल के बीच रूकी रही। यहीं पर सर डोनाल्ड स्टुअर्ट भी जयपुर सेना के शिविर में आया और 27 जून को उसने लिखा कि जयपुर की सेना की 3 पुरबिया रेजीमेन्ट दिल्ली के विद्रोहियों के साथ मिल गई है।[14]

इस वर्ष वर्षा अधिक होने से महामारी और हैजा फैल गया और जयपुर के सेनापतियों को मेजर ईडन से जयपुर लौटने की आज्ञा लेनी पड़ी परन्तु लौटने से पहले एक सैनिक दस्ता शरणार्थी यूरोपियन अधिकारियों को आगरा के किले तक छोड़कर आया जिसे विद्रोहियों के कब्जे से लेफ्टिनेंट गर्वनर जेम्स कॉल्विन ने बचा रखा था। नसीराबाद छावनी के सिपाहियों की विद्रोही ब्रिगेड दिल्ली जाते समय जयपुर महाराजा रामसिंह से मिली और उससे अंग्रेजों को उनके हवाले करने के लिए कहा तो रामसिंह ने साफ मना कर दिया। नसीराबाद और नीमच छावनियों के ब्रिटिश अफसरों को जिनके सिपाही विद्रोह में शामिल हो चुके थे, भरपूर सहायता देकर ठाकुर पूरण सिंह (जयपुर) के साथ आगरे के किले में भेज दिया गया। इस बीच अक्टूबर में जब जोधपुर सेना के पुरबिया और अवधी सिपाहियों ने विद्रोह करके दिल्ली की ओर कूच किया तो जयपुर की सेना ने सीकर की सेना के साथ मिलकर इन्हें रोकना चाहा ताकि वे शेखावाटी से आगे न बढ़ पायें। यह कोशिश कारगर साबित नहीं हुई। 1857 के विप्लव के दौरान तात्या टोपे का जयपुर आगमन हुआ परन्तु इन्हें जयपुर में न तो शरण मिली और न हीं कोई प्रोत्साहन।[15]

1857 के विप्लव के दौरान भले ही महाराजा रामसिंह अंग्रेजों के प्रति पूर्णतया वफादार बने रहे हो परन्तु फिर भी जयपुर के कतिपय प्रभावशाली लोग जिनमें नवाब लियाकत अली, मियाँ उस्मान खाँ और उस्ताद सादुल्ला खाँ प्रमुख थे, मुगल बादशाह से सम्पर्क बनाए हुए थे। इनकी ब्रिटिश विरोधी गतिविधियों की जानकारी पॉलिटिकल एजेन्ट को लग गई जो कि ब्रिटिश विरोधी भावना भड़का कर विद्रोह की अग्नि प्रज्ज्वलित करना चाहते थे तथा गुप्त रूप से मुगल बादशाह से मिलने दिल्ली भी गये थे। पॉलिटिकल एजेन्ट ने यह जानकारी महाराजा रामसिंह को दे दी। इस पर ये सब कैद कर लिए गये। उनके घरों की तलाशी ली गई। उस्मान खाँ के घर से 200 शस्त्र बरामद हुए। एक विशेष न्यायालय में उन पर मुकदमा चलाया गया। न्यायालय ने उन्हें अपराधी ठहराया। लियाकत अली और उस्मान् को नजर बन्द कर दिया गया और सादुल्ला खाँ का देश निकाले का दण्ड दिया गया। जयपुर नगर में शान्ति बनी रही। उक्त विवरण के आधार पर हम कह सकते है कि जयपुर राज्य में भी अंग्रेजों के खिलाफ व्यापक आक्रोश था तथा यहाँ के कुछ प्रमुख व्यक्तियों ने अंग्रेजों के

खिलाफ विद्रोह का झण्डा भी गाडा परन्तु रामसिंह द्वारा अंग्रेजों के प्रति जो स्वामीभक्ति निभाई गई उसके कारण जयपुर राज्य में आंदोलन सफल नहीं हो सका।[16]

राजस्थान की सीमा से जुड़े ब्रिटिश शासित राज्यों में सशस्त्र विप्लव की जो अग्नि प्रज्वलित हुई, उसकी लपटें राजस्थान के देशी राज्यों में फैली। भरतपुर जो आगरा प्रदेश की सीमा पर स्थित है, शांति बनाये रखने के सभी प्रयासों के बावजूद भी सम्पूर्ण विद्रोहकाल में अशान्त ही रहा। उस समय भरतपुर शासक जसवन्त सिंह था[17] तथा पॉलिटिकल एजेन्ट मेजर मॉरीसन। दिल्ली और आगरा के निकट स्थित होने से वहाँ होने वाली घटनाओं का प्रभाव भरतपुर पर पड़ना स्वाभाविक ही था।[18] भरतपुर के निकट मथुरा में विद्रोह भड़क उठा। इसके तुरन्त बाद हुडल में तैनात भरतपुर राज्य की एक सैनिक टुकड़ी ने तुरन्त 31 मई, 1857 को विद्रोह कर दिया। इससे भरतपुर सरकार को बड़ी चिन्ता हुई। भरतपुर राज्य अंग्रेजों के लिए सुरक्षित नहीं रहा। भरतपुर के प्रमुख सरदारों ने मेजर मॉरीसन को जो भरतपुर का पॉलिटिकल एजेन्ट था भरतपुर छोड़कर चले जाने के लिए कहा क्योंकि वह भरतपुर राज्य में बहुत बदनाम था। उसका भरतपुर में रहना खतरे से खाली नहीं था।[19] भरतपुर की राजकीय सेना जिसमें अधिकतर पूरबिये और मुसलमान सैनिक थे, किसी भी समय रेजीडेन्सी पर आक्रमण कर सकती थी। मॉरीशन को अवगत कराया गया कि नीमच के विप्लवकारी ब्रिटिश पदाधिकारियों को भरतपुर में देखकर उत्तेजित होकर भरतपुर पर आक्रमण कर सकते है। 8 जुलाई तक मॉरीशन भरतपुर में तनावपूर्ण माहौल में कार्यरत रहा, परन्तु 5 जुलाई के दिन ब्रिटिश सेना शाबगंज नामक स्थान पर विद्रोहियों से पराजित हुई। ऐसी गम्भीर स्थिति में कर्नल कॉल्विन ने मेजर मॉरीशन को भरतपुर छोड़कर तुरन्त आगरा पहुँचने के लिए आदेश भेजा। इस पर मॉरीशन रेजीडेन्सी का कार्यभार माजी साहिबा के प्रतिनिधि गुलाब सिंह को सौंप कर आगरा चला गया।[20]

सम्पूर्ण विद्रोह काल में भरतपुर की स्थिति विस्फोटक बनी रहीं। विद्रोहियों की सैनिक टुकड़ियां भरतपुर राज्य की सीमा में से होकर गुजरती थी। भरतपुर राज्य की सेना में भी विद्रोह की भावना प्रबल थी। भरतपुर की गुर्जर और मेव जातियों ने खुलकर विद्रोहियों का साथ दिया था। भरतपुर की जनता में यह धारणा बनने लगी थी कि अंग्रेजी शासन का अन्त होने जा रहा है। ऐसा प्रतीत होने लगा मानों कि अंग्रेजी सत्ता हट गई है। यह स्थिति तब तक बनी रही जब तक कि क्रान्ति के अंगारे ठण्डे नहीं पड़ गए। तब कहीं पॉलिटिकल एजेन्ट फिर से अपना काम प्रारम्भ कर सका। भरतपुर राज्य के आगरा के निकट होने से यहाँ पर जनता में राजनैतिक जन-जागृति अधिक थी तथा दिल्ली और आगरा जाने वाले विद्रोहियों के भरतपुर राज्य से होकर गुजरने के कारण यहाँ की जनता में अंग्रेजों के खिलाफ विद्रोह की भावना अधिक थी।[21]

1815 ई0 में रावराजा बख्तावर सिंह के निधन के पश्चात् अलवर राज्य की गद्दी के लिए बन्नेसिंह और बलवन्त सिंह दो दावेदार थे। वे दोनों ही अवयस्क थे। बख्तावर सिंह बन्नेसिंह को गोद लेना चाहता था परन्तु गोद लेने की रस्म पूरी होने से पहले ही रावराजा की

मृत्यु हो गई। राजपूत सामन्त बन्नेसिंह को गद्दी पर आसीन करना चाहते थे। बलवंत सिंह स्वर्गीय रावराजा की मुस्लिम पत्नी का पुत्र था।[22] नवाब अहमद बक्सखाँ के नेतृव में मुसलमान समुदाय उसे अलवर राज्य की गद्दी दिलवाना चाहता था। दोनों पक्षों में विचार-विमर्श के बाद यह तय हुआ की वयस्क होने पर बन्नेसिंह को राजा बनाया जाये और बलवंत सिंह को प्रशासन संचालन का कार्य सुपुर्द किया जाये। ब्रिटिश सरकार ने भी इस व्यवस्था के लिए सहमति प्रकट कर दी। 1823 में दोनों दावेदार वयस्क हो गये। पूर्व निर्णय के प्रतिकूल वे दोनों दावेदार एक-दूसरे के राज्य अधिकारों का अन्त करने के लिए षड़यन्त्र करने लगे।[23] रेजीडेन्ट ऑक्टरलोनी ने सुझाव दिया कि 1805 में जो परगने ब्रिटिश सरकार को दिये गये थे, वे बलवन्त सिंह को दे दिए जाये। नवाब अहमदबक्स खाँ जो बलवंत सिंह का संरक्षक था को यह सुझाव पसन्द नहीं आया। उसने अलवर राज्य का आधा हिस्सा बलवन्त सिंह को दिए जाने की माँग की अतः अन्तिम निर्णय नहीं लिया जा सका।[24]

1824 ई0 में बन्नेसिंह के पक्षपातियों द्वारा नवाब को मारने का षड़यंत्र किया गया जिसमें वह घायल हो गया। ब्रिटिश रेजीडेन्ट ने अपराधिओं को अंग्रेजों के हवाले करने को कहा जिसके लिए वह तैयार नहीं हुआ। बन्नेसिंह इसके लिए तैयार नहीं हुआ तथा जयपुर और भरतपुर के ब्रिटिश विरोधी लोगों से संपर्क करने लगा। उसने अलवर की किलेबंदी करना शुरू कर दिया जिससे ब्रिटिश सरकार ने उसके विरूद्ध सेना भेज दी। बन्नेसिंह को ब्रिटिश सरकार के समक्ष झुकना पडा। अपराधियों को सुपुर्द करने के साथ उसने उसे दो लाख रूपये वार्षिक आय का अलवर राज्य का 1/3 भाग बलवन्त सिंह को देने के लिए समझौता करना पडा। इस तरह 1857 की क्रांति से पूर्व बन्नेसिंह के रिश्ते अंग्रेजों के साथ अच्छे नहीं रहे। बन्नेसिंह स्वतंत्र विचारों वाला व्यक्ति था। वस्तुतः वह अंग्रेजो का पक्षपाती नहीं था। उसने प्रारम्भ में अपने राज्य में उच्च पदों पर ब्रिटिश रेजीडेन्ट के अनुसार नियुक्तियां नहीं की। वह अंग्रेजों के अधीन रहने से ज्यादा जयपुर राज्य के अधीन रहना पसन्द करता था। उसने इस सम्बन्ध में जयपुर राज्य से संपर्क करने की कोशिश भी की परन्तु ब्रिटिश सरकार की सैनिक कार्यवाही करने की धमकी के कारण वह शान्त बैठा रहा।[25]

बन्ने सिंह ब्रिटिश सरकार की धमकी के कारण शांत बैठ गया और उसने 1857 के विप्लव में अंग्रेजो का साथ दिया। उसने आगरा के लिए अपना तोपखाना व सेना भेजी। विद्रोही सेनाओं को पहले ही इस तथ्य की जानकारी मिल गई। उन्होंने अचनेरा के समीप अलवर की सेना की घेराबंदी करके अनेक सैनिकों व सेनाधिकारियों को मौत के घाट उतार दिया। इस तरह 1857 के विप्लव में बन्नेसिंह ने अंग्रेजी हुकूमत का साथ दिया परन्तु उसने अपने प्रारम्भ से ही स्वतंत्र विचारों को अपनाते हुए ब्रिटिश सरकार की गलत नीतियों का विरोध किया तथा जयपुर व भरतपुर के ब्रिटिश विरोधी व्यक्तियों से सम्पर्क भी किया इससे अलवर राज्य में ब्रिटिश विरोधी तत्वों को बल मिला और अलवर में 1857 ई0 के विप्लव के लिए एक पृष्ठभूमि तैयार हो सकी। इसी के परिणामस्वरूव 11 जुलाई, 1857 ई0 को दिल्ली से लौटने वाले क्रान्तिकारियों की हलचलें अलवर राज्य में शुरू हुई। गूजरों एवं मेवों के

गाँवों में अंग्रेजी हुकूमत के विरूद्ध आक्रोश था और वे स्वाधीनता संग्राम में कूद पडे।[26] राजस्थान के अन्य क्षेत्रों कोटा, नीमच, एरिनपुर, नसीराबाद, ब्यावर आदि से दिल्ली की ओर कूच करने वाले सैनिकों के लिए अलवर राज्य रास्ते में पडता था इससे इन सैनिको की गतिविधियों से भी यहाँ के विद्रोहियों को प्रोत्साहन मिला और स्वतंत्रता प्रेमी लोगों ने अंग्रेजों के खिलाफ इस विप्लव में भाग लिया परन्तु अलवर शासक द्वारा अंग्रेजों की सहायता किये जाने के कारण यहाँ विप्लव को बडी सफलता नहीं मिल सकी।

आगरा एवं भरतपुर के निकट होने से यहाँ हो रही क्रान्तिकारी घटनाओं का प्रभाव धौलपुर रियासत पर पडना स्वाभाविक ही था इसीलिए सम्पूर्ण विद्रोहकाल में यहाँ तनावपूर्ण वातावरण बना रहा। क्रान्ति के अखिल भारतीय विस्फोट के प्रारम्भ से ही धौलपुर के सैनिको और आम जनता में अंग्रेजों के विदेशी शासन के विरूद्ध आक्रोश था सम्भवतः कमल का सैनिकों में और चपाती का साधारण जनता में इस समय तक वितरण हो गया था। ये क्रान्ति के लिए सन्नद हो जाने के प्रतीक थे। गूजर नेता देवा ने लगभग 3000 गूजर इकट्ठा करके 1 जुलाई, 1857 ई0 को इरादत नगर की तहसील व राज्य खजाने से 2 लाख रूपये लूटे। उसके एक साथी भवानीशंकर ने भी इस प्रकार की कार्यवाही की थी। 31 अगस्त, 1857 ई0 को ग्वालियर की प्रथम पैदल सेना के सूबेदार मीर अमानअली ने धौलपुर के राजा को यह धमकी दी थी कि उसने अगर अंग्रेजों की मदद की तो उस पर आक्रमण कर दिया जायेगा। सूबेदार ने आगरा की ओर जाने का इरादा भी किया था। अन्ततः अक्टूबर, 1857 ई0 में ग्वालियर और इन्दौर के विप्लवकारियो ने मिल कर धौलपुर राज्य में प्रवेश किया। धौलपुर राज्य की सेना के अधिकांश सैनिक व सैन्य अधिकारी विप्लवकारियों से मिल गये। धौलपुर शासक भगवन्त सिंह की सत्ता कुछ सयय के लिए पूर्णतया समाप्त हो गई। धौलपुर में विप्लवकारियों ने भीषण लूट-खसोट की। धौलपुर नरेश भगवन्त सिंह विप्लवकारियों द्वारा घेर लिया गया और उसे मार डालने की धमकी दी गई। उसे भारी दबाव के कारण विप्लवकारियों की माँगे माननी पडी।[27]

धौलपुर में अपनी गतिविधियो को अंजाम देने के पश्चात् विप्लवकारियों ने आगरा की ओर कूच किया। डब्ल्यू म्यूर के 8 अक्टूबर, 1857 ई0 के पत्र से ज्ञात होता है कि धौलपुर के क्रान्तिकारियों ने खारी नदी पार करके जब आगरा से 18 मील दूरी पर अपना पड़ाव डाला था उस समय अंग्रेज अधिकारियों ने कर्नल ग्राथेड से गुहार की थी कि धौलपुर के क्रांतिकारियों का इरादा आगरा किले पर आक्रमण करने का है अतः वह ससैन्य आगरा की ओर कूच करे। साथ ही 500 घुडसवार और घोडों वाले तोपखाने भेजने की पुकार की थी। डब्ल्यू म्यूर के दूसरे पत्र से ज्ञात होता है कि 9 अक्टूबर को धौलपुर सेना के क्रान्तिकारी खारी नदी को पार कर गये थे और आगरा जनपद के भूभाग में फैल गये थे। राव रामचन्द्र और हीरालाल के नेतृत्व में लगभग 1000 विप्लवकारी धौलपुर राज्य की अधिकांश तोपें लेकर आगरा की ओर पलायन कर गये थे। आगरा पर आक्रमण करते समय विद्रोहियों ने धौलपुर राज्य की तोपों का ही प्रयोग किया था। 10 अक्टूबर को धौलपुर के क्रान्तिकारियों ने आगरा छावनी

पर आक्रमण कर दिया। धौलपुर शासक दिसम्बर, 1857 तक पूर्णतया शक्तिहीन बना रहा और विप्लवकारियों के अधीन बना रहा। धौलपुर के क्रान्तिकारियों को अंग्रेजों की सुसज्जित अंग्रेजी सेना से पराजित होना पडा। बहुत से सैनिक शहीद हो गये। उनकी 11 या 13 तोपें शत्रुओं के हाथ लग गयी। तत्कालीन अंग्रेज अधिकारियों के पत्रों के आदान-प्रदान से स्पष्ट होता है कि धौलपुर में सन् 1857 की क्रान्ति ने प्रज्ज्वलित होकर आगरा में ब्रिटिश सत्ता को चुनौती दी थी। संभव है कि अनेक क्रान्तिकारी सैनिक दिल्ली भी पहुँचे होंगे। यहाँ पर क्रान्ति 1858 तक शान्त नहीं हुई थी। अन्त में पटियाला नरेश ने धौलपुर शासक के अनुरोध पर अपने 2000 सिक्ख सैनिक धौलपुर भेजे, जिनके पास तोपखाना भी था। उन्होंने धौलपुर शासक को विप्लवकारियों से मुक्ति दिलवाई और राज्य में पुनः व्यवस्था स्थापित की जा सकी। बहुत से विप्लवकारियों को गिरफ्तार कर लिया गया। लेकिन फिर भी धौलपुर के असंतुष्ट क्रान्तिकारी कालपी तक पहुँच गये जो वहाँ के क्रान्तिकारियों की मदद के लिए वहाँ पहुँचे थे।[28]

1857 के विप्लव में धौलपुर के विप्लवकारियों ने न केवल धौलपुर में बल्कि धौलपुर से बाहर आगरा और कालपी तक पहुँच कर विप्लव में भाग लिया और अपना स्थान दर्ज कराया, कुछ समय तक तो धौलपुर में भगवन्त सिंह की सत्ता ही खत्म हो गई थी। अतः हम कह सकते है कि 1857 के विप्लव में धौलपुर वासियों की अति महत्वपूर्ण भूमिका रही थी।

1857 ई0 के विप्लव के समय महाराजा मदनपाल करौली के शासक थे। उन्होंने उस समय तन, मन, धन से ब्रिटिश सरकार की मदद की इससे प्रसन्न होकर ब्रिटिश अधिकारियों ने इनके राज्य को 15 हजार रूपये मासिक देने का वायदा किया था। 5 जून, 1857 ई0 को तत्कालीन गवर्नर जनरल ने भी अपने खरीते में इनकी सहायता को मुक्त-कंठ से स्वीकार किया था। 1857 के विप्लव में जब राज्य के हिण्डौन में नवाब वजीर मोहम्मद खाँ की अधीनता में क्रान्तिकारी सैनिको ने उस प्रदेश की पहाडियों पर अधिकार कर लिया था तो करौली की फौज ने नवाब वजीर मोहम्मद खाँ पर आक्रमण कर उसे मार दिया और उसके अनुयायिओं को कैद कर लिया। करौली महाराजा ने ब्रिटिश सरकार को खुश करने के लिए बन्दियों को भी उनके सुपुर्द कर दिया। इन बंदियों के साथ क्या हुआ? यह तो अज्ञात है लेकिन ब्रिटिश सरकार ने इन कैदियों को बडी निर्ममता एवं निर्दयता के साथ फाँसी पर लटकाया था। क्रान्तिकारियों को गोलियों से उडाया गया था। लेकिन फिर भी करौली में विद्रोह की ज्वाला को पूरी तरह बुझाया नहीं जा सका था।[29]

कोटा में जब 1857 के विप्लव की लपटें उठी थी उस समय करौली दरबार ने ब्रिटिश सरकार को सहायता कर उसे संकट से बचाया था। करौली महाराजा के चाचा की पुत्री कोटा महाराव भीमसिंह को ब्याही थी इसीलिए जब कोटा में आन्दोलनकारियों ने विद्रोह कर दिया और कोटा नरेश को नजरबन्द कर लिया तब कोटा महारानी ने पत्र भेज करौली महाराजा से सहायता माँगी थी जब उसने एक सैनिक टुकडी कोटा भेजी। इन सेवाओं से प्रसन्न हो कर लार्ड केनिंग ने करौली महाराजा को 20 हजार रूपए की खिलअत पुरस्कार रूप में दी

थी। साथ ही सभी कर्ज भी माफ कर दिये और तोपों की सलामी बढाकर 15 कर दी थी। गोद लेने की सनद् उन्हे प्रदान कर दी।[30] करौली महाराजा द्वारा अंग्रेजी सरकार को भरपूर सहयोग प्रदान करने के बावजूद भी करौली रियासत की जनता में अंग्रेजों के खिलाफ रोष व्याप्त था तथा राज्य में जगह-जगह अंग्रेजों के खिलाफ आंदोलन किये गये परन्तु 'महाराजा मदनपाल की अंग्रेजो के प्रति स्वामीभक्ति के कारण विप्लवकारियों को अन्ततः शांत कर दिया गया।[31]

राजस्थान के नरेश निःसंदेह कम्पनी सरकार के सहयोगी बने रहे, परन्तु उनके मन में भी कुछ अंशों तक आक्रोश अवश्य था क्योंकि ब्रिटिश सरकार द्वारा उनकी स्वायत्तता पर निरन्तर आक्रमण किया जा रहा था। प्रिचार्ड ने अपनी पुस्तक "द म्युटिनी इन राजस्थान" में विचार व्यक्त किये है कि यदि अजमेर पर विप्लवकारियों का अधिकार हो जाता तो राजस्थान के शासक उनके सहयोगी बन जाते। निष्कर्षतः हम यह कहेंगे की पूर्वी राजस्थान में ब्रिटिश विरोधी भावना व्याप्त थी। सामान्यतः जनमत ब्रिटिश सत्ता के उन्मूलन के पक्ष में था। कुछ अंशो तक विप्लवकारियों को जनसमर्थन भी प्राप्त था। यह सही है कि आज के मापदण्ड के अनुसार उस समय राष्ट्रीयता का बोध आम जनता को नहीं हो पाया था। परन्तु उस समय की परिस्थितियों में ब्रिटिश विरोधी भावना को राष्ट्रीयता का ही द्योतक माना जाना चाहिए। ऐसी स्थिति में यदि यह कहा जाये कि 1857 के विप्लव में स्वाधीनता संग्राम का बीजारोपण हुआ तो कोई अतिशयोक्ति नहीं होगी। पूर्वी राजस्थान की रियासते आगरा और दिल्ली के निकट स्थित होने की वजह से क्रान्तिकारी गतिविधियों में यहाँ की जनता ने विशेष रूप से भाग लिया और भारतीय स्वतन्त्रता संग्राम के लिए एक पृष्ठभूमि तैयार की।

1. जी0एन0 शर्मा, राजस्थान का इतिहास, शिवलाल अग्रवाल एण्ड कम्पनी, आगरा, 1995, पृ0 2.
2. जगदीश सिंह गहलोत, कछवाहों का इतिहास, राजस्थानी ग्रन्थागार, जोधपुर, 1966, पृ0 251.
3. सी0यू0 एचिसन, ए कलेक्शन ऑफ ट्रीटीज एंगेजमेन्ट्स एण्ड सनद्स, भाग 3, सुपरइन्टेनडेन्ट गवर्नमेंट प्रिंटिंग इण्डिया, कलकत्ता, 1932, पृ0 104.
4. रघुवीर सिंह, पूर्व आधुनिक राजस्थान, राजस्थान विश्वविद्यापीठ, उदयपुर, 1951, पृ0 235-36.
5. एम0एस0 जैन, आधुनिक राजस्थान का इतिहास, पंचशील प्रकाशन, जयपुर, 1995, पृ0 45-46.
6. एन0आर0 खड़गावत, राजस्थानस् रोल इन द स्ट्रगल ऑफ 1857, गवर्नमेंट ऑफ राजस्थान, जयपुर, 1957, पृ0 14.
7. जी0एच0 ट्रेवोर, ए चेप्टर ऑफ इण्डियन म्युटिनी- राजपूताना (1857-1956), स्पोट्सिवुड एण्ड कम्पनी, लंदन, 1905, पृ0 02.

8. ओ0पी0 सारस्वत, स्वतन्त्रता संग्राम और राजस्थान (1857-1956), राजस्थान स्वर्ण जयन्ति समारोह समिति, जयपुर, 2011, पृ0 11.
9. एस0एन0 सेन, एटिन फिफ्टी सेवेन, मिनिस्ट्री ऑफ इन्फॉर्मेशन एण्ड ब्रॉडकास्टिंग, नई दिल्ली, 1958, पृ0 309.
10. एम0एस0 जैन, पूर्व उद्धृत, पृ0 131.
11. आर0पी0 व्यास, आधुनिक राजस्थान का वृहत् इतिहास, भाग 2, राजस्थान हिन्दी ग्रन्थ अकादमी, जयपुर, 2007, पृ0 87.
12. मोरीसन का लॉरेंस को पत्र दिनांक, 14 फरवरी, 1857.
13. एम0एल0 शर्मा, हिस्टी[a] ऑफ जयपुर स्टेट, पृ0 137-38.
14. राजपूताना एजेन्सी रिकॉर्ड (जयपुर ब्रांच) 1857-58 नं0 1 मिलीटरी, पृ0 4 (बाद में इसे 1857-58 की रिपोर्ट कहकर ही लिखा गया है।)
15. एस0एन0 सेन, पूर्व उद्धृत, पृ0 308.
16. के0एस0 सक्सेना, दी पॉलिटिकल मूवमेंट एण्ड अवैकनिंग इन राजस्थान (1857-1947), एस0 चन्द एण्ड कम्पनी, नई दिल्ली, 1972, पृ0 188.
17. द राजपूताना गजेटियर, वॉल्यूम 1ए कलकत्ता, 1879, पृ0 144.
18. वही, पृ0 131.
19. रिपोर्ट ऑन पॉलिटिकल एडमिनिशट्रेशन ऑफ राजपूताना स्टेट्स, 1873-74, कलकत्ता, पृ0 153.
20. एन0आर0 खड़गावत, पूर्व उद्धृत, पृ0 72.
21. किशन सिंह, एलिगेशन अगेन्सट् भरतपुर (1925-27) एण्ड अदर रिलेवेन्ट मेटर्स, इण्डियन प्रेस, इलाहाबाद, पृ0 587.
22. इम्पीरियल गजेटियर ऑफ इण्डिया, वॉल्यूम 5ए क्लेरेन्डन प्रेस, ऑक्सफोर्ड, 1908, पृ0 254.
23. सी0यू0 एचिसन, पूर्व उद्धृत, पृ0 350.
24. एस0एल0 नागौरी, अलवर राज्य का इतिहास, चिन्मय प्रकाशन, जयपुर, 1988, पृ0 49.
25. जेम्स टॉड, अनाल्स एण्ड एन्टीक्विटीज ऑफ राजस्थान, श्याम प्रकाशन, जयपुर, 2004, पृ0 138.
26. इम्पीरियल गजेटियर ऑफ इण्डिया, पूर्व उद्धृत, पृ0 258.
27. इम्पीरियल गजेटियर ऑफ इण्डिया, वॉल्यूम 11, क्लेरेन्डन प्रेस, ऑक्सफोर्ड, 1908, पृ0 322.
28. एस0बी0 चौधरी, सिविल रेबेलियन इन इण्डियन म्यूटिनी (1857-59), कलकत्ता, 1957, पृ0 140.
29. डब्ल्यू रॉ, फाइनल रिपोर्ट ऑफ द फर्स्ट सैट्लमेंट ऑफ करौली स्टेट, 1909-12, पृ0 01.

30. जी0एच0 ट्रेवोर, पूर्व उद्धृत, पृ0 12-13.
31. इम्पीरियल गजेटियर ऑफ ईस्टर्न राजपूताना स्टेट्स, गवर्नमेंट प्रेस, इलाहाबाद , 1906, पृ0 31.

2

ब्रिटिश क्राउन की सर्वोच्चता एवं मित्रता

1858 ई0 में ईस्ट इण्डिया कम्पनी के शासन का अन्त कर दिया गया था और उसके स्थान पर ब्रिटिश क्राउन के नाम पर ब्रिटिश संसद ने भारत के शासन की बागडोर अपने हाथ में ले ली थी। इस शासन परिवर्तन के बाद भारत का गर्वनर जनरल वायसराय (साम्राज्ञी का प्रतिनिधि) भी कहलाने लगा। 1857 ई0 के विप्लव के पश्चात् इस बडे संवैधानिक परिवर्तन के कारण अंग्रेजों ने देशी रियासतों के प्रति अपनाई नीति पर नये सिरे से विचार किया व नया दृष्टिकोण अपनाया। 1857 ई0 के विप्लव मे ऐसी रियासतों द्वारा दिये गये सहयोग से अंग्रेज सरकार प्रभावित थी। अंग्रेजों ने अनुभव किया कि देशी रियासतों की सहायता से वे भारत में अपने राज्य की रक्षा करने में सक्षम रहे है। अब ब्रिटिश साम्राज्य को सुदृढ़ बनाये रखने के लिए वे देशी राज्यों के सहयोग के इच्छुक थे। डलहौजी एवं उससे पूर्व के गर्वनर जनरलों ने जो नीति अपनाई थी उससे रियासतों के नरेश अपने आपको असुरक्षित महसूस करने लगे थे। उनकी धारणा बन चुकी थी कि इस नीति का अनुसरण किया जाता रहा तो वह दिन दूर नहीं जबकि देशी रियासतों का अस्तित्व समाप्त हो जायेगा। वे सभी ब्रिटिश साम्राज्य में मिला लिये जायेगे। अतः सबसे पहले ब्रिटिश सत्ताधारियों ने देशी राज्यों को आश्वस्त किया कि भविष्य में किसी भी देशी राज्य को किसी भी कारण से ब्रिटिश साम्राज्य में सम्मिलित नहीं किया जायेगा। उसकी पुष्टि में ब्रिटिश सरकार ने नवम्बर, 1858 में एक घोषणा पत्र महारानी विक्टोरिया के नाम प्रसारित कर उन्हे अवगत करवाया कि ब्रिटिश साम्राज्य की सीमा का विस्तार नहीं किया जायेगा तथा उनके अधिकारों, उनकी प्रतिष्ठा और मान-मर्यादा का सम्मान किया जायेगा देशी राज्यों ने इस घोषणा का हर्षोल्लास के साथ स्वागत किया था। उन पर इसका अच्छा प्रभाव पड़ा, वे ब्रिटिश सरकार के हर आदेश को मानने को तैयार हो गये।[1]

केनिंग का मानना था कि देशी राजाओं को संतुष्ट कर उन्हे ब्रिटिश साम्राज्य का आधार स्तम्भ बनाया जाये। गृह सरकार भी इस मत से सहमत थी। अतः लार्ड केनिंग ने भारतीय

रियासतों की सहायता से ब्रिटिश प्रशासन को चलाने की नीति को मूर्तरूप देने का प्रयास किया। देशी राजाओं में उत्तराधिकार के प्रश्न को लेकर काफी चिन्ता व्याप्त थी। केनिंग ने देशी रियासतों को विश्वास दिलाया कि उन्हे गोद लेने की स्वतन्त्रता होगी। इस संबंध में उन्हें सनदे दी गई जिनमें देशी राजाओं को गोद लेने का अधिकार दिया गया।[2]

अंग्रेजों ने बडी सूझ-बूझ और चतुराई से भारतीय नरेशों को अपने नियंत्रण में रखा। 1858 ई0 में रियासतों के नरेश यह सोचते थे कि उनका कम्पनी सरकार के साथ बराबरी का सम्बन्ध है। यद्यपि उनका ऐसा सोचना भ्रामक ही था फिर भी वे समय-समय पर यह दावा किया करते थे कि उन्हें बराबरी का अधिकार है। वे अपनी स्वतन्त्र सत्ता बनाए रखने का स्वप्न देखते रहे। अब स्थिति बिल्कुल स्पष्ट कर दी गयी थी कि ब्रिटिश सत्ता ही सर्वोपरि है। प्रत्येक देशी राज्य इसके अधीन रहकर ही कार्य कर सकता था। ब्रिटिश सरकार और देशी राज्यों के बीच वास्तविक संबंधों का आधार यही परमोच्च सत्ता का सिद्धान्त था। देशी नरेशों का सम्बन्ध ब्रिटिश क्राउन से जोडा गया। ब्रिटिश वायसराय केनिंग ने स्पष्ट शब्दों में कहा था कि देशी रियासतों में अशांति व अराजकता की स्थिति उत्पन्न होने पर ब्रिटिश सरकार को यह अधिकार होगा कि अस्थायी रूप से उस राज्य का प्रशासन अपने हाथ में ले लेवे और पुनः शान्ति एवं व्यवस्था कायम करे। इसी प्रकार राजद्रोह व सन्धि की धाराओं को भंग करने का गम्भीर अपराध करने वाले देशी नरेशों को पदच्युत भी किया जा सकेगा।[3]

वस्तुतः देशी रियासतों एवं ब्रिटिश सरकार के मध्य संबंधों का आधार परमोच्च सत्ता माना गया केनिंग ने पहली बार ब्रिटिश परमोच्च सत्ता के सिद्धान्त को प्रतिपादित करते हुए 1862 ई0 में आयोजितएक सभा में घोषणा की ‘‘ब्रिटेन का क्राउन सम्पूर्ण भारत में परमोच्च सत्ता है। भारत में इंग्लैण्ड का एकछत्र शासन है। ब्रिटिश राजमुकुट निर्विरोध शासक के रूप में हमारे समक्ष है और अपने अधीन भारतीय राजाओं तथा सामन्तों के साथ प्रथम बार उसका सीधा सम्बन्ध स्थापित हुआ है। भारतीय नरेश इंग्लैण्ड के ताज के आधिपत्य को सहर्ष स्वीकार करते है।’’[4]

इस महत्वपूर्ण सरकारी घोषणा में ‘‘परमोच्च सत्ता‘‘ और ‘‘सामन्तों‘‘ जैसे शब्दों का प्रयोग ब्रिटिश सरकार द्वारा देशी राज्यों के प्रति अपनाई जा रही नयी नीति का संकेत था। यह इस बात का द्योतक है कि कम्पनी के हाथ से भारत का शासन जब क्राउन ने अपने हाथ में लिया तो देशी राज्यों और ब्रिटिश सरकार के बीच सम्बन्धों में योजनाबद्ध बदलाव आने लगा। प्रसिद्ध लेखक के.एम.पन्निकर का कथन है कि ‘‘शांतिपूर्ण ढंग से एक संवैधानिक क्रान्ति हुई जिससे ब्रिटिश सत्ता भारत में सार्वभौम बन गयी।[5]

1857 ई0 के विप्लव के बाद के 50 वर्षों के सर्वेक्षण से स्पष्ट है कि इस अवधि में देशी राज्यों पर ब्रिटिश सरकार का अंकुश निरन्तर बढ़ता गया। पूर्वी राजस्थान की रियासतों जयपुर, अलवर, भरतपुर, धौलपुर और करौली रियासतें भी इससे अछूती नहीं रह सकी। लगभग अर्द्धशताब्दी पूर्व इन रियासतों से की गई संधियों का महत्व धूमिल हो चुका था। देशी नरेशों के अधिकारों, गौरव प्रतिष्ठा को बनाए रखने के आश्वासन दिये जाने के बावजूद

ब्रिटिश सरकार ने इस काल में देशी राज्यों के मामलों में प्रचुर मात्रा में हस्तक्षेप किया था और उनके अधिकारों की समय-सयम पर अवहेलना की गई। वस्तुतः यह युग देशी राज्यों के इतिहास में ब्रिटिश सक्रिय हस्तक्षेप का युग था।[6] देशी राज्यों में नियंत्रण रखने के उद्देश्य से ब्रिटिश सरकार अपने प्रतिनिधि के रूप में पॉलिटिकल एजेन्ट व रेजीडेन्ट की नियुक्तियां किया करती थी। यह पदाधिकारी राज्य की राजधानी में रहकर उस राज्य में रियासतों एवं ब्रिटिश सरकार के बीच की महत्वपूर्ण कड़ी था। जैसे-जैसे ब्रिटिश सरकार का देशी राज्यों के आन्तरिक मामलों में हस्तक्षेप बढ़ता गया वैसे-वैसे यह पदाधिकारी शक्तिशाली होता गया। वस्तुतः ब्रिटिश रेजीडेन्ट देशी राज्यों के लिए भाग्य विधाता थे। कोई भी नरेश रेजीडेन्ट को नाराज करने का साहस नहीं कर सकता था। उसकी सलाह को वह आज्ञा के रूप में स्वीकार करता था। पन्निकर का कहना है कि "रेजीडेन्सी में होने वाली फुसफुसाहट राज्य के लिए गरज हो जाती थी।" अतः यह निर्विवाद है कि देशी राज्यों में रेजीडेन्ट का वर्चस्व सर्वत्र स्थापित था।[7]

जयपुर राज्य में रामसिंह (1835-80ई0) के शासनकाल में अभूतपूर्व उन्नति हुई थी। रामसिंह परमोच्च सत्ता के प्रति सदैव निष्ठावान रहा और उसके निर्देशानुसार कार्य करता रहा। ब्रिटिश पदाधिकारियों का जयपुर राज्य के आन्तरिक मामलों में वर्चस्व बना रहा। 1857 की क्रांति में महाराजा रामसिंह की ब्रिटिश सरकार के प्रति विशिष्ट सेवाएँ रही थी, जिनसे प्रसन्न होकर जयुपर राज्य को कोटकासिम का परगना ब्रिटिश सरकार ने स्थाई रूप से प्रदान किया था। 1869 ई0 में रामसिंह को वायसराय की विधान परिषद का सदस्य मनोनीत किया गया। उसे बड़ौदा के राजा मल्हारराव गायकवाड़ के विरूद्ध भारत सरकार द्वारा नियुक्त कमीशन का सदस्य बनाया गया। गायकवाड़ पर लगाये गये आरोप को निर्मूल बताया था।[8]

महाराजा रामसिंह के शासनकाल में 1870 ई0 में वायसराय लॉर्ड मेयो और बाद में लॉर्ड नार्थबुरक जयपुर आये थे। 1876 ई0 में प्रिंस ऑफ वेल्स का भी जयपुर में आगमन हुआ। लॉर्ड मेयो ने "मेयो हॉस्पिटल" के भवन की नींव डाली थी। प्रिंस ऑफ वेल्स की याद में एलबर्ट हॉल की स्थापना की गई। एलबर्ट के प्रस्थान के समय उसे भेंट के रूप में बहुत-सी बहुमूल्य वस्तुएँ दी गई। महारानी विक्टोरिया के भारत की साम्राज्ञी बनने के अवसर पर वायसराय लॉर्ड लिटन ने 1 जनवरी, 1877 के दिन दिल्ली में शाही दरबार का आयोजन किया जिसमें राजपूताना के सभी बड़े नरेश क्राउन के प्रति अपनी भक्ति प्रदर्शित करने के लिए उपस्थित हुए थे। इस अवसर पर जयपुर महाराजा रामसिंह को "कॉसिलर टू द एम्प्रेस" नियुक्त किया गया था। इस प्रकार के आयोजनों तथा मेल-मिलाप के फलस्वरूप महाराजा तथा ब्रिटिश सरकार के उच्च पदाधिकारियों और इंग्लैण्ड के राजपरिवार के सदस्यों के बीच सौहार्दपूर्ण व व्यक्तिगत संबंध स्थापित हुए। महाराजा रामसिंह के सुशासन और सद्व्यवहार से ब्रिटिश सरकार प्रभावित थी। भारत सरकार ने प्रसन्न होकर महाराजा की व्यक्तिगत सलामी की तोपों की संख्या में वृद्धि की।[9]

जयपुर के लखधीर सिंह के पास अलवर राज्य में जागीर की भूमि थी। अलवर राज्य ने इसे जब्त कर लिया था। लखधीर सिंह ने जो जयपुर में रहता था, अलवर राज्य में पहुँच लालपुरा गाँव पर अधिकार कर लिया। अलवर राज्य की शिकायत थी कि जयपुर राज्य ने लखधीर सिंह की मदद की थी। इस सम्बन्ध में दोनों राज्यों के बीच तीव्र मतभेद उत्पन्न हो गये। इस बीच लखधीर सिंह ने एक अन्य गाँव नारायणपुर पर भी अधिकार कर लिया और चारों तरफ लूट-खसोट करने लगा। दोनों राज्यों की तरफ से उसके विरूद्ध सेनाएँ भेजी गई और लखधीर सिंह से गाँव मुक्त करवाये। अतः दोनों गाँवों के बीच मुआवजे के प्रश्न को लेकर विवाद बढ़ने लगा। अन्ततः ए.जी.जी. के हस्तक्षेप करने पर 1868 ई0 में झगड़ा शान्त हुआ।[10]

जयपुर क्षेत्र में डकैती व ठगी का बहुत जोर था। जोधुपर और बीकानेर के जागीरदार भी डाकुओं और ठगों को शरण दे रहे थे। ब्रिटिश सरकार ने डकैती और ठगी को रोकने के उद्देश्य से एक पृथक विभाग की स्थापना सुजानगढ़ में की। जिससे क्षेत्र में शान्ति स्थापित हो गई। भारत सरकार ने परमोच्च सत्ता के रूप में इन देशी राज्यों के मामलों में निरन्तर हस्तक्षेप किया।[11]

महाराजा रामसिंह के कोई पुत्र नहीं था, अतः उसने ईसरदा के ठाकुर रघुनाथ सिंह के द्वितीय पुत्र माधवसिंह को गोद ले लिया था। भारत सरकार ने माधवसिंह (1880-1922ई0) को रामसिंह का उत्तराधिकारी स्वीकार कर लिया था। यद्यपि माधवसिंह राज्याभिषेक के समय 19 वर्ष का था, फिर भी ब्रिटिश सरकार ने उसे शासन के सम्पूर्ण अधिकार नहीं दिये। उसे प्रशासन का अनुभव नहीं था, अतः पॉलिटिकल एजेन्ट की देखरेख में एक परिषद का गठन किया गया। शासन पर ब्रिटिश सरकार का पूर्ण वर्चस्व रहा माधवसिंह के शासनकाल में जयपुर राज्य में आधुनिकीकरण की प्रक्रिया तेजी से हुई। ब्रिटिश सत्ता के प्रति महाराजा की पूर्ण आस्था तथा निष्ठा बनी रही। ब्रिटिश सरकार की तरफ से भी उसे समय-समय पर सम्मानित किया गया। 1903 ई0 और 1911 ई0 के दरबार के समय माधव सिंह को सम्मानित किया गया। 1904 ई0, 1911 ई0 और 1921 ई0 में माधवसिंह को क्रमशः भारतीय सेना का कर्नल, मेजर जनरल और लेफ्टिनेंट जनरल पदों से सम्मानित किया गया। 1921 ई0 में महाराजा माधवसिंह ने इंग्लैण्ड की यात्रा की थी। इंग्लैण्ड में वह सम्राट एडवर्ड सप्तम् से मिला। उस समय उसने सम्राट को 5 लाख रूपये मूल्य की एक तलवार व अन्य वस्तुएँ भेंट रूप में प्रस्तुत की थी। इस जयपुर महाराजा के सम्राट एडवर्ड सप्तम् और उनके परिवार के सदस्यों के साथ व्यक्तिगत सम्बन्ध थे। जयपुर राज्य के आन्तरिक मामलों में भी ब्रिटिश सरकार का हस्तक्षेप निरन्तर बना रहा।[12] राजपूताना की रियासतों के आन्तरिक व बाहय मामलों में ब्रिटिश सरकार हस्तक्षेप करती रहती थी जो हमें जयपुर राज्य के अंग्रेजों के साथ संबंधों में स्पष्ट रूप से दिखाई पड़ता है।

15 जुलाई, 1857 ई0 को महाराव बन्नेसिंह का एकमात्र पुत्र शिवदानसिंह (1857-1874ई0) अलवर के सिंहासन पर बैठा। महाराव के अल्पवयस्क होने के कारण

राज्य का कार्यभार दीवान मुन्शी अम्मुजान के हाथों में था। राज्य के सभी महत्वपूर्ण पदों पर मुसलमान पदाधिकारी कार्यरत थे। बालक राजा शिवदान सिंह के चारों ओर मुसलमान बालक-बालिकाएँ रहती थी। महाराव का रहन-सहन मुसलमान की तरह ही था। वह अम्मूजान की पुत्री से प्रेम करने लगा और शादी करना चाहता था। ऐसी भी सम्भावना थी कि वह अपना धर्म बदलकर अम्मूजान की पुत्री से विवाह करेगा। इससे राजपूत वर्ग अत्यन्त क्षुब्ध व उग्र हो गया।[13] 8 अगस्त, 1858 ई0 को लखधीरसिंह के नेतृत्व में राजपूतों ने अम्मूजान के घर को घेर लिया। अम्मूजान के तीन आदमियों के साथ उसका भतीजा भी मारा गया। वह स्वयं भाग निकला परन्तु बाद में पकड़ा गया। राजपूत उसे मौत के घाट उतार देना चाहते थे परन्तु शिवदान सिंह के आग्रह करने पर उसे छोड़ दिया गया। उसे अलवर राज्य से बाहर निकाल दिया गया। अंग्रेजों को जब इस घटना की सूचना मिली तब ए.जी.जी. तत्काल अलवर पहुँचा। स्थिति का अवलोकन कर उसने तत्काल लखधीर सिंह की अध्यक्षता में रीजेन्सी कौंसिल की स्थापना की तथा कैप्टन इम्पी को पॉलिटिकल एजेन्ट नियुक्त किया। कुछ समय बाद रीजेन्सी कौंसिल को भंग कर पॉलिटिकल एजेन्ट को राज्य प्रशासन का भार सुपुर्द कर दिया। इम्पी ने पहले पाँच जागीरदारों की एक नई रीजेन्सी कौंसिल की स्थापना की थी परन्तु बाद में ठाकुर लखधीर सिंह की अध्यक्षता में एक अन्य कौंसिल बनाई जो 1863 ई0 तक अलवर राज्य के प्रशासन का कार्य करती रही।[14]

14 सितम्बर,1863 ई0 को वयस्क हो जाने पर शिवदान सिंह को राज्य शासन के अधिकार प्राप्त हो गये। रीजेन्सी कौंसिल भंग कर दी गई। अम्मूजान का, जो अभी दिल्ली में रह रहा था का महाराव शिवदान सिंह पर बड़ा प्रभाव था। उसकी सिफारिश पर महाराव मुसलमानों को राज्य में बड़े पदों पर नियुक्त करने लगा था। वह पुनः विलासमय जीवन व्यतीत करने लगा। राज्य व्यवस्था बिगड़ने लगीं। सर्वत्र अशान्ति का वातावरण व्याप्त होने लगा। स्थिति का लाभ उठाकर लखधीर सिंह ने अलवर के लालपुर गाँव पर अधिकार कर लिया। लखधीर सिंह को लेकर अलवर और जयपुर राज्य में तनाव उत्पन्न हो गया। ब्रिटिश सरकार के हस्तक्षेप के फलस्वरूप दोनों राज्यों के बीच समझौता हो सका। इसी समय महाराव और नीमराणा के जागीरदार के बीच विवाद चल रहा था। ब्रिटिश सरकार ने इस झगड़े में भी हस्तक्षेप किया।[15]

महाराव की फिजूलखर्ची के फलस्वरूप राज्य पर 16 लाख रूपये का ऋण हो गया था। आय वृद्धि के उद्देश्य से महाराव ने जागीरों व माफियों की जमीने जब्त करना प्रारम्भ कर दिया। खर्चे में कटौती करने के आशय से महाराव ने अंगरक्षक सेना के राजपूत सैनिकों में छंटनी करनी प्रारम्भ कर दी। उसने राजपूत जागीरदारों पर अत्याचार किये उनकी धार्मिक मान्यताओं की खिल्ली उड़ाई तथा उनके प्रति अनादर व अपमानजनक व्यवहार किया। राजपूत इससे खिन्न हुए। उन्होंने रामदल नामक एक संगठन बनाया और महाराव का विरोध करना प्रारम्भ कर दिया। राज्य में अराजकता फैलने लगी। जिससे प्रभावित होकर ब्रिटिश सरकार ने महाराव को अयोग्य घोषित करके उसे राज्य के शासनाधिकारों से वंचित

कर दिया। दिसम्बर, 1870 ई0 में पॉलिटिकल एजेन्ट क्रेडल की अध्यक्षता में एक कौंसिल का निर्माण किया गया। महाराव इस कौंसिल की कार्यवाही में भाग ले सकता था, परन्तु निर्णय लेने का अधिकार उसे नहीं था। उसे 15 हजार रूपये मासिक भत्ते के रूप में दिया जाना तय किया गया। महाराव को इससे मानसिक धक्का लगा जिससे खिन्न होकर उसने गेरूएँ वस्त्र पहन लिए और वह एक विरक्त व्यक्ति का जीवन व्यतीत करने लगा। 11 अक्टूबर, 1874 ई0 को उसका देहान्त हो गया।[16]

शिवदान सिंह के कोई पुत्र नहीं था। उसकी मृत्यु के पश्चात् बीजावड़ का लखधीर सिंह और थाना का जागीरदार मंगलसिंह अलवर राज्य के सिंहासन के लिए दावेदार थे। 12 कोटड़ियों के सरदारों ने अपना निर्णय मंगलसिंह के पक्ष में लिया। ब्रिटिश सरकार ने भी इसका पक्ष लिया अतः मंगलसिंह (1874-92ई0) को अलवर की राज गद्दी पर बैठाया गया। मंगलसिंह के अल्पवयस्क होने के कारण राज्य प्रशासन का भार पॉलिटिकल एजेन्ट की अध्यक्षता में एक कौंसिल के द्वारा संचालित किया जाने लगा। लखधीर सिंह ने मंगलसिंह को अलवर की राजगद्दी दिये जाने का विरोध किया था। अतः उसकी जागीर जब्त कर ली गई और उसे अपने राज्य से बाहर अजमेर में रहने का आदेश दिया गया। कुछ समय बाद उसकी मृत्यु हो गई तब उसके उत्तराधिकारी माधवसिंह को जागीर वापस लौटा दी गई।[17]

मंगलसिंह को मेयो कॉलेज में शिक्षा प्राप्त करने के लिए भेज दिया गया। 1877 ई0 में मंगलसिंह को शासनाधिकार दे दिए गए, परन्तु अब भी वह आन्तरिक प्रशासन संचालन में पूर्ण स्वतन्त्र नहीं था। स्थानीय पॉलिटिकल एजेन्ट का शासक पर नियंत्रण था। राज्य के प्रशासन की वार्षिक रिपोर्ट बनाकर वह वायसराय के पास भेजता था। आवश्यकता पड़ने पर वह शासन में हस्तक्षेप करता था और ब्रिटिश सरकार की आज्ञाओं को मानने के लिए शासक को बाध्य करता था। अलवर राज्य में 1873 ई0 से अंग्रेजी सिक्कों का प्रचलन प्रारम्भ हुआ। 1879 ई0 में अलवर राज्य के साथ ब्रिटिश सरकार का नमक के सम्बन्ध में समझौता हुआ। मंगल सिंह ब्रिटिश सरकार का समर्थक बना रहा। भारत सरकार ने भी बार-बार उसे 'सितारे हिन्द' की उपाधि से विभूषित किया गया, अब तक अलवर के शासक महाराव ही कहलाते थे, परन्तु जनवरी 1889 ई0 से अंग्रेजी सरकार ने अलवर शासकों को वंश परम्परागत से महाराजा कहलाने की स्वीकृति प्रदान कर दी।[18]

राज्य की सेना का प्रमुख अधिकारी अभी भी सिद्धान्त रूप में शासक ही था, परन्तु अब उस पर ब्रिटिश सरकार का नियंत्रण रहने लगा था। 1889 ई0 में राज्य की सेना का पुनर्गठन ब्रिटिश अधिकारी के नियंत्रण में किया गया। अब शासन की विभिन्न व्यवस्थाएँ वह अपने अनुसार नहीं कर सकता था। इस विभाग में कोई परिवर्तन करने से पूर्व उसे ब्रिटिश सरकार की अनुमति प्राप्त करना आवश्यक था। इतना ही नहीं राज्य की सेनाओं को ब्रिटेन में भी युद्ध लड़ने के लिए जाना पड़ा जिससे राज्य को जन एवं धन की भारी हानि उठानी पड़ी। इन युद्धों का राज्य के हितों से कोई सम्बन्ध नहीं था।

22 मई, 1892 ई0 को मंगलसिंह का निधन हो गया। इसके पश्चात् उसका एकमात्र पुत्र जयसिंह गद्दी पर बैठा। जयसिंह नाबालिग था अतः राज्य का शासन प्रबन्ध ब्रिटिश सरकार के हाथ में ही था। 10 दिसम्बर, 1902 ई0 को वायसराय लॉर्ड कर्जन ने महाराजा को राज्य प्रशासन के पूर्ण अधिकार प्रदान किये। 1904 ई0 में महाराजा ने रेवाड़ी से फुलेरा तक रेल लाइन बिछाने हेतु भारत सरकार को भूमि देना स्वीकार कर लिया। राज्य में से होकर जाने वाली लाइन से जनता को आवागमन की सुविधा मिलने लगी।[19]

रूपारेल नदी के जल के बँटवारे को लेकर लम्बे समय से अलवर व भरतपुर राज्यों के बीच विवाद चल रहा था। ब्रिटिश सरकार के हस्तक्षेप से 1905 ई0 में यह विवाद समाप्त कर दिया गया। अक्टूबर से रबी फसल के लिए अलवर राज्य को पानी का उपभोग करने का अधिकार दिया गया। वर्षा ऋतु में खरीफ फसल के लिए भरतपुर राज्य को पानी का उपभोग करने का अधिकार दिया गया। ब्रिटिश सरकार द्वारा लिए गये इस निर्णय से अलवर राज्य में काफी मात्रा में सिंचाई होने लगी और किसानों को इससे लाभ हुआ। महाराजा जयसिंह प्रतिभा सम्पन्न और स्वतन्त्र विचारों वाला व्यक्ति था। वह ब्रिटिश सरकार के अनुचित हस्तक्षेप का विरोध करता था।[20]

उपर्युक्त विवरण से स्पष्ट है कि 1857 ई0 से अलवर राज्य के आन्तरिक मामलों में ब्रिटिश सरकार के हस्तक्षेप का क्रम चला जो धीरे-धीरे ऐसी स्थिति में पहुँच गया। जब शासक केवल नाममात्र का रह गया। उसकी प्रत्येक नीति पर ब्रिटिश सरकार का नियंत्रण रहने लगा।

21 मार्च, 1853 ई0 को भरतपुर शासक बलवन्त सिंह का देहान्त हो गया और उसका पुत्र जसवन्त सिंह गद्दी पर बैठा। वह इस समय नाबालिग था अतः राज्य शासन की बागडोर पाँच सदस्यों की एक कौंसिल को सुपुर्द कर दी गई। स्थानीय ब्रिटिश पॉलिटिकल एजेन्ट इस कौंसिल का अध्यक्ष था।[21] 1857 ई0 के विप्लव के समय भी राज्य में इसी प्रकार की व्यवस्था कायम थी। विप्लव के समय भरतपुर राज्य में ब्रिटिश विरोधी अनेक घटनाएँ हुई थी। विप्लव के पश्चात् अन्य रजवाडों की भाँति भरतपुर नरेश को भी 11 मार्च, 1862 ई0 को ब्रिटिश सरकार द्वारा गोद लेने का परम्परागत अधिकार प्राप्त हो चुका था। 1871 ई0 जसवन्तसिंह के वयस्क होने पर उसे शासन संबंधी अधिकार प्राप्त हुए। इसके शासनकाल में भरतपुर राज्य में रेलवे लाइन का निर्माण करवाया गया। 1879 ई0 में भरतपुर राज्य और ब्रिटिश सरकार के बीच नमक उत्पादन सम्बन्धी समझौता सम्पन्न हुआ। 1884 ई0 में शराब, अम्ल और अन्य मादक वस्तुओं को छोड़कर सभी वस्तुओं पर राहदारी कर की व्यवस्था समाप्त कर दी गई। 1889-90 ई0 में ब्रिटिश सरकार की मंशा के अनुसार राज्य में पाश्चात्य पद्धति के अनुरूप पैदल और घुडसवारों की पलटन खड़ी कर दी गई। राज्य में आधुनिकीकरण की प्रक्रिया आरम्भ हुई। जसवन्त सिंह का राज्यकाल दीर्घकाल तक रहा। 12 दिसम्बर, 1893 ई0 में इसका निधन हो गया। उसका पुत्र रामसिंह गद्दी पर आसीन हुआ। वह वयस्क था फिर भी उसे शासन के अधिकार नहीं दिए गए। पॉलिटिकल

एजेन्ट की अध्यक्षता में कौंसिल द्वारा ही शासन का संचालन होता था। बाद 1895 ई0 में किन्ही राजनीतिक कारणों से कौंसिल भंग कर दी गई। वह ब्रिटिश पॉलिटिकल एजेन्ट के आदेशानुसार राज्य का कार्य किया करता था। 1879 ई0 में पूर्वी राजपूताने के राज्यों के पॉलिटिकल एजेन्ट का कार्यालय धौलपुर से भरतपुर स्थानान्तरित कर दिया गया। 1898 ई0 में एक बार फिर कौंसिल का शासन स्थापित हुआ।[22]

रामसिंह ऐय्यास, चरित्रहीन और अयोग्य व्यक्ति था। ब्रिटिश सरकार उससे नाराज थी। उसने आबू में अपने निजी सेवक की हत्या कर दी थी। इस अपराध के कारण परमोच्च सत्ता ने इसे 1900 ई0 में सिंहासनाच्युत कर दिया और उसके पुत्र किशनसिंह को भरतपुर की गद्दी पर बैठाया। वह अल्पवयस्क था अतः राज्य का प्रशासन फिर से कौंसिल के हाथों में चला गया। इस प्रकार 1857 ई0 से 1905 ई0 तक ब्रिटिश सरकार का निरन्तर भरतपुर राज्य में हस्तक्षेप तथा वर्चस्व रहा। वस्तुतः ब्रिटिश सरकार द्वारा ही राज्य में शासन संचालित था। आलोच्यकाल में अधिकांशत राजा नाबालिग रहे। वयस्क होने पर भी राजा को प्रशासन सम्बन्धी पूर्ण अधिकार प्रदान नहीं किये गये थे।[23]

करौली राज्य पर यादव राजपूतों का आधिपत्य था। 1857 ई0 के विप्लव के समय करौली का शासक मदनपाल था। इस संकटकाल में ब्रिटिश सरकार की सहायता के लिए मदपाल ने एक राजकीय सेना भेजी थी। कोटा नगर पर विप्लवकारियों का अधिकार हो गया था। उस समय ब्रिटिश सरकार की अनुमति से और कोटा महाराव की प्रार्थना पर करौली से एक टुकड़ी महाराव की सहायतार्थ कोटा पहुँची थी। मदनपाल की निष्ठा और वफादारी से प्रसन्न होकर ब्रिटिश सरकार ने उसे 'ग्रांड कमान्डर ऑफ द ऑर्डर आफ स्टार ऑफ इण्डिया' की उपाधि से सम्मानित किया था। उसकी सलामी की तोपों में वृद्धि की गई। 1862 ई0 में अन्य राज्यों के शासकों की भाँति करौली के शासक को भी गोद लेने की सनद् प्रदान की गई संयोगवश करौली में आने वाले सभी शासक गोद आये थे।[24]

17 अगस्त, 1869 ई0 को मदनपाल की मृत्यु हो गई। उसके बाद उसका भतीजा लक्ष्मणपाल करौली के सिंहासन पर आसीन हुआ। उसका शासनकाल अत्यन्त अल्पकालीन रहा। उसकी मृत्यु के पश्चात् जयसिंहपाल करौली का शासक बना। वह भी 19 नवम्बर, 1875 ई0 को मृत्यु का ग्रास बन गया।[25] ब्रिटिश सरकार के आदेशानुसार हाडौती का राव अर्जुनपाल करौली की गद्दी पर आरूढ़ हुआ। राज्य की वितिय स्थिति खराब हो जाने के कारण शासन का कार्य पॉलिटिकल एजेन्ट के नियंत्रण में कौंसिल को सुपुर्द किया गया। जुलाई, 1886 ई0 में अर्जुनपाल के मर जाने पर उसका भतीजा भँवरपाल करौली का शासक बना। राज्य शासन का कार्य कौंसिल के द्वारा संचालित किया जाने लगा। पॉलिटिकल एजेन्ट का राज्य प्रशासन पर वर्चस्व बना रहा। जून, 1889 ई0 में भँवरपाल को शासन सम्बन्धी अधिकार प्राप्त हुए। उसने शासन का कार्य सुचारू रूप से चलाया। परिणामस्वरूप राज्य पर चढ़े ऋण का भुगतान हो गया।[26] आलोच्यकाल में करौली राज्य पर ब्रिटिश सरकार का सदैव हस्तक्षेप रहा। राज्य में शासन कार्य ब्रिटिश सरकार के इशारे पर चलता

रहा।

करौली राज्य की सीमा से जुड़े हुए धौलपुर राज्य में देशवाली जाट जाति का शासक था। 1836 ई0 में कीरत सिंह का पुत्र भगवन्तसिंह धौलपुर का शासक बना।[27] उसके काल में 1857 ई0 का विप्लव हुआ था। इस ब्रिटिश विरोधी अभियान में धौलपुर की सेनाओं ने विरोधियों का साथ दिया था। अन्त में ब्रिटिश सरकार ने राज्य में पुनः अपना वर्चस्व स्थापित कर लिया। धौलपुर के राणा भगवन्तसिंह ने सुचारू रूप से अपना शासन कार्य चलाया। 1873 ई0 में उसकी मृत्यु हो गई। उसके बाद उसके पोते निहालसिंह को राजगद्दी पर बैठाया गया। वह उस समय नाबालिंग था अतः शासन कार्य को ब्रिटिश कौंसिल ने अपने हाथों में ले लिया। दिनकर राव नाबालिग शासक का संरक्षक था और साथ ही शासन कार्य भी संभालता था वस्तुतः पॉलिटिकल एजेन्ट का ही शासन पर वर्चस्व रहा। महाराजा निहालसिंह की मृत्यु के बाद उसका बेटा रामसिंह धौलपुर की गद्दी पर आसीन हुआ। वह भी अल्पवयस्क था अतः कौंसिल के द्वारा शासन चलाया गया। ब्रिटिश पदाधिकारियों का बोलबाला था। 2 मार्च, 1905 ई0 को रामसिंह को शासन सम्बन्धी अधिकार प्रदान किये। 1857 ई0 से 1905 ई0 तक के समय में धौलपुर शासक संयोगवश अधिकतर अवयस्क रहे, इसलिए ब्रिटिश सरकार को राज्य के आन्तरिक मामलों में हस्तक्षेप करने का सुअवसर प्राप्त हो गया।[28]

1857 ई0 से 1905 ई0 के बीच राजपूतानें के देशी राज्यों के आन्तरिक मामलों में ब्रिटिश सरकार का निरन्तर हस्तक्षेप होता रहा। इस काल में लगभग सभी राज्यों में एक लम्बे समय तक अवयस्क शासन की व्यवस्था कायम रही। अवयस्क शासनकाल में ब्रिटिश पदाधिकारियों को मनमाने ढंग से शासन चलाने का अवसर मिलता था। 1869 ई0 पश्चात् ब्रिटिश शासन की एक नीति बन गई थी कि वयस्क हो जाने के बाद भी शासक को शासन के पूर्ण अधिकार नहीं दिए जायेंगे। उन्हें परिवीक्षाधीन रखा जाता था। भरतपुर के मंगलसिंह को वयस्क हो जाने के बाद भी परिवीक्षाधीन रखा गया। गंगासिंह और उम्मेदसिंह ने मेयो कॉलेज से शिक्षा प्राप्त की थी फिर भी वयस्क हो जाने के बाद भी उन्हें शासन अधिकार नहीं दिये गये थे। अवयस्क शासनकाल अथवा परिवीक्षाधीन काल में अधिकांश समझौते ऐसे किये गये थे। जिनमें परमोच्च सत्ता के हितो का पोषण होना था।[29] रेलों के विस्तार, सड़कों के निर्माण, अंग्रेजी मुद्रा के चलन, सीमा शुल्क का अन्त किया जाना, संचार माध्यमों का विस्तार आदि सम्बन्धी समझौते अधिकतर ऐसे ही समय में किये गये थे। बहुधा इस प्रकार के किये गये समझौतों में शासकों का उत्साह नहीं हुआ करता था। आलोच्यकाल में ब्रिटिश सरकार की यह नीति रही कि यदि कोई शासक अक्षम व दुराचारी है तथा वह अपने राज्य के प्रशासन का सही संचालन करने में सक्षम नहीं है तो उसे अपदस्थ किया जा सकता है और ऐसा किया भी गया। 1900 ई0 में भरतपुर के शासक रामसिंह को राज्य में कुप्रबन्ध, दुराचारी और अत्याचारी होने के अपराध में अपदस्थ कर दिया गया था। ब्रिटिश परमोच्च शक्ति ने निर्दयी अत्याचारी शासक को दण्ड दिया व अपमानित किया। 1870 ई0 में कोटा

के महाराव से 5000 रूपये दण्ड के रूप में वसूल किये गये तथा उसकी सलामी की तोपें 17 से घटाकर 13 कर दी। इसी प्रकार जोधपुर महाराजा तख्तसिंह की सलामी की तोपें 17 से घटाकर 15 कर दी गई।[30]

एच.एच. डॉडवेल का कहना है कि "विद्रोह के पचास वर्षों पर दृष्टि डालने पर स्पष्ट है कि इस अवधि में देशी राज्यों पर ब्रिटिश सरकार का अंकुश बढ़ता गया।" इस काल में पॉलिटिकल एजेन्ट अपने आप को अत्यधिक शक्तिशाली अनुभव करने लगे। वे वस्तुतः देशी राजाओं के लिए भाग्य विधाता बन गये। देशी राजाओं की स्थिति बड़ी कमजोर व दयनीय थी। अंग्रेजों का वर्चस्व सर्वत्र दृष्टिपात होने लगा था। लॉर्ड कर्जन के शासनकाल (1899-1905 ई0) में तो अंग्रेजों का सूर्य तेज और प्रताप के साथ भारतीय क्षितिज पर दैदीप्यमान हो रहा था। ब्रिटिश साम्राज्य अपनी शक्ति की चरम सीमा पर पहुँचा हुआ था। वायसराय लॉर्ड कर्जन ने स्पष्ट शब्दों में घोषित किया था, "राजमुकुट का प्रभुत्व सर्वत्र नतमस्तक होकर स्वीकार किया जा रहा है। हमारी नीति के फलस्वरूप अब देशी नरेश साम्राज्य के शाही संगठन के एक अखण्डात्मक अंग बन गये है।" देशी नरेश अपने-अपने राज्यों के शासन चलाने वाले भारतीय अंग्रेज सरकार के वंश परम्परागत शासक प्रतिनिधि मात्र समझे जाने लगे एवं जो अधिकार उन्हें सौंपे गये उनका दुरूपयोग न करके उनको उपयुक्त प्रमाणित करना उनके लिए आवश्यक हो गया। अन्य सरकारी पदाधिकारियों की भाँति देशी नरेशों को विदेश जाने से पहले ब्रिटिश सरकार से अनुमति लेनी पड़ती थी।[31] जोधपुर के शासक सरदार सिंह को इलाज कराने के लिए यूरोप जाने की अनुमति लार्ड कर्जन ने नहीं दी। देशी नरेशों पर इस प्रकार के बन्धन तो मुगलकाल में भी नहीं थे। वस्तुतः देशी नरेशों की स्थिति ब्रिटिश सरकार के समझ मात्र एक सामन्त की भाँति थी। उनका अस्तित्व परमोच्च की दया पर निर्भर था। चिरकाल से की गई संन्धियों की ब्रिटिश सरकार ने मनमाने ढंग व मनमानी व्याख्या की जिससे देशी राजाओं के अधिकारों, प्रतिष्ठा व मर्यादाओं की उपेक्षा की जा रही थी। शासक वर्ग खिन्न था। ब्रिटिश सरकार के प्रति उनमें रोष था, परन्तु वे इसे प्रकट नहीं कर सकते थे। उनमें ब्रिटिश सत्ता के विरूद्ध आवाज उठाने की क्षमता नहीं थी। वे ब्रिटिश परमोच्च सत्ता के सामने अपने आपको असहाय और निर्बल अनुभव करते थे। ब्रिटिश सरकार ने देशी रियासतों को अलग रखने की नीति का अनुसरण किया था। अतः उन्हें एक दूसरे के साथ मिलकर अपने अधिकारों की सुरक्षा के लिए सामूहिक योजना बनाने की स्वतंत्रता नहीं थी। कोई ऐसा मंच नहीं था जिसके माध्यम से देशी नरेश अपनी शिकायतों को ब्रिटिश सरकार तक पहँचा सके। उन्हें मात्र इसमें संतोष कर लेना पड़ता था कि ब्रिटिश सरकार ने उनके वंश एवं राज्य को स्थायी व अक्षुण्ण बनाये रखने के आश्वासन दे रखे थे तथा उन्हें अंग्रेजी सरकार का संरक्षण प्राप्त था।[32]

बीसवीं शताब्दी के आरम्भ में भारतीय राजनीति में परिवर्तन आया। बहुत से ऐसे तथ्य उभर कर आये जिनके फलस्वरूप ब्रिटिश सरकार को भारतीय नरेशों के साथ अपनाई जा रही नीति पर पुनः विचार करने के लिए बाध्य होना पड़ा। एक महत्वपूर्ण तथ्य था- भारत में

राष्ट्रीय भावना का विकास। देश में राष्ट्रीय आंदोलन जोर पकड़ रहा था। ब्रिटिश सत्तावादियों के लिए यह एक बड़ी चुनौती थी। उनके अस्तित्व पर प्रहार हो रहा था। जब अंग्रेजों का सिंहासन हिलने लगा तब फिर उन्हें देशी नरेशों की याद आई। उन्हें देशी राज्यों की मदद की आवश्यकता हुई। 1906 ई0 के बाद अंग्रेज सरकार ने देशी नरेशों की अवहेलना नहीं कर हृदय से लगाने की नीति अपनाई। दूसरे शब्दों में, ब्रिटिश सरकार ने अब देशी नरेशों के साथ "अधीनस्थ सहयोग की नीति" का अनुसरण करना चाहा।[33] पारस्परिक विश्वास, मित्रता और सहयोग पर बल दिया जाने लगा। दूसरी तरफ जैसे कि ऊपर बताया जा चुका है कि परमोच्च सत्ता की शक्ति उत्तरोत्तर बढ़ी जिससे देशी राज्य चिन्तित थे। वे परमोच्च सत्ता के सिद्धान्त का विरोध करने का मानस बना रहे थे। वे इसकी व्याख्या चाहते थे और सन्धियों से प्राप्त अपने अधिकारों को सुरक्षित रखने के लिए आतुर थे। इस प्रकार बीसवीं शताब्दी के प्रारम्भिक दशक में देशी राज्यों और भारत सरकार के बीच सम्बन्धों में परिवर्तन होना आवश्यक हो गया।

बीसवीं शताब्दी के प्रारम्भ से ही ब्रिटिश शासित भारत के राजनीतिक क्षितिज पर परिवर्तन के बादल मँडराने लगे थे। 1885 ई0 में भारतीय राष्ट्रीय कांग्रेस की स्थापना के परिणामस्वरूप देश में राजनीतिक जागृति का संचार हुआ। ब्रिटिश शासित प्रान्तों में राजनीतिक हलचल तथा तीव्र विरोध की लहर सी आ गई और सशस्त्र क्रान्ति करने वालों ने भी सिर उठाया। जब अंग्रेजों का सिंहासन हिलने लगा तब फिर उन्हें देशी नरेशों की याद आई। अंग्रेजों को देशी नरेश ही एकमात्र मित्र और सहायक प्रतीत हुए। अतः 1906 ई0 के पश्चात् देशी नरेशों के साथ "अधीनस्थ सहयोग" की नीति अपनाई गई। अब दबाव को कम कर नरेशों के साथ मित्रता और सहयोग प्राप्त करने की नीति का अनुसरण किया गया। पारस्परिक विश्वास और सहयोग का वातावरण तैयार किया गया। कर्जन के बाद वायसराय लॉर्ड मिन्टो (1905-1911ई0) के समय में देशी राज्यों के आन्तरिक मामलों में अनावश्यक हस्तक्षेप करने तथा नरेशों पर अनुचित दबाव डालने की नीति का परित्याग कर दिया गया।[34]

लॉर्ड मिन्टों ने देशी रियासतों की समस्याओं को समझने के लिए उनके साथ सम्पर्क स्थापित करना आवश्यक समझा। वह विभिन्न देशी राज्यों में गया तथा उनके शासकों के साथ खुलकर बातचीत की। उनके विचारों को ध्यानपूर्वक सुना। अंग्रेजों की पूर्व नीति के फलस्वरूप नरेशों को जिन कठिनाइयों का अनुभव करना पड़ रहा था और जो नई समस्याएँ उठ रही थी, उन्हें समझने का लॉर्ड मिन्टों ने भरसक प्रयास किया। विभिन्न राज्यों की अपनी-अपनी परिस्थितियों को पूरी तरह समझकर सहानुभूतिपूर्वक उनके मामलों को वह सुलझाने लगा। उसने पॉलिटिकल एजेन्टों से आग्रह किया कि वे राज्य में प्रजा व राजा की भावनाओं को ठेस न पहुँचाएं। उनकी भावनाओं का आदर करें। देशों राज्यों में नियुक्त पॉलिटिकल एजेन्टों के अधिकारों में धीरे-धीरे कमी आने लगी थी। संचार साधनों के विस्तार के परिणामस्वरूप ए.जी.जी. और वायसराय के बीच निरन्तर सम्पर्क बना रहा तथा सभी

मामलों पर राजनीतिक विभाग से निर्देश तुरन्त प्राप्त हो जाते थे। स्थानीय पॉलिटिकल एजेन्ट अब एक डाकघर की भाँति था।[35] 1896 ई0 में इण्डियन पॉलिटिकल प्रेक्टिस की तीन जिल्दें और 1910 ई0 में पॉलिटिकल डिपार्टमेंट मेन्युअल के प्रकाशित हो जाने के बाद स्थानीय अधिकारी के लिए व्यक्तिगत विवेक और निर्णय का अवसर ही नहीं रहा। इनमें उनकी कार्य संहिता का स्पष्ट उल्लेख था। पहले दीर्घकाल तक एक अधिकारी राज्य में नियुक्त रहता था। जैसे वाल्टर भरतपुर में और पाउलट जोधपुर में क्रमशः 11 और 12 वर्षों तक कार्यरत रहे। पॉलिटिकल एजेन्टों की कार्य अवधि अब कम कर दी गई। अतः अब वे अपना व्यक्तिगत प्रभाव वहाँ स्थापित नहीं कर पाते थे। इनकी जड़े वहाँ गहरी नहीं हो पाती थी। इसके अतिरिक्त वायसराय लॉर्ड कर्जन ने नरेशो से सीधी बातचीत करने का सिलसिला प्रारम्भ कर दिया। मिन्टों ने भी इस पद्धति को अपनाया। आगे भी अन्य वायसरायों ने पॉलिटिकल एजेन्टों के प्रभाव में निरन्तर कमी ही की।[36]

लार्ड मिन्टों ने भारतीय नरेशों को अंग्रेजों के साथ भारतीय साम्राज्य के गौरव और कीर्ति को बढ़ाने मे अपना योगदान देने के लिए कहा। भारतीय नरेशों को चाहिए कि वे वायसराय की भाँति समूचे भारत की सोचें। उसने भारतीय नरेशों के साथ अखिल भारतीय मामलों की विवेचना कर उनके सम्बन्ध में उनकी सलाह लेना आरम्भ कर दिया। मिन्टों के उत्तराधिकारी लॉर्ड हॉर्डिंग ने उसकी इस नीति को गति प्रदान की। हॉर्डिंग ने समान हितों के प्रश्नों पर विचार करने के लिए 1913 ई0 में देशी नरेशों का एक सम्मेलन आयोजित किया। बाद में इस तरह का सम्मेलन प्रतिवर्ष बुलाया जाने लगा। इसका निमंत्रण वायसराय द्वारा दिया जाता था। इन सम्मेलनों में नरेशों को अपनी शिकायतें प्रस्तुत करने का अवसर दिया गया। इन सम्मेलनों में अखिल भारतीय स्तर के मामलो पर विचार-विमर्श किया गया। 1916 ई0 में नरेशों और पॉलिटिकल अधिकारियों की एक समिति ने शासको को कुछ सुविधाएँ दिलवाने के लिए अभिशंसा की थी।इसमें कहा गया था कि शासकों के वयस्क होने तक संरक्षण समिति को शासन का कार्यभार सुपुर्द किया जाना चाहिए न कि पॉलिटिकल अधिकारी को। अंग्रजो की देशी नरेशों के साथ अपनाई गई नीति से वे बड़े प्रभावित हुएं। वे संतोष व प्रसन्नता का अनुभव करने लगे थे। यह उनके लिए गौरव की बात थी कि ब्रिटिश सरकार उनसे अखिल भारतीय स्तर के मामलों पर सलाह लेने लग गई थीं। अतः अन्य भारतीय नरेशों की तरह राजस्थान के नरेशों ने भी ब्रिटिश सरकार के साथ पूर्ण सहयोग किया।[37] 1911 ई0 को दिल्ली दरबार में उपस्थित होकर ब्रिटिश सम्राट जार्ज पंचम् के सामने सभी देशी राजाओं ने अपने आपको समर्पित किया और अपनी स्वामिभक्ति का परिचय दिया।[38] 1914 ई0 में प्रथम विश्व युद्ध प्रारम्भ हो गया तब देशी राज्यों ने तन, मन और धन से ब्रिटिश सरकार की सहायता की और इस बात का स्पष्ट प्रमाण प्रस्तुत किया कि वे ब्रिटिश सरकार के प्रबल समर्थक है।[39] भरतपुर और जयपुर के इम्पीरियल सर्विस ट्रुप्स ने ब्रिटिश साम्रारज्य की सुरक्षा के लिए युद्धस्थल में महत्ती सेवाएँ अर्पित की थीं। राजस्थान की अन्य रियासतों ने भी अपनी क्षमता के उपरान्त जाकर ब्रिटिश सरकार

की मदद की थी। करौली और धौलपुर जैसी छोटी रियासतों ने भी धन और अन्य साधनोंसे अंग्रेजो की सहायता की थी।[40]

भारतीय नरेशों की एक निरन्तर माँग थी कि उनके राज्यों से सम्बन्धित मामलों पर चर्चा करने व निर्णय लेने के लिए एक स्थायी परिषद की स्थापना की जानी चाहिए। देशी नरेशों की आकाँक्षाओं व आशाओं की पूर्ति हेतु प्रयास किये गये। अन्ततः 1921 ई0 में नरेन्द्र मण्डल की स्थापना की गई। इस सम्बन्ध में महाराजा गंगासिंह का बड़ा महत्वपूर्ण योगदान रहा।[41] 8 फरवरी, 1921 ई0 को दिल्ली के लाल किले मे दीवाने आम के भवन में सम्राट की ओर से कनोट के ड्यूक द्वारा इस नरेन्द्र मण्डल का प्रथम चांसलर उन्हें ही बनाया गया। वे पाँच वर्ष तक इस पद पर रहे। 108 राज्यकर्ता नरेन्द्र मण्डल के सदस्य थे। इनके अतिरिक्त 127 छोटे राज्यों द्वारा चुने गये 12 प्रतिनिधि सदस्यों को भी इसमे सम्मिलित किया गया था। मण्डल की बैठक मे सदस्यों की उपस्थिति तथा मताधिकार का प्रयोग ऐच्छिक रखा गया था। नरेन्द्र मण्डल एक परामर्शदात्री व विचारण सभा थी। इसे अधिशासी अधिकार नहीं थें। नरेन्द्र मण्डल की अध्यक्षता वायसराय स्वयं करता था। चांसलर और उपचांसलर प्रतिवर्ष सदस्यों द्वारा चुने जाते थे। चांसलर मण्डल का मुख्य पदाधिकारी होता था। वह नरेन्द्र मण्डल में रियासतों के साथ की गई सन्धियों, नरेशों के विशेषाधिकारों, शक्तियों उनके परिवार के सदस्यों और व्यक्तिगत कार्यों के संबंध मे वाद-विवाद कर सकता था। देशी नरेश इससे संगठित होने लगे और देश की राजनीतिक और आर्थिक समस्याओं को प्रभावित करने लगे। उन्हें सामूहिक रूप से अपनी समस्याओ को प्रस्तुत करने के लिए एक मंच मिल गया। वहाँ वे अपने विशेषाधिकारों पर किये जा रहे अतिक्रमणों के विरूद्ध अपनी आवाज उठा सकते थे।[42] नरेन्द्र मण्डल एक महत्वपूर्ण संवैधानिक कदम था। इस मण्डल की स्थापना से देशी रियासतों तथा ब्रिटिश सरकार के बीच निकट का सम्बन्ध बना। वे दोनो यह अनुभव करने लगे कि उनके हित अधिकांशतः समान हैं। यह सिद्धान्त स्वीकार कर लिया गया कि देशी रियासतों को ब्रिटिश सरकार द्वारा देशी राज्यों के सम्बन्ध में नीति निर्धारण में अपने विचार व्यक्त करने का अधिकार था। वस्तुतः देशी नरेश भारतीय राजनीति में एक महत्वपूर्ण पक्ष के रूप में प्रविष्ट हुए।[43]

जयपुर महाराजा माधोसिंह तृतीय (1880-1922 ई0) के कोई पुत्र नही था। ईसरदा के ठाकुर सवाईसिंह के द्वितीय पुत्र मानसिंह को उसने गोद लिया था जो उसकी मृत्यु के बाद 8 सितम्बर, 1922 ई0 को जयपुर की राजगद्दी पर आरूढ़ हुआ। उस समय मानसिंह की आयु 11वर्ष की थी, अतः उसकी नाबालिगी में राज्य प्रबंन्ध 6 सदस्यों वाली रीजेन्सी कौंसिल को सुपुर्द किया गया। महाराजा ने मेयों कॉलेज मे शिक्षा प्राप्त की थी। वयस्क होने पर 14 मार्च, 1931 ई0 को उसे राज्य शासन के पूर्ण अधिकार प्राप्त हुए। रीजेन्सी कौंसिल के शासनकाल मे जयपुर राज्य के शासन का आधुनिकीकरण बड़ी तेजी से हुआ। 1925 ई0 में रीजेन्सी के स्थान पर नई कौंसिल का गठन किया गया। इसमें अध्यक्ष के अतिरिक्त 6 सदस्य रखे गये। उक्त परिषद् का अध्यक्ष महाराजा स्वयं होता था, परन्तु इसके कुछ

अधिकार जयपुर स्थित रेजीडेन्ट ने आरक्षित कर लिए थे। राज्य के सभी महत्वपूर्ण कार्य रेजीडेन्ट की सलाह से ही सम्पन्न हुआ करते थे। राज्य के सरदारों सम्बन्धी विषय पर निर्णय लेने के लिए परिषद् को एक नव गठित समिति से मंत्रणा करनी पड़ती थी। यह सलाहकार समिति 1942 ई0 तक कार्यरत रही। फरवरी 1927 ई0 में महकमा खास के सचिवालय को सुसंगठित व सुव्यवस्थित बनाया गया। राज्य में आधुनिक ढंग से बजट बनाने की पद्धति अपनाई गई। विभिन्न विभागाध्यक्षों के अधिकार सुनिश्चित किये गयें। प्रशासन में चुस्ती व कुशलता लाने का प्रयास किया गया। राज्य में पैमाइश व भूमि बंदोबस्त का कार्य 1923 ई0 में आरम्भ किया गया जो 1942 ई0 में पूर्ण हुआ। 1924 ई0 में आबकारी विभाग की स्थापना की गईं। अफीम, शराब आदि मादक पदार्थों को नियंत्रित किया गया। प्राचीन ऐतिहासिक महत्त्व की इमारतों की मरम्मत व उनके रक्षण की व्यवस्था की गई। जयपुर नगर में बिजली चालू की गईं। 1928 ई0 से जागीरदारों से सैनिक सेवाओं के बदले नकद रूपये लेने की व्यवस्था की गई। न्याय के क्षेत्र में सुधार किये गये। कानून संहिता तैयार करवाई गई। 1924 ई0 में चीफ कोर्ट की स्थापना कर दी गई। दीवानी न्यायालय अलग से स्थापित किये गये। 1942 ई0 में राज्य में हाईकोर्ट बनाया गया। राजस्व मण्डल की स्थापना की गई।[44] महाराजा मानसिंह के शासनकाल में शिक्षा में अपूर्व उन्नति हुई। महाराजा कॉलेज में स्नातकोत्तर कक्षाएँ चालू कर दी गई। सेना को आधुनिक अस्त्र-शस्त्रों से सुसज्जित व प्रशिक्षित किया गया। द्वितीय विश्व-युद्ध में जयपुर की सेना ने अच्छी ख्याति प्राप्त की थीं महाराजा मानसिंह स्वयं दो बार 1941 ई0 एवं 1944 ई0 में अपनी सेना का निरीक्षण करने के लिए युद्धक्षेत्र में गया था। 1948 ई0 में जम्मू-कश्मीर में भी जयपुर राज्य की सेना भेजी गई थी। 1929 ई0 में कृषि विभाग की स्थापना की गई। किसानों की स्थिति में सुधार किया गया। कृषि उपज की वृद्धि के लिए उपाय किये गये।

1942 ई0 में महाराजा मानसिंह ने मिर्जा इस्माइल को राज्य का प्रधानमंत्री नियुक्त किया उसके कार्यकाल में जयपुर की चौमुखी उन्नति हुई। महाराजा मानसिंह के शासनकाल मे जयपुर राज्य मे जन-चेतना का उदय हुआ। प्रजामण्डल के तत्वावधान में राज्य में नागरिक अधिकारों की प्राप्ति के लिए तथा उत्तरदायी सरकार की स्थापना हेतु संघर्ष तथा आंदोलन का सिलसिला चला। अन्ततः मार्च, 1948 ई0 को जयपुर में लोकप्रिय मंत्रिमंडल की स्थापना हुईं। इसके साथ ही भारत के स्वतंत्र होने पर जयपुर राज्य ने भारत संघ में मिलने का निर्णय लिया था।[45] बाद में राजस्थान के राज्यों को सम्मिलित कर संयुक्त राजस्थान का निर्माण हुआ जिसमें जयपुर राज्य का भी विलय हो गया। 30 मार्च, 1949 ई0 को विधिवत् संयुक्त राजस्थान का उद्घाटन हुआ। महाराजा मानसिंह को राजप्रमुख बनाया गया तथा जयपुर को संयुक्त राजस्थान राज्य की राजधानी घोषित किया गया।

राजस्थान के राजाओं मे अलवर महाराजा जयसिंह (1892-1937 ई0) का एक महत्वपूर्ण स्थान था। इसके शासनकाल में अलवर राज्य की सर्वांगीण उन्नति हुई। उसने राज्य की पुलिस को आधुनिक तौर पर प्रशिक्षित किया। ब्रिटिश सरकार के निर्देश पर 1898

ई0 में अलवर राज्य में इम्पीरियल सर्विस टूaप्स की स्थापना की गई। अलवर की इस सेना ने भारत के बाहर अच्छी ख्याति प्राप्त की थी। प्रथम विश्व युद्ध में इस सेना ने मिस्र ,पैलेस्टाइन आदि देशों में अपनी दक्षता का परिचय दिया था। 1921 ई0 में इस सेना का नवीनीकरण किया गया। 1 जनवरी, 1922 ई0 से इसका नाम भारतीय रियासती सेना रखा गया।[46]

महाराजा को हिन्दी भाषा से अनुराग था। उसने राज्य में उर्दू भाषा के स्थान पर हिन्दी भाषा को राजभाषा घोषित कर दिया। राज्य प्रशासन में अधिकारियों के पदो के नाम विशुद्ध हिन्दी में रखे गये। राज्य में सड़कों के नाम महान् पुरुषों के नाम पर हिन्दी में कर दिये गये जैसे रघु मार्ग, जय मार्ग, मनु मार्ग आदि। राजकीय नौकरी के लिए हिन्दी भाषा का ज्ञान अनिवार्य था। महाराजा जयसिंह विद्वान व कुशाग्र बुद्धि का व्यक्ति था। हिन्दी के अतिरिक्त वह अंग्रेजी और फारसी का भी ज्ञाता था। उसके शासनकाल में राज्य में शिक्षा के क्षेत्र मे अपूर्व उन्नति हुईं। उसने प्राथमिक शिक्षा निशुल्क कर दी तथा स्कूलों में नैतिक शिक्षा दिया जाना अनिवार्य किया गया। अक्टूबर, 1930 ई0 में अलवर में राजकीय कॉलेज की स्थापना की गई। काशी हिन्दू विश्वविद्यालय को महाराजा ने 2 लाख रूपये अनुदान के रूप में दिये थे। अलीगढ़ मुस्लिम विश्वविद्यालय को भी 6500/रू-अनुदान के रूप में दिये। उसने अन्य संस्थाओं को भी मुक्तहस्त से दान दिया था।[47]

महाराजा जयसिंह प्रतिष्ठा, सम्मान व अधिकारों के प्रति बड़ा जागरूक था। उसमें स्वेच्छाचारिता व निरकुंशता की भावना बड़ी प्रबल थी। 1921 ई0 में महाराजा ने राजविरोधी सभा अधिनियम लागू किया। अब राजनीतिक संस्था सामूहिक रूप से कोई सभा नहीं बुला सकती थीं। 1924 ई0 में उसने राज्य की आर्थिक स्थिति सुधारने के लिए भूमि लगान में वृद्धि कर दी। इससे किसानों की कठिनाई बढ़ गई किसानों में असंतोष फैल गया। 14 मई, 1925 ई0 के अलवर से 26 मील दूर नीमूचाणा गाँव में किसानों की एक सभा हुई। राज्य की ओर से सभा भंग करने के लिए सेना का प्रयोग किया गया। सेना की ओर से गोली चलाने से सैकड़ों स्त्री-पुरुष व जानवर मारे गये। इस हत्याकाण्ड से महाराजा की बड़ी बदनामी हुई।[48]

1879 ई0 मे अलवर राज्य और ब्रिटिश सरकार के बीच नमक उत्पादन के संबंध मे एक संधि हुई थी। 1930 ई0 में इसमे कुछ परिवर्तन कर एक नया समझौता किया गया। नमक के उत्पादन का एकाधिकार ब्रिटिश सरकार के पास रहा। अलवर राज्य में उपयोग के लिए ब्रिटिश सरकार 1000 मन नमक देने की व्यवस्था करेगी। ब्रिटिश सत्ता के दबाव के कारण महाराजा ने राहदारी शुल्क समाप्त कर दिया। इसके अतिरिक्त अलवर राज्य अफीम भाँग,गांजा व अन्य मादक वस्तुओं का निर्यात नहीं करेगा। इससे राज्य को जो नुकसान होगा उसके मुआवजें के रूप में सरकार 85000 रूपये देगी। राहदारी शुल्क नही लेने से राज्य को हानि हुई थी। उसके बदले मे ब्रिटिश सरकार 3300 रूपये मुआवजे मे देगी। उपर्युक्त सौदेबाजी ब्रिटिश सरकार के हित में की गई थी।[49] महाराजा ने राज्य में सिंचाई के साधनों

में वृद्धि करने के उद्देश्य से 50 लाख रूपये की मदद से जयसमन्द, प्रेमसिन्धु, मंगलसर, मानसरोवर, हंससरोवर आदि बाँध बनवाये थे। ग्रामीण सुविधा के लिए राज्य में महाराजा ने लगभग 150 पंचायतों की स्थापना की थी। इन पंचायतों को दीवानी और फौजदारी अधिकार भी दिये गये थे।[50]

1921 ई0 में नरेन्द्र मण्डल की स्थापना हो गई थी। जयसिंह इस सभा की स्थापना के विषय में बड़ा आशावान था। उसने इस संस्था की क्रियान्विति में बड़ी रूची ली थी। उसने नरेन्द्र मण्डल के संविधान के प्रारूप को तैयार करने में बड़ी रूचि ली थी। महाराजा जयसिंह ने देशी नरेशों के प्रतिनिधि के रूप में अनेक अन्तर्राष्ट्रीय सम्मेलनों मे भाग लिया था। वह नरेन्द्र मण्डल की स्थायी समिति का दीर्घकाल तक सदस्य बना रहा। 1929 ई0 में वह आठ महीनों तक नरेन्द्र मण्डल का चांसलर भी रहा। भारतीय संघ मे सम्मिलित होने के प्रश्न पर तीन गुट बन गये थे उनमें से एक गुट का नेतृत्व अलवर महाराजा जयसिंह ने किया था। नरेन्द्र मण्डल की बैठकों तथा गोलमेल सम्मेलन में महाराजा जयसिंह द्वारा अपनाये गये रूख व नीति से कभी-कभी ब्रिटिश सरकार खिन्न भी रही।[51]

1932 ई0 में मुहर्रम के अवसर पर 29 मई को अलवर में हिन्दू-मुस्लिम दंगा भड़क उठा। उपद्रवियों ने राजकीय सेना का भी मुकाबला किया। स्थिति बड़ी गम्भीर हो गई थी। महाराजा को विवश होकर ब्रिटिश सरकार से मदद माँगनी पड़ी, ए.जी.जी. ने सेना भेजी जिसकी मदद से उपद्रवियों को शान्त कर दिया गया। ब्रिटिश सरकार ने 22 मई, 1933 ई0 को अलवर के महाराजा जयसिंह को राज्य से निष्कासित कर दिया क्योंकि उसकी नीतियां अंग्रेजों के लिए सिरदर्द बन गई थी। उसके विरूद्ध कुशासन, आर्थिक अव्यवस्था, असहयोग तथा साम्प्रदायिकता के आरोप लगाये गये, आरोपों का कोई आधार नहीं था। अलवर राज्य का शासन ब्रिटिश सरकार द्वारा अपने हाथों में ले लिया गया। 19 मई, 1937 ई0 को महाराजा का पेरिस में देहान्त हेा गया।[52]

महाराजा जयसिंह के कोई पुत्र नहीं था। ब्रिटिश सरकार की अनुमति से 22 जुलाई, 1937 ई0 को थाना ठिकाने के तेजसिंह को अलवर राज्य की गद्दी पर बैठा दिया गया। तेजसिंह के शासन काल में प्रजामण्डल के तत्वाधान मे किसान सम्मेलन आयोजित हुए। जागीरदारों के अत्याचारों के विरूद्ध तथा उत्तरदायी शासन के लिए आवाज उठाई गई और प्रदर्शन हुए। सरकार द्वारा दमनकारी नीति अपनाई गई। अलवर राज्य में पहले से ही दंगे हो रह थे। अभी भी दंगे शांत नहीं हुए। अक्टूबर, 1947 ई0 मे भारतीय गृहमंत्री सरदार पटेल ने अलवर नरेश तथा उसके मुख्यमंत्री एन0 बी0 खरे को दिल्ली बुलाया और राज्य का शासन अपने हाथों में ले लिया। 28 फरवरी, 1948 ई0 को मत्स्य संघ निर्माण का निर्णय लिया गया जिसका विधिवत् उद्घाटन 17 मार्च, 1948 ई0 को किया गया। अलवर राज्य का इस संघ मे विलय हो गया।[53]

27 अगस्त, 1900 ई0 को रामसिंह का पुत्र किशन सिंह भरतपुर के राजसिंहासन पर बैठा। किशनसिंह अवयस्क था, इसलिए राज्य प्रशासन को चलाने के लिए पॉलिटिकल

एजेन्ट के नियंत्रण मे एक राज्य परिषद का गठन किया गया। भरतपुर राज्य की सेना ने ब्रिटिश सरकार की मदद में सोमालीलैंड (1903 ई0) तिब्बत (1904 ई0) तथा प्रथम विश्वयुद्ध के समय (1914-1918 ई0), फ्रांस, मिस्र, मेसोपोटामिया आदि देशों मे युद्धों मे भाग लिया था। वयस्क होने पर 28 नवम्बर, 1918 ई0 को महाराजा किशन सिंह को शासन के अधिकार दिये गये। महाराजा आरम्भ से ही ब्रिटिश सरकार के प्रति निष्ठावान था। उसने राज्य मे अनेक लोकोपकारी कार्य किये तथा प्रशासन को आधुनिक ढंग से चलाने के प्रयास किये, परन्तु ब्रिटिश पदाधिकारियों के अनावयशक हस्तक्षेप के कारण आपसी मतभेद बढने लगे। अन्ततः 10 नवम्बर, 1927 ई0 को ए.जी.जी. का एक पत्र महाराजा को मिला जिसमे उसके विरूद्ध आरोप लगाये गये थे। उसे बताया गया कि उसके अविवेक के कारण राज्य की आर्थिक स्थिति खराब हो गई है।[54] राज्य का प्रशासन पूर्ण रूप से अस्त-व्यस्त हो गया है। उसके सामने दो विकल्प रखे गये, या तो वह अपने शासन अधिकारों का परित्याग कर दे वरना जाँच कमीशन के सामने अपनी सफाई देने के लिए तैयार रहे। इस पत्र में यह भी कहा गया कि जाँच के समय महाराजा को राज्य से बाहर रहना होगा और राज्य का कार्य ब्रिटिश सरकार द्वारा नियुक्त पदाधिकारी के सुपुर्द करना होगा। महाराजा निःसहाय था। उसने ब्रिटिश सरकार को एक विरोध पत्र भेजा, परन्तु इस पर कोई ध्यान नहीं दिया गया। ब्रिटिश सरकार द्वारा अपनाये गये इस रूख की अखिल भारतीय जाट महासभा तथा नरेन्द्र मण्डल की स्थायी समिति ने निन्दा की थी, परन्तु ब्रिटिश परमोच्च सत्ता पर इसका कोई प्रभाव नही पडा। 9 फरवरी, 1928 ई0 को भारत सरकार ने पी.जी. मैकेन्जी को भरतपुर का दीवान नियुक्त किया और वित्त और प्रशासन संबन्धी सभी अधिकार उसे दे दिये। ब्रिटिश दीवान ने नगरपालिका को भंग कर दिया तथा महाराजा में आस्था व निष्ठा रखने वाले व्यक्तियो को राज्य से बाहर जाने के आदेश दे दिये। महाराजा इससे बडा दुःखी हुआ। लगभग एक वर्ष बाद 27 मार्च, 1929 ई0 को उसका देहान्त हो गया।[55]

किशनसिंह के बाद उसका अवयस्क पुत्र बृजेन्द्रसिंह भरतपुर की राजगद्दी पर बैठा। उसके अल्पवयस्क काल में राज्य प्रशासन का कार्य पॉलिटिकल एजेन्ट की अध्यक्षता मे राज्य द्वारा संचालित रहा। 22 अक्टूबर, 1939 ई0 को बृजेन्द्र सिंह को शासन के अधिकार प्राप्त हो गये। द्वितीय विश्वयुद्ध के दौरान भरतपुर राज्य के सभी साधन ब्रिटिश सरकार को सहयोग देने में जुटाये गये। चार लाख से भी अधिक राशि भरतपुर राज्य की ओर से युद्ध कोष मे जमा करवाई गई। इसके अतिरिक्त साढे तीन लाख रूपये युद्ध ऋण में जुटाये गये।

महाराजा किशनसिंह के शासनकाल मे आधुनिकीकरण का जो सिलसिला शुरू हुआ था वह महाराजा बृजेन्द्र सिंह के शासन काल मे भी गतिशील रहा। भरतपुर राज्य प्रजामण्डल और बाद में भरतपुर राज्य प्रजा परिषद के तत्वावधान मे नागरिक अधिकारों व उत्तरदायी सरकार बनाने के लिए निरन्तर संघर्ष व आंदोलन चलते रहे।[56] 1947 में जब भारत स्वतंत्र हो गया। भरतपुर नरेश ने 31 जुलाई, 1947 ई0 को अधिमिलन पत्र (इंस्ट्रूमेन्ट ऑफ एक्सेशन) पर हस्ताक्षर कर दिये। जनता की भावना के अनुरूप 1 जनवरी, 1948 ई0 को

भरतपुर राज्य का मत्स्य संघ मे विलय हो गया।

2 मार्च, 1905 ई0 को धौलपुर के महाराजा रामसिंह को प्रशासन संबंधी अधिकार प्रदान कर दिये गये। उसने मार्च, 1911 ई0 तक अंग्रेज पदाधिकारियों की सलाह से राज्य शासन का संचालन किया। उसके देहान्त के बाद उसका कनिष्ठ भ्राता उदयभान सिंह 29 मार्च, 1911 ई0 को धौलपुर की गद्दी पर बैठा।[57] उसकी नाबालिगी में राज्य शासन पॉलिटिकल एजेंट के आदेशानुसार कौंसिल द्वारा संचालित था। यह व्यवस्था 9 अक्टूबर, 1913 ई0 तक बनी रही। इसके बाद उदयभानसिंह को प्रशासन सम्बन्धी अधिकार प्राप्त हो गये, परन्तु उसे हिदायत दी गई कि वह विवेकपूर्ण जनहित मे शासन कार्य चलायेगा। प्रथम विश्वयुद्ध में धौलपुर राज्य की ओर से ब्रिटिश सरकार को भरपूर मदद दी गई।[58]

उदयभान सिंह का देशी नरेशों मे बडा सम्मान था। वह योग्य शासक था। वह आडम्बररहित, सरल, सुसंस्कृत, विनम्र व शुद्ध विचार वाला व्यक्ति था। वह अपने मानवीय गुणों के कारण राज्य व राज्य से बाहर भी लोकप्रिय था। भारत व इंग्लैण्ड मे उसके बहुत से प्रशंसक थें। उसने अपने को जनकल्याण के साथ जोड रखा था। वह अपनी प्रजा के लिए शान्ति, सुरक्षा और रोजगार प्रदान करने हेतु सदैव प्रत्यनशील रहा। उसके शासनकाल में धौलपुर राज्य मे सर्वांगीण उन्नति हुई। प्रशासन के हर अंग मे सुधार किये गये। नरेन्द्र मण्डल का वह एक प्रभावी सदस्य था।[59] एक बार वह इसका उपाध्यक्ष भी रहा। उसने 1930 ई0 और 1931 ई0 में लंदन मे आयोजित गोलमेल सम्मेलन मे देशी नरेशों का प्रतिनिधित्व किया था। वहाँ उसने अपनी कुशाग्र बुद्धि, राजनीति की सूझ-बूझ व देश-भक्ति की छाप अंकित की थी।[60] 14 अगस्त, 1947 ई0 को महाराजा उदयभान सिंह ने अधिमिलन पत्र पर हस्ताक्षर कर दिये थे और उसने धौलपुर राज्य को भारत संघ के साथ रखने का निर्णय लिया। 1948 ई0 में मत्स्य संघ का राजप्रमुख उदयभान सिंह को बनाया गया।[61]

1889 ई0 में करौली के महाराजा भँवरपाल को शासन सम्बन्धी अधिकार प्राप्त हो गये थे, परन्तु उस पर पॉलिटिकल एजेन्ट का नियंत्रण था।[62] 1906 ई0 मे करौली राज्य की टकसाल बंद कर दी गई थी। राज्य मे ब्रिटिश सिक्कों का प्रचलन होने लगा। ब्रिटिश सरकार ने लगभग 3 लाख रूपये करौली राज्य को ऋण के रूप मे दे रख थे, अतः राज्य के आय-व्यय पर ब्रिटिश सरकार का नियंत्रण रखा गया था। यह नियंत्रण 1 सितम्बर, 1917 ई0 तक चालू रहा। इसके बाद राज्य वित्तिय नियंत्रण से मुक्त कर दिया गया।[63]

3 अगस्त, 1927 ई0 को महाराजा भँवरपाल का निधन हो गया। उसके कोई पुत्र नहीं था। हाडौती से भोमपाल गोद आया और करौली राज्य की गद्दी पर वह आसीन हुआ। महाराजा की सहायता के लिए दो सदस्यों की एक कौंसिल की स्थापना की गई। 1932 ई0 में इस कौंसिल की नियुक्ति की गयी। दीवान की सहायता के लिए एक सहायक रखा गया। महाराजा इसकी सहायता से शासन कार्य किया करता था।[64] द्वितीय विश्वयुद्ध के समय महाराजा ने ब्रिटिश सरकार की सब प्रकार से मदद की थी। 25 जुलाई, 1940 ई0

को महाराजा ने शासन संबंधी सभी अधिकार अपने युवराज गणेशपाल को सुपुर्द कर दिये। तत्पश्चात् गणेशपाल इजलास खास सभा की अध्यक्षता करने लगा। 8 अक्टूबर, 1945 ई0 को करौली राज्य में एक नया संविधान लागू किया गया। अब नये संविधान के अंतर्गत कौंसिल के द्वारा प्रशासन का कार्य संचालित होने लगा। अगस्त, 1947 ई0 मे करौली राज्य ने भारत संघ के साथ रहना स्वीकार कर लिया। 1948 ई0 में मत्स्य संघ का निर्माण हुआ जिसमें अलवर, भरतपुर, धौलपुर और करौली राज्यों का विलय हुआ।[65]

1906 ई0 से 1947 ई0 तक भारतीय राजनीतिक मंच पर अनेक महत्वपूर्ण घटनाएँ घटित हुई। राजस्थान के शासक समकालीन घटनाओं का सही मूल्यांकन करने मे अक्षम रहे। वे सदैव अपनी व्यक्तिगत प्रतिष्ठा और सम्मान पर बल देते रहे। शासकों ने जनता के नेतृत्व को स्वीकार नहीं किया। उन्होंने उस नेतृत्व को जन्मसिद्ध और परम्परागत अधिकार मान लिया। वे अपने उत्तरदायित्व को भुला बैठे तथा वे प्रशासनिक परिवर्तन के प्रति उदासीन रहे। वे अधिकाधिक ब्रिटिश सरकार की संरक्षता पर आश्रित रहने लगे। देश को विदेशी आधिपत्य से मुक्त करवाने के संबंध मे राष्टीय नेता देशी नरेशों के सहयोग के प्रति आशावान थे, परन्तु देशी नरेशों ने उन्हे उदासीन किया। उनके द्वारा आमंत्रित करने पर भी देशी नरेश उनसे बात करने को तैयार नहीं हुए, पूर्वी राजपूताना की रियासतों के शासकों ने भी इसी नीति का पालन किया।[66]

देशी नरेशों के सामने जो चुनौतियाँ थी उन्हें वे समझ नहीं पाये। उन्हें यह भी आभास नहीं हो पाया कि भारतीय राजनीतिक ढाँचे मे शक्ति संतुलन अब अंग्रेजों के हाथ से खिसक कर राष्ट्रीय नेताओं के पक्ष मे पहुँच रहा था। उन्होंने अपनी दुर्बलता की ओर ध्यान नहीं दिया। अलवर के महाराजा जयसिंह एक सक्षम शासक थे परन्तु वे भी राजस्थान के शासकों को संगठित कर राष्ट्रीय धारा से जोडने में असमर्थ रहे। वे अंग्रेज सत्ता के ही पोषक बने रहे। जयसिंह का कहना था कि ब्रिटिश सरकार के शत्रु या मित्र हमारे भी शत्रु अथवा मित्र रहेंगे। ब्रिटिश सरकार ने इस दौरान देशी रियासतों के आन्तरिक मामलों में अनावश्यक हस्तक्षेप की नीति का तो परित्याग कर दिया परन्तु पॉलिटिकल एजेन्ट और रीजेन्सी कौंसिल के द्वारा प्रशासन संबंधी कार्यों में हस्तक्षेप निरन्तर किया जाता रहा और जिस सहयोग की उम्मीद देशी रियासतें अंग्रेजों से करती रही वह सहयोग उन्हे कभी मिला ही नहीं बल्कि वे अपने व्यक्तिगत स्वार्थों की वजह से राष्ट्रीय आंदोलन की मुख्य धारा से भी नहीं जुड पाये।

1. एम0जे0 सहाय, दी लॉयल राजपूताना, दी इण्डियन प्रेस, इलाहाबाद, 1902, पृ0 196.
2. जगन्नाथ प्रसाद मिश्र, आधुनिक भारत का इतिहास, पृ0 556.
3. ए0बी0 कीथ, स्पीचिज एण्ड डोकूमेन्ट्स ऑन इण्डियन पॉलिसी, (1750- 1921) मैथ्यून एण्ड कम्पनी लिमिटेड, लंदन, 1935, पृ0 383- 84.
4. रघुबीर सिंह, इण्यिन स्टेट्स एण्ड द नीऊ रेजिम, पृ0 34.
5. पी0एस0 चौधरी, राजस्थान बिटवीन द टू वर्ल्ड वॉरस्, पृ0 40-44.

6. आर0सी0 मजूमदार (सम्पादक) ब्रिटिश पेरामाउंटेसी एण्ड इण्डियन रिर्नेसंस भाग 1, भारतीय विद्या भवन,बंबई, 1963, पृ0 967.
7. के0एम0 पन्निकर, एन इन्ट्रोडक्शन टू द स्टडी ऑफ द रिलेशन्स ऑफ इण्डियन स्टेट्स विद द गवर्नमेंट ऑफ इण्डिया, मार्टिन हॉपकिन सन एण्ड कम्पनी लिमिटेड, लंदन, 1927, पृ0 111.
8. एम0एल0 शर्मा, पूर्व उद्धृत, पृ0 257-58.
9. ए0सी0 बनर्जी, लेक्चर्स ऑन राजपूत हिस्ट्री, मुखर्जी एण्ड ब्रदर्स, कलकत्ता, 1966, पृ0 166
10. जगदीश सिंह गहलोत, पूर्व उद्धृत, पृ0 159
11. व्हाइट पेपर ऑन इण्डियन स्टेट्स, गवर्नमेन्ट ऑफ इण्डिया, मिनिस्ट्री ऑफ स्टेट्स, नई दिल्ली, 1950 पृ0 59-60
12. इम्पीरियल गजेटियर आँफ इण्डिया, वॉल्यूम 8ए क्लेरेन्डन प्रेस, ऑक्सफोर्ड, 1908, पृ0 78-79
13. जगदीश सिंह गहलोत, पूर्व उद्धृत, पृ0 274-75
14. पी. डब्ल्यू पाऊलेट, गजेटियर ऑफ़ अलवा, पृ. 242
15. फतहसिंह, ए ब्रीफ हिस्ट्री ऑफ जयपुर स्टेट, पृ0 197-210
16. आर0एल0 हाण्डा, हिस्ट्री ऑफ फ्रीडम स्ट्रगल इन प्रिंसली स्टेट्स, सेन्ट्रल न्यूज एजेन्सी, नई दिल्ली, 1968, पृ0 232
17. रिपोर्ट ऑन द एडमिनिस्ट्रेशन ऑफ अलवर स्टेट, 1895-96, पृ0 36
18. जगदीश सिंह गहलोत, पूर्व उद्धृता, पृ0 279-81
19. रिपॉर्ट ऑन द पॉलिटिकल एडमिनिस्टेªशन ऑफ राजपूताना स्टेट्स, 1898-99, पृ0 67
20. एस0एल0 नागौरी, पूर्व उद्धृत, पृ0 50-52
21. राजस्थान डिस्ट्रिक्ट गजेटियर, भरतपुर, पृ0 276
22. डी0डी0 गौड़, कॉंस्टीट्यूशनल डवलपमेंट ऑफ ईस्टर्न राजपूताना स्टेट्स, ऊषा पब्लिशिंग हाऊस, जयपुर, 1978, पृ0 7-10
23. एम0जे0 सहाय, द हिस्ट्री ऑफ भरतपुर, मून प्रेस, आगरा, 1912, पृ0 27
24. वी0पी0 मेनन, द स्टोरी आँफ इन्टीग्रेशन ऑफ द इण्डियन स्टेट्स, ऑरियन्ट लॉन्गमैंस, कलकत्ता, 1956, पृ0 252
25. सी0यू0 एचिसन, पूर्व उद्धृत, पृ0 340
26. डी0डी0 गौड़, पूर्वउद्धृत, पृ0 19
27. इम्पीरियल गजेटियर ऑफ इण्डिया, भाग 2ए पृ0 322
28. एडमिनिस्टेªशन रिपॉर्ट ऑफ द धौलपुर स्टेट, 1933-34, पृ0 2-5
29. आर0सी0 मजूमदार, पूर्व उद्धृत, पृ0 360
30. इम्पीरियल गजेटियर ऑफ इण्डिया, पूर्व उद्धृत, पृ0 79-80

31. सर टी0 रिले, लॉर्ड कर्जन इन इण्डिया: ए सलेक्शन फ्रॉम हिज स्पीचेज (1898-1905), पृ0 226
32. रघुबीर सिंह, पूर्व उद्धृत, पृ0 304-05
33. आर0पी0 व्यास, पूर्व उद्धृत, पृ0 169
34. विश्वेश्वरनाथ रेऊ, मारवाड़ का इतिहास, भाग2, गवर्नमेंट प्रेस, जोधपुर, 1940, पृ0 504
35. उर्मिला फड़निस, टुवर्ड्स द इन्टीग्रेसन ऑफ इण्डियन स्टेट्स, (1919-1947), पृ0 15
36. रिपोर्ट ऑन दी इंडियन स्टेट्स कमेटी, 1928-29, पृ0 20-21
37. रघुबीर सिंह, पूर्व उद्धृत, पृ0 52-56
38. जी0एच0 ओझा, उदयपुर राज्य का इतिहास, भाग2, वैदिक यंत्रालय, अजमेर, 1931, पृ0 850
39. विश्वेश्वरनाथ रेऊ, पूर्व उद्धृत, पृ0 523-25
40. पी0एस0 चौधरी, पूर्व उद्धृत, पृ0 24-28
41. करणीसिंह, बीकानेर के राजघराने का केन्द्रीय सत्ता से सम्बन्ध (1465-1949). पृ0 275-77
42. इरविन पेपर्स: इरविन का बिर्केनहेड के नाम पत्र, दिनांक 19 अगस्त, 1928
43. करणीसिंह, पूर्व उद्धृत, पृ0 277
44. जगदीश सिंह गहलोत, पूर्व उद्धृत, पृ0 167-75
45. आर0पी0 व्यास, पूर्व उद्धृत, पृ0 204-05
46. रिपोर्ट ऑन द एडमिनिस्टेªशन ऑफ अलवर स्टेट, 1917-18, पृ0 36
47. जगदीश सिंह गहलोत, पूर्व उद्धृत, पृ0 288-89
48. बी0के0 शर्मा, राजस्थान में किसान एवं आदिवासी आन्दोलन, राजस्थान हिन्दी ग्रंथ अकादमी, जयपुर, 2011, पृ0 210-11
49. सी0यू0 एचिसन, पूर्व उद्धृत, पृ0 409
50. द अलवर स्टेट गजट एक्सट्राऑर्डनरी, 15 मई, 1928
51. एम0एस0 जैन, पूर्व उद्धृत, पृ0 338-41
52. द हिन्दुस्तान टाइम्स, 16 जुलाई, 1933
53. ओ0पी0 सारस्वत, पूर्व उद्धृत, पृ0 162
54. किशन सिंह, पूर्व उद्धृत, पृ0 587-88
55. वी0पी0 मेनन, पूर्व उद्धृत, पृ0 120
56. भरतपुर राजपत्र, वॉल्यूम 30, 25 दिसम्बर, 1939
57. सरदार रणवीर सिंह, धौलपुर स्टेट एंड इट्स रूलर्स, नेशनल प्रेस, दिल्ली, पृ. 7
58. एडमिनिस्ट्रेशन रिपोर्ट ऑफ द धौलपुर स्टेट, पूर्व उद्धृत, पृ0 3-4
59. रोसिता फॉर्बस, इण्डिया ऑफ द प्रिन्सेज, द बुक क्लब, लंदन, 1939, पृ0 81
60. सरदार रणवीर सिंह, पूर्व उद्धृत, पृ0 61

61. वी0पी0 मेनन, पूर्व उद्धृत, पृ0 240-41
62. सी0यू0 एचिसन, पूर्व उद्धृत, पृ0 340
63. रिपोर्ट ऑन द एडमिनिस्टे[a]शन ऑफ करौली स्टेट, 1917-18, पृ0 02
64. रिपोर्ट ऑन द एडमिनिस्ट्रेशन ऑफ करौली स्टेट, 1932-33, पृ0 03
65. डी0डी0 गौड़, पूर्व उद्धृत, पृ0 18-19
66. एम. एल. सुखाडिया, मेवाड़ प्रजामंडल (1938-1945), नवजीवन प्रिंटिंग प्रेस, पृ. 1

3

रियासतकालीन प्रशासनिक संरचना

प्रस्तुत अध्याय में अंग्रेजी सत्ता की स्थापना के पश्चात् देशी राज्यों में हुए प्रशासनिक परिवर्तन, राजनैतिक जन-चेतना का विकास तथा प्रजामण्डल आन्दोलन की संक्षिप्त रूपरेखा प्रस्तुत की गई है। यहाँ मेरा लक्ष्य प्रशासनिक परिवर्तन की वास्तविकता एवं परिणामों को स्पष्ट करना है। वास्तव में यह परिवर्तन सत्ता हस्तान्तरण की प्रक्रिया थी जिसमें पोलिटिकल एजेन्ट का शासन सत्ता पर नियंत्रण स्थापित हो चुका था। इसी के तहत प्रशासनिक, न्यायिक और भू-राजस्व व्यवस्था में आधुनिकीकरण के नाम पर परिवर्तन किये गये।[1] दूसरी तरफ राजनैतिक जन-चेतना के विकास हेतु देशी रियासतों में राजपूताना मध्य भारत सभा एवं राजस्थान सेवा संघ जैसी प्रतिनिधि संस्थाओं की स्थापना की गई जिनका संक्षिप्त विवरण प्रस्तुत किया गया है। जहाँ तक प्रजामण्डल आन्दोलन का प्रश्न है, प्रजामण्डलों की स्थापना अखिल भारतीय देशी राज्य लोक परिषद की प्रेरणा से रियासतों में राष्ट्रीय आन्दोलन का नेतृत्व करने के लिए कांग्रेस के सहयोगी संगठन के रूप में की गई। उत्तरदायी शासन की स्थापना, संवैधानिक एवं प्रशासनिक सुधारों को लागू करके आधुनिक राजस्थान के निर्माण में प्रजामण्डलों के महत्वपूर्ण योगदान का विवरण इस अध्याय में निरूपित करने का प्रयास किया गया है।

राजस्थान की रियासतों द्वारा अंग्रेजों के साथ सन्धियाँ करने के पश्चात् अंग्रेजों ने इन राज्यों के बाह्य सम्बन्धों पर नियन्त्रण करने के साथ-साथ आन्तरिक प्रशासन में भी प्रभावी ढ़ंग से हस्तक्षेप किया। पुरानी व्यवस्था जिसमें शासक तथा सामन्त सत्ता के केन्द्र थे अब टूट चुकी थी। सत्ता का केन्द्र अब राजा न होकर पोलिटिकल एजेन्ट बन चुका था। पोलिटिकल एजेन्ट अंग्रेजी प्रतिमान के अनुरूप समस्त राजस्थान में प्रशासनिक फेरबदल करना चाहते थे। अंग्रेज सरकार प्रशासनिक परिवर्तनों को व्यक्ति के अधिकारों और सब वर्गों के लिए नागरिक स्वतंत्रता का पोषक मानती थी। वह प्रशासनिक संस्थाओं के विकास को निरंकुश सत्ता की सीमाएँ और भू-राजस्व संबंधी परिवर्तनों को कृषकों के अधिकारों की

व्याख्या करने वाला बताती थी। 19वीं सदी के अन्तिम तीन दशकों में प्रशासनिक, न्यायिक और भू-राजस्व व्यवस्था सम्बन्धित परिवर्तनों से प्रचलित सामन्ती व्यवस्था के बंधन ढ़ीले पड़ने आरम्भ हुए। इस विचारधारा से प्रेरित होकर अधिकांश पोलिटिकल एजेन्टों का दृष्टिकोण अधिकार युक्त नैतिक मूल्यों पर अधिक बल देने वाला बन गया।

राज्यों के संरक्षण के पश्चात् उनमें कुशल प्रशासनिक व्यवस्था स्थापित करना भी अंग्रेजों के लिए आवश्यक था अन्यथा राजनीतिक अव्यवस्था होने पर अंग्रेज ही दोषी माने जाते। इसलिए लार्ड मेयो राज्यों के प्रशासन में हस्तक्षेप के पक्ष में था। आन्तरिक प्रशासन में प्रचलित न्यायिक, प्रशासनिक और भू-राजस्व प्रणाली को बदलना ही सभ्य बनाने के मिशन को साकार करना था।[2] राज्यों को अपने साधनों को नई लोकसेवाओं और नए प्रशासनिक1 क्षेत्रों में लगाने को प्रोत्साहित किया गया और इसी को उनकी प्रगति का बाह्य सूचकांक माना गया। ये सब क्षेत्र ऐसे थे जिनमें अंग्रेज अधिकारियों की नियुक्ति के अवसर अधिक थे। ऐसे शासकों को जिन्होंने अंग्रेजी परामर्श स्वीकार किया उनको प्रगतिशील और आधुनिक कहा गया जैसे- जयपुर के रामसिंह, जोधपुर के जसवन्त सिंह। इसके विपरीत जिन्होंने अंग्रेजी परामर्श स्वीकार नहीं किया उन्हें रूढ़ीवादी और अप्रगतिशील कहा गया।

अंग्रेज सर्वोच्च सत्ता ने नई प्रशासनिक संस्थाओं के निर्माण और गठन पर बल दिया। इन नई संस्थाओं की स्थापना को सामान्यतः राज्य प्रशासन का आधुनिकीकरण कहा गया। वास्तव में यह परिवर्तन सत्ता हस्तान्तरण की प्रक्रिया का एक अंग था जिससे पोलिटिकल एजेन्ट का प्रशासन पर परोक्ष नियन्त्रण बना रहे। कहने के लिए निर्णय राजा करता था। लेकिन वास्तव में निर्णय पोलिटिकल एजेन्ट की इच्छानुसार होता था। शासकों को यह तसल्ली थी कि वे प्रशासन का संचालन कर रहे थे।[3] आधुनिकीकरण के नाम पर जो प्रशासनिक परिवर्तन की शुरूआत अंग्रेजों ने की उसके तहत पूर्वी राजस्थान की रियासतों अलवर, भरतपुर, धौलपुर, करौली एवं जयपुर में भी नई प्रशासनिक व्यवस्था को लागू किया गया।

अलवर

शासक ही राज्य का प्रमुख हुआ करता था तथा राज्य में सभी प्रशासनिक कार्य उसी के नाम से हुआ करते थे। शासक अपनी अध्यक्षता वाली परिषद के माध्यम से प्रशासन चलाता था। सभी राजस्व संबंधी मामलों एवं नागरिक व फौजदारी मामलों पर परिषद अपनी बैठकों में विचार करती थी और इनका निपटारा किया करती थी इसमें समय अधिक लगता था अतः जुलाई 1884 ई0 से निर्णय लिया गया कि केवल महत्वपूर्ण मामलों को ही परिषद की आम सभा में निपटाया जाये। प्रशासन को चार भागों में बाँटा गया था- वित्त, न्यायपालिका, गृह तथा सेना। प्रत्येक भाग एक सदस्य के अधीन था जिसे मंत्री कहा जाता था जो कि राजा के प्रति उत्तरदायी था। यह परिषद 1940 ई0 तक अस्तित्व में रही। मार्च 1941 ई0 में महाराजा तेजसिंह ने राज्य प्रशासन के संचालन के लिए व्यवस्थापिका का गठन किया।[4]

कार्यपालिका

26 जनवरी, 1941 के गजट के अनुसार यह निश्चित किया गया कि राज्य का शासन कार्यपालिका परिषद के सहयोग से चलाया जायेगा। राजा परिषद का अध्यक्ष होगा तथा परिषद के अन्य सदस्य मंत्री होंगे। उनकी संख्या राजा निश्चित करेगा तथा उनकी नियुक्ति भी वही करेगा। प्रधानमंत्री परिषद का उपाध्यक्ष होगा। परिषद के अन्य सदस्य राजा द्वारा ही नियुक्त किये जायेंगे। मंत्रियों को विभागों का आवंटन शासक ही करेगा। परिषद द्वारा प्रसारित आदेश सरकारी आदेश माने जायेंगे। इस गजट द्वारा राजा को परिषद के किसी भी आदेश की पुष्टि करने, संशोधित करने, पुनर्विचार करने या निरस्त करने का अधिकार दिया गया। कार्यपालिका की अन्तिम शक्ति राजा के पास थी।[5]

प्रशासन की दृष्टि से अलवर को दो भागों अर्थात् उत्तरी तथा दक्षिणी भागों में विभाजित किया गया था। उत्तरी भाग में अलवर, बहरोड़, मुण्डावर, किशनगढ़ तथा तिजारा शामिल थे। दक्षिणी भाग में बानसूर, रामगढ़, लक्ष्मणगढ़, राजगढ़ तथा थानागाजी शामिल थे। अलवर राज्य में भी अन्य राज्यों की तरह थोड़े-बहुत सुधारों के साथ कानूनों को भारत के अन्य देशी राज्यों की तरह ही स्वीकार किया गया तथा व्यवस्थापिका द्वारा प्रशासन का संचालन किया गया।

विधायिका

विधायिका के समस्त कार्य राजा में ही केन्द्रित थे। राजा को ही कानून बनाने, स्वीकार करने तथा उन्हें लागू करने का अधिकार प्राप्त था।[6] 1903 ई0 तक अलवर रियासत की विधान पुस्तिका में तीन या चार कानून ही थे। 1945-46 ई0 तक इनकी संख्या बढ़कर 200 से भी अधिक हो गई थी। सन् 1930 से ही अलवर में उत्तरदायी सरकार की माँग हो रही थी, परन्तु शासक उसे टालता जा रहा था। अलवर राज्य प्रजामण्डल के भारी दबाव के कारण महाराजा ने 3 अक्टूबर, 1946 ई0 को एक शाही फरमान जारी किया जिसके अनुसार चार अधिकारियों एवं आठ गैर राज्य अधिकारियों की एक कमेटी राज्य में लोकप्रिय सरकार की स्थापना लिए प्रस्ताव प्रस्तुत करने के लिए गठित की गई। अलवर प्रजामण्डल ने इस घोषणा की निन्दा की और कहा कि सरकार की मंशा सत्ता को जनता को सौंपने की नहीं है जो कि जनता की मुख्य माँग रही है।[7]

23 अक्टूबर, 1946 ई0 को प्रजामण्डल की कार्यकारिणी ने कुछ प्रस्ताव पारित करके उन्हें महाराजा के सामने प्रस्तुत किया। राज्य सरकार द्वारा संतोषजनक जवाब नहीं मिलने पर प्रजामण्डल ने संविधान सभा की स्थापना की माँग को दोहराया, इस पर 6 जून, 1947 ई0 को एक सरकारी विज्ञप्ति जारी करके यह कहा गया कि अभी संविधान की स्थापना में पर्याप्त समय लगेगा।[8] विज्ञप्ति में आगे यह भी कहा गया कि विधायिका में मनोनित सदस्यों की संख्या कुल सदस्यों की संख्या के 10 प्रतिशत से अधिक नहीं होगी। परन्तु प्रजामण्डल इस विज्ञप्ति से संतुष्ट नहीं था। अतः उसने सरकार से सहयोग नहीं करने का निर्णय लिया 17 दिसम्बर, 1947 ई0 को महाराजा ने दो वर्ष में लोकप्रिय सरकार की स्थापना करने की महत्वपूर्ण घोषणा की। उसने वयस्क मताधिकार के आधार पर चुनाव

कराने की भी घोषणा की। उन्होंने यह भी कहा कि निर्वाचन क्षेत्रों का गठन किया जायेगा तथा प्रत्येक 20 हजार की संख्या पर संविधान सभा के लिए एक सदस्य का निर्वाचन किया जायेगा। यह संविधान सभा राज्य के संविधान का निर्माण करेगी। जब तक संविधान अन्तिम रूप न ले लें एवं जब तक यह लागू न हो जाये तब तक 3 अक्टूबर, 1946 ई0 की घोषणा के अनुसार गठित कमेटी विधान सभा के रूप में कार्य करेगी तथा एक अन्तरिम मंत्रीमण्डल का गठन किया जायेगा, जिसमें आधे सदस्य निर्वाचित होंगे।[9] मार्च, 1948 ई0 में अलवर रियासत को मत्स्य संघ में विलीन कर दिया गया।

न्यायपालिका

1857 ई0 के पूर्व अलवर में राजा का स्वेच्छाचारी शासन था परन्तु ब्रिटिश शासन के प्रभाव से ब्रिटिश भारत की संहिताओं को आवश्यक सुधारों के साथ अलवर राज्य में अपनाया गया। अब राज्य परिषद ही सर्वोच्च न्यायालय थी। उसका अध्यक्ष स्वयं राजा होता था। यह परिषद पोलिटिकल एजेन्ट के अधीन होती थी जो इसके निर्णयों को बदल भी सकता था। राज्य परिषद के नीचे जिला न्यायालय तथा सेशन जज होते थे। इस कॉर्ट को फौजदारी तथा सिविल जज के विरूद्ध अपील सुनने का अधिकार होता था। तहसीलदार का न्यायालय सबसे नीचे का न्यायालय होता था।[10] सन् 1918-19 मे सिविल कोर्टो का पुनर्गठन किया गया तथा निम्न न्यायालयों की स्थापना की गई-

दीवानी न्यायालय- यह न्यायालय 200 रू0 से अधिक परन्तु 300 रूपये से कम तक के मामले सुनता था। तहसीलदार के फैसलों के विरूद्ध भी अपील इस न्यायालय में की जा सकती थी। 100 रूपयों तक के अपीलीय मुकदमों में इस न्यायालय द्वारा दिये गये फैसले अन्तिम माने जाते थे तथा इनके विरूद्ध फिर कोई अपील नहीं होती थी।

सहायक दीवानी न्यायधीश का न्यायालय- यह न्यायालय 200 रूपयों तक के दीवानी मुकदमों की सुनवाई करता था। साथ ही 50 रूपयों तक के भू-सम्पत्ति सम्बन्धी मुकदमों की सुनवाई भी करता था।

अतिरिक्त दीवानी न्यायधीश का न्यायालय- राजधानी में चलाये गये मुकदमों की सुनवाई यह न्यायालय किया करता था जो सहायक दीवानी न्यायधीश के कोर्ट से प्राप्त थे।

सन् 1927-28 में एक बार फिर न्यायालयों का पुनर्गठन किया गया तथा निम्नवत् न्यायालयों की स्थापना की गई-

उच्च न्यायालय- 28 जून, 1928 ई0 में पहली बार अलवर रियासत में उच्च न्यायालय की स्थापना की गई। इस न्यायालय को दीवानी तथा फौजदारी दोनों ही प्रकार के वाद सुनने का अधिकार था। 1941 के गजट में यह व्यवस्था की गई कि 10,000 रूपयों से अधिक के मामलों, मृत्युदण्ड एवं 10 से अधिक वर्षों की कैद के फैसलों के विरूद्ध महाराजा से अपील की जा सकती है।[11]

जिला एवं सत्र न्यायालय- यह न्यायालय अधीनस्थ न्यायालयों के दीवानी, फौजदारी मुकदमों के फैसलों के विरूद्ध अपीलों की सुनवाई करते थे। यह न्यायालय 3000 रूपये से

अधिक के मामलों की सुनवाई करता था।

दीवानी अधीनस्थ न्यायालय

(1) **मुंशिफ मजिस्ट्रेट का न्यायालय**- यह न्यायालय जिला एवं सत्र न्यायालय के अधीन होते थे तथा ये 3000 रूपये तक के मामलों की सुनवाई करते थे। अलवर रियासत में उस समय अलवर, राजगढ़, तिजारा, बानसूर, बहरोड़ एवं लक्ष्मणगढ़ में मुंशिफ कोर्ट थे।

(2) **स्मॉल कॉज कोर्ट**- अलवर क्षेत्र में ही यह एक मात्र न्यायालय था। यह न्यायालय 200 रूपयों तक के मुकदमों का निपटारा किया करता था।[12]

फौजदारी अधीनस्थ न्यायालय

(1) **जिला न्यायधीश कोर्ट**- अलवर रियासत में दो जिला मजिस्ट्रेट कोर्ट थे। ये न्यायालय दण्ड प्रक्रिया संहिता की धारा 30 के प्रावधानों के अनुरूप अपनी शक्तियों का उपयोग करते थे।

(2) **मजिस्ट्रेट कोर्ट**- सत्र न्यायालय के अधीन प्रथम, द्वितीय तथा तृतीय श्रेणी के 30 मजिस्ट्रेटों के कोर्ट थे।

(3) **नाजिम कोर्ट**- रियासत की प्रत्येक निजामत में एक नाजिम कोर्ट हुआ करता था। 10 नाजिम कोर्टों में से सिर्फ बानसूर एवं राजगढ़ के नाजिम को ही प्रथम श्रेणी न्यायधीश के अधिकार प्राप्त थे।

(4) **नायब नाजीम का कोर्ट**- रियासत के 13 ऐसे कोर्टों में से 5 नाजिमों को द्वितीय श्रेणी न्यायधीश की तथा 8 को तृतीय श्रेणी न्यायधीश की शक्तियाँ प्राप्त थी।

(5) **अवैतनिक न्यायधीशों की पीठ**- अलवर नगर में दो अवैतनिक न्यायधीश थे। इन्हें तृतीय श्रेणी न्यायधीश के अधिकार प्राप्त थे।

भू-राजस्व विभाग

अलवर राज्य में भूमि को खालसा, जागीर, इस्तमरारी एवं माफी के रूप में बाँटा गया था। 1838 ई0 से पूर्व राजस्व कुल उत्पादन का 50 प्रतिशत तक वसूला जाता था। वार्षिक भू-राजस्व के रूप में 12 से 14 लाख रूपये तक प्राप्त होते थे। कप्तान इम्पे ने सबसे पहले 1859 ई0 में भू-राजस्व के रूप में 17,55,425 रूपये का निर्धारण किया। पहली बार नियमित भू-राजस्व का निर्धारण 1876 ई0 में पी. डब्लू पावलेट के द्वारा किया गया तथा उसने भू-राजस्व 20,19,777 रूपये निर्धारित किया।[13] इसके पश्चात् एम.एफ.ओ. डायर ने भू-राजस्व के रूप में वार्षिक 20,73,486 रूपये का निर्धारण किया। डायर अलवर एवं भरतपुर का बंदोबस्त अधिकारी था। 1935 ई0 में एफ.वी. वाईली के द्वारा परिष्कृत रूप में वार्षिक 23,40,066 रूपये भू-राजस्व का निर्धारण किया गया। राजस्व व्यवस्था के तहत अलवर राज्य को उत्तरी (अलवर) एवं दक्षिणी (राजगढ़) दो जिलों में बाँट दिया गया। राजस्व विभाग का प्रमुख राजस्व मंत्री हुआ करता था जिसकी नियुक्ति अलवर राज्य का मुख्य कलेक्टर किया करता था। नाजिम समस्त निजामत का मुख्य कार्यकारी अधिकारी हुआ करता था। कानूनगो राजस्व रिकार्ड तैयार करता था।

अलवर राज्य में प्रशासन को सुदृढ़ बनाने के लिए पुलिस विभाग, शिक्षा विभाग तथा सार्वजनिक निर्माण विभाग की भी स्थापना की गई। 1896 ई0 में पुलिस विभाग को न्यायपालिका से अलग किया गया।[14] 1896 ई0 में पुलिस विभाग के लिए नये दिशा-निर्देश तैयार किये गये। गाँवों में कानून व्यवस्था बनाये रखने के लिए ग्रामीण पुलिस की व्यवस्था की गई।[15] अलवर राज्य में शिक्षा का दायित्व राजा पर था अतः महाराजा बन्नेसिंह ने एक विद्यालय अलवर में खुलवाया जो अंग्रेजी माध्यम का था। 1930 ई0 राजऋषि कॉलेज खोला गया जिससे अलवर में शिक्षा को बढ़ावा मिला।[16] अलवर राज्य में चीफ इंजीनियर के नेतृत्व में एक सार्वजनिक निर्माण विभाग भी खोला गया जिसका दायित्व सड़क, भवन, कॉलेज, स्कूल, अस्पताल आदि की स्थापना करवाना था।

भरतपुर

रियासत का शासन राजा के नाम से ही चलाया जाता था। रियासत का मुखिया होने के नाते उसे राज्यधिकारियों और परिषद के सदस्यों को नियुक्त करने, बर्खास्त करने एवं स्थानान्तरित करने का अधिकार था। राज्य का शासन राज्य परिषद द्वारा चलाया जाता था जो कि कार्यपालिका थी। राजा की अध्यक्षता में इजलाश-खाश राज्य परिषद के कार्यों पर नियंत्रण रखती थी।

कार्यपालिका

कार्यपालिका की शक्तियाँ राज्य परिषद में केन्द्रित थी जिसका प्रारूप 1930 ई0 में बनाया गया। परिषद में एक अध्यक्ष तथा चार सदस्य होते थे जिनकी नियुक्ति गवर्नर जनरल के एजेन्ट की सलाह में स्वयं राजा करते थे।[17] सामान्यतः परिषद की सप्ताह में एक बैठक हुआ करती थी। परिषद में निर्णय बहुमत से लिया जाता था परन्तु राजा या अध्यक्ष को परिषद के किसी भी निर्णय पर विशेषाधिकार प्राप्त था। परिषद की सामान्य कार्यवाही पर अध्यक्ष का ही नियंत्रण होता था। परिषद को बजट, अधिकारियों की नियुक्ति, पदोन्नति एवं बर्खास्तगी, अचल सम्पत्ति की बिक्री, कृषि भूमि के स्वामित्व संबंधी मामले, अन्य राज्यों से रियासत के सम्बन्धों से जुड़े मामले, नियमों और कानूनों में संशोधनों से जुड़े मामले आदि कार्य करने पड़ते थे।

दीवान या प्रधानमंत्री राजा के नाम से राज्य के मामलों को देखता था। वह परिषद के सहयोग से राज्य के समस्त कार्यों को निपटाता था। राजनैतिक जागरण के कारण महाराजा ने 6 फरवरी, 1946 ई0 को राज्य की परिषद में एक जनप्रिय मंत्री की नियुक्ति वयस्क मताधिकार के आधार पर करने की घोषणा की। राजा ने मई, 1946 ई0 में घोषणा की कि भविष्य में परिषद में एक अध्यक्ष (स्वयं महाराजा) एक उपाध्यक्ष (दीवान) तथा पाँच अन्य मंत्री होंगे।[18] फिर भी प्रजा इस घोषणा से खुश नहीं हुई। परिषद में और अधिक प्रतिनिधित्व की माँग प्रजा द्वारा उठाई गई। जनता के दबाव के कारण 13 फरवरी, 1948 ई0 को महाराजा बिजेन्द्र सिंह ने उत्तरदायी सरकार की स्थापना की जिसमें देशराज, हरिदत्त, गोपीलाल यादव तथा मास्टर आदित्येन्द्र को मंत्री के रूप में मनोनीत किया गया। ये मंत्री

तब तक कार्य करते रहे जब तक कि रियासत का विलय मत्स्य संघ में नहीं हो गया।

विधायिका

भरतपुर रियासत में राजा ही कानून बनाने वाली सर्वोत्तम सत्ता था। प्रजा के निकट प्रशासन को लाने के लिए फरवरी, 1939 ई0 में तीस सदस्यों वाली एक सलाहकार समिति का गठन किया गया। इनमें से 20 सदस्य निर्वाचित होते थे तथा 10 सदस्य मनोनीत होते थे। राज्य परिषद का राजस्व विभाग का सदस्य इस कमेटी का अध्यक्ष होता था। कमेटी द्वारा पारित प्रस्तावों को महाराजा के पास भेजा जाता था। इस समिति का गठन सरकार एवं जनता के बीच संवाद स्थापित करने के लिए किया गया था।[19] केन्द्रीय सलाहकार समिति ने राज्य में भ्रष्टाचार पर अंकुश लगाने, ग्रामीण पुनर्रचना के कार्य को गति तथा विस्तार देना, राज्य में साक्षरता को बढ़ावा देना आदि महत्वपूर्ण कार्य किये जिनको बाद में राज्य परिषद ने भी स्वीकार कर लिया। इस समिति ने प्रजा की आर्थिक एवं सामाजिक स्थिति को सुधारने में पर्याप्त सहयोग दिया फिर भी इसे भंग करना पड़ा क्योंकि जनता अब पूर्ण उत्तरदायी शासन चाहती थी जिसे पूरा करने में यह समिति सफल नहीं रही।

22 अक्टूबर, 1942 ई0 को महाराजा बिजेन्द्र सिंह ने केन्द्रीय सलाहकार समिति के स्थान पर ब्रज-जय प्रतिनिधि समिति के गठन की घोषणा की जिनमें जनता का प्रतिनिधित्व पहले की तुलना में अधिक था। इस समिति के अध्यक्ष को राजा मनोनीत करता था तथा उपाध्यक्ष को सभा के अन्य सदस्य चुनते थे। समिति के 50 सदस्यों में से 37 सदस्य चुने जाते थे तथा 13 सदस्य मनोनीत किये जाते थे।[20] समिति को सदन में मंत्रियों से स्पष्टीकरण माँगने का अधिकार था। राज्य का वार्षिक बजट भी समिति के सामने प्रस्तुत किया जाता था। राजा एवं राजपरिवार, ब्रिटिश सरकार के अन्य राज्यों के साथ संबंध, सेना एवं प्रिवीपर्स संबंधी मामलों को छोड़कर शेष सभी सार्वजनिक हित के मामलों पर प्रस्ताव पारित करने का अधिकार इस समिति को था। इस समिति का अध्यक्ष राज बहादुर शिवगोपाल माथुर तथा उपाध्यक्ष ठाकुर देशराज को चुना गया।[21]

ब्रज-जय प्रतिनिधि समिति को वस्तुतः कोई अधिकार नहीं थे क्योंकि काफी विषयों को इसके अधिकार क्षेत्र से बाहर रखा गया तथा समिति द्वारा पारित प्रस्तावों पर अन्तिम निर्णयकर्ता शासक ही था। जिसके लिए इन्हें मानना जरूरी नहीं था। जहाँ तक इस समिति के अच्छे पक्ष की बात है, इस समिति ने लोगों में राजनैतिक चेतना जगाने, लोकमत तैयार करने तथा बौद्धिक विकास की दृष्टि से सराहनीय कार्य किया।[22] इसने कार्यपालिका तथा विधायिका को नजदीक लाने का भी कार्य किया, परन्तु इस पर लगे प्रतिबंधों के कारण जनता इससे असंतुष्ट थी तथा इसी कारण भरतपुर प्रजा परिषद, किसान सभा तथा हिन्दू सभा को उत्तरदायी शासन के लिए आंदोलन करना पड़ा।

न्यायपालिका

भरतपुर रियासत मे राजा जसवन्त सिंह के शासन में 1855 ई0 में पहली बार न्यायिक प्रशासन का गठन किया गया तथा ब्रिटिश इण्डिया की संहिता को अपनाया गया। न्यायिक

व्यवस्था के लिए रियासत को उत्तरी तथा दक्षिणी दो खण्डों मे विभाजित किया गया था। प्रत्येक खण्ड एक मजिस्ट्रेट के क्षेत्राधिकार में होता था। मजिस्ट्रेट की नियुक्ति पोलिटिकल एजेन्ट के द्वारा की जाती थी। खण्ड के प्रत्येक परगना में एक तहसीलदार तथा थानेदार होता था। तहसीलदार को तीन माह तक की सजा देने एवं 10 रूपयों तक का जुर्माना लगाने का अधिकार था, जबकि थानेदार को प्रारम्भिक जाँच करने का ही अधिकार था।

तहसीलदार के फैसले के विरूद्ध अपील खण्ड मजिस्ट्रेट के पास की जा सकती थी। फौजदारी मामलों में मजिस्ट्रेट 3 साल तक की कैद की सजा तथा 50 रूपयों तक का जुर्माना कर सकता था। मजिस्ट्रेट के विरूद्ध अपील राज्य परिषद में की जा सकती थी। इसके बाद के या इससे ज्यादा के फौजदारी मामलें गवर्नर जनरल के एजेन्ट के पास भेजे जाते थे। 300 रूपयों से ऊपर परन्तु 1000 रूपयों तक की अपील पोलिटिकल एजेन्ट के पास की जाती थी। लेकिन यह कानूनी व्यवस्था बड़ी दोषपूर्ण थी अतः इन दोषों को दूर करने के लिए न्यायालयों का पुनर्गठन किया गया जिसका विवरण 1895 ई0 के ज्युडिसियल सरक्यूलर नं0 4 में दिया गया था। जिसे 1912 के ज्यूडिसियल सरक्यूलर नं0 40 द्वारा निरस्त करके नये प्रावधान किये गये। नये प्रावधानों में दीवानी एवं फौजदारी मामलों के निपटारे के लिए और परिष्कृत व्यवस्था लागू की गई परन्तु इसमें भी कुछ दोष थे अतः फिर राज्य परिषद ने सन् 1932 में 1912 ई0 के ज्यूडिसियल सरक्यूलर सं0 40 को संशोधित कर न्यायालयों की शक्तियों का पुनः निर्धारण किया।[23]

राज्य परिषद के अधीन न्यायिक सदस्य का न्यायालय दीवानी और फौजदारी मामलों की अपील के लिए सर्वोच्च न्यायालय बनाया गया। इसके न्यायधीश को अधीनस्थ न्यायालयों से अभिलेख माँगने, जाँच पड़ताल करने या फिर से मुकदमा प्रारम्भ करने का अधिकार दिया गया। वह अधीनस्थ न्यायालयों के फैसलों पर दृष्टि रख सकता था या उन्हें बदल सकता था। जब ब्रिटिश इण्डिया के नक्शे कदमों पर 1 अगस्त, 1942 ई0 को उच्च न्यायालय की स्थापना की गई तो न्यायपालिका को व्यवस्थापिका से अलग कर दिया गया।[24] उच्च न्यायालय सर्वोच्च न्यायालय बना दिया गया। इसके न्यायधीश की नियुक्ति एवं बर्खास्तगी राजा द्वारा की जाती थी। यह न्यायालय सभी अधीनस्थ न्यायालयों पर नियंत्रण रखता था। दीवानी और फौजदारी संबंधी सभी मामलों की पैरवी उच्च न्यायालय की अनुमति से ही की जा सकती थी।

भू-राजस्व विभाग

भरतपुर रियासत में जमीन को सुविधा की दृष्टि से खालसा, माफी एवं इस्तमरारी आदि भागों में बाँटा गया था। जागीरों का प्रबंधन जागीरदारों के पास था।[25] सर्वप्रथम भू-बंदोबस्त 1854-56 ई0 के दौरान तीन सालों के लिए किया गया जब पिछले 10 वर्षों के औसत के आधार पर भू-राजस्व 14,16,000 रूपये निर्धारित किया गया। 1859 ई0 में महाराजा जसवंतसिंह ने इसे बढ़ाकर 18,58,000 रूपये कर दिया तथा बाद में समय-समय पर इसे बढ़ाया जाता रहा जैसे नियमित भू-बंदोबस्त जब 1900 ई0 में लागू किया गया

तो उसकी राशि 21,38,638 रूपये निर्धारित की गई।[26] भरतपुर रियासत को दो राजस्व भागों में बाँटा गया था- भरतपुर एवं डीग। प्रत्येक भाग उप जिला कलेक्टर के अधीन होता था तथा प्रत्येक तहसील तहसीलदार एवं नायब तहसीलदार के अधीन। राजस्व विभाग में निम्न पदों पर पटवारी एवं लम्बरदार हुआ करते थे जो राजस्व इकट्ठा करने का काम किया करते थे। उपजिला कलेक्टर के आदेशों को राजस्व सदस्य के सामने रखा जाता था तथा राज्य परिषद का निर्णय अन्तिम माना जाता था।

भरतपुर रियासत में पुलिस विभाग की स्थापना 19 वीं शताब्दी के उत्तरार्द्ध में की गई। राज्य पुलिस को तीन भागों शहर पुलिस, तहसील पुलिस तथा ग्रामीण पुलिस आदि भागों में बाँटा गया था। पुलिस विभाग में कांस्टेबल एवं जमादार के अलावा गांवों में चौकीदार भी हुआ करते थे, जो कानून-व्यवस्था बनाये रखने का कार्य किया करते थे।[27] पुलिस विभाग में ब्रिटिश इण्डिया पुलिस अधिनियम लागू किया गया। भरतपुर रियासत में शिक्षा को बढ़ावा देने के लिए शहरी स्कूल, तहसील स्कूल, हलकाबंदी स्कूल एवं बालिका स्कूलें खोली गई। शिक्षा के क्षेत्र में भरतपुर मध्य सलाहकार समिति ने भी अपनी रूचि दिखाई तथा आधारभूत शिक्षा को बढ़ावा देने पर जोर दिया। भरतपुर में सार्वजनिक निर्माण विभाग चीफ इंजीनियर के नियंत्रण में था। यह विभाग रियासत में निर्माण कार्यों, सिंचाई, सड़क निर्माण, विद्युत ग्रहों, टेलीफोन, कार्यशाला आदि से संबंधित दायित्वों का निर्वहन किया करता था।

धौलपुर

धौलपुर रियासत में शासक सैद्धान्तिक एवं व्यावहारिक रूप से शासन का प्रमुख हुआ करता था। उसकी शक्तियाँ असीमित हुआ करती थी। राज्य के शासन को चलाने के लिए कोई निश्चित नियम एवं कानून नहीं था। इस कारण से धौलपुर राज्य में प्रशासन इतना अकुशल था कि गवर्नर जनरल लार्ड मेयो को महाराजा भगवन्त सिंह को इस संबंध में धौलपुर राज्य में प्रशासनिक सुधारों की सलाह देनी पड़ी जिसके पश्चात् महाराजा ने अपने शासन में कुछ सुधार किये।

कार्यपालिका

धौलपुर रियासत में शासन दीवान चलाता था तथा उसे इस कार्य में मदद पोलिटिकल एजेन्ट के नियंत्रण में एक परिषद करती थी। दीवान को मदद करने के लिए 'इजलास खास' नामक संस्था थी। राजस्व, न्याय, पुलिस तथा जेल प्रशासन के लिए अधिकारी नियुक्त किये गये तथा चम्बल के बीहड़ों में डाकुओं की गतिविधियों को रोकने के लिए विशेष पुलिस बल गठित किया गया।[28] रियासत में प्रशासन का कार्य राज्य परिषद के सदस्यों की अध्यक्षता में गठित विभिन्न विभागों द्वारा किया जाता था। इन सदस्यों की नियुक्ति महाराजा द्वारा की जाती थी अतः ये अपने समस्त कार्यो के लिए उसी के प्रति उत्तरदायी होते थे। यह परिषद सिर्फ सलाहकार परिषद के तौर पर कार्य करती थी क्योंकि समस्त अधिकार शासक में केन्द्रित थे। 17 सितम्बर, 1930 ई0 को इजलास खास ने परिषद के संविधान, अधिकार एवं कार्य प्रणाली का प्रथम बार निर्धारण किया। राज्य परिषद में राजस्व सचिव,

न्यायिक सचिव, वित्त सचिव, निजी सचिव, विधि सचिव, अभियंता और स्वयं महाराजा को शामिल किया गया।[29] निजी सचिव परिषद का संयोजक होता था।

परिषद के निर्णय वस्तुतः महाराजा के निर्णय होते थे। उच्च न्यायालय तथा राजस्व न्यायालय के विरूद्ध सभी अपीलें आदेशार्थ महाराजा को प्रस्तुत की जाती थी। वह उन्हें परिषद के पास भी भेज सकता था। राजा के नाबालिग होने पर राज्य का शासन ब्रिटिश अधिकारी सुपरिन्टेन्डेन्ट द्वारा चलाया जाता था। राज्य परिषद में राजस्व सीमा शुल्क अधिकारी, सेना के महानिरीक्षक, राज्य अभियंता तथा नाजीम सदस्य होते थे। यही परिषद भू-हस्तान्तरण के बंदोबस्त, राजस्व विभाग के मामलें, फौजदारी मामलें जिनमें तीन वर्ष से अधिक का कारावास देना जरूरी होता था, प्रत्येक विभाग के राज्याधिकारियों के विरूद्ध अपीलें तथा सभी विभागों के महत्वपूर्ण मामलों के सम्बन्ध में भी आदेश देती थी।[30] शासन और वित्त की दृष्टि से राज्य को पांच खण्डों में विभक्त किया गया था। ये खण्ड थे- बाड़ी, बसेड़ी, गिरड़, कोलारी एवं राजाखेड़ा, जिनका मुख्यालय धौलपुर में था। सरमथुरा और रिझोनी की जागीरें किसी भी खण्ड का हिस्सा नहीं थी। ये इजलास खास के सीधे नियंत्रण में थी।[31]

विधायिका

धौलपुर रियासत में विधायिका नहीं थी। राजा के अधीन राज्य परिषद ही विधायिका का कार्य करती थी। यह परिषद ही कानून बनाने, उन्हें संशोधित करने तथा उन्हें समाप्त करने का कार्य किया करती थी। इस तरह धौलपुर में जनतंत्रात्मक तथा उत्तरदायी सरकार के लिए कोई आधारभूत संस्था नहीं थी। कुछ शासक जैसे रामसिंह और उदयभान सिंह प्रगतिशील होते हुए भी उन्होंने विधानसभा स्थापना की योजना का समर्थन नहीं किया था। महाराजा उदयभान सिंह ने जिन्होंने भारतीय संघ निर्माण की योजना का समर्थन किया था ने भी राज्य में विधायिका की स्थापना की योजना की उपेक्षा की।[32] राजाओं को यह धमकी भी दी गई कि समय आने पर सामन्तों एवं राजाओं की शक्ति का कोई अस्तित्व नहीं रह जायेगा अतः वे अपने यहाँ उत्तरदायी सरकारों की स्थापना करें इसी के परिप्रेक्ष्य में 1918 ई0 में चेम्सफोर्ड रिपोर्ट में भी कहा गया कि ब्रिटिश भारत में राष्ट्रवाद की अभिवृद्धि राजाओं की स्थिति को प्रभावित किये बिना नहीं रहेगी। यह चेतावनी भी दी गई कि देर-सवेर राजाओं को संवैधानिक मार्ग अपनाने के लिए बाध्य होना पड़ेगा, परन्तु अधिकांश राजाओं ने इस चेतावनी पर कोई ध्यान नहीं दिया एवं इसके विपरीत धौलपुर रियासत में विधायिका और कार्यपालिका शक्तियां राजा में ही केन्द्रित रही।

न्यायपालिका

धौलपुर रियासत में न्यायपालिका भ्रष्ट और अपरिपक्व थी। वहाँ अपूर्ण कानूनी संहिताएं थी। न्यायालय की शक्तियां तथा क्षेत्राधिकार अस्पष्ट थे। राज्य मे इस कदर बिगड़ी हुई कानून व्यवस्था की वजह से अक्टूबर, 1870 ई0 में लार्ड मेयो ने महाराजा भगवन्त सिंह को अपने राज्य में न्यायिक सुधारों की ओर ध्यान दिलवाया जिससे वहाँ

न्याय विभाग का गठन हुआ तथा तीन प्रकार के न्यायलयों का गठन संभव हुआ- इजलास खास, पाँच सदस्यों का न्यायालय तथा दीवानी और फौजदारी न्यायालय।[33] फिर भी न्यायालयों के मार्गदर्शन का कोई निश्चित नियम नहीं था, सिर्फ समय-समय पर सुपरिन्टेन्डेन्ट के द्वारा जारी आदेशों का संग्रह 'दस्तूर-उन-अमल' तथा इजलास खास के परिपत्र ही उसका मार्गदर्शन करते थे। न्यायिक व्यवस्था में समय के साथ-साथ परिवर्तन किया जाता रहा। 1913-14 ई0 एवं 1942-43 ई0 में भी न्यायिक व्यवस्था का पुनर्गठन किया गया। 1913-14 ई0 में पुनः गठन के समय पहली बार उच्च न्यायालय की स्थापना की गई।[34] 1912-13 ई0 में संशोधन के पश्चात न्यायिक अधिकारी का न्यायालय, नाजिम का न्यायालय तथा तहसीलदार का न्यायालय आदि न्यायालयों का भी गठन किया गया। दीवानी मामलों के लिए मुंशिफ तथा उप-न्यायधीश की व्यवस्था की गई थी।

1942-43 ई0 में न्यायपालिका में एक बार फिर बदलाव लाया जिसके अनुसार नई न्यायिक व्यवस्था निम्न थी-

उच्च न्यायालय- इसमें दो न्यायधीश होते थे। इसकी अपीलों एवं संशोधनों पर भारतीय दीवानी एवं फौजदारी विधि संहिता का नियंत्रण था। यह न्यायालय अपने अधीनस्थ न्यायालयों से अभिलेखों एवं कार्यवाहियों का ब्यौरा जाँच करने के लिए मँगवा सकता था।

दीवानी एवं सत्र न्यायधीश का न्यायालय- अपीलीय न्यायालय के रूप में यह उप-न्यायधीशों, मजिस्ट्रेटों एवं मुंशिफों के निर्णयों के विरूद्ध अपीलों की सुनवाई करता था।

नाजिम का न्यायालय- नाजिम को फौजदारी मामलों में प्रथम श्रेणी मजिस्ट्रेट के अधिकार प्राप्त थे तथा दीवानी मामलों में उप-न्यायधीश के अधिकार प्राप्त थे।

तहसीलदार की कचहरी- तहसीलदार 300-500 रूपयों तक के मामलों की सुनवाई कर सकता था। दीवानी मामलों में इसे मुंशिफ के अधिकार प्राप्त थे।

दरबार के एजेन्ट की कचहरी- एजेन्ट को प्रथम श्रेणी मजिस्ट्रेट के अधिकार प्राप्त थे तथा मुकदमों की सुनवाई के लिए उसे उप-न्यायधीश के अधिकार प्राप्त थे।

धौलपुर रियासत में न्यायिक सुधार की माँग जोर पकड़ रही थी अतः धौलपुर ने इस सम्बन्ध में नेतृत्व किया तथा ब्रिटिश इण्डिया कोर्ट कानून के अनुरूप कोर्टों का स्वरूप बनाने के लिए महाराजा उदयभान सिंह ने कुछ नवाचार प्रारम्भ किये।[35] 18 फरवरी, 1947 ई0 को राज्य परिषद ने अनावश्यक मुकदमों को रोकने के लिए कुछ संशोधन प्रस्तावित किये। समय-समय पर किये गये नवाचारों के बावजूद न्यायपालिका का तंत्र बहुत ही अकुशल था। न्यायालय की शक्तियां और क्षेत्राधिकार अस्पष्ट थे। उच्च न्यायालय के निर्णयों के विरूद्ध अपील का भी कोई प्रावधान नहीं था।[36] दया के विशेषाधिकार का प्रयोग राजा या पोलिटिकल एजेन्ट ही कर सकता था।

भू-राजस्व विभाग

धौलपुर रियासत में जमींदारों को कोई साम्पत्तिक अधिकार प्राप्त नहीं थे परन्तु वे लोग राजस्व के भुगतान के लिए राज्य से जुड़े होते थे जिसके बदले में उन्हें कुछ मेहनताना

मिलता था। अक्टूबर, 1875 ई0 में आगरा के बंदोबस्त अधिकारी डब्लू-एच. स्मिथ ने पहली बार धौलपुर रियासत का भू-सर्वेक्षण करवाया तथा उसने पहली बार खसरा, नक्शा एवं जमाबंदी जैसी व्यवस्थाएँ लागू की। पहला नियमित भू-बंदोबस्त डब्लू रॉ के द्वारा 1912 ई0 में किया गया जो करौली-धौलपुर का बंदोबस्त अधिकारी था तथा 9,43,815 रूपये राजस्व के रूप में निर्धारित की गई। यह व्यवस्था 20 वर्षीय थी। दूसरा बंदोबस्त सफल नहीं हो सका।[37] मार्च, 1947 ई0 में राजस्व प्रक्रिया में कुछ संशोधन किये गये। वित्तिय सुविधा की दृष्टि से धौलपुर रियासत को पाँच भागों- बाड़ी, बसेड़ी, गिरड, कोलारी तथा राजाखेड़ा में बाँटा गया था। प्रत्येक तहसील के लिए एक तहसीलदार हुआ करता था। नायब तहसीलदार भी होता था। तहसीलों को तालुका में बाँटा गया था। तालुका की जिम्मेदारी कानूनगों के पास थी। गांवों का रिकार्ड पटवारी रखा करता था। उप-कलेक्टर राजस्व विभाग का सम्पूर्ण नियंत्रण रखता था।

धौलपुर रियासत में पुलिस विभाग नाजिम के निर्देशन में चलाया जाता था जिसको सहायता करने के लिए कोतवाल, वृताधिकारी, उप-निरीक्षक आदि अधिकारी होते थे। समस्त रियासत को 14 थानों में बाँटा गया था। प्रत्येक थाना निरीक्षक की देखरेख में रहता था। गाँवों में चौकीदार कानून व्यवस्था बनाये रखने का काम किया करते थे।[38] धौलपुर रियासत में शिक्षा को बढ़ावा देने के लिए ग्रामीण स्कूलों तथा तहसील स्कूलों की स्थापना की गई। बच्चों के लिए मुफ्त किताबें एवं कपड़ों की व्यवस्था राज्य द्वारा की गई। धौलपुर रियासत में लोक निर्माण विभाग भी मुख्य अभियंता की देखरेख में कार्य करता था। जो सिंचाई, रेलवे, सड़के तथा भवन निर्माण आदि कार्य किया करता था। इस प्रकार से धौलपुर रियासत में प्रशासनिक व्यवस्था वर्तमान समय की तरह कायम थी।

करौली

करौली रियासत मे भी अन्य रियासतों की तरह शासक ही प्रशासन में सर्वोच्च हुआ करता था। करौली के कुछ शासकों जैसे मदनपाल, जयसिंह पाल, भोमपाल एवं गणेशपाल आदि ने जन कल्याण के कार्य किये विशेष रूप से मदनपाल ने जो हर व्यक्ति के साथ न्याय करता था।[39] करौली रियासत में कार्यपालिका शक्तियां राज्य परिषद में केन्द्रित थी जिसका मुखिया शासक होता था। परिषद में कुछ सदस्य हुआ करते थे जिनकी मदद से राजा शासन चलाया करता था।

कार्यपालिका

करौली रियासत में 1932 ई0 में कुछ प्रशासनिक सुधार किये गये तथा राज्य परिषद को समाप्त कर दिया गया तथा परिषद की जगह दीवान की नियुक्ति की गई जिसकी सहायता के लिए एक सहायक सचिव की भी नियुक्ति की गई।[40] करौली रियासत में प्रशासनिक व्यवस्था को सुचारू रूप देते हुए 3 अक्टूबर, 1945 ई0 को एक संविधान बनाया गया तथा राज्य परिषद को पुनर्जीवित किया गया। संविधान में यह व्यवस्था की गई कि शासन महाराजा द्वारा चलाया जायेगा तथा इस कार्य में राज्य परिषद उसकी सहायता

करेगी।[41] इस परिषद में महाराजा के अलावा गृह सचिव, राजस्व सदस्य, दीवान तथा न्यायिक सदस्य होंगे जिनकी नियुक्ति महाराजा करेगा। राजा इस परिषद का अध्यक्ष हुआ करता था।[42] करौली रियासत के संविधान में विभागों के वितरण के सम्बन्ध में निम्नांकित प्रावधान किया गया था।

दीवान- राज्य के अधिकांश कार्य दीवान द्वारा सम्पादित किये जाते थे। दीवान राज्य के वित्तिय, विदेशी तथा राजनैतिक कार्यों का प्रभारी होता था। इसी के साथ वह राजकोष, सार्वजनिक निर्माण विभाग, शिक्षा, पुलिस, कारागार, डाकखाना तथा अतिथि गृह का भी प्रभारी होता था। प्रिवीपर्स को छोड़कर अन्य सभी विभागों का निरीक्षण कर सकता था।

गृह सदस्य- वह प्रिवीपर्स को छोड़कर राजमहल का प्रभारी सदस्य था एवं वह जागीरदारों के न्यायिक एवं राजस्व मामलों को छोड़कर सैनिक घुड़साल, नगरपालिका, खानों, सेनाओं को रसद पहुँचाने वाले दफ्तर, बगीचे, दान तथा पेंशन के मामलों का प्रभारी था।

राजस्व सदस्य- यह राजस्व, सीमा शुल्क, वन, पावर हाऊस, मोटर गैरेज, नगरपालिका खान तथा उद्योग, माफीदार, जागीरदार तथा बपौतीदारों के मामलों का अधिकारी था।

न्यायिक सदस्य- इस सदस्य के अधीन न्यायिक प्रशासन, महकमा खास, कानून आदि विभाग थे। राज्य परिषद की बैठक महाराजा की अध्यक्षता में सप्ताह में एक बार होती थी एवं राजा की अनुपस्थिति में दीवान इसकी अध्यक्षता करता था।[43]

इजलास खास- यह राज्य परिषद से भी ऊपर होती थी।इजलास खास में महाराजा अध्यक्ष तथा दीवान सदस्य होता था। इजलास खास ब्रिटिश सरकार या अन्य राज्यों के साथ समझौते और सन्धियाँ, ब्रिटिश सरकार द्वारा भेजे गये संदेश या घोषणाएँ, चैम्बर ऑफ प्रिन्सेज से सम्बन्धित सभी मामले, राज्य के बजट की स्वीकृति, विनियोजन, ऋण, नये विभाग का सृजन, जागीर भूमि एवं सम्पत्तियों की माफी की स्वीकृति, जागीरदारों को बच्चा गोद लेने की स्वीकृति, भू-राजस्व दरों की स्वीकृति, राज्य सम्पत्ति की बिक्री, नये कर लगाना, खानों एवं वनों की पट्टेदारी, राज्य सेवा तथा सेना के कर्मचारियों की नियुक्ति एवं बर्खास्तगी, सम्मान, सनद एवं उनकी जब्ती की स्वीकृति, संविधान संशोधन, सैनिक बल का उपयोग और सम्प्रेषण तथा राज्य सेना का संगठन एवं नियंत्रण आदि कार्य करती थी। इस प्रकार इजलास खास काफी महत्वपूर्ण थी।

विधायिका

विधायिका, जनता के प्रति उत्तरदायी संख्या के रूप में होती है, इस अर्थ में करौली रियासत में इसका अस्तित्व नहीं था। स्थानीय स्तर पर भी प्रतिनिधि संस्थाएँ, जैसे पंचायतें, जिला बोर्ड तथा नगर पालिकाएं भी कम थी। वह सम्पूर्ण पृष्ठभूमि, जिस पर जनतंत्रात्मक एवं प्रतिनिधि सरकार का जन्म होता है, उसका करौली राज्य में अभाव था। महाराजा की अध्यक्षता वाली राज्य परिषद ही वास्तव में विधायिका और कार्यपालिका दोनों थी।[44] कानून के क्षेत्र में इसकी शक्तियां अपार थी। वही कानून बनाती, संशोधित करती या उन्हें निरस्त कर सकती थी। उसे राज्य के संविधान को संशोधित करने, राज्य की नीति

का निर्धारण करने, माफियों की स्वीकृति, राजस्व की छूट या निलम्बन करने, खालसा भूमि को बढ़ाने, कर, सीमा शुल्क तथा आबकारी कर लगाने, बदलने या निलम्बन करने तथा राज्य के बजट को स्वीकार करने का अधिकार था।

करौली रियासत में जनता को भाषण करने, प्रेस संघ आदि बनाने की आजादी नहीं थी। जनता को सुरक्षा संबंधी अधिकार देने वाला कोई बिल भी नहीं था। राज्य में कानून तो थे, परन्तु उनमें से अधिकांश ब्रिटिश इण्डिया से लिये गये थे। विधायिका के अभाव में प्रजा को राज्य के लिए कानून बनाने का अधिकार नहीं था।

न्यायपालिका

करौली रियासत में महाराजा की अध्यक्षता में इजलास खास राज्य की सर्वोच्च न्यायिक संस्था थी। यहीं अपीलें सुनती थी, मुकदमों की निगरानी एवं पुष्टि करती थी। राज्य के न्यायालय अधिकांश रूप से ब्रिटिश इण्डिया में लागू कानूनों का ही अनुसरण करते थे। 1938 ई0 तक न्यायिक व्यवस्था में राज्य परिषद, न्यायिक सदस्य का न्यायालय, न्यायिक अधिकारी का न्यायालय तथा तहसीलदार का न्यायालय आदि न्यायिक संस्थाएं थी तथा इसके पश्चात् पुनर्गठन के बाद अपील का अन्तिम न्यायालय, महकमा खास, जिला एवं सत्र-न्यायालय, अदालत सदर या जिला दण्डनायक एवं उप-न्यायाधीश का न्यायालय और मुंशिफ कोर्ट आदि अस्तित्व में थे।[45] 8 अक्टूबर, 1945 ई0 को करौली में जब नया संविधान लागू हुआ तब न्याय विभाग का फिर से पुनर्गठन किया गया। इस संविधान द्वारा पूर्व के विभिन्न न्यायालयों के दीवानी तथा फौजदारी क्षेत्राधिकार के सम्बन्ध में सभी आदेश निरस्त कर दिये गये और निम्न न्यायालयों का गठन किया गया।

मुख्य न्यायालय- इस न्यायालय की अध्यक्षता मुख्य न्यायधीश करता था। इस न्यायालय को दीवानी एवं फौजदारी मामलों में प्रथम अपीलीय अधिकार प्राप्त थे। दीवानी मामलों में यह न्यायालय ही अन्तिम न्यायालय था। फौजदारी मामलों में इस न्यायालय को किसी भी अधीनस्थ न्यायालय द्वारा पारित आदेशों के विरूद्ध अपील सुनने का अधिकार प्राप्त था। इसके द्वारा सजा प्राप्त व्यक्ति को सिर्फ महाराजा ही माफ कर सकता था।[46]

जिला एवं सत्र न्यायालय- इस न्यायालय को प्रथम तथा अपीलीय क्षेत्राधिकार प्राप्त था। दीवानी मामलों मे यह 1,000 रूपयों से अधिक के मामले सुनने का अधिकार रखता था। फौजदारी मामलों में यह न्यायालय सत्र न्यायालय द्वारा सुने जाने वाले सभी मुकदमों की प्रथम सुनवाई कर सकता था। ऐसे मुकदमें जिनका पुलिस द्वारा चालान किया जाता था, की सुनवाई सत्र न्यायालय द्वारा की जाती थी।[47]

जिला दण्डनायक का न्यायालय- राजधानी में पूरे राज्य के लिए सिर्फ एक ही जिला दण्डनायक का न्यायालय था। यह राज्य के न्यायालयों के द्वारा सुनवाई योग्य उन सभी अपराधों के जो विभिन्न तहसीलों में दण्डनायकों द्वारा सुनवाई के योग्य थे, के अलावा पुलिस द्वारा प्रस्तुत चालानों को स्वीकृत करता था।

अधीनस्थ न्यायधीश का न्यायालय- पूरे करौली राज्य में न्यायालय सिर्फ करौली में ही था। इसे दीवानी मामलों में प्राथमिक क्षेत्राधिकार प्राप्त था। यह न्यायालय करौली नगर के 1,000 रूपयों तक के मुकदमों, सपोटरा तथा मण्डरायल तहसीलों के 100-1,000 रूपयों तक के मुकदमों तथा हजूर, मासलपुर एवं करनपुर तहसीलों के 50-100 रूपयों तक के मामलों की सुनवाई कर सकता था।

दण्डनायक का न्यायालय- यह न्यायालय करौली रियासत की पाँचों तहसीलों में था। इसे तृतीय श्रेणी मजिस्ट्रेट के अधिकार प्राप्त थे। इन न्यायालयों को म्युनिसिपल एक्ट के तहत आने वाले अपराधों से सम्बन्धित मुकदमों की सुनवाई का अधिकार था।

भू-राजस्व विभाग

करौली रियासत में बीसवीं सदी के प्रारम्भ तक राजस्व संबंधी कोई उचित व्यवस्था नहीं थी। नक्शे, जमाबंदी, उचित रिकार्ड आदि के संबंध में कोई व्यवस्था नहीं थी। पहली बार नियमित बंदोबस्त 1909-12 ई0 में करौली के बंदोबस्त अधिकारी डब्लू रॉ के द्वारा किया गया जिसमें राजस्व की राशि 4,47,371 रूपये निर्धारित की गई।[48] करौली में जमीन को मुख्यतः खालसा एवं माफी के रूप में बाँटा गया था। राजस्व दो किश्तों में वसूला जाता था। राजस्व विभाग राजस्व सदस्य के नियंत्रण में होता था। जिसको उप-कलेक्टर सहायता करता था। करौली को पांच तहसीलों में बांटकर उनमें तहसीलदारों के माध्यम से राजस्व विभाग का कार्य सम्पन्न करवाया जाता था। तहसीलदार को पटवारी, मेहता आदि मदद करते थे।[49]

करौली रियासत में प्रशासन को सुदृढ़ करने के लिए पुलिस विभाग, शिक्षा विभाग तथा सार्वजनिक निर्माण विभाग की भी स्थापना की गई। करौली रियासत में पुलिस विभाग का गठन भू-बंदोबस्त के आधार पर किया गया था। जमींदार शांति एवं व्यवस्था बनाये रखने का कार्य करता था। शहरों में कोतवाल व दरोगा यह काम करते थे। 1920-21 ई0 में पुलिस अधीक्षक का पद सृजित हुआ। पुलिस विभाग में अन्य अधिकारी थानेदार, निरीक्षक, कॉन्सटेबल आदि थे। करौली रियासत में शिक्षा की स्थिति दयनीय थी 1871 ई0 में यहाँ सिर्फ एक प्राथमिक विद्यालय था। बाद में करौली में ब्रिटिश सरकार के प्रयासों से कुछ विद्यालय खोले गये।[50]

लोक निर्माण विभाग मुख्य अभियंता की देखरेख में था, जो कि कामठाना के नाम से जाना जाता था। यह विभाग सड़क निर्माण, सिंचाई तथा भवन निर्माण आदि कार्य अभियंताओं की देखरेख में करता था। यह विभाग टेलीफोन, मोटर गैरेज, बाँध निर्माण आदि कार्य भी किया करता था। इस प्रकार करौली रियासत में प्रशासन पर कई तरह के नियंत्रण थे तथा न्यायपालिका भी स्वतंत्र नहीं थी।

जयपुर

ब्रिटिश भारत का शासन साम्राज्ञी के हाथों में आने के पश्चात् देशी रियासतों में तेजी से आधुनिकीकरण की शुरूआत हुई। जयपुर रियासत में आधुनिकीकरण की शुरूआत महाराजा

रामसिंह द्वितीय द्वारा की गई जिसमें उनको अपने प्रधानमंत्री शिवदीन और फैजअली का महत्वपूर्ण सहयोग मिला। जयपुर रियासत में भी अन्तिम शक्ति महाराजा में केन्द्रित थी। प्रशासनिक, न्यायिक तथा सैनिक सभी क्षेत्रों में महाराजा शक्तिशाली था।

कार्यपालिका

महाराजा रामसिंह राजकाज की बारीकियों को समझता था अतः उसने अपने राज्य में आन्तरिक सुधार करने के पश्चात ही बाहरी कार्यों के लिए इम्पीरियल कौन्सिल में शामिल होना स्वीकार किया। सबसे पहले उसने प्रशासनिक तंत्र को पुनर्गठित किया और सारी सत्ता केन्द्रीत रखने की बजाय उसे अलग-अलग विभागों में विभिन्न मंत्रियों के अधीन बाँट दिया। हर विभाग के कार्य अलग-अलग निर्धारित किये गये। 1854-55 ई0 में दीवान और बख्शी को राजस्व व सेना के स्वतंत्र प्रभार सौंप दिये गये इससे प्रधानमंत्री का कार्य हल्का हो गया।[51] एक साल बाद महाराजा ने अपना निजी सचिवालय-महकमा खास या हुजूरी स्थापित किया। इसी वर्ष चार नये विभाग और खोले गये-

(1) इंस्पेक्टर जनरल के अधीन पुलिस विभाग (2) चिकित्सा विभाग (3) शिक्षा विभाग और (4) अमानत और बंदोबस्त विभाग । राज्य को 5 निजामतों में बांटा गया और हर निजामत में एक नाजिम, कलेक्टर (तहसीलदार), जज और पुलिस अध्यक्ष रखा गया।[52]

31 अगस्त, 1867 ई0 में महाराजा रामसिंह ने एक रॉयल कौन्सिल बनाकर उसमें 8 सदस्य रखे जिनमें विभागों का वितरण कर दिया गया। हर विभाग को दो या तीन मंत्रियों को सौंपा गया। महाराजा स्वयं कौन्सिल की अध्यक्षता करता था जिसके लिए उसने जलेब चौक में विशाल भवन बनवाया था। बाद में निजामतों की संख्या बढ़ाकर दस कर दी गई थी। जयपुर रियासत पर रामसिंह के समय अंग्रेजों का पूर्ण प्रभाव था। रामसिंह ने पुराने ठाकुरों के प्रभाव को कम करने एवं अंग्रेजों के प्रभाव का स्वागत करने के लिए एक समिति का गठन किया जिसकी अध्यक्षता वह स्वयं किया करता था तथा इस समिति में उसका प्रधानमंत्री भी शक्तिशाली था परन्तु इस समिति की बैठकों की अध्यक्षता करने स्वयं रामसिंह नहीं आता था।[53] जिससे इसका प्रभाव कम हो गया था। इस प्रकार रामसिंह के समय प्रशासन में संस्थात्मक परिवर्तनों पर जोर ही नहीं दिया गया। महाराजा माधोसिंह के समय कौन्सिल को कुछ सुधारों के साथ जारी रखा गया। उसने अपने समय एक विशेष समिति का गठन किया जो कैबीनेट या महकमा खास कहलाती थी। राज्य परिषद अभी भी अपने निर्धारित कार्य करते हुए विद्यमान थी।[54]

महाराजा मानसिंह द्वितीय के समय प्रशासनिक व्यवस्था में कुछ परिवर्तनों को छोड़ दिया जाये तो प्रशासनिक व्यवस्था का ढाँचा पूर्ववत ही बना रहा। कौन्सिल ही अब महकमा खास कहा जाने लगा। महाराजा ने इसका पुनर्गठन किया वह स्वयं इसका अध्यक्ष हुआ करता था, प्रधानमंत्री उपाध्यक्ष और कुछ मंत्री इसके सदस्य हुआ करते थे।[55] महकमा खास में 1940 ई0 में महाराजा सहित कुल सात सदस्य हुआ करते थे। सेना का विभाग

महाराजा के पास था तथा राजनीति विभाग पोलिटिकल एजेन्ट के पास। शेष विभाग शिक्षा, वित्त, सार्वजनिक निर्माण, न्याय, गृह तथा राजस्व आदि थे। एक मंत्री के पास एक ही विभाग हुआ करता था। राज्य परिषद राजकोष व विनियोजन को छोड़कर शेष सभी विषयों पर अपना निर्णय दे सकती थी।

न्यायपालिका

जयपुर रियासत में अन्य रियासतों की तरह न्यायिक परिवर्तन नहीं किये गये। रामसिंह के गद्दी पर बैठने के तुरन्त बाद अंग्रेज प्रशासक 'सद्भावना का कोष' जयपुर राज्य में बनाए रखना चाहते थे। न्यायिक परिवर्तनों से उसके अस्त-व्यस्त हो जाने की संभावना थी। शिवदीन और फैजअली अंग्रेजी इच्छाओं को भलीभाँति पूरा करते रहते थे इसलिए न्यायिक परिवर्तन का महत्व गौण हो गया था। रामसिंह और फैजअली को सम्मानित करने में अंग्रेज बहुत आगे रहे ताकि वे उनका समर्थन करते रहे। 1870 ई0 के बाद पोलिटिकल एजेन्ट ने अपनी वार्षिक रिपोर्टो में एक बार भी जयपुर की न्यायिक व्यवस्था की प्रशंसा नहीं की फिर भी न्यायिक व्यवस्था में परिवर्तन या सुधार की बात नहीं की। न्यायालयों से उपलब्ध आय में निरन्तर कमी होती रही। 1863 ई0 में यह आय एक लाख रूपये थी, 1869 ई0 में यह घटकर 23,000 रूपये रह गई और उसके बाद निरन्तर घटती रही जो इस पद्धति में लोगों के अविश्वास की परिचायक थी।[56]

जयपुर रियासत मे मेजर थोर्सबी द्वारा स्थापित दीवानी और फौजदारी अदालतें कायम थी। इनमें हारे हुए पक्ष को जीतने वाले पक्ष को हर्जाना देना पड़ता था और पक्षकारों को वकील रखने की अनुमति थी। राजधानी में 3000 रूपये से कम के सभी मामलों की सुनवाई मुंशिफ कोर्ट में होती थी और उससे उपर के मामलें सदर दीवानी अदालत में सुने जाते थे। आपराधिक मामलों की सुनवाई राजधानी में फौजदारी अदालत मे होती थी जिसे सिटी मजिस्ट्रेट सुनता था। राजधानी में एक अपीलीय न्यायालय भी था। तथा इसके ऊपर कौन्सिल थी जो बाद में बीसवीं सदी में हाईकोर्ट का रूप धारण कर लेती है। जिलों में नाजिम दीवानी मामले सुनता था कोतवाल अपराधियों के मामलों को कोर्ट में पेश करता था।[57]

सवाई मानसिंह द्वितीय के समय एक लेजिस्लेटिव कमेटी बनी जिसके सुझावों पर कई नये कानून बने या उनमें संशोधन किया गया। जयपुर राज्य के सभी कानून ब्रिटिश सम्राट की प्रिवी कौन्सिल की तरह जयपुर की कौन्सिल ऑफ स्टेट सर्वोच्च न्यायाधिकरण थी। चीफ कोर्ट के फैसलों के विरूद्ध अपील इसी कौन्सिल में की जाती थी। चीफ कोर्ट के अधीन दीवानी अदालतें थी: जिला जज की अदालत (1) अधीनस्थ जजों की अदालतें (7) नाजिम की अदालत (कोटकासिम), मुंशिफ अदालतें (11) और तहसीलदार की अदालतें (19)। फौजदारी में चीफ कोर्ट के अधीन: सेशन जज की कोर्ट (1) सहायक सेशन जज की कोर्ट (5) जिला मजिस्ट्रेट की अदालत (2) आदि थीं। चीफ कोर्ट के जस्टिस उस समय सर शीतला प्रसाद बाजपेयी थे।[58]

भू-राजस्व व्यवस्था

जयपुर राज्य में भूमि का नियंत्रण सीधे सरकार के हाथ में था समस्त राज्य की भूमि को खालसा, जागीर, इनाम, इस्तमरार, तनख्वाह और भोग में बाँटा गया था। राजस्व व्यवस्था का पुनर्गठन आई.सी.एस. अधिकारी सी.एल. अलेक्जेंडर द्वारा किया गया जो कि उस समय राजस्व मंत्री था। जयपुर राज्य भूमि अधिनियम 1947 के द्वारा भूमि अधिकारों को तीन भागों-पट्टेदारी, खातेदारी और गैर-खातेदारी में बाँटा गया।[59] राजस्व कानून एवं प्रक्रिया को संहिताबद्ध किया गया। राजस्व प्रशासन को रैय्यतवाड़ी व्यवस्था पर आधारित किया गया। राजस्व से जुड़े मामलों की सुनवाई के लिए सितम्बर, 1942 ई0 में राजस्व मण्डल की स्थापना की गई जो भू-राजस्व अधिनियम 1947 द्वारा अधिनियमित था।[60]

प्रशासनिक कारणों से राज्य को चार जिलों में बाँटा गया था। प्रत्येक जिले में एक उपायुक्त होता था जो कि जिला मजिस्ट्रेट भी कहलाता था। उपायुक्त अपने जिले में शांति-व्यवस्था बनाये रखने के साथ-साथ भू-राजस्व संबंधी सभी जिम्मेदारियों को भी निभाता था जिसमें उसे तहसीलदार एवं नायब तहसीलदार मदद किया करते थे। उपखण्ड अधिकारी भी राजस्व प्रशासन से जुड़ा हुआ करता था जिसे नाजिम कहा जाता था। तहसील को विभिन्न पटवार सर्किलों में बाँटा गया था जिनमें नियुक्त विभिन्न पटवारियों के कार्यों का गिरदावर निरीक्षण किया करते थे। गांवों में पटेल भी इस कार्य में अपने उच्चस्थ अधिकारियों की मदद के लिए नियुक्त होते थे। इस तरह राजस्व व्यवस्था जयपुर रियासत में काफी विकसित अवस्था में थी।[61]

जयपुर रियासत में पुलिस प्रशासन के तहत व्यवस्था की शुरूआत 1836 ई0 में की गई। पुलिस नियमों को 1860 ई0 में तैयार किया गया जिन्हें 1874 ई0 में फिर सुधारा गया। गांवों व शहरों के लिए पुलिस की अलग-अलग व्यवस्था की गई। गांवों की पुलिस में चौकीदार व तहसीलों के सिपाही हुआ करते थे। सामान्य पुलिस भी हुआ करती थी जो सीधे दरबार के प्रति उत्तरदायी थी। 1865 ई0 में ठगी व डकैती रोकने के लिए एक अलग से जनरल सुपरिन्टेन्डेन्ट ऑफ पुलिस नियुक्त किया गया। 1925 ई0 में पुलिस बल का फिर से पुनर्गठन किया गया तथा आधुनिक पुलिस विभाग की तरह आई.जी., डी.आई.जी., सुपरिन्टेन्डेन्ट, इन्सपेक्टर, कॉन्स्टेबिल आदि श्रेणी के लोग रखे गये। 1932 ई0 में पुलिस ट्रेनिंग स्कूल की स्थापना की गई। 1933 ई0 में पुलिस गाइड बनी।

जयपुर रियासत में शिक्षा के क्षेत्र में महत्वपूर्ण उपलब्धि थी 1844 ई0 में 40 छात्रों को लेकर खुला कॉलेज जो बाद में महाराजा कॉलेज के नाम से विख्यात हुआ। इसी के साथ 1861 ई0 में राजपूत कॉलेज खोला गया। संस्कृत कॉलेज भी खोला गया। साथ ही स्कूल ऑफ आर्ट्स, मेडिकल कॉलेज तथा स्त्री शिक्षा के लिए भी एक कॉलेज खोला गया।[62] शिक्षा का खर्च राज्य की तरफ से उठाया जाता था। इन्हीं सब कोशिशों का परिणाम था कि 1938 ई0 तक राज्य में 1200 के लगभग शिक्षण संस्थाएं थी जिनमें लगभग 64,000 छात्र पढ़ते थे। उसी दौरान पावटा और जयपुर में शिक्षक प्रशिक्षण विद्यालय भी खोले गये।

1. रिपोर्ट ऑन द एडमिनिस्ट्रेशन ऑफ राजस्थान, 1865-67 भाग-1, पृ. 13
2. रिपोर्ट ऑन द एडमिनिस्ट्रेशन ऑफ राजस्थान, 1867-68, पृ0 18
3. रिपोर्ट ऑन द एडमिनिस्ट्रेशन ऑफ राजस्थान, 1869-70, पृ0 25
4. रिपोर्ट ऑन द एडमिनिस्ट्रेशन ऑफ अलवर स्टेट, 1894, पृ0 5
5. अलवर स्टेट न्यूज, फाइल नम्बर सी 4-ए/3, भाग 3, राजस्थान राज्य अभिलेखागार, बीकानेर
6. तरूण राजस्थान, 6 अगस्त, 1928
7. हिन्दुस्तान टाइम्स, दिल्ली, 6 अक्टूबर, 1946
8. कॉनस्टिट्यूशनल रिफॉमर्स इन अलवर स्टेट, फाइल नम्बर, 114, पृ0 46, राजस्थान राज्य अभिलेखागार, बीकानेर
9. कॉनस्टिट्यूशनल रिफॉमर्स इन अलवर स्टेट, फाइल नम्बर, 113, पृ0 46, राजस्थान राज्य अभिलेखागार, बीकानेर
10. इम्पीरियल गजेटियर ऑफ इण्डिया, वॉल्यूम 5, कल्रेण्डन प्रेस, ऑक्सफोर्ड, 1908, पृ0 265
11. द हिन्दुस्तान टाईम्स, 6 मई, 1944
12. रिपोर्ट ऑन द एडमिनिस्ट्रेशन ऑफ अलवर स्टेट, 1945-46, पृ0 102-103
13. एम0एफ0 ओडार्डर: सेटलमेंट रिपोर्ट ऑफ अलवर, मार्च 1899
14. रिपोर्ट ऑन द एडमिनिस्ट्रेशन ऑफ अलवर स्टेट, 1895-96, पृ0 36
15. द अलवर स्टेट गजेटियर (एक्स्ट्राऑर्डिनरी), 15 मई, 1928
16. के0एस0 सक्सेना, द पोलिटिकल मूवमेंट एण्ड अवेकनिंग इन राजस्थान (1857-1947) एस0 चन्द एण्ड कम्पनी, नई दिल्ली, 1972, पृ0 189
17. भरतपुर स्टेट कौन्सिल रिजोल्यूशन, नं0 1074, 9 अक्टूबर, 1934
18. भारतीय राज्यों में संवैधानिक तथा प्रशासनिक सुधार-पीरियोडिकल इन्फॉर्मेशन सिक्रेट मिमो नम्बर 517/एल0एन0, भरतपुर दीवान टू ब्रिटिश पोलिटिकल एजेन्ट, 30 अक्टूबर, 1946
19. रिपोर्ट ऑन द एडमिनिस्ट्रेशन ऑफ भरतपुर स्टेट, 1938-39, पृ0 4
20. वही, पृ0 2-3
21. रिपोर्ट ऑन द एडमिनिस्ट्रेशन ऑफ भरतपुर स्टेट, 1942-43, पृ0 2
22. रिपोर्ट ऑन द पोलिटिकल एडमिनिस्ट्रेशन ऑफ भरतपुर स्टेट, 1944-45, पृ0 4
23. भरतपुर ज्यूडिसियल सरक्यूलर, नम्बर 1, 1932, पृ0 2
24. रिपोर्ट ऑन द एडमिनिस्ट्रेशन ऑफ भरतपुर स्टेट, 1941-42, पृ0 35
25. द राजपूताना गजेटियर वॉल्यूम 1, कलकत्ता, 1879, पृ0 155
26. आर0एल0 बत्रा, रिपोर्ट ऑन द फर्स्ट रिवाईज्ड सेटलमेंट, पृ0 12

27. जी0 एन्डरसन, ब्रिटिश एडमिनिस्ट्रेशन इन इण्डिया, मैकमिलन एण्ड कम्पनी लिमिटेड, लंदन, 1917, पृ0 10
28. रिपोर्ट ऑन द पोलिटिकल एडमिनिस्ट्रेशन ऑफ राजपूताना स्टेट्स, 1870-71, पृ0 182-83
29. धौलपुर स्टेट, फाईल नम्बर 101, 1930, आर0जी0ए0 (धौलपुर स्टेट परिषद की कार्यप्रणाली, शक्तियां व गठन)
30. द इम्पीरियल गजेटियर ऑफ ईस्टर्न राजपूताना स्टेट्स, इलाहाबाद राजकीय प्रेस, 1906, पृ0 31-32
31. रिपोर्ट ऑन द एडमिनिस्ट्रेशन ऑफ धौलपुर स्टेट, 1942-43, पृ0 9
32. द बॉम्बे क्रोनिकल, 3 नवम्बर, 1936
33. इम्पीरियल गजेटियर ऑफ इण्डिया, वॉल्यूम 11, कलेरेण्डन प्रेस, ऑक्सफोर्ड, 1908, पृ0 328
34. रिपोर्ट ऑन द एडमिनिस्ट्रेशन ऑफ धौलपुर स्टेट, 1913-14, पृ0 12-13
35. रिपोर्ट ऑन द एडमिनिस्ट्रेशन ऑफ धौलपुर स्टेट, 1942-43, पृ0 23-24
36. [36]धौलपुर स्टेट, फाईल नम्बर 11, 1946-47, आर0जी0ए0 (निजी सचिव का न्यायिक सचिव को पत्र) क्रमांक 160, 16 मार्च, 1947
37. धौलपुर स्टेट, फाईल नम्बर 174, जनवरी, 1947, आर0जी0ए0 (भू-राजस्व व्यवस्था की जाँच के संबंध में पोलिटिकल एजेन्ट के पत्र का प्रति उत्तर)
38. रिपोर्ट ऑन द एडमिनिस्ट्रेशन ऑफ धौलपुर स्टेट, पूर्व उद्धृत, पृ0 22
39. रिपोर्ट ऑन द पोलिटिकल एडमिनिस्ट्रेशन ऑफ राजपूताना स्टेट्स, पूर्व उद्धृत, पृ0 159-160
40. रिपोर्ट ऑन द एडमिनिस्ट्रेशन ऑफ करौली स्टेट, 1932-33, पृ0 3
41. करौली राज्य का संविधान, 1945, अनुच्छेद 4 (अ)
42. वही, अनुच्छेद 8 (ब)
43. एम0एस0 जैन, आधुनिक राजस्थान का इतिहास, पंचशील प्रकाशन, जयपुर, 1995, पृ0 168-70
44. डी0डी0 गौड़, कॉन्स्टिटट्यूशनल डवलपमेंट ऑफ ईस्टर्न राजपूताना स्टेट्स, ऊषा पब्लिशिंग हाऊस, जयपुर, 1978, पृ0 132-33
45. रिपोर्ट ऑन द एडमिनिस्ट्रेशन ऑफ करौली स्टेट, 1939-40, पृ0 59-60
46. करौली राज्य का संविधान, 1945, पृ0 13
47. वही, पृ0 15
48. डब्लू रॉ, फाइनल रिपोर्ट ऑन द फर्स्ट सेटलमेंट ऑफ करौली स्टेट, 1909-1912, पृ0 34
49. रिपोर्ट ऑन द एडमिनिस्ट्रेशन ऑफ करौली स्टेट, पूर्व उद्धृत, पृ0 8
50. इम्पीरियल गजेटियर ऑफ इण्डिया, वॉल्यूम 15, कलेरेन्डन प्रेस, ऑक्सफोर्ड, पृ0 33

51. एम0एस0 जैन, पूर्व उद्धृत, पृ0 168
52. गोपीनाथ शर्मा, आधुनिक राजस्थान का इतिहास, ग्रन्थ भारती, जयपुर, 1994, पृ. 207
53. रिपोर्ट ऑन द एडमिनिस्ट्रेशन ऑफ राजस्थान, 1868-69, पृ0 77
54. भारतीय राष्ट्रीय कांग्रेस के 55 वे अधिवेशन के अवसर पर जारी, जयपुरः इट्स हिस्ट्री, रुलर्स एण्ड फैक्ट्स अपटू द ईयर 1948, लॉव् प्राइस पब्लिकेशन, दिल्ली, 2002, पृ0 28
55. रिपोर्ट ऑन द एडमिनिस्ट्रेशन ऑफ जयपुर स्टेट, 1939-40, पृ0 71-72
56. आर0पी0 व्यास, आधुनिक राजस्थान का वृहद् इतिहास, भाग 2, राजस्थान हिन्दी ग्रंथ अकादमी, जयपुर, 2007, पृ0 204
57. जदूनाथ सरकार, ए हिस्ट्री ऑफ जयपुर, ओरियंट ब्लैकस्वॉन प्राइवेट लिमिटेड, नई दिल्ली, 2013, पृ0 170
58. एम0एस0 जैन, पूर्व उद्धृत, पृ0 170
59. जी0एन0 शर्मा, पूर्व उद्धृत, पृ0 210
60. द जयपुर गजट (एक्स्ट्राऑर्डिनरी), 26 अक्टूबर, 1942, पृ0 10-11
61. जदूनाथ सरकार, पूर्व उद्धृत, पृ0 370-71
62. आर0पी0 व्यास, पूर्व उद्धृत, पृ0 416

4

राजनीतिक लोक चेतना का विकास

बीसवीं सदी की शुरूआत में क्रांतिकारी गतिविधियों में तेजी आई जिसका प्रभाव राजस्थान पर भी पड़ा। कांग्रेस के अधिवेशनों में भाग लेने से राजस्थान के नेताओं का सम्पर्क ब्रिटिश भारत के अन्य नेताओं से हुआ जिसके पश्चात् इन्हें राजस्थान में भी स्वतंत्रता आन्दोलन को नेतृत्व प्रदान करने के लिए किसी राजनीतिक संगठन की अवाश्यकता महसूस हुई। इसी कड़ी में आगे जाकर गणेश शंकर विद्यार्थी, विजयसिंह पथिक, जमना लाल बजाज, चांदकरण शारदा, स्वामी नरसिंह देव आदि के प्रयासों से 1918 ई0 में राजपूताना मध्य भारत सभा नामक एक संस्था की स्थापना दिल्ली के चाँदनी चौक स्थित मारवाड़ी पुस्तकालय में हुई। इस संस्था का उद्देश्य रियासतों में उत्तरदायी सरकार की स्थापना करना और रियासत के लोगों को कांग्रेस का सदस्य बनाना था। सभा के सदस्यों के प्रयासों से कांग्रेस के नागपुर अधिवेशन (1920 ई0) के समय यह कांग्रेस की सहयोगी संस्था मान ली गई।[1]

राजपूताना मध्य भारत सभा के नेताओं के दबाव से कांग्रेस ने एक प्रस्ताव पारित किया जिसमे राजस्थान के राजाओं से यह आग्रह किया गया था कि वे अपनी प्रजा को शासन में भागीदार बनायें।[2] राजपूताना मध्य भारत सभा 1920 ई0 तक सक्रिय रही। राजस्थान में राजनीतिक जन चेतना के विकास में राजस्थान सेवा संघ की भी अति महत्वपूर्ण भूमिका रही जिसकी स्थापना 1919 ई0 में विजयसिंह पथिक, रामनारायण चौधरी और हरिभाई किंकर के प्रयासों से हुई। इस संघ का मुख्य उद्देश्य जनता की समस्याओं को हल करना तथा जागीरदारों और राजाओं का अपनी प्रजा के साथ सौहार्द्रपूर्ण सम्बन्ध स्थापित करवाना था। इस संघ ने कई महत्वपूर्ण आन्दोलनों जैसे- बिजौलिया और बेगूँ में किसान आन्दोलन, सिरोही और उदयपुर में भील आन्दोलन का मार्गदर्शन किया। संघ ने पुलिस के अत्याचारों को भी उजागर किया। ब्रिटिश सरकार इसकी गतिविधियों से सशंकित थी। 1924 ई0 में विजयसिंह पथिक को मेवाड़ सरकार द्वारा गिरफ्तार कर लेने पर इस संघ के सदस्यों में

मतभेद इतना गहरा गया कि 1928-29 ई0 तक यह संघ भी प्रभावहीन हो गया।[3]

राजनीति जन-जागरण में विजयसिंह पथिक एवं रामनारायण चौधरी द्वारा सम्पादित राजस्थान केसरी एवं नवीन राजस्थान नामक समाचार पत्रों का भी महत्वपूर्ण योगदान रहा। नवीन राजस्थान बाद में तरूण राजस्थान के नाम से प्रकाशित होने लगा। मार्च 1924 ई0 को रामनारायण चौधरी एवं शोभा लाल गुप्त को तरूण राजस्थान में देशद्रोहात्मक सामग्री प्रकाशित करने के अपराध में गिरफ्तार कर लिया गया। स्वतंत्रता आन्दोलन के प्रथम चरण में राजस्थान के क्रान्तिकारियों की विद्रोहात्मक गतिविधियाँ यद्यपि असफल रहीं परन्तु प्रदेश में अंग्रेज विरोधी जनमत तैयार करने में उनका महत्वपूर्ण योगदान रहा। यहाँ भी लोगों में देश प्रेम की भावना जागृत हुई और राज्यों मे निरंकुश सत्ता के विरूद्ध तीव्र रोष उत्पन्न हुआ। जिससे पूर्वी राजपूताना की रियासतों अलवर, भरतपुर, धौलपुर, करौली एवं जयपुर में भी विभिन्न राजनीतिक संगठनों के माध्यम से राजनीतिक जन चेतना का विकास हुआ।[4]

जयपुर रियासत में क्रान्तिकारी गतिविधियों की शुरूआत अर्जुनलाल सेठी के प्रयासों से हुई जब उन्होंने 1908 ई0 में एक विद्यालय की स्थापना जयपुर में की। समाज सुधार के लिए स्थापित कुछ संस्थाओं जैसे सनातन धर्म मंडल, समाज सुधार मंडल, जयपुर हितकारिणी सभा आदि ने समाज सुधार के साथ-साथ राजनीतिक जन-जागरण का कार्य भी किया। जयपुर हितकारिणी सभा के अध्यक्ष बालचन्द शास्त्री और मंत्री केसरलाल कटारिया ने छात्र मंडल एवं छात्र परिषद के माध्यम से युवाओं में राजनीतिक जन-जागृति के लिए कार्य किया। गाँधी युग में जयपुर में राजनीतिक जागृति जहाँ चरम पर थी वहीं उस समय तक जनता का शोषण भी बहुत अधिक हो रहा था। अधिकारी एवं व्यापारी वर्ग दोनों ही जनता का अत्यधिक शोषण कर रहे थे वह भी ऐसे समय में जब 1925-26 ई0 के दौरान सरकार ने अपनी आय बढ़ाने के लिए अनाज निकासी की स्वीकृति दे दी जिसके खिलाफ जयपुर में हड़ताल हुई और सरकार को अपना फैसला वापस लेना पड़ा।

प्रशासनिक कार्यों में फारसी भाषा का प्रयोग होता था। फारसी जानने के बावजूद स्थानीय नागरिकों को नौकरियों में न लेकर बाहरी लोगों को लिया जाता था, जिससे जयपुर राज्य में युवकों में बेरोजगारी बढ़ने लगी। पुलिस का अत्याचार भी बढ़ता जा रहा था।[5] जनता ने 1 सितम्बर, 1927 ई0 को प्रशासन में व्याप्त भ्रष्टाचार एवं पुलिसिया अत्याचार के खिलाफ जब प्रदर्शन किया तो उन पर लाठी चार्ज किया गया और कुछ को गिरफ्तार भी कर लिया। जिससे पूरे शहर में हड़ताल हो गई। हड़ताली लोगों की मुख्य मांग थी कि दोषी पुलिस कर्मियों को दण्ड दिया जाये, प्रशासन में व्याप्त भ्रष्टाचार समाप्त किया जाये तथा रीजेन्सी कौंसिल को हटाया जाये। भीड़ की संख्या पाँच हजार तक बढ़ गई तथा ये लोग कोतवाली तक पहुँच गये जहाँ गिरफ्तार किये गये लोग कैद थे। भीड़ को नियन्त्रित करने के लिए पुलिस ने लाठी चार्ज किया तथा गोली भी चला दी जिससे एक व्यक्ति मारा गया तथा 37 अन्य व्यक्ति घायल हो गये। इससे आहत होकर जयपुर महारानी ने कौंसिल के

प्रेसीडेन्ट को तब तक अन्न-जल ग्रहण नहीं करने की धमकी दी जब तक कि नगर में शान्ति स्थापित न हो जाये।[6]

जयपुर सरकार ने उसी दिन एक असाधारण गजट प्रकाशित कर गोलीकाण्ड की जाँच के लिए एक कमीशन नियुक्त किया जिसमें चीफ कॉर्ट के जज रायबहादुर नानकराम जौहरी और सेशन जज सैयद इफ्तखार हसन सदस्य थे।[7] जयपुर राज्य में व्याप्त अव्यवस्थाओं के खिलाफ आन्दोलन और तेज होता गया। अगस्त, 1928 ई0 में जब वायसराय जयपुर आये तो उन्हें अपनी माँगों का एक पत्र जनता की ओर से सौंपा गया जिसमें जयपुर राज्य में व्याप्त समस्याओं का जिक्र किया गया था।[8] 5 अप्रैल, 1931 ई0 को मोतीलाल दिवस के अवसर पर कार्यक्रम में शामिल खादी भण्डार के कार्यकर्ता गुलाबचन्द चौधरी, कुन्दनलाल और किशोर सिंह को कैद कर लिया गया। सरकार की इसी दमनकारी नीति का मुकाबला करने और राजनीतिक चेतना प्रोत्साहित करने के लिए एक सशक्त राजनीतिक संगठन की आवश्यकता महसूस हुई जिसकी परिणति आगे चलकर प्रजामण्डल की स्थापना के रूप में हुई।[9]

पूर्वी राजस्थान की एक और प्रमुख रियासत धौलपुर में भी बीसवीं सदी की शुरूआत में ही कुछ संगठनों की राजनीतिक चेतना जागृत करने में मुख्य भूमिका रही जैसे- आचार सुधारिणी सभा तथा आर्य समाज। आचार सुधारिणी सभा की स्थापना 1910 ई0 में यमुनाप्रसाद वर्मा ने की तथा आर्य समाज की धौलपुर में 1911 ई0 में स्थापना हुई। यमुना प्रसाद वर्मा तथा ज्वाला प्रसाद आर्य समाज के कार्यकर्त्ता थे। धौलपुर राज्य में 8 अगस्त, 1918 ई0 को श्रद्धानन्द के नेतृत्व में स्वशासन आन्दोलन प्रारम्भ किया गया जिसमें अन्य राज्यों के कार्यकर्त्ताओं ने भी भाग लिया। इनमें प्रमुख थे जोधपुर के रावराजा तेजसिंह, अजमेर के चाँदकरण शारदा और गौरीशंकर ओझा, आगरा के वकील सालिगराम आदि। धौलपुर के रामस्वरूप वैद्य और जौहरीलाल इन्दु ने भी इस आन्दोलन में सक्रिय भूमिका निभाई। राज्य सरकार ने इस आंदोलन के प्रति दमनात्मक कार्यवाही करते हुए लगभग एक हजार कार्यकत्ताओं को गिरफ्तार कर लिया।[10]

आर्य समाज के कार्यकत्ताओं ने ही 1934 ई0 में धौलपुर में नागरी प्रचारिणी सभा का गठन किया जिसके प्रमुख कार्यकर्ता ज्वालाप्रसाद जिज्ञासु और जौहरी लाल इन्दु थे। इसी पृष्ठभूमि में 1936 ई0 में प्रजामण्डल की स्थापना कर, उत्तरदायी शसन की माँग की गई। आगरा निवासी कृष्णदत्त पालीवाल इसके अध्यक्ष और मूलचंद को इसका उपाध्यक्ष बनाया गया।[11]

अलवर राज्य में जन-जागृति की शुरूआत हरिनारायण शर्मा द्वारा अपने परिवार के मन्दिर को हरिजनों के लिए खोलकर की उन्होंने अस्पृश्यता निवारण संघ, वाल्मिकी और आदिवासी संघ की स्थापना की जिनके माध्यम से अनुसूचित जातियों और जनजातियों के उत्थान के लिए रचनात्मक कार्य किये गये। अलवर राज्य में महाराजा के आदेश ही कानून माने जाते थे। राज्य में राजद्रोह सभा अधिनियम लागू था। मई, 1925 ई0 को बानसूर और

थानागाजी तहसीलों मे राजस्व दर में 25 प्रतिशत की बढ़ोत्तरी कर दी गई जिसके विरोध में नीमूचाणा गाँव के काश्तकारों ने भारत सरकार और राजा जयदेवसिंह को पत्र लिखे। जिससे गुस्साए महाराजा ने अपनी सेना भेज कर बिना चेतावनी दिये गाँव पर गोलियाँ चलवाई जिसमें 95 लोग मारे गये और 250 व्यक्ति घायल हुये। जिससे अलवर में राजनीतिक आन्दोलन और तेज हो गया। 26 जनवरी, 1931 ई0 को अलवर मे भी हरिनारायण शर्मा के नेतृत्व में स्वतंत्रता दिवस मनाया गया।[12]

अलवर में इस दौरान मेव मुसलमानों ने भी विभिन्न माँगों को लेकर आन्दोलन प्रारम्भ कर दिया जिसमें उनका साथ पडौसी क्षेत्रों के मेवों ने भी दिया। महाराजा ने इस आंदोलन को भी दबा दिया। अब धीरे-धीरे अलवर महाराजा जयदेव सिंह की अंग्रेजों से अनबन होने लगी थी तथा वह भी राष्ट्रीय आन्दोलन के प्रति सहानुभूति रखने लगा था। 20 अप्रैल, 1933 ई0 को गंगा माता दरबार के अवसर पर महाराजा ने स्वदेशी वस्त्र पहनने का प्रण लिया। इससे अंग्रेज सरकर सशंकित हो गई तथा अलवर का प्रशासन प्रधानमंत्री एफ.वी. विली को सौंपने का आदेश दिया गया तथा साथ ही महाराजा को इग्लैण्ड निर्वासित कर दिया गया।[13] 1937 ई0 में पेरिस में महाराजा की मृत्यु हो गई। अंग्रेज सरकार ने अलवर की गद्दी तेजसिंह को सौंपी। अलवर में इसका विरोध करने एवं शासन में सुधार करने की माँग को लेकर एक सभा का आयोजन किया गया। सभा में शामिल हरिनारायण, कुंजबिहारी लाल मोदी, सालिगराम एवं अब्दुल शकूर पर राजद्रोह का मुकदमा चलाया गया। 1933 ई0 में अलवर में कांग्रेस समिति की स्थापना की गई जो 1938 ई0 में प्रजामण्डल कहलाने लगी तथा 1940 ई0 में जिसका पंजीकरण प्रोग्रेसिव एसोसिएशन के नाम से किया गया जिसकी शाखाएँ राजगढ़, तिजारा, खैरथल तथा रामगढ़ आदि प्रमुख जगहों पर खोली गई। प्रजामण्डल सरकारी स्कूलों में फीस वृद्धि का विरोध किया। लक्ष्मणस्वरूप त्रिपाठी, भोलानाथ जैसे नेताओं के प्रजामण्डल से जुड़ जाने पर राजनीतिक आन्दोलन और तीव्र हो गया।[14]

भरतपुर राज्य में कुशासन के कारण राज्य की आर्थिक स्थिति शोचनीय थी सर्वत्र अराजकता और अनियमितता व्याप्त थी। भू-राजस्व नीति के प्रति किसानों में अत्यधिक रोष था। ऐसी स्थिति में ब्रिटिश सरकार ने भरतपुर महाराजा को प्रशासन सम्बन्धी सभी अधिकार वहाँ के नवनियुक्त दीवान मैकेन्जी को देने के लिए बाध्य किया।[15] मैकेन्जी को फरवरी, 1928 ई0 में भरतपुर का दीवान नियुक्त किया गया और उसने प्रशासन को अपनी मनमर्जी से चलाना प्रारम्भ कर दिया। इसी दौरान भरतपुर में रबीन्द्रनाथ टैगोर, मदनमोहन मालवीय तथा चांदकरण शारदा ने अनेक सभाओं को सम्बोधित किया था जिसका वहाँ की जनता पर गहरा असर पड़ा। दीवान की दमनकारी नीति, पुलिसिया अत्याचार और मौलिक अधिकारों के हनन के विरोध में 6 फरवरी, 1929 ई0 को भरतपुर राज्य प्रजा संघ की स्थापना की गई। इसी समय यह निर्णय भी लिया गया कि राजपूताना प्रान्तीय देशी राज्य परिषद का अधिवेशन 1929 ई0 में भरतपुर में करवाया जाये।[16]

अंग्रेज दीवान किसी भी प्रकार की राजनीतिक गतिविधि के खिलाफ था। भरतपुर राज्य प्रजा संघ की स्थापना के समय रामनारायण चौधरी ने दीवान की नीतियों की आलोचना की थी। प्रजा संघ के सचिव देशराज को 13 जनवरी, 1929 ई0 को उसके गाँव जुरेहा में बन्दी बनाकर भूखे ही भरतपुर तक की 45 मील की दूरी तक पैदल ही लाया गया।[17] संघ के अध्यक्ष गोपीलाल यादव की गिरफ्तारी का आदेश जारी हुआ। अन्य कार्यकर्त्ता गयाप्रसाद चौबे और गंगासहाय के घरों की तलाशी ली गई। राजद्रोहात्मक भाषण के लिए कई अन्य कार्यकर्त्ताओं को गिरफ्तार कर लिया गया। जनता अब दीवान को हटाने की माँग करने लगी। अखिल भारतीय जाट महासभा ने भरतपुर के दीवान विरोधी आन्दोलन की ओर वायसराय और ब्रिटिश सरकार का ध्यान आकर्षित किया। धीरे-धीरे आन्दोलन परवान चढ़ रहा था। भरतपुर सरकार ने आदेश जारी करके सभाओं, भाषणों, जुलूसों, धरनों, राष्ट्रीय झण्डा फहराने, गाँधी टोपी पहनने और आपत्तिजनक नारों पर प्रतिबन्ध लगा दिया। यह भी कहा गया कि यदि कोई व्यक्ति आदेश नहीं माने तो उस पर भारतीय दण्ड संहिता 188 के अनुसार मुकदमा चलाया जाये।[18]

नवयुवकों में राजनीतिक चेतना का प्रसार इस कदर था कि निषेधाज्ञा के बावजूद लक्ष्मण मन्दिर के पास स्थित भरतपुर हाई स्कूल के छात्र मदनगोपाल तथा विशम्भर जनता से अंग्रेजी फैल्ट टोपी और अन्य विदेशी वस्तुओं के बहिष्कार का आह्वान कर रहे थे और खद्दर की टोपी के प्रचार के लिए उसे मुफ्त में बाँट रहे थे। इन युवकों को आगरा और रेवाड़ी निष्कासित कर दिया।[19] फिर भी वे अपने-अपने तरीके से कांग्रेस मंडल की स्थापना के लिए प्रयास करने लगे। 20 सितम्बर, 1937 ई0 को जब नेहरू जी आगरा जा रहे थे तब भरतपुर रेलवे स्टेशन पर कुछ नवयुवकों ने गोकुल चन्द वर्मा, जगन्नाथ कक्कड़, गौरीशंकर मित्तल, फकीर चन्द टेलर, रामभरोसे सुनार आदि के नेतृत्व में उनसे मुलाकात की जिससे प्रेरित होकर सितम्बर, 1937 ई0 में भरतपुर कांग्रेस मण्डल की स्थापना हुई। आगे चलकर भरतपुर के राजनीतिक कार्यकर्त्ताओं ने 4 मार्च, 1938 ई0 को भरतपुर प्रजामण्डल की स्थापना की।[20] प्रजामण्डल ने फतेहपुर सीकरी में 5-6 नवम्बर, 1938 ई0 को उत्तरी भारतीय देशी राज्य परिषद का अधिवेशन करवाने की घोषणा की जो कि एम.एन. राय की अस्वस्थता की वजह से 21-22 नवम्बर, 1938 ई0 को आयोजित हुआ जिसमें अध्यक्षीय भाषण देते हुए एम.एन. राय ने कहा कि अधिवेशन का मुख्य उद्देश्य भारतीय रियासतों की जनता पर हो रहे दमन के विरोध में प्रस्ताव पारित करना है तथा इसी प्रस्ताव को दो महीने बाद लुधियाना में जवाहर लाल नेहरू की अध्यक्षता में होने वाले अखिल भारतीय देशी राज्य प्रजा परिषद के सम्मेलन में प्रस्तुत करना है।[21] इसी सम्मेलन में पूर्वी राजपूताना राज्य परिषद समिति बनाने का निर्णय किया गया। इसमें अलवर, भरतपुर, धौलपुर और करौली राज्यों को सम्मिलित किय गया। समिति का मुख्य उद्देश्य इन चारों राज्यों में उत्तरदायी शासन स्थापित करने का प्रयास करना था। समिति का कार्यालय आगरा में स्थापित किया गया। पन्द्रह सदस्यीय इस समिति का सचिव बिहारीलाल मोदी को निर्वाचित किया

गया।[22]

आगरा और भरतपुर के निकट स्थित होने से करौली रियासत पर भी वहाँ हो रही क्रांतिकारी गतिविधियों का प्रभाव पड़ना स्वाभाविक ही था। करौली में जनजागृति की शुरूआत पूर्णसिंह, मदनसिंह, कल्याण प्रसाद गुप्त, रामगोपाल और श्यामसुन्दर शर्मा आदि कार्यकर्त्ताओं द्वारा की गई। इन लोगों ने करौली दीवान चिमनसिंह के अत्याचारों की शिकायत ब्रिटिश सरकार से करके उसे निष्कासित करवा दिया। मदन सिंह राजनीतिक कार्यों के साथ-साथ रचनात्मक कार्यों में भी लगे रहे।[23] भंवरलाल शर्मा चरखा संघ का कार्य सम्भाले हुए थे। चिरंजीलाल शर्मा ने अजमेर में नमक सत्याग्रह में भाग लिया। इसी कड़ी में आगे चलकर 1938 ई0 में त्रिलोकचन्द माथुर ने करौली प्रजामण्डल की स्थापना की जिसके रामगोपाल और कल्याणदास गुप्ता सक्रिय कार्यकर्त्ता थे।[24]

निष्कर्षतः कहा जा सकता है कि ब्रिटिश भारत के साथ-साथ उसी समय पूर्वी राजस्थान की रियासतों में भी राजनीतिक जागृति हुई। जिसमें राजपूताना मध्यभारत सभा तथा राजस्थान सेवा संघ के साथ-साथ विभिन्न समाचार पत्रों एवं समाज सुधार संगठनों की भी मुख्य भूमिका रही। राष्ट्रीय आंदोलन का नेतृत्व गाँधीजी के हाथ में आने के पश्चात् उसका प्रभाव राजपूताना की रियासतों पर भी पड़ा। जिससे यहाँ भी ब्रिटिश शासन से त्रस्त जनता ने उत्तरदायी शासन की स्थापना के लिए जन-आंदोलन किया।

प्रजामण्डल आन्दोलन

अखिल भारतीय राज्य लोक परिषद भी कांग्रेस की भांति देशी रियासतों में वंशानुगत राजतंत्र के विरोध में नहीं थी परन्तु जब देशी राज्यों के शासकों ने भारतीय संघ में सम्मिलित होना स्वीकार नहीं किया तथा अपने राज्यों में उत्तरदायी शासन की स्थापना में भी रूचि नहीं दिखाई तब परिषद व कांग्रेस के नेताओं तथा देशी रियासतों की जनता में देशी राजाओं के प्रति जो सहानुभूति की भावना थी वह धीरे-धीरे अब कम होती जा रही थी। 1937 ई0 को हुए चुनावों में 8 प्रांतो में कांग्रेस की सरकार बनी जिससे प्रान्तीय स्वायत्तता का व्यवहारिक स्वरूप प्रस्तुत था। फरवरी 1938 ई0 के हरिपुरा कांग्रेस अधिवेशन में कांग्रेस देशी राज्यों को भी अपने दायरे में ले चुकी थी। देशी रियासतों में राजनीतिक, सामाजिक एवं आर्थिक स्वतन्त्रता के लिए कांग्रेस उतनी ही सजग थी जितनी कि ब्रिटिश भारतीय प्रान्तों में।[25]

1938-39 ई0 में राजस्थान की लगभग सभी रियासतों में प्रजामण्डलों एवं अन्य राजनीतिक संस्थाओं की स्थापना हो चुकी थी जिनका मुख्य कार्य देशी रियासतों में उत्तरदायी शासन की स्थापना करना था। प्रजामण्डलों से जुड़े नेता कांग्रेस के नेताओं के सहयोग से देशी रियासतों में संवैधानिक सुधारों के लिए प्रयासरत रहे। पूर्वी राजस्थान की रियासतों- अलवर, भरतपुर, धौलपुर, करौली एवं जयपुर में प्रजामण्डलों की स्थापना शुरूआत में ही हो चुकी थी।

जयपुर रियासत में प्रजामण्डल की स्थापना नवम्बर, 1936 ई0 में जमनालाल बजाज एवं हीरालाल शास्त्री के सहयोग से हुई। जिसका मुख्यालय जयपुर रखा गया। उसका प्रमुख उद्देश्य महाराजा की छत्रछाया में संवैधानिक तरीके से उत्तरदायी शासन की स्थापना करना तथा जनता की आर्थिक और सामाजिक स्थिति में सुधार करना था। प्रजामण्डल की कार्यकारिणी के अध्यक्ष जमनालाल बजाज, उपाध्यक्ष चिरंजीलाल मिश्रा, मुख्य सचिव हीरालाल शास्त्री एवं संयुक्त सचिव कपूरचंद पाटनी बनाये गये। अन्य कार्यकर्ताओं में चन्द्रशेखर भट्ट, कल्याण शर्मा, लादूराम जोशी, टीकाराम पालीवाल, रामकरण जोशी आदि थे।[26] जयपुर प्रजामण्डल का प्रथम अधिवेशन 8-9 मई 1938 ई0 को हुआ। जिसमें सभी सदस्यों का सहयोग मिला। 13 नवम्बर, 1938 ई0 को प्रजामण्डल ने राजनैतिक सुधार सम्बन्धी प्रस्ताव पारित किये जिसमें सरकार द्वारा जनता को सहयोग करने, लिखने और बोलने की स्वतंत्रता, कृषि सम्बन्धी सुधार, स्वास्थ्य सुविधाएँ, प्राथमिक शिक्षा आदि माँगे सरकार के सामने रखी।

उत्तरदायी शासन की स्थापना के लिए प्रजामण्डल ने 1 फरवरी, 1939 ई0 को सत्याग्रह शुरू करने का निर्णया लिया। जमनालाल बजाज को गिरफ्तार कर लिया गया। सत्याग्रह को बम्बई, वर्धा, धूलिया आदि बाहरी जगहों से भी सहयोग मिला। सत्याग्रह में महिलाओं ने भी भाग लिया जिनमें प्रमुख थी रमादेवी देशपांडे, सुमित्रा देवी, इन्द्रा देवी, विद्या देवी, शारदा देवी और सुशीला गोयल। कार्यकर्ताओं ने रचनात्मक कार्यक्रम आरम्भ कर दिया। जयपुर में खादी और ग्रामोद्योग प्रदर्शनियाँ लगाई गई। फरवरी, 1940 ई0 को प्रजामण्डल के कार्यालय पर धावा बोल दिया गया। प्रजामण्डल को प्रतिबंध करने का प्रयास किया गया परन्तु अन्त में जनविरोध के कारण सरकार ने प्रजामण्डल की यथास्थिति को स्वीकार कर लिया।[27]

प्रजामण्डल का द्वितीय वार्षिक अधिवेशन 25-26 मई, 1940 ई0 को जयपुर के नथमल जी के कटले में हुआ जिसमें जमनालाल बजाज ने उत्तरदायी शासन की माँग की। 1942ई0 में हीरालाल शास्त्री जयपुर प्रजामण्डल के अध्यक्ष बने। उनके समय प्रजामण्डल की कार्यकारिणी के सदस्यों में तीव्र मतभेद हो गया जिससे 1942 ई0 के भारत छोड़ों आन्दोलन में जयपुर प्रजामण्डल की कोई महत्वपूर्ण भूमिका नहीं रही। शास्त्री जी ने कांग्रेस महासमिति के बंबई अधिवेशन में जयपुर प्रजामण्डल के अध्यक्ष के रूप में भाग लिया था जिसमें यह कहा गया था कि राजाओं को ब्रिटिश सरकार से संबंध विच्छेद कर लेना चाहिये अथवा प्रजामण्डलों को शासन सुपुर्द कर दे। उसी समय शास्त्री जी के ढ़ीले-ढ़ाले रवैये के कारण कुछ अन्य कार्यकत्ताओं ने जिसमें बाबा हरिश्चन्द्र, रामकरण जोशी, दौलतमल भण्डारी, हंस डी. राय प्रमुख थे ने 'आजाद मोर्चा' नामक नया दल बनाकर भारत छोड़ो आन्दोलन में शामिल हो गये। जनता के रूख को जानकर हीरालाल शास्त्री भी आन्दोलन छेड़ने के पक्ष में मजबूर हुए तब जयपुर के प्रधानमंत्री मिर्जा ईस्माइल के साथ उनका समझौता हुआ परन्तु यह समझौता भी कारगर साबित नहीं हो सका क्योंकि इसमें कहीं

भी महाराजा द्वारा अंग्रेजो से सम्बन्ध विच्छेद करने का उल्लेख नहीं था। शास्त्री जी की चारों तरफ भर्त्सना हुई। आजाद मोर्चा अपना आन्दोलन चलाता रहा।[28] इस आन्दोलन में छात्र-छात्राओं ने भी भाग लिया।

26 अक्टूबर, 1942 ई0 को जयपुर सरकार ने आर.एस. हिरण्णैया की अध्यक्षता में एक संवैधानिक समिति का गठन किया जिसके सुझावों के अनुसार द्विसदन प्रणाली का गठन किया गया।[29] जिसके दो सदन प्रतिनिधि सभा व विधान सभा थे। प्रतिनिधि सभा के 125 सदस्यों में सिर्फ 27 सदस्य प्रजामण्डल से थे तथा विधान सभा के 51 सदस्यों में सिर्फ 3 सदस्य प्रजामण्डल के थे।[30] आजाद मोर्चा का जब प्रजामण्डल में विलय हुआ तब जाकर यह मजबूत बना। 27 मार्च, 1947 ई0 को जयपुर राज्य के शासन में कुछ सुधार करके एक नया मंत्रीमण्डल बनाया गया जिसमें दीवान के अतिरिक्त 6 सदस्य रखे गये जिसमें हीरालाल शास्त्री मुख्यमंत्री बने तथा देवीशंकर तिवाडी, दौलतराम भण्डारी एवं टीकाराम पालीवाल प्रजामण्डल की ओर से मंत्री थे। बी.टी. कृष्णामाचारी दीवान थे।[31] वृहद राजस्थान का निर्माण होने तक यह लोकप्रिय मंत्रीमण्डल बना रहा।

अलवर राजय में प्रजामण्डल की स्थापना में कठिनाईयां अधिक रही क्योंकि तत्कालीन अलवर महाराजा तेजसिंह इस विषय में रूचि नहीं दिखा रहे थे तथा अलवर सरकार ने प्रजामण्डल की स्थापना की स्थापना से जुड़े प्रमुख नेता हरिनारायण शर्मा जो कि इसके संस्थापक भी थे को गिरफ्तार कर लिया। अलवर प्रजामण्डल की स्थापना 1938 ई0 में हरिनारायण शर्मा एवं कुंजबिहारी लाल मोदी द्वारा की गई थी परन्तु दो वर्षों तक यह बिना पंजीकरण के ही कार्य करता रहा। प्रजामण्डल ने जब राज्य के प्रधानमंत्री हार्वे का यह प्रस्ताव स्वीकार किया कि प्रजामण्डल का लक्ष्य राज्य प्रशासन से लोगों को सम्बद्ध रखना होगा तब 1 अगस्त, 1940 ई0 को प्रजामण्डल का पंजीकरण हो पाया। अप्रैल, 1940 ई0 को हुए नगरपालिका के चुनावों में निर्वाचित 18 सदस्यों में से 15 सदस्य प्रजामण्डल से सहानुभूति रखते थे।[32] जागीरदारों के अत्याचारों से किसानों को बचाने के लिए जून, 1941 ई0 में 'जागीरमाफी प्रजा सम्मेलन' आयोजित किया गया। इसी बीच भारत छोड़ो आन्दोलन शुरू होने पर उत्साह के साथ प्रजामण्डल उत्तरदायी शासन की माँग को लेकर आन्दोलन में कूद पड़ा। स्कूल-कॉलेज के छात्र भी आन्दोलन में कूद पड़े। शोभाराम, रामचन्द्र उपाध्याय, कृपादयाल, भोलानाथ, कुंजबिहारी आदि प्रमुख रूप से आन्दोलन में सक्रिय रहे।[33]

प्रजामण्डल के जनवरी, 1944 ई0 के अधिवेशन में सरकार की आलोचना सहित जनकल्याण से सम्बन्धित प्रस्ताव पारित किये गये। 3-5 दिसम्बर, 1944 ई0 को राजपूताना के राजनीतिक कार्यकर्ताओं की बैठक अलवर में हुई जिसका मुख्य उद्देश्य एक केन्द्रिय समिति का गठन करना था, जिससे विभिन्न राज्यों में उत्तरदायी शासन और नागरिक अधिकारों के लिए आन्दोलन को गति प्रदान की जा सके और विभिन्न प्रजामण्डलों में सामंजस्य स्थापित किया जा सके। पूर्व उत्तरदायी शासन की मांग को लेकर 29 अगस्त, 1946 ई0 को आन्दोलन आरम्भ करने का निश्चय किया गया परन्तु इसी बीच राजगढ़ में

झण्डा जलाने के प्रश्न को लेकर 22 अगस्त, 1946 ई0 से ही आन्दोलन आरम्भ हो गया अलवर शहर और अन्य कस्बों में हड़ताल हुई और जुलूस निकाले गये। पुलिस ने जुलूस पर लाठीचार्ज कर दिया। पुलिस ने 600 लोगों को गिरफ्तार कर लिया। दिल्ली में अन्तरिम सरकार बन जाने पर नेहरू जी की सलाह से आन्दोलन समाप्त कर दिया गया।[34]

3 अक्टूबर, 1946 ई0 को राज्य सरकार ने संविधान सुधार समिति के गठन की घोषणा की। इस समिति के कुल 12 सदस्यों में से 2 सदस्य प्रजामण्डल के लेने निश्चित किये गये। इससे प्रजामण्डल संतुष्ट नहीं था अतः नवम्बर, 1946 में इसके बहिष्कार के साथ ही, राज्य में उत्तरदायी शासन की स्थापना के लिए आन्दोलन प्रारम्भ करने की तैयारी शुरू कर दी। प्रजामण्डल ने मई, 1947 ई0 को न्यूनतम मांगों का एक प्रतिवेदन सरकार को भेजा जिसमें एक संविधान सभा की मांग की गई, जिसमें प्रजामण्डल को बहुमत प्राप्त हो। परन्तु सरकार प्रजामण्डल के नेताओं को संतुष्ट नहीं कर पाई।[35] 17 दिसम्बर, 1947 ई0 को महाराजा ने घोषणा की कि दो वर्षों के अन्दर उत्तरदायी सरकार की स्थापना कर दी जायेगी। इसके साथ ही यह घोषणा भी की गई कि इस बीच मंत्रीमण्डल की स्थापना की जायेगी जिसमें आधे सदस्य जनता के प्रतिनिधि होंगे। इसी समय रियासतों के एकीकरण का जो दौर चला उसमें अलवर रियासत का मार्च, 1948 में मत्स्य संघ में विलय हो गया।

भरतपुर प्रजामण्डल की स्थापना मार्च, 1938 ई0 में हुई थी। भरतपुर प्रजामण्डल को भी अन्य राज्यों की तरह पंजीकरण के लिए सत्याग्रह करना पड़ा। जलियाँवाला बाग हत्याकाण्ड के विरोध में भरतपुर में भी 7-13 अप्रैल, 1939 ई0 के बीच राष्ट्रीय सप्ताह मनाया गया।[36] इस दौरान प्रजामण्डल के कार्यकर्त्ता खादी का कपड़ा और खादी से बना सामान और कांग्रेस के झण्डे लेकर बाजार और सड़कों पर निकले। इस प्रदर्शन में महिलाएँ भी शामिल थी जिनमें प्रमुख थी पंडित देशराज की पत्नी श्रीमती त्रिवेणी, गौरीशंकर मित्तल की पत्नी श्रीमती भगवती और गोकुलचन्द वर्मा की पुत्री कृष्णा आदि। 8 अप्रैल, 1939 ई0 को कांग्रेस कार्यकर्ताओं का एक सम्मेलन अचनेरा में आयोजित हुआ जिसमें अध्यक्षता करते हुए देशराज सिंह ने सरकार को पुरानी शासन समिति वापस बनाये जाने, नमक बनाने की अनुमति, राजस्व 50 प्रतिशत करने, दमनकारी कानून समाप्त किये जाने तथा प्रजामण्डल को वैद्य घोषित किये जाने संबंधी मांगे प्रस्तुत की।[37]

भरतपुर राज्य में प्रजामण्डल आन्दोलन गति से चलता रहा। प्रजामण्डल के पंजीकरण की मांग, के साथ-साथ राज्य में उत्तरदायी शासन की स्थापना की मांग भी की गई। प्रजामण्डल ने गाँवों में भी प्रचार-प्रसार किया। 30 दिसम्बर, 1940 ई0 तथा 1 जनवरी, 1941 ई0 को भरतपुर में प्रजा परिषद के तत्वावधान में राजनीतिक सम्मेलन का आयोजन किया गया जिसकी अध्यक्षता जयनारायण व्यास ने की। इसमें उत्तरदायी शासन की मांग को दोहराया गया। महिला सभा का भी आयोजन किया गया। सभा में महिलाओं को अपने घरों को साफ-सुथरा रखने, चरखा कातने और देशसेवा आदि की सलाह दी गई।[38]

1942 ई0 में जब भारत छोड़ो आन्दोलन प्रारम्भ हुआ तो भरतपुर प्रजामण्डल ने भी उत्तरदायी शासन के लिए संघर्ष छेड़ दिया। प्रजामण्डल के प्रमुख सदस्य जुगलकिशोर चतुर्वेदी, मास्टर आदित्येन्द्र, देशराज, पं0 रेवतीशरण, रमेश स्वामी, राजबहादुर, गोपीलाल यादव आदि गिरफ्तार कर लिये गये। स्त्रियों और बच्चों ने भी गिरफ्तारी दी। सरकार ने 22 अक्टूबर, 1942 ई0 को ब्रज-जया प्रतिनिधि समिति का गठन किया परन्तु इसके अधिकार बहुत ही सीमित थे अतः भरतपुर राज्य परिषद ने 1945 ई0. में इस समिति का बहिष्कार कर दिया। मई 23 और 24, 1945 ई0 को भरतपुर राज्य प्रजापरिषद का द्वितीय सम्मेलन बयाना में आयोजित हुआ जिसकी अध्यक्षता अखिल भारतीय प्रजापरिषद के मंत्री जयनारायण व्यास ने की। उन्होंने अपने भाषण में उत्तरदायी शासन की मांग की तथा देशी राज्यों में विधान सभाओं में चुनाव वयस्क मताधिकार के आधार पर कराने व उत्तरदायी शासन की स्थापना पर जोर दिया।[39]

भरतपुर राज्य प्रजा परिषद ने बेगार अधिनियम, गंगा मन्दिर अधिनियम और अन्य विवादास्पद कानूनों को समाप्त करने की मांग सरकार से की और मांगे न मानने पर राज्यव्यापी सत्याग्रह करने की चेतावनी दी। परिषद का तीसरा अधिवेशन दिसम्बर, 1946 ई0 को कामां में सम्पन्न हुआ इसमें भी वही पुरानी मांगे दोहराई गई परन्तु सरकार ने इन मांगों की तरफ कोई ध्यान नहीं दिया। इस सम्मेलन में राष्ट्रीय स्तर के नेता पट्टाभि सीतारम्मैया, कृष्णदत्त पालीवाल और मौलवी हाफिजुर्रहमान भी उपस्थित थे। इसी समय भरतपुर महाराजा के निमंत्रण पर वायसराय लार्ड वेवल व बीकानेर महाराजा सादूल सिंह बतखों के शिकार के लिए घना पक्षी अभयारण्य में आये। आन्दोलनकारियों ने इनको काले झण्डे दिखाये और वेवल वापस जाओ, सादूलसिंह वापस जाओं के नारे लगाये।[40] आन्दोलनकारियों पर लाठीचार्ज किया गया उन्हें रौंदा गया। धारा 144 लगा दी गई। शहर में 17 दिन तक हड़ताल चली। गौरीशंकर मित्तल, मास्टर फकीर चन्द, रामविलास, राजबहादुर, अली मोहम्मद आदि अनेक कार्यकर्ता गिरफ्तार कर लिये गये। पंडित नेहरू ने अपने विशेष प्रतिनिधि द्वारकानाथ कचरू को भरतपुर की स्थिति का जायजा लेने भेजा। कुछ समय तक भरतपुर राज्य की स्थिति अराजक बनी रही।[41]

इस दौरान भरतपुर राज्य में जातीय दंगे भी हुए। मेवों ने मेव राज्य की स्थापना के लिए तो दूसरी तरफ जाट महासभा ने जाट राज्य की स्थापना की मांग की जिससे अशांति का वातावरण पैदा हुआ। ऐसी स्थिति में भरतपुर सरकार ने राजनीतिक कैदियों को रिहा कर दिया।[42] भरतपुर शासक ने 11 सदस्यों की एक समिति बनाई। जिसे राज्य के लिए संविधान का प्रारूप बनाना था। प्रजापरिषद इससे संतुष्ट नहीं थी अतः अन्ततः दिसम्बर, 1947 ई0 में भरतपुर राज्य मंत्रीमण्डल में प्रजापरिषद की ओर से गोपीलाल यादव, और मास्टर आदित्येन्द्र तथा किसान सभा की ओर से देशराज सिंह एवं हरिदत्त को शामिल किया गया और इस तरह भरतपुर राज्य में सामन्ती युग का अन्त हुआ और प्रजातंत्र का उदय हुआ।[43] इसके 3 महीने बाद 18 मार्च, 1948 ई0 को मत्स्य संघ का निर्माण हो गया

जिसमें भरतपुर राज्य का विलय हुआ।[44]

धौलपुर राज्य में उत्तरदायी सरकार की स्थापना के लिए आर्य समाज के नेता स्वामी श्रद्धानन्द ने 1918 ई0 से ही आन्दोलन प्रारम्भ कर दिया था। परन्तु राज्य के दमनकारी प्रयास और स्वामी श्रद्धानन्द की मृत्यु के कारण यह आन्दोलन समापत हो गया। इसके पश्चात् 1936 ई0 में कृष्णदत्त पालीवाल की अध्यक्षता में धौलपुर प्रजामण्डल की स्थापना हुई। मूलचन्द प्रजामण्डल के सचिव थे। सरकार का दमनचक्र फिर से प्रारम्भ हुआ कुछ नेताओं को गिरफ्तार कर लिया गया और कुछ को निर्वासित कर दिया गया। 14 जुलाई, 1938 ई0 को धौलपुर प्रजामण्डल ने अपनी कुछ मांगे सरकार के सामने रखी जिनमें कुछ मांगे थीं- प्रजामण्डल का पंजीकरण, सार्वजनिक सभाओं और हड़ताल की अनुमति, उत्तरदायी शासन की स्थापना तथा व्यावसायिक कर की समाप्ति आदि।[45]

20 अप्रैल, 1940 ई0 को पूर्वी राजपूताना के राज्यों के राजनीतिक कार्यकर्ताओं का एक सम्मेलन मदाई गाँव में हुआ जिसमें उत्तरदायी शासन की मांग रखी गई परन्तु धौलपुर सरकार पर इसका कोई प्रभाव नहीं पड़ा। 1942 ई0 में शुरू हुए भारत छोड़ो आन्दोलन का प्रभाव धौलपुर पर भी पड़ा। 12 नवम्बर, 1946 ई0 को धौलपुर प्रजामण्डल ने तसीमों गाँव में अपना एक अधिवेशन बुलाया जिसे राज्य सरकार ने असफल करने का प्रयास किया। प्रजामण्डल को सम्मेलन में तिरंगा नहीं फहराने दिया गया, कार्यकर्ताओं की पिटाई की गई, स्त्रियों को अपमानित किया गया और निर्दोष किसानों को लूटा गया। तसीमों गाँव के लोगों ने प्रजामण्डल की सहायता की थी, अतः उन पर सरकार ने गोलियाँ चलवाई जिसमें कुछ लोग मारे गये। डॉ0 पट्टाभि सीतारम्मैया ने धौलपुर महाराजा को पत्र लिखकर तसीमों घटना की जाँच की सलाह दी। उन्होंने हीरालाल शास्त्री और गोकुल भाई भट्ट को तसीमों भेजा जिन्होंने सम्पूर्ण धौलपुर की स्थिति को गंभीर माना।[46]

स्वतंत्रता के पश्चात् भी धौलपुर में उत्तरदायी शासन की स्थापना नहीं की गई। अतः प्रजामण्डल के उत्साही कार्यकर्ताओं ने तमाम बाधाओं के बावजूद 17 और 18 नवम्बर, 1947 ई0 को धौलपुर में एक सम्मेलन का आयोजन किया। अखिल भारतीय कांग्रेस कमेटी के महासचिव शंकरराव देव ने सम्मेलन का उद्घाटन किया। सम्मेलन में उत्तरदायी शासन की स्थापना, भ्रष्टाचार की समाप्ति और धौलपुर निवासियों की उन्नति सम्बन्धी प्रस्ताव प्रस्तुत किये गये। पुलिस और राज्य द्वारा प्रोत्साहित गुण्डों ने हमेशा की तरह इस सम्मेलन को विफल बनाने का प्रयास किया। प्रजामण्डल के सतत् प्रयासों के परिणामस्वरूप अन्ततः धौलपुर महाराजा उदयभान सिंह ने 4 मार्च, 1948 ई0 को उत्तरदायी शासन की स्थापना के लिए प्रजामण्डल के नेताओं से विचार-विमर्श किया और संवैधानिक सुधारों के लिए अपनी सहमति प्रकट की परन्तु इसी दौरान 18 मार्च, 1948 ई0 को मत्स्य संघ का निर्माण हो गया,[47] जिसमें धौलपुर राज्य का विलय हो गया और इस समस्त घटनाचक्र का पटाक्षेप हो गया।

करौली प्रजामण्डल की स्थापना 1938 ई0 में हुई। इसके प्रमुख नेता थे त्रिलोकचनद माथुर, चिरंजीलाल शर्मा, कल्याणदास गुप्ता, पूरन सिंह, रामगोपाल और मानसिंह। प्रारम्भ में करौली प्रजामण्डल ने उत्तरदायी शासन की मांग नहीं की। प्रजामण्डल का प्रारम्भिक उद्देश्य जनता का सामाजिक, आर्थिक एवं राजनीतिक विकास करना था परन्तु राजा भीमपाल और ब्रिटिश सरकार फिर भी इस संस्था को सहन नहीं कर सके। सरकार ने प्रजामण्डल से सहानुभूति रखने वाले लोगों को प्रताड़ित किया, सरकारी कर्मचारियों को भी कठोर दण्ड दिया गया। जब सरकारी वकील कल्याणदास गुप्ता ने इस्तीफा देकर प्रजामण्डल की सदस्यता ग्रहण की तो उन पर मुकदमा चलाकर न केवल कैद में डाल दिया गया बल्कि राज्य की किसी भी अदालत में वकालत करने से भी रोक दिया गया। करौली के जेलर पूरन सिंह एवं जागीरदार भँवरलाल को सिर्फ इसलिए प्रताड़ित किया गया क्योंकि वे लोग प्रजामण्डल से जुड़े हुए थे।[48]

अप्रैल 1939 ई0 को प्रजामण्डल के नेताओं ने प्रशासनिक ढ़ाँचे की जाँच करके अपनी रिपोर्ट सरकार को सौंपने के लिए एक पाँच सदस्यीय समिति बनाने का प्रस्ताव रखा जिसमें तीन सदस्य प्रजामण्डल से लिए जाने की बात रखी। प्रजामण्डल ने आगे बंजर भूमि पर लगान नहीं लेने, किसानों को ऋण देने, करौली नगरपालिका के सभी सदस्यों के निर्वाचन और स्थानीय स्वशासन की स्थापना आदि सम्बन्धी मांगे रखी। सरकार ने प्रजामण्डल की मांगों की ओर कोई ध्यान नहीं दिया।[49] इन सब कठिनाईयों के बावजूद कार्यकर्ताओं ने आन्दोलन को जीवन्त बनाये रखा तथा 1942 ई0 के अगस्त आन्दोलन में सक्रिय योगदान दिया। नवम्बर, 1946 ई0 को पड़ौसी राज्यों के राजनीतिक कार्यकर्ताओं का एक सम्मेलन करौली में हुआ जिसमें उत्तरदायी शासन की मांग रखी गई। इसी मांग को प्रजामण्डल के अध्यक्ष पूरनसिंह ने 27 दिसम्बर, 1946 ई0 को दोहराया। इसके परिणामस्वरूप जुलाई, 1947 ई0 को सरकार ने 11 सदस्यों की एक समिति का गठन किया जिसे संवैधानिक सुधार के लिए रिपोर्ट तैयार करनी थी। प्रजामण्डल ने इस समिति में तीन लोक प्रतिनिधियों को शामिल करने की मांग की जिसे सरकार ने ठुकरा दिया। इसके पश्चात् करौली राज्य में उत्तरदायी शासन की स्थापना के लिए कोई विशेष प्रयास नहीं हुआ और अन्ततः 18 मार्च, 1948 ई0 को करौली राज्य का विलय मत्स्य संघ में हो गया।

1. राजपूताना मध्य भारत सभा का वार्षिक विवरण, 1924, पृ0 1
2. रघुवीर सिंह, पूर्व आधुनिक राजस्थान, राजस्थान विश्वविद्यापीठ, उदयपुर, 1951, पृ0 322
3. रामनारायण चौधरी, बीसवीं सदी का राजस्थान, कृष्णा ब्रदर्स, अजमेर, 1980, पृ0 44
4. बॉम्बे क्रॉनिकल, 25 मार्च, 1931
5. हीरालाल शास्त्री, कलेक्शन पेपर्स रिगार्डिंग स्ट्राइक इन जयपुर सिटी (1927-28), फाइल नं0 5, पृ0 1, नेहरू मेमोरियल लाइब्रेरी, नई दिल्ली

6. जयपुर रिकॉर्डर्स, ए0जी0जी0 राजपूताना का पत्र पोलिटिकल सेक्रेटरी को, 7 सितम्बर, 1927, फाइल नं0 673 पी, 1927
7. फाइल नं0 5, द जयपुर गजट एक्स्ट्राऑर्डिनरी पब्लिश्ड बाय ऑथोरिटी रजिस्टर नं0 93, 44, 20, 2 सितम्बर, 1927, नोटिफिकेशन नं0 9270, नेहरू मेमोरियल लाइब्रेरी, नई दिल्ली
8. ए0जी0जी0 राजपूताना का पत्र पोलिटिकल सेक्रेटरी को कॉन्फिडेन्शियल नं0 24, 07 सितम्बर, 1927
9. त्यागभूमि, दिनांक 6 मई, 1931 और 8 मई, 1931
10. आर0पी0 व्यास, पूर्व उद्धृत, पृ0 333
11. विनीता परिहार, राजस्थान में प्रजामण्डल आन्दोलन, राजस्थान हिन्दी ग्रन्थ अकादमी, जयपुर, 2010, पृ0 30
12. रामनारायण चौधरी, वर्तमान राजस्थान, कृष्णा ब्रदर्स, अजमेर, 1975, पृ0 130-132
13. बी0एल0 पानगड़िया, राजस्थान का स्वतंत्राता संग्राम, राजस्थान हिन्दी ग्रन्थ अकादमी, जयपुर, 1985, पृ0 40-41
14. अलवर राज्य कोन्फिडेन्शियल फाइल ग्रुप ए क्रमांक 1521, एफ0 ऑर्डिनेंस, 1933
15. फाइल नं0 134 (2) पोलिटिकल 1924, एफ0पी0 (21 अ)
16. राजस्थान की राजनीतिक स्थिति की पाक्षिक रिपोर्ट, 1927, फाइल नं0 421 पी0, 1927, एफ0पी0 (21 अ)
17. भरतपुर राज्य कॉन्फिडेन्शियल बस्ता नं0 3, क्रमांक 22, पृ0 29
18. वही, पृ0 95
19. भरतपुर राज्य कॉन्फिडेन्शियल बस्ता नं0 1, फाइल नं0 1, पृ0 1
20. भरतपुर राज्य कॉन्फिडेन्शियल बस्ता नं0 7, क्रमांक 117,
21. वही, पृ0 77
22. के0एस0 सक्सेना, पूर्व उद्धृत, पृ0 199-200
23. सुमनेश जोशी, राजस्थान में स्वतंत्रता संग्राम के सेनानी, ग्रन्थागार, जयपुर, 1973, पृ0 528
24. डी0डी0 गौड़, पूर्व उद्धृत, पृ0 182
25. आर0एल0 हाण्डा, हिस्ट्री ऑफ फ्रीडम स्ट्रगल इन प्रिंसली स्टेट्स, सेन्ट्रल न्यूज एजेन्सी, नई दिल्ली, 1978, पृ0 79-80
26. जयपुर स्टेट गवर्नमेंट गजट, दिनांक 1 जनवरी, 1940
27. जमनालाल बजाज का घनश्यामदास बिड़ला को दिनांक 17 अप्रैल, 1940 का पत्र
28. बी0एल0 पानगड़िया, पूर्व उद्धृत, पृ0 65-66
29. जयपुर राज्य एडमिनिस्टे[a]टिव रिपोर्ट, 1942-43, पृ0 108
30. जयपुर प्रजामण्डल बस्ता नं0 24, फाइल नं0 10, पृ0 71

31. एडमिनिस्टेªटिव रिपोर्ट ऑफ जयपुर स्टेट, 1947-48, पृ0 67
32. डी0डी0 गौड, पूर्व उद्धृत, पृ0 167
33. राजपूताना पाक्षिक रिपोर्ट, अक्टूबर, 1943
34. के0एस0 सक्सेना, पूर्व उद्धृत, पृ0 248-49
35. डी0डी0 गौड़, पूर्व उद्धृत, पृ0 170
36. भरतपुर कॉन्फिडेन्शियल बस्ता नं0 8, क्रमांक 127, पृ0 237
37. भरतपुर राज्य एडमिनिस्टेªटिव रिपोर्ट, 1940-41, पृ0 7
38. भरतपुर प्रजामण्डल फाइल नं0 28, क्रमांक 30, पृ0 2
39. राजपूताना राज्य कॉन्फिडेन्शियल पाक्षिक रिपोर्ट, जून, 1944, पृ0 57
40. भरतपुर प्रजामण्डल फाइल नं0 9, क्रमांक 10, पृ0 75
41. डी0डी0 गौड़, पूर्व उद्धृत, पृ0 174-176
42. बी0एल0 पानगड़िया, पूर्व उद्धृत, पृ0 90
43. हिन्दुस्तान टाइम्स, 5 मार्च, 1948
44. धौलपुर प्रजामण्डल संबंधी पत्र, 1935, पृ0 15
45. डी0डी0 गौड़, पूर्व उद्धृत, पृ0 178-180
46. आर0पी0 व्यास, पूर्व उद्धृत, पृ0 355
47. जी0एन0 शर्मा, पूर्व उद्धृत, पृ0 335
48. डी0डी0 गौड़, पूर्व उद्धृत, पृ0 182
49. प्रजामण्डल फाइल करौली नं0 1-2, पृ0 19

5

रियासती राजस्थान से आधुनिक राजस्थान

16 मई, 1946 ई0 को कैबिनेट मिशन ने भारतीय संविधान संबंधी अपनी योजना प्रस्तुत की थी जिसमें स्पष्ट था कि भारत के स्वतंत्र होने के साथ ही ब्रिटिश सर्वोच्च सत्ता का अन्त हो जायेगा। देशी राज्यों ने ब्रिटिश क्राउन के साथ सन्धियाँ कर जो अधिकार ब्रिटिश सत्ता को समर्पित किये थे, उन्हें इस योजना में लौटाने की बात कही गई थी। अतः देशी राज्यों को चाहिए कि वे अपने भविष्य की स्थिति में उत्तराधिकारी भारत सरकार से बातचीत करके व्यवस्थित करें। कैबिनेट मिशन की यह घोषणा भारतीय संघ के लिए अत्यधिक घातक एवं खतरनाक साबित हो सकती थी। इस घोषणा ने देशी शासकों को अन्तरिम सरकार के साथ बराबरी का दर्जा दिया था।[1]

कैबिनेट मिशन के मापदण्ड के अनुसार पूर्वी राजस्थान की सिर्फ जयपुर रियासत अपना स्वतंत्र अस्तित्व बनाये रख सकती थी। अलवर, भरतपुर, धौलपुर एवं करौली रियासतें इस मापदण्ड के अनुसार स्वतंत्र अस्तित्व बनाये नहीं रख सकती थी, अतः इन चारों रियासतों को मिलाकर मत्स्य संघ का निर्माण हुआ जिसका उद्घाटन 18 मार्च, 1948 ई0 को भारत सरकार के तत्कालीन मंत्री एन.वी. गाडगिल ने किया। आधुनिक राजस्थान के निर्माण का यह प्रथम सोपान था। विभिन्न चरणों से गुजरते हुए 30 मार्च, 1949 ई0 को वृहत् राजस्थान का निर्माण हुआ जिसमें जयपुर रियासत भी शामिल थी। 15 मई 1949 ई0 को मत्स्य संघ का प्रशासन वृहत् राजस्थान को हस्तान्तरित कर दिया गया। इस कदम ने राजस्थान के एकीकरण की प्रक्रिया को पूर्णता प्रदान की। इससे स्पष्ट है कि आधुनिक राजस्थान के निर्माण में पूर्वी राजस्थान की महत्वपूर्ण भूमिका रही है। प्रस्तुत अध्याय में आधुनिक राजस्थान के निर्माण की पृष्ठभूमि, भिन्न-भिन्न पृष्ठभूमि वाली रियासतों के गठन में आई विभिन्न समस्याओं, इन रियासतों में मंत्रिमण्डल एवं प्रशासनिक व्यवस्था का गठन और अन्त में आधुनिक राजस्थान का निर्माण आदि पक्षों पर विस्तृत प्रकाश डाला गया है।

कैबिनेट मिशन के 22 मई, 1946 ई0 के ज्ञापन के आधार पर ब्रिटिश सरकार ने घोषणा की थी कि छोटी-छोटी रियासतों को चाहिए कि वे मिलकर बड़ी इकाईयों का गठन कर लें ताकि वे भारत के भावी संविधान के निर्माण में प्रभावी भूमिका निभा सकें। यथासम्भव छोटी रियासतें अपनी पड़ोसी बड़ी रियासत में मिल जायें। इस सम्बन्ध में राजपूताना के शासकों ने अपने स्तर पर छोटी-छोटी रियासतों को मिलाकर बड़ी इकाई बनाने के प्रयत्न किये थे।[2]

जून 25 और 26, 1946 ई0 को उदयपुर के महाराणा भूपाल सिंह ने 'राजस्थान यूनियन' बनाने के उद्‌देश्य से उदयपुर में राजाओं का एक सम्मेलन आयोजित किया। इसमें 22 राजाओं ने भाग लिया। महाराणा ने उपस्थित राजाओं से अपील की कि वे सभी मिलकर 'राजस्थान यूनियन' का गठन करें ताकि भावी भारतीय संघ में वे एक सबल इकाई के रूप में काम कर सकें। महाराणा ने के. एम. मुन्शी को अपना संवैधानिक सलाहकार नियुक्त किया। महाराणा ने एक बार फिर से 'राजस्थान यूनियन' बनाने की अपनी बात दुहराई। मुन्शी ने महाराणा की बातों का समर्थन किया। जयपुर, जोधपुर और बीकानेर जैसी बड़ी रियासतों को छोड़कर शेष सभी रियासतों ने महाराणा की बात को सिद्‌धान्त रूप में स्वीकार कर लिया। प्रस्तावित यूनियन का विधान तैयार करने के लिए एक समिति का गठन किया गया। 14 फरवरी, 1948 ई0 को राजाओं और उनके प्रतिनिधियों की सभा में यूनियन के विधान की रूपरेखा प्रस्तुत की गई। इस विधान में सभी राज्यों के शासकों को समान स्तर दिया गया था। योजना सफल नहीं हो सकी इसका मूल कारण यह था कि शासकों में एक-दूसरे के प्रति विश्वास की भावना की कमी थी। अलवर महाराजा को लिखे एक पत्र में महाराणा ने लिखा था कि जब कभी कार्य करने की बात आती है तो परस्पर संदेह के फलस्वरूप शासक कुछ कर नहीं पाते। वस्तुतः मेवाड़ के महाराणा द्‌वारा किये जा रहे प्रयासों को छोटी रियासतों ने इस रूप में समझा कि बड़ी रियासतें छोटी रियासतों को निगलना चाहती है।[3]

इस योजना के असफल होने का दूसरा कारण यह था कि महाराणा ने जनता का सहयोग नहीं लिया था। मेवाड़ प्रजामण्डल इस योजना के प्रति पूर्णतया उदासीन था। जयनारायण व्यास, जो उस समय अखिल भारतीय राज्य प्रजा परिषद की क्षेत्रीय राजपूताना इकाई का अध्यक्ष था, ने महाराणा की संघ निर्माण योजना का विरोध किया। उसने इस संबंध में 29 जून, 1947 ई0 को महाराणा को एक पत्र लिखा था जिसमें उन्होंने लिखा था कि इस प्रकार की योजना में जनता का सहयोग लेना अपेक्षित है। उसने सरदार पटेल को महाराणा द्‌वारा किये जा रहे राजस्थान संघ निर्माण के प्रयासों के बारे में अवगत करवाया और निवेदन किया कि वह प्रस्तावित संघ को मान्यता नहीं दे। सरदार पटेल ने व्यास को उनको पत्र के प्रत्युत्तर में सलाह दी थी कि जन नेताओं को प्रजातांत्रिक संघ बनाना चाहिए। इसके लिए वे जनमत को सुदृढ़ बनाये। अभी तक राज्य मंत्रालय की स्थापना नहीं हुई थी, इसलिए सरदार पटेल इस स्थिति में नहीं थे कि देशी राजाओं को इस सम्बन्ध में प्रभावी रूप से कुछ कह सके। मेवाड़ के तत्वावधान में राजस्थान संघ के निर्माण की योजना के. एम. मुन्शी के मेवाड़ से पलायन करने पर स्वतः ही समाप्त हो गई।[4]

इस प्रकार के संघ निर्माण के लिए राजस्थान के अन्य शासकों ने भी प्रयत्न किये थे। जयपुर महाराजा मानसिंह की अनुमति से वहाँ के दीवान सर वी.टी. कृष्णामाचारी ने प्रदेश के शासकों व उनके प्रतिनिधियों का एक सम्मेलन आमंत्रित किया था। सम्मेलन में उपस्थित सदस्यों के सामने उसने प्रस्ताव रखा कि प्रदेश की रियासतों का एक ऐसा संघ बने जिसमें उच्च शिक्षा, उच्च न्यायालय, पुलिस आदि विषय संघ के नियंत्रण में रहे और शेष विषयों पर सदस्य राज्यों का अधिकार रहें। यदि ऐसा सम्भव न हो तो फिर छोटे राज्यों को, जो अपना अस्तित्व बनाए रखने की क्षमता नहीं रखते, अपनी पड़ोसी रियासत के साथ मिल जाना चाहिए। सम्मेलन में कोई निर्णय नहीं लिया जा सका।[5]

कोटा महाराव भीमसिंह ने हाड़ौती संघ के निर्माण के लिए प्रयत्न किये। वह कोटा, बूँदी और झालावाड़ राज्यों को मिलाकर संयुक्त राज्य स्थापित करने के लिए इच्छुक था। इसी प्रकार डूँगरपुर के महारावल लक्ष्मणसिंह ने डूँगरपुर, बाँसवाड़ा, प्रतापगढ़ और कुशलगढ़ राज्यों को मिलाकर बागड़ राज्य के निर्माण के लिए प्रयास किये। ये सभी प्रयास असफल रहे क्योंकि ऐतिहासिक व अन्य कारणों से इन राज्यों के शासक आपसी अविश्वास, ईर्ष्या व वैमनस्य की भावना से ग्रसित थे। छोटी रियासतों ने इसे बड़ी रियासतों द्वारा उन्हें निगलने की साजिश समझी। कुछ अंशों में उनका यह सोचना आधारहीन नहीं था। मेवाड़ शासक छोटी-छोटी रियासतों का अपने में विलय कर वृहत्तर मेवाड़ के निर्माण का स्वप्न देख रहा था। जयपुर शासक का यह प्रयत्न रहा कि राजस्थान के राज्यों को तीन-चार इकाईयों में विभक्त कर दिया जाये और अलवर तथा करौली राज्यों को जयपुर राज्य में मिला दिया जाये। बीकानेर राज्य लुहारू राज्य को बीकानेर राज्य में मिलाने का इच्छुक था। जून, 1947 ई0 में लुहारू नवाब ने बीकानेर रियासत के साथ समझौता किया था। विभाजन के समय लुहारू के लोगों को बीकानेर रियासत ने संरक्षण प्रदान किया था। दिसम्बर, 1947 ई. में जब छोटी रियासतों को बड़ी रियासतों में विलय का प्रश्न उठा तो बीकानेर शासक ने लुहारू राज्य को बीकानेर राज्य में शामिल करने के भरसक प्रयास किये। परन्तु भारत सरकार के रियासती मन्त्रालय ने लुहारू राज्य का बीकानेर में विलय न कर इसका शासन प्रबन्ध अपने हाथ में ले लिया जिसकी लिखित स्वीकृति लुहारू नवाब से ले ली। बीकानेर महाराजा को इससे बड़ी निराशा हुई।[6]

अखिल भारतीय देशी राज्य प्रजा परिषद तथा राजस्थान संघ के राजनीतिक संगठन अपने-अपने स्तर पर वृहत् राजस्थान के निर्माण के लिए गतिशील थे। अगस्त 6 से 8, 1945 ई0 को अखिल भारतीय देशी राज्य प्रजा परिषद की स्थायी समिति की श्रीनगर में बैठक हुई जिसमें निर्णय लिया गया कि उन सभी छोटी रियासतों को, जिनकी जनसंख्या 20 लाख और आय 50 लाख से कम है, उन्हें या तो प्रान्तों में मिल जाना चाहिए अथवा आपस में मिलकर एक बड़े संघ का निर्माण कर लेना चाहिए ताकि वे भारतीय संघ में एक प्रभावी इकाई के रूप में भाग ले सकें।[7] 21-23 अक्टूबर, 1945 ई0 को इस समिति की बैठक जयपुर में सम्पन्न हुई जिसमें निर्णय लिया गया कि संभावित भारतीय संविधान

निर्मात्री सभा में राज्यों के प्रतिनिधियों को जनता द्वारा चुनकर भेजे जाने की व्यवस्था होनी चाहिए। 31 दिसम्बर, 1945 से 2 जनवरी, 1946 ई0 को पंडित जवाहर लाल नेहरू की अध्यक्षता में अखिल भारतीय देशी राज्य प्रजापरिषद का एक सम्मेलन उदयपुर में हुआ। इस सम्मेलन में राज्यों की जीव्यता के मापदण्ड पर विचार किया गया, परन्तु कोई निर्णय नहीं लिया जा सका। इस बीच सरकार ने घोषणा की कि स्वतन्त्र भारत में 1 करोड़ वार्षिक आय और 10 लाख जनसंख्या वाली रियासत अपना अलग अस्तित्व बनाए रखने में सक्षम होगी। इस मापदण्ड के अन्तर्गत राजस्थान में केवल जयपुर, जोधपुर, उदयपुर और बीकानेर राज्य पृथक् इकाईयों के रूप में रह सकते थे। भारत सरकार की मंशा थी कि राजस्थान की कुछ छोटी रियासतों को मध्य प्रदेश में और कुछ को अजमेर-मेरवाड़ा में मिला दिया जाये।[8] परन्तु देशी राज्य प्रजा परिषद राजस्थान के सभी राज्यों को एक इकाई के रूप में संगठित करने के पक्ष में थी। इसके समर्थन में मार्च, 1948 ई0 में राजपूताना प्रान्तीय प्रजा परिषद की कार्यकारिणी ने घोषणा कर दी कि अजमेर-मेरवाड़ा सहित प्रदेश की सभी रियासतों को मिलाकर वृहत् राजस्थान संघ का गठन किया जाना चाहिए। उधर राष्ट्रीय स्तर पर समाजवादियों ने राममनोहर लोहिया के नेतृत्व में वृहत् राजस्थान के निर्माण की माँग की। इस प्रकार एकीकृत राजस्थान के निर्माण के लिए भूमिका तैयार हो गई थी।[9]

भारत विभाजन की घोषणा और भारत स्वतंत्रता की तिथि 15 अगस्त, 1947 ई0 निर्धारित हो जाने पर देशी राज्यों से संबंधित राजनीतिक घटनाक्रम बड़ी तेजी से चला। परमोच्च सत्ता के समाप्त हो जाने पर कुछ रियासतों ने अपने आपको स्वतंत्र रखने का फैसला किया था। वे स्वतंत्र राज्यों के रूप में अपनी पहचान रखना चाहती थी। पाकिस्तान का प्रणेता जिन्ना देशी रियासतों को पृथक् रहने को प्रोत्साहित कर रहा था। भारत का राजनीति विभाग देशी राज्यों की समस्याओं को सुलझाने में रूचि नहीं ले रहा था। राजनीति विभाग का मुख्य सलाहकार सर कोनार्ड कोर फील्ड भारतीय संघ के विरूद्ध खलनायक की भूमिका निभा रहा था। वह रेजीडेन्टों व पॉलिटिकल एजेन्टों के माध्यम से देशी राजाओं को भारत संघ से पृथक रहने के लिए प्रोत्साहित कर रहा था। उसने विभाग के पदाधिकारियों को निर्देश दिये कि वे रियासतों से सेनाएं हटाने, रेल बंद करने, डाक व तार की सेवाएं समाप्त करने की कार्यवाही करें। वह देशी राज्यों व भारत संघ के सम्बन्धों में रिक्तता व व्यवधान उत्पन्न करने की दिशा में कार्यरत था। उसने देशी राज्यों से संबंधित पत्रों व फाइलों को नष्ट करने के आदेश दिये। परिणामस्वरूप बहुत सा महत्वपूर्ण रिकॉर्ड जला दिया गया। सब मिलाकर चार टन कागज भस्म कर दिये गये।[10]

राष्ट्रीय नेता इन विघटनकारी नीतियों से अवगत थे। भारत विभाजन के दुष्परिणाम दृष्टिगत होने लगे थे। कांग्रेसी नेता चिन्तित थे। अखिल भारतीय राज्य प्रजा परिषद ने मांग की कि राजनीति विभाग और इसकी एजेन्सियों को अन्तरिम सरकार को सुपुर्द कर दिया जाये अथवा नई सरकार तुरन्त एक केन्द्रीय विभाग का गठन करे जो भारतीय रियासतों के साथ अपने सम्बन्ध चालू रखे। जवाहर लाल नेहरू और सरदार पटेल ने इस सम्बन्ध में लॉर्ड

माउण्ट बेटन के साथ विचार-विमर्श किया। अन्ततोगत्वा 25 जून, 1947 ई0 को अन्तरिम सरकार ने निर्णय लिया कि एक नये रियासती विभाग का निर्माण किया जाये। इस विभाग के दो अनुभाग होंगे जो अलग-अलग कांग्रेस और मुस्लिम लीग के मन्त्रियों की अध्यक्षता में काम करेंगे। उक्त निर्णय के अनुसार 5 जुलाई, 1947 ई0 को भारत सरकार ने रियासतों से संबंधित समस्याओं के समाधान के लिए रियासती विभाग की स्थापना की। सरदार पटेल को इस विभाग का अध्यख बनाया गया और वी. पी. मेनन को इसका सलाहकार व सचिव। उन्हें नरेशों की गतिविधियों की पूरी जानकारी थी। वे ही ऐसे व्यक्ति थे जो देशी राज्यों की जटिल समस्या को सुलझा सकते थे। इस विभाग का सर्वोपरि कार्य यह था कि वे देशी नरेशों को विश्वास में ले तथा उन्हें भारतीय संघ में सम्मिलित होने के लिए प्रोत्साहित करें। यह सारा कार्य 15 अगस्त, 1947 ई0 से पहले सम्पन्न किया जाना था। सरदार पटेल ने अपनी सूझ-बूझ से इस समस्या का सही ढंग से समाधान निकाल कर देश को खण्ड-खण्ड होने से बचा लिया था।[11]

सरदार पटेल ने एक वक्तव्य प्रसारित किया जिसमें देशी राज्यों को आह्वान किया वे 15 अगस्त 1947 ई0 के पूर्व भारतीय संघ में सम्मिलित हो जाये। ऐसा करना प्रत्येक देशी राज्य के हित में होगा। देशी राज्यों को सार्वजनिक हित के तीन विषय रक्षा, विदेशी मामले और संचार साधन भारतीय संघ को सुपुर्द करने होंगे। भारतीय संघ इससे अधिक उनसे और कुछ नहीं मांग रहा था। भारतीय संघ देशी राज्यों के आंतरिक मामलों में हस्तक्षेप करने की मंशा नहीं रखता। रियासतों के साथ व्यवहार में रियासती विभाग की नीति अधिकार की नहीं होगी। पटेल ने कहा कि कांग्रेस राजाओं के विरूद्ध नहीं रही है। देशी नरेशों ने सदैव देशभक्ति और लोक-कल्याण के प्रति अपनी आस्था प्रकट की है। इस प्रकार सरदार पटेल ने राजाओं के सम्मान को छूते हुए भावनापूर्ण शब्दों में उन्हें मित्रों की भाँति देश को विकट परिस्थितियों से उभारने में सहयोग देने को कहा। इसके साथ ही सरदार पटेल ने उन्हें चेतावनी भी दी कि यदि कोई नरेश यह सोचता हो कि ब्रिटिश परमोच्च सत्ता उसको हस्तान्तरित कर दी जायेगी तो यह उसकी भूल होगी। परमोच्च सत्ता तो जनता में निहित है, 14 जुलाई को पंडित नेहरू ने भी अखिल भारतीय कांग्रेस की कार्यकारिणी समिति में भाषण देते समय कहा था कि वे भारतवर्ष में किसी राज्य को स्वतंत्र रहने का अधिकार नहीं देंगे। यदि कोई बाहरी शक्ति, किसी भी राज्य को स्वतंत्र रहने की मान्यता देती है तो वह शक्ति भारत की शत्रु समझी जायेगी। नेहरू व उसके कांग्रेसी साथियों का देशी राज्यों को कहना था कि वे अविलम्ब निर्धारित समझौते के अनुसार भारतीय संघ में सम्मिलित हो जायें।[12] 25 जुलाई, 1947 ई0 को वायसराय लॉर्ड माउण्ट बेटन ने नरेन्द्र मण्डल को पहली और अन्तिम बार सम्बोधित किया। उसने जोर देकर शासकों को कहा कि वे तीन निर्धारित विषयों के आधार पर भारत संघ में सम्मिलित हो जाये। ऐसा करने पर वे अन्य विषयों में पूर्णरूप से स्वतंत्र होंगे। उसने शासकों को पूर्ण विश्वास दिलाया कि इसमें उन पर कोई आर्थिक जिम्मेदारी नहीं बढ़ेगी और सामान्य रूप से उनकी आन्तरिक प्रभुसत्ता पर भी

अनियमित हस्तक्षेप नहीं होगा। सरदार पटेल की व्यवहार कुशलता और लॉर्ड माउण्ट बेटन द्वारा दी गई सलाह के परिणामस्वरूप अधिकांश राजाओं ने अधिमिलन पत्र व यथास्थिति अनुबन्ध पर हस्ताक्षर कर दिये। राजस्थान में धौलपुर और जोधपुर को छोड़कर सभी राज्यों ने भारतीय संघ के साथ विलय के समझौते पर हस्ताक्षर कर दिये।[13]

जोधपुर महाराजा हनुवंत सिंह के बारे में यह धारणा बनी हुई थी कि वह जोधपुर राज्य को पाकिस्तान में मिलाना चाहता था और इसके लिए उसने मोहम्मद अली जिन्ना से मुलाकात की थी। लियोनार्ड मोजले ने अपनी पुस्तक "द लास्ट डेज ऑफ ब्रिटिश राज", डी.आर. मनकेकर ने अपनी पुस्तक "एक्सेशन टू एक्सटिंक्सन" लेखक द्वय थैरी कालिंस व डोमिनीक लैपियै ने अपनी पुस्तक "फ्रीडम एट मिडनाइट", मेनन ने अपनी पुस्तक "इण्टीग्रेशन ऑफ इण्डियन स्टेट्स" और के. एम. पन्निकर ने अपनी 'आत्मकथा' में महाराजा हनुवंत सिंह और भारतीय संघ के साथ जोधपुर राज्य के विलय सम्बन्धी जानकारी दी है जो विवादग्रस्त और भ्रमात्मक भी है। इसके विवरणों में काफी विरोधाभास भी है। वे सभी पत्रकार लेखक है। इस विषय सम्बन्धी सही जानकारी के लिए 'ट्रांसफर ऑफ पावर' जिसका प्रकाशन ब्रिटिश सरकार के मुद्रणालय विभाग द्वारा किया गया है, को प्रमाणित ग्रन्थ माना जा सकता है। इस पुस्तक में माउण्ट बेटन के वायसराय काल के 8 जुलाई, 1947 ई0 से लेकर 16 अगस्त, 1947 ई0 तक लिखे सभी सरकारी दस्तावेज व पत्रादि संकलित है। इस ग्रंथ में प्रकाशित दस्तावेज आदि से पता चलता है कि जोधपुर नरेश हनुवंत सिंह ने 2 अगस्त, 1947 ई0 के पूर्व ही अपने राज्य के भारतीय संघ में विलय होने संबंधी जानकारी वायसराय को दे दी थी।[14] वस्तुतः भोपाल के नवाब और धौलपुर महाराजा कतिपय देशी नरेशों का नेतृत्व कर रहे थे। वे अपने राज्यों को भारतीय संघ के साथ विलय करने के पक्ष में नहीं थे। भोपाल नवाब मोहम्मद अली जिन्ना का मित्र था। जिन्ना अन्तिम समय तक भारतीय संघ के विघटन के लिए प्रयत्नशील रहा। भोपाल गुट के नरेशों ने महाराजा हनुवंत सिंह को अपने पक्ष में लेने का प्रयत्न किया। हनुवंत सिंह बड़ा महत्वाकांक्षी था। अपने राज्य के लिए अधिकाधिक सुविधाएँ व अधिकार प्राप्त करने का इच्छुक था, इसलिए उसने भारतीय संघ में सम्मिलित होने की इच्छा प्रकट करने के बाद धौलपुर शासक उदयभान सिंह के दबाव के कारण भोपाल नवाब के माध्यम से मोहम्मद अली जिन्ना से मुलाकात की थी। इस मुलाकात में भोपाल नवाब तथा वैधानिक सलाहकार जफरूल्लाखाँ की उपस्थिति में जिन्ना ने हनुवंत सिंह को कहा था कि यदि वह 15 अगस्त को अपने राज्य को स्वतंत्र घोषित कर दे तो उसे वांछित रियायतें दी जायेगी। रियायतें जिनकी महाराजा ने माँग की थी, इस प्रकार थी-

1. जोधपुर राज्य को कराची बन्दरगाह की सभी सुविधाएँ दी जायेगी।
2. जोधपुर राज्य को शस्त्र आयात करने का अधिकार होगा।
3. जोधपुर सिन्ध रेलवे पर जोधपुर राज्य का अधिकार होगा।
4. जोधपुर राज्य के अकालग्रस्त जिलों को यथेष्ट अनाज उपलब्ध कराया जायेगा।[15]

यहाँ जोधपुर राज्य को स्वतंत्र राज्य घोषित करने की बात कही गई थी। जोधपुर राज्य का पाकिस्तान में विलय का प्रस्ताव नहीं था। महाराजा जिन्ना के समक्ष तुरन्त निर्णय लेने की स्थिति में नहीं था। उसने जोधपुर पहुँचकर राज परिवार के सदस्यों और सामन्तों से मन्त्रणा की थी। अधिकांश ने पाकिस्तान के साथ संबंध रखने का विरोध किया था, परन्तु महाराजा अभी भी जिन्ना की उदारता से प्रभावित था। उसने भोपाल नवाब से इस विषय पर तालमेल बनाए रखा। इस बीच सरदार पटेल को महाराजा की जिन्ना से भेंट और भोपाल नवाब की इस विषय सम्बन्धी गतिविधियों की जानकारी मिल चुकी थी। उसने इसकी जानकारी वायसराय लॉर्ड माउण्ट बेटन को दी और उसे आगाह किया कि इस संबंध में उचित कार्यवाही करे। लॉर्ड माउण्ट बेटन ने महाराजा से बात की और उसे सरदार पटेल के पास भेजा। सरदार पटेल ने महाराजा की सभी मांगें स्वीकार कर ली। ये मांगें वहीं थी जिनको जिन्ना ने स्वीकार किया था। पटेल ने महाराजा को लिखित आश्वासन देने को कहा था। पटेल की वार्ता से महाराजा संतुष्ट हो गया। उसने भारत के साथ रहने का निश्चय कर लिया था। महाराजा ने 9 अगस्त, 1947 ई0 को अधिमिलन पत्र पर हस्ताक्षर कर दिये। पटेल के साथ साक्षात्कार के समय महाराजा की जो मांगें स्वीकार की गई थी उन्हें 11 अगस्त, 1947 को एक पत्र के द्वारा महाराजा को उनकी मांगों के प्रति आश्वस्त कर दिया गया।[16]

जब धौलपुर महाराजा उदयभान सिंह को पता चला कि जोधपुर के महाराजा व भोपाल के नवाब ने अधिमिलन पत्र पर हस्ताक्षर कर दिये हैं तब उसने भी 14 अगस्त, 1947 ई0 को अधिमिलन पत्र पर हस्ताक्षर कर दिये। इस प्रकार 15 अगस्त, 1947 ई0 के एक दिन पहले तक राजस्थान के सभी नरेशों ने अपने राज्यों का भारतीय संघ के साथ विलय को स्वीकार कर लिया था। राज्यों के एकीकरण की प्रक्रिया कई तत्वों का परिणाम थी जो काफी समय से सक्रिय थे। इन तत्वों में सबसे अधिक महत्वपूर्ण विभिन्न राज्यों में प्रजामण्डलों द्वारा जनता को सक्रिय कर देना और अखिल भारतीय देशी राज्य प्रजा परिषद के माध्यम से राज्यों के प्रजामण्डलों में सामंजस्य बैठाना था। कालांतर में विभिन्न राज्यों में निरंकुश और अनुत्तरदायी राजतन्त्र ने जनमानस में उनके कुलीय सामन्तवाद की भावना के प्रति एक अविश्वास पैदा कर दिया था। विभिन्न राज्यों के शासक आपस में मिलकर एक संघ बनाने में असफल रहे, क्योंकि उनका अहम्वाद और व्यक्तिवाद किसी बड़ी इकाई में विलीन नहीं हो सका। दूसरा कारण इन राज्यों की प्रशासनिक अव्यवस्था थी जो आवश्यकता के अनुसार अपने आपको नहीं ढाल सकी। इन राज्यों को प्रशासनिक रूप से सुदृढ़ करने के लिए पर्याप्त समय दिया गया और इनका ध्यान इस ओर खींचा गया। लेकिन सभी शासकों ने समान रूप से इसकी अनदेखी कर दी। परिवर्तन न करने और योग्यता को प्रश्रय न देने के कारण राज्यों के प्रशासन में सामान्य जनता की आस्था नहीं रह गई थी। वे अंग्रेजी प्रान्तों की तरह विकसित प्रशासन तन्त्र चाहते थे।[17] तीसरा प्रमुख कारण प्रायः समस्त शासक वर्ग की वह निकृष्ट दृष्टि थी, जिसके कारण वह यह नहीं समझ सका कि अगस्त, 1947 ई0 में जो परिवर्तन भारत में हुआ वह कितना दूरगामी था। अंग्रेज पॉलिटिकल अधिकारियों

को समर्थन मिलना 5 जुलाई, 1947 को बन्द हुआ और फिर घटनाक्रम बड़ी तेजी से बदला। शासकों को यह समझने में भी काफी समय लगा कि परिवर्तन कितना तीव्र और महत्वपूर्ण हुआ। सत्ता का एकाधिकार जो पीढ़ियों से औपचारिक रूप से उनके पास था अब वहाँ नहीं रह सकता था। उन्होंने जन-मानस में हो रहे परिवर्तन से इतना अलग-थलग रखा था कि उन्होंने जनता के प्रतिनिधियों को सत्ता से दूर रखने के लिए हर प्रकार के साधन किए। बल प्रयोग करके जनता का दमन तथा वर्गीय और जातीय समर्थन जुटाकर सामाजिक कटुता पैदा करना सामान्य सी घटनाएँ थी।[18]

जून, 1948 में माउण्ट बेटन, मेनन और जोधपुर, बीकानेर तथा जयपुर के शासकों के मध्य विचार-विमर्श में सादुल सिंह ने कुछ राज्यों में राजपूतों के शक्ति प्रदर्शन का उत्तरदायित्व प्रजामण्डल और कृषक आन्दोलन पर रखा। उसने राजपूती अहम् और शासकीय गौरव की दुहाई देते हुए जागीरदारों को सर्वोच्च वर्ग में रखा और साधारण जनता द्वारा समानता स्थापित करने के किसी भी प्रयत्न को बहुत बढ़ा-चढ़ाकर अपमान के समान बताया था। जागीरदारों द्वारा साधारण जनता तथा स्त्रियों पर कितने भी अत्याचार हो सकते थे, उनका तो कोई वर्णन नहीं होता था लेकिन यदि किसी जागीरदारी जुलूस के प्रति कोई अवमान्यता हो गई तो उसे भारी अपमान कहा गया। सादुल सिंह को शोषित जनता और सत्ताधारी जागीरदारों के प्रदर्शन में कोई भेद ही नहीं दिखाई दिया।[19] जब अखिल भारतीय देशी राज्य प्रजा परिषद के अध्यक्ष शेख अब्दुल्ला ने जयनारायण व्यास से मेवों पर अत्याचार की शिकायत की जांच करने के लिए कहा तो उन्हें राजस्थान के सब राज्यों में भारतीय केन्द्रीय सरकार के विरूद्ध बहुत प्रचार दिखाई दिया। राज्य सरकारों को प्रायः यह तो स्पष्ट हो गया था कि लोकतांत्रिक सरकारों द्वारा जागीरदारी प्रथा समाप्त कर दी जायेगी। इसलिए सामन्ती, साम्प्रदायिक और राष्ट्र-विरोधी तत्वों में एक अपवित्र गठबन्धन हो गया था। कुछ समाचार पत्रों ने भी राजपूती अहम भावना और युद्ध करने की क्षमता को अधिक उछाला। व्यास ने विभिन्न राज्यों के अवसरवादी समाचार पत्रों से राष्ट्रीय नेताओं के विरूद्ध प्रचार के पर्याप्त उद्धरण देकर 12 पृष्ठों की एक पुस्तिका प्रकाशित की।[20]

अगस्त, 1947 ई0 पश्चात् व्यतीत हुए कुछ महीनों में भारत की राष्ट्रीय सरकार को यह स्पष्ट हो गया कि राज्यों में शासक सरलता से जनता के प्रतिनिधियों को सत्ता हस्तान्तरित नहीं करेंगे। उसे यह भी आभास हो गया कि इन राज्यों में आन्तरिक वैमनस्यता और सामाजिक तनाव बढ़ेंगे, इसलिए इस बात के लिए तैयार हो गये कि राज्यों का एकीकरण शीघ्र होना चाहिए। इस एकीकरण की प्रक्रिया में प्रजामण्डलों और जनआन्दोलनों की महत्वपूर्ण भूमिका रही। यह प्रजामण्डलों का दबाव ही था जिससे राज्यों के शासकों को एकीकरण की प्रक्रिया से सहमत होना पड़ा। यह स्थानीय घटनाओं का दबाव ही था जिसके आधार पर राष्ट्रीय सरकार हस्तक्षेप कर सकती थी। देशी रियासतों के भारतीय संघ में विलय हो जाने के पश्चात् भारत सरकार ने रियासतों के पूर्ण एकीकरण के कार्य को अपने

हाथ में लिया। सरदार पटेल का तर्क था कि रियासतों की जनता भी प्रांतीय लोगों की तरह स्वतंत्रता व नागरिक अधिकार प्राप्त करने के लिए आतुर है। इसकी पुष्टि रियासतों में बढ़ते राजनीति आन्दोलनों से हो जाती है। इसके अतिरिक्त छोटी रियासतों के शासक साधनों के अभाव में वांछित प्रशासनिक सुधार करने की स्थिति में नहीं है, इसलिए स्थिति की मांग है कि वे या तो निकट के प्रान्तों में मिल जाए या आपस में मिलकर एक बड़ी इकाई का निर्माण कर लें।[21]

बड़ी रियासतों को भारतीय संघ में सम्मिलित होते समय आश्वासन दिया गया था कि उन्हें यथास्थिति में विकसित होने का अवसर दिया जायेगा। परन्तु समय के प्रवाह के साथ ऐसा सम्भव नहीं हो सका। एकीकरण की पद्धति का विस्तार कर बड़ी रियासतों को भी लपेटे में ले लिया गया। उन्हें बड़े संघ के रूप में गठित कर दिया गया। नवनिर्माण की प्रक्रिया में रियासती नरेशों की सहमति थी। चाहे यह सहमति परिस्थितिवश ही प्रकट की गई थी वस्तुतः वे इनकार करने की स्थिति में नहीं थे। भारत विभाजन के पूर्व राजस्थान में 19 सलामी रियासतें थीं और तीन ऐसे ठिकाने थे जिन्हें तोप सलामी का अधिकार नहीं था। ये रियासतें थीं- जयपुर, अलवर, भरतपुर, धौलपुर, करौली, डूँगरपुर, बाँसवाड़ा, कोटा, मेवाड़, किशनगढ़, प्रतापगढ़, शाहपुरा, टोंक, जैसलमेर, बीकानेर, जोधपुर, सिरोही ये सभी सलामी राज्य थे और लावा, कुशलगढ़ तथा नीमकाथाना बिना सलामी वाले ठिकाने थे। इन रियासतों में पूर्वी राजस्थान की प्रमुख रियासतें थीं- जयपुर, अलवर, भरतपुर, धौलपुर और करौली।[22] राजस्थान के एकीकरण के प्रथम चरण में इन्हीं रियासतों द्वारा शुरूआत की गई जब मत्स्य संघ की स्थापना की गई, बाद में जयपुर राज्य के इस संघ में शामिल होने पर वृहत् राजस्थान का निर्माण हुआ। मत्स्य संघ और वृहत् राजस्थान के शामिल होने से राजस्थान के नवनिर्माण की लगभग पूरी प्रक्रिया सम्पन्न हो गई। राजस्थान का एकीकरण मुख्यतः पाँच चरणों में सम्पन्न हुआ। एकीकरण की प्रक्रिया में मुख्यतः प्रजामण्डलों की भूमिका रही। भारत विभाजन के अवसर पर भड़के साम्प्रदायिक दंगों ने राजस्थान के नवनिर्माण की प्रक्रिया को गति प्रदान की थी।

प्रथम सोपान : मत्स्य संघ

भारत विभाजन के पूर्व पूर्वी राजस्थान में स्थित राज्यों में अशान्ति व्याप्त थी। वहाँ राजनीतिक उत्पात होने लगे थे तथा आन्तरिक अव्यवस्था ने प्रशासन को लकवाग्रस्त करके रख दिया था। सत्ता हस्तान्तरण से कुछ समय पूर्व मेव जाति के मुस्लिम अलवर और भरतपुर की सरकारों के लिए सिर दर्द बन गये थे। इन दोनों रियासतों में मेवों का आतंक फैला हुआ था। दोनों राज्यों में साम्प्रदायिक तनाव चरम सीमा पर था। भरतपुर रियासत के सेना मंत्री गिर्राज शरण सिंह एवं महाराजा के भाई ने एक संवाददाता सम्मेलन में भण्डाफोड़ किया कि उत्तरी भरतपुर के 209 गांव झगड़ों से विनष्ट हो गये थे। उन्होंने आगे बताया कि परेशानी की मूल जड़ अलवर, भरतपुर तथा गुड़गांव में रहने वाले मेव हैं, जो नये 'मेवस्तान' बनाने की मांग कर रहे थे।[23] अतः भरतपुर दरबार के द्वारा इन उपद्रवियों को दबाने का

प्रयास किया गया। 5 जुलाई, 1947 ई0 को रियासतों के हिन्दू तथा मुस्लिम नागरिकों को भरतपुर की एक बैठक में महाराजा बृजेन्द्र सिंह ने चेतावनी दी कि अब आगे किसी प्रकार की अराजकता तथा स्वैच्छाचारिता को बरदास्त नहीं किया जाएगा तथा उपद्रवियों को देखते ही गोली मार दी जायेगी। उन्होंने आगे घोषणा की कि अपने गांवों एवं कस्बों के मुखिया तथा अन्य जिम्मेदार लोग अपने-अपने क्षेत्र में शान्ति और व्यवस्था बनाए रखने के लिए जिम्मेदार होंगे। स्वैच्छाचारी गतिविधियों में भाग लेने एवं उपद्रवियों को शरण देने के दोषी लोगों को दण्डित किया जायेगा। इसमें भूमिगत सम्पत्ति को जब्त करना या सम्पूर्ण गांव पर सामूहिक जुर्माना लगाना शामिल होगा। भरतपुर में घटित साम्प्रदायिक घटनाओं की प्रतिक्रिया अलवर राज्य में हुई। उस समय अलवर में डॉ. एन. बी. खरे दीवान के पद पर कार्यरत था। वह मुस्लिम विरोधी था। वह हिन्दू महासभा का अध्यक्ष भी रह चुका था। उसके विरूद्ध आरोप था कि उसने मेवों के खिलाफ हिन्दुओं को भड़काया था।[24]

देश में साम्प्रदायिक उन्माद और बर्बरता से भारत सरकार चिन्तित थी। अक्टूबर 1947 में सरदार पटेल ने प्रान्तों और रियासतों के प्रतिनिधियों की एक सभा बुलाई जिसमें अलवर व भरतपुर के शासकों द्वारा डा. खरे को भी आमंत्रित किया गया। सभा में सरदार पटेल ने जातीय सद्भावना कायम रखने के लिए आह्वान किया। उसने कहा कि जो साम्प्रदायिकता फैलाने का कार्य कर रहे हैं वो देश के शत्रु है। सभा में उपस्थित सदस्यों ने देश में साम्प्रदायिक सद्भावना बनाये रखने के लिए भारत सरकार को सहयोग देने का आश्वासन दिया। डॉ. खरे ने, जो पटेल के प्रति अच्छी भावना नहीं रखते थे; पटेल की इस कार्यवाही को राज्य के आन्तरिक मामलों में हस्तक्षेप माना।[25]

अलवर राज्य के विरूद्ध शिकायतें बढ़ती जा रही थी। इसी बीच गांधीजी की हत्या कर दी गई। तब साम्प्रदायिकता भड़काने वाली किसी भी राज्य सरकार को बख्शा नहीं जा सकता था। उस समय ऐसी अफवाह बड़े जोरों से थी कि महात्मा गांधी की हत्या का षड़यंत्र अलवर राज्य में रचा गया था। षड़यंत्रकारियों को अलवर राज्य में शरण दी गई थी। हत्या के तीन माह पूर्व गोड़से और परचूरे अलवर पहुँचे थे। उन्होंने डॉ. खरे से गुप्त मन्त्रणा की थी। गोड़से और परचूरे डॉ. खरे के गाँव के ही रहने वाले थे। सरदार पटेल ने अलवर राज्य की स्थिति का अध्ययन करने के लिए वी.पी. मेनन को राज्य सरकार को सूचित किये बिना ही अलवर भेजा। उसने अलवर राज्य के प्रशासन का जायजा लिया और वह दिल्ली लौटा। मेनन ने सरदार पटेल को सुझाव दिया कि रियासती विभाग डॉ. खरे के स्थान पर अपने पसन्द के व्यक्ति को अलवर राज्य का प्रशासक नियुक्त करे और अलवर राज्य का प्रशासन भारत सरकार अपने नियंत्रण में ले। महाराजा और खरे के विरूद्ध अनेक आरोप थे। उनकी जाँच होने तक उन्हें दिल्ली में रखा जाये। तद्नुसार महाराजा तेजसिंह को दिल्ली में रहने का आदेश दिया गया तथा प्रशासन का कार्यभार भारत सरकार ने अपने नियंत्रण में ले लिया। डॉ. खरे को पदच्युत कर दिया गया और उसे भी दिल्ली में रखा गया। जाँच के परिणामस्वरूप बाद में दोनों को दोषमुक्त कर दिया गया।[26]

रियासती विभाग भरतपुर राज्य की गतिविधियों से बड़ा खिन्न था। भरतपुर प्रशासन के विरूद्ध शिकायतों का ढेर लग गया था। रियासती विभाग ने भरतपुर राज्य पर निम्नलिखित आरोप लगाये-

1. भरतपुर महाराजा बृजेन्द्र सिंह ने 15 अगस्त, 1947 ई0 को स्वतंत्रता आन्दोलन के रूप में नहीं मनाया। उसने खुले तौर पर भारतीय राजाओं को भारत विभाजन के लिए जिम्मेदार ठहराया।

2. महाराजा ने 1 लाख मुसलमानों को मारकर अपने राज्य से भगा दिया। यह कहा गया कि महाराजा को यह जानकर प्रसन्नता है कि उसके राज्य में एक भी मुसलमान नहीं बचा है।

3. भरतपुर राज्य से गुजरने वाले बाँदीकुई-आगरा रेल मार्ग को सुरक्षा प्रदान करने का कार्य महाराजा ने नहीं किया।

4. महाराजा की सेना में अनुशासन जैसी कोई चीज नहीं रह गई थी।

5. महाराजा ने राज्य में जाटवाद को बढ़ावा देने में कोई कसर नहीं छोड़ी।

6. भरतपुर राज्य में शस्त्र व गोला-बारूद तैयार करने के लिए अवैध कारखाना खोला गया। राज्य में जाटों और राष्ट्रीय स्वयंसेवकों को शस्त्र बाँटे जा रहे थे।

7. महाराजा राष्ट्रीय स्वयंसेवक की गतिविधियों में रूचि लेता था।

8. जवाहर लाल नेहरू ने 28 फरवरी, 1948 ई0 को सरदार पटेल को लिखे पत्र में भरतपुर रियासत में राष्ट्रीय स्वयंसेवक संघ के प्रशिक्षण का हवाला दिया था।[27]

रियासत में तनाव तथा राजनैतिक अशान्ति के कारण महाराजा बृजेन्द्र सिंह को 10 फरवरी, 1948 ई0 को दिल्ली बुलाया गया। मेनन के साथ बातचीत में महाराजा को सरकार द्वारा सूचना दी गई कि भरतपुर प्रशासन के आर.एस.एस. की गतिविधियों में भाग लेने के स्पष्ट प्रमाण है तथा उन्हें परामर्श दिया गया कि वे रियासत के प्रशासन का भार भारत सरकार को तत्काल सौंप दे। इस प्रस्ताव को महाराजा ने अनिच्छा से स्वीकार कर लिया। ऐसे निर्णय के कारण भरतपुर की राय बहादुर सूरजमल के नेतृत्व वाली मिनिस्ट्री ने 14 फरवरी, 1948 ई0 को त्यागपत्र दे दिया। भारत सरकार ने 15 फरवरी, 1948 ई0 को कर्नल ढिल्लो को स्टेट मिनिस्टरी का प्रभारी तथा एस.एन. सप्रू को रियासत का प्रशासक नियुक्त कर दिया।[28] केन्द्रीय स्टेट मिनिस्टरी ने रावराजा गिरिराज सिंह उर्फ बच्चू सिंह को भरतपुर छोड़कर चले जाने को भी कहा तथा तार के माध्यम से 14 फरवरी, 1948 को सूचना दी गई कि उसके लिए इंग्लैण्ड जाने का हवाई जहाज में प्रबन्ध कर दिया गया है ताकि वह 19 फरवरी, 1948 को राज्य छोड़कर इंग्लैण्ड चला जाये। जाँच में महाराजा के विरूद्ध कोई महत्वपूर्ण बात सामने नहीं आई और इसलिए महाराजा को मुक्त कर दिया गया। यद्यपि भारत सरकार द्वारा भरतपुर एवं अलवर राज्य के विरूद्ध की गई कार्यवाही काफी कठोर थी, लेकिन इसका जातीय स्थिति पर बहुत अच्छा प्रभाव पड़ा।

अलवर और भरतपुर से लगती हुई करौली और धौलपुर की छोटी रियासतें थी। ये चारों रियासतें भारत सरकार द्वारा बनाये गये मापदण्ड के अनुसार अपना स्वतंत्र अस्तित्व बनाए रखने योग्य नहीं थी। अतः चारो रियासतों के शासकों को 27 फरवरी, 1948 को दिल्ली बुलाया गया और उनके सामने यह प्रस्ताव रखा गया कि चारों राज्यों के एकीकरण से एक नये राज्य का निर्माण किया जाये, जिस पर सभी राज्यों ने अपनी सहमति प्रकट की।[29] उन्हें यह भी स्पष्ट कर दिया गया कि यदि आवश्यक हुआ तो संघ को राजस्थान या संयुक्त प्रान्त में मिला दिया जायेगा। क्योंकि नया राज्य वित्तिय दृष्टि से स्वयं सक्षम नहीं होगा। इस नये राज्य को मत्स्य संघ की संज्ञा दी गई। यह नाम के.एम. मुन्शी द्वारा सुझाया गया था क्योंकि प्राचीन महाकाव्यों तथा महाभारत में इस क्षेत्र को मत्स्य नाम से ही जाना जाता था। इस नये राज्य का उद्घाटन भारत सरकार के मंत्री श्री एन.वी. गाड़गिल ने 18 मार्च, 1948 को किया, क्योंकि उस समय अलवर, भरतपुर के राजाओं के विरूद्ध जाँच चल रही थी, इसलिए धौलपुर के राजा उदयभान सिंह को जो चारों में सबसे वृद्ध थे को नये राज्य का राजप्रमुख बनाया गया। करौली और भरतपुर के राजाओं ने इसे स्वीकार कर लिया परन्तु अलवर महाराजा ने काफी तर्क-वितर्क व अनिच्छा से इस पर हस्ताक्षर किये। उन्हें प्रस्ताविक संघ का उपराजप्रमुख बनाया गया।[30]

सौराष्ट्र के नमूने पर बनाई गई संविदा पर 28 फरवरी, 1948 को चारों राज्यों ने हस्ताक्षर कर दिये इसमें यह प्रावधान था कि चारों एकीकृत रियासतों के प्रशासन को मिला दिया जायेगा तथा वह भारत सरकार की स्टेट मिनिस्ट्री के द्वारा नियुक्त प्रशासक के अधीन होगा। प्रशासक सरकार के सभी कार्य इन रियासतों में नियुक्त मंत्री परिषद के सहयोग से करेगा। इसमें यह भी प्रावधान था कि इस संघ के लिए संविधान रियासतों की जनता द्वारा चुने गये 20 सदस्यों की संविधान सभा के द्वारा निर्मित किया जायेगा। अलवर, भरतपुर, धौलपुर तथा करौली के राजाओं के लिए प्रिवीपर्स क्रमशः 5,20,000; 5,02,000; 2,64,000 तथा 1,05,000 रूपये निर्धारित किये गये।[31]

इस निर्णय के तुरन्त बाद भरतपुर में फिर से आन्दोलन प्रारम्भ हो गया। महाराजा के छोटे भाई मानसिंह ने भरतपुर के मत्स्य संघ में विलय के विरूद्ध आन्दोलन प्रारम्भ कर दिये। जनता की भावनाओं को भड़काने के लिए उसने 'जाट ध्वज' खतरे में है का नारा दिया। यह रिपोर्ट थी कि जाटों ने भरतपुर में अपनी हुकूमत स्थापित कर ली थी तथा सरकारी कर्मचारियों को यह धमकी दी गई कि यदि वे प्रस्तावित संघ के अधीन कार्य करेंगे या उसका समर्थन करेंगे तो उन्हें भयंकर परिणाम भुगतने पड़ेंगे। पुलिस जनरल इंस्पेक्टर की रिपोर्ट के अनुसार राजा मानसिंह ने वैर के नजदीक हलौना गाँव तथा अन्य पड़ोसी गाँवों का 12 मार्च, 1948 को दौरा किया तथा जाटों को मत्स्य सरकार के गठन के विरूद्ध भड़काया।[32] उन्होंने वैर में यह भी कहा कि डेढ़ लाख लोग 17 मार्च को हथियारों सहित मत्स्य संघ के उद्घाटन समारोह जो 18 मार्च को होने वाला है, में गड़बड़ी करने तथा अन्तिम श्वास तक लड़ने के लिए भरतपुर के किले पर इकट्ठे होंगे और यदि इस अवसर पर कांग्रेस

का झण्डा फहराया गया तो उसे नीचे गिरा दिया जायेगा तथा खून की होली खेली जायेगी। ठाकुर देशराज के नेतृत्व में किसान सभा ने भी मानसिंह को रियासत में गड़बड़ी फैलाने के लिए सहयोग दिया। किसान सभा इसलिए नाराज थी क्योंकि उसे मत्स्य मंत्रिमण्डल में शामिल नहीं किया गया था। 14 मार्च को मानसिंह को गिरफ्तार कर दिल्ली भिजवा दिया गया। 15 मार्च को धारा 144 के तहत एक आदेश जारी करवा दिया गया कि समस्त रियासतों में कोई भी व्यक्ति हथियार तथा लाठी लेकर नहीं चलेगा। साथ ही साथ पाँच या पाँच से अधिक लोग एक जगह इकट्ठे नहीं होंगे। सेना और पुलिस बल को भरतपुर और अन्य शहरों में गश्त करने के लिए भेजा गया। 16 मार्च को देशराज और अन्य जाट नेताओं को गिरफ्तार कर लिया गया तथा उन्हें भरतपुर की सेवर जेल में नजरबंद कर दिया गया।[33]

17 मार्च की सुबह लगभग एक हजार जाट भरतपुर किले में एकत्रित हुए तथा उस स्थान पर बैठ गये जहाँ, एन.वी. गाडगिल, मत्स्य राज्य का उद्घाटन करने वाले थे। प्रदर्शनकारी माँग कर रहे थे कि- (1) रियासत के किसी भी भवन पर भारत सरकार का झण्डा न फहराकर सिर्फ रियासत का ही झण्डा फहराया जाये, (2) भरतपुर के दो मंत्रियों में से एक मंत्री किसान पार्टी का हो, तथा (3) मानसिंह एवं देशराज को छोड़ दिया जाये तथा अन्य लोगों को भी छोड़ दिया जाये तथा अन्य के विरूद्ध जारी वारंटों को रद्द कर दिया जाये। अलवर, भरतपुर और धौलपुर के शासकों मत्स्य संघ के प्रशासक के. बी.एल. सेठ तथा भरतपुर के प्रशासक एस.एन. सप्रू ने भीड़ को वहाँ से हटने के लिए राजी करने का प्रयास किया, परन्तु सब व्यर्थ रहा। तब सेना और पुलिस को उस स्थान पर बुलाया गया। अन्तिम साधन के रूप में देशराज को किले पर लाया गया। उन्होंने भीड़ को सम्बोधित किया तथा वहाँ से हटने के लिए राजी कर लिया। उन्होंने मंत्रिमण्डल में किसान सभा के प्रतिनिधित्व की माँग की तथा कहा कि यदि उनकी माँगों पर विचार नहीं किया गया तो पहले से भी बड़ा आन्दोलन छेड़ा जायेगा। अन्त में यह फैसला लिया गया कि भारत सरकार का झण्डा उन्हीं जगहों पर फहराया जायेगा जहाँ रियासत का झण्डा नहीं फहराया गया है। जहाँ तक अन्तिम दो माँगों का प्रश्न है, राजप्रमुख ने आश्वासन दिया कि उन्हें केन्द्र सरकार के सम्मुख रखा जायेगा तथा इन्हें स्वीकार करवाने के लिए पूरा प्रयास किया जायेगा। देशराज की अपील का अच्छा प्रभाव पड़ा और परिणामतः भीड़ वहाँ से हट गई। उन्हें तत्काल जेल भेज दिया गया। इस कारण उद्घाटन समारोह दो घण्टे विलम्ब से प्रारम्भ हुआ। अन्य सभी कार्य समयानुसार ही हुए। उदयभान सिंह ने राजप्रमुख के रूप में शपथ लेने के बाद दरबार को सम्बोधित किया तथा कहा कि नई जिम्मेदारी को ग्रहण करके मैं भावी राज्य की कार्यवाही में श्रेष्ठ एवं लोकप्रिय प्रतिभाओं को सम्बद्ध करना चाहता हूँ ताकि मत्स्य संघ संतुष्ट और प्रसन्न हो सके।[34]

मत्स्य संघ सरकार ने 18 मार्च, 1948 से कार्य करना प्रारम्भ किया तथा शोभाराम के मुख्य मंत्रित्व में एक मंत्रिमण्डल का गठन किया गया। मंत्रिमण्डल में मुख्यमंत्री के अलावा जुगल किशोर चतुर्वेदी, भोलानाथ, गोपीलाल यादव, डॉ. मंगल सिंह तथा चिरंजीलाल

शामिल थे। कुशल एवं बाधा रहित कार्य संचालन के लिए केन्द्र सरकार ने के.बी.एल. सेठ को मत्स्य संघ का प्रशासक नियुक्त किया, एच. के. टण्डन को मुख्य सचिव तथा यू.सी. मल्हौत्रा को पुलिस विभाग का महानिरीक्षक नियुक्त किया गया। श्री ब्रज वल्लभ शर्मा, सूर्य स्वरूप, श्री आर.एन. सक्सेना तथा कप्तान रामसिंह को मत्स्य संघ सरकार के विभिन्न विभागों के सचिव के रूप में नियुक्त किया गया। इस तरह मत्स्य संघ की स्थापना हुई। इसका क्षेत्रफल 7589 वर्ग मील तथा जनसंख्या 18,37,994 थी तथा इसका राजस्व 183 लाख रूपये था। पूर्वी राजस्थान की रियासतों के इस नये संघ ने लोकप्रिय प्रशासन के तहत जनता के हर सम्भव विकास का मार्ग प्रशस्त किया तथा सांस्कृतिक जीवन में सहभागिता को सुनिश्चित किया। इसकी स्थापना के साथ ही राजस्थान के इस भाग में राजाओं के शासन का अन्त हो गया।[35]

कार्यपालिका

राजप्रमुख संघ का मुखिया होता था जिसके पास कार्यपालिका से सम्बन्धित अधिकार थे। वह मंत्रिपरिषद् की सलाह से कार्य करता था। राजप्रमुख के पास क्षमा का परमाधिकार था। इसी के साथ उसके पास किसी भी सजा को सशर्त कम करने, बदलने या उसमें छूट देने का भी अधिकार था। वह किसी भी मुकदमें का रिकॉर्ड मँगवा सकता था, जो किसी भी न्यायालय या उच्च-न्यायालय में लम्बित हो तथा वह उनके सम्बन्ध में कानून और राज्य परम्परा के अनुसार आदेश पारित कर सकता था। सरकार के समस्त कार्यपालिका सम्बन्धी कार्य उसी के नाम से होते थे। वह सरकार में सुविधाजनक कार्य सम्पादन हेतु नियम बना सकता था। उसे मंत्रियों को कार्य आवंटित करने का भी अधिकार था। कार्यपालिका सम्बन्धी कार्य के निष्पादन में सहायता व सलाह के लिए राजप्रमुख के अधीन मुख्यमंत्री के नेतृत्व में मंत्रिपरिषद् होती थी। मंत्रियों की नियुक्ति राजप्रमुख ही करता था तथा उसी के प्रसाद पर्यन्त वे अपने पद पर बने रहते थे। मंत्रिपरिषद् राजप्रमुख के द्वारा स्वीकृत नियमों के अनुसार ही कार्य करती थी। मुख्यमंत्री का यह दायित्व था कि वह राज्य-प्रशासन के सम्बन्ध में राज्य परिषद के निर्णयों से राजप्रमुख को अवगत करावे तथा राजप्रमुख के माँगने पर इनसे सम्बन्धित सूचनाएँ उपलब्ध करावे।[36]

मत्स्य संघ की अन्तरिम सरकार

उदयभान सिंह- राजप्रमुख

शोभाराम- मुख्यमंत्री

1. युगल किशोर चतुर्वेदी उपमुख्यमंत्री
2. गोपीलाल यादव मंत्री
3. मंगल सिंह टांक मंत्री
4. चिरंजीलाल शर्मा मंत्री
5. भोलानाथ मंत्री

स्रोत-हिन्दुस्तान टाइम्स 1 मार्च, 1948, आर्टिकल पग (2) ऑफ गवर्नमेंट ऑफ द यूनाइटेड स्टेट ऑफ मत्स्य

1948 के मत्स्य संघ (प्रशासन) अध्यादेश की धारा 3 में यह प्रावधान था कि राजप्रमुख जनता के हित में तथा संयुक्त राज्य के सुचारू प्रशासन के लिए एक प्रशासक को नियुक्त करेगा तथा समय-समय पर उसे शक्तियाँ प्रदान करेगा एवं उसे वे अधिकार देगा, जिसे वह उचित समझेगा। वे सभी शक्तियाँ जो मंत्रिपरिषद को नहीं दी गई है, वे समस्त शक्तियाँ प्रशासक के पास रहेंगी। उन समस्त विभागों को भी अपने नियंत्रण में रखेगा, जो मंत्रियों को आवंटित नहीं किये गये हैं। इस प्रकार प्रशासक के पास विशेष शक्तियाँ होती थी तथा वह एक मंत्री से भी ज्यादा शक्तिशाली होता था। वही विभिन्न प्रशासनिक इकाईयों के अधिकारियों की नियुक्ति करता था। इन सभी इकाईयों में कार्यरत अधिकारी उसी के अधीन होते थे। प्रशासक का यह दायित्व होता था कि वह ऐसे क्षेत्रों का निर्धारण करें जिससे राजस्व खण्ड तथा तहसीलों का निर्माण हो तथा इनके मुख्यालय भी निश्चित हो। यदि वह आवश्यक समझे तो एक या एक से अधिक तहसीलों के लिए उप तहसीलें भी निर्मित कर सकता था।[37]

व्यवस्थापिका

संविदा में प्रावधान था कि संघ के संविधान का निर्माण करने के लिए एक संविधान निर्मात्री सभा होगी, जो सरकार में विधायिका को उत्तरदायी बनायेगी। इसमें चुने हुए 20 सदस्य होंगे। इसका प्रत्येक सदस्य लगभग 1 लाख लोगों का प्रतिनिधित्व करेगा। इसमें राजप्रमुख द्वारा मनोनीत 3 सदस्य भी होंगे। संघ का भविष्य अनिश्चित था, इसलिए राज्य की विधायिका को स्थापित करने के सम्बन्ध में कोई कदम नहीं उठाया गया। अपने 14 माह के अल्पकाल में संघ का प्रशासन सिर्फ अध्यादेशों से ही चलता रहा।

न्यायपालिका

मत्स्य उच्च न्यायालय अध्यादेश 1948 के अनुसार पूरे संघ के लिए एक उच्च-न्यायालय की स्थापना की गई। इसका मुख्यालय भरतपुर में रखा गया। राजप्रमुख द्वारा नियुक्त मुख्य न्यायाधीश व कुछ न्यायाधीश इसके सदस्य थे। न्यायाधीश अपने पद पर 67 वर्ष की आयु तक रह सकता था। उच्च न्यायालय को दीवानी और फौजदारी दोनों प्रकार के मामले सुनने का अधिकार था तथा इसे यह भी अधिकार था कि किसी भी न्यायालय के क्षेत्राधिकार में रहने वाले व्यक्ति के मुकदमें सुन सकता था। ये ऐसे मुकदमें होते थे, जो सरकारी वकील या किसी मजिस्ट्रेट या मत्स्य संघ के द्वारा अधिकृत किसी अधिकारी द्वारा चलाये गये हो। अपीलीय क्षेत्राधिकार के प्रयोजन हेतु अध्यादेश में प्रावधान था कि दीवानी मामलों में जब मुकदमें का मूल्य 3,000 रूपये हो या इस मूल्य की सम्पत्ति से संबंधित मामला हो, अपील या निगरानी के मामले दो या दो से अधिक न्यायाधीशों की एक पीठ द्वारा सुने जाते थे। फौजदारी मामलों में मृत्युदण्ड या चार साल से अधिक की सजा या 500 रूपये से अधिक के जुर्माने से उत्पन्न मामलों में उसे क्षेत्राधिकार दिया गया

था। ये मुकदमें दो या दो से अधिक न्यायाधीशों की पीठ द्वारा सुने जायेंगे।[38] उच्च न्यायालय सरकार की स्वीकृति से वकालत के सम्बन्ध में नियम बना सकता था। यह सरसरी कार्यवाही में किसी भी मुकदमें में 2,000 रूपये तक के जुर्माने का दण्ड दे सकता था। छः माह की कैद की सजा दे सकता था या दोनों ही सजाएँ दे सकता था। अध्यादेश में यह भी प्रावधान था कि राजस्व, जागीर, खान-पान, माफी तथा पुण्य मामलों से सम्बन्धित अपीले, निगरानी या अनुदेश जिन्हें 17 मार्च, 1946 ई. के पूर्व राजा के विचार हेतु प्रस्तुत किये गये थे, अब उनकी सुनवाई राजप्रमुख द्वारा की जायेगी परन्तु राजप्रमुख इस प्रकार के मामलों में बॉर्ड ऑफ रेवेन्यू से परामर्श लेगा। 8 फरवरी, 1949 ई0 के एक्स्ट्राऑर्डिनरी गजट में प्रावधान था कि उच्च न्यायालय (सभी रियासतों) के निर्णयों के विरूद्ध अपीले, जिन्हें 17 मार्च, 1948 ई0 के पूर्व दायर किया गया था तथा जो वहाँ के राजा के विचाराधीन थी, का निर्णय राजप्रमुख के द्वारा किया जाएगा, परन्तु इसके लिए मत्स्य संघ के मुख्य न्यायाधीश की राय लेना जरूरी होगा।[39]

मत्स्य संघ (दीवानी बोर्ड) अध्यादेश 1948 की सं. 05 में संघ में दीवानी मामलों से सम्बन्धित कानून का प्रावधान किया गया था। इसने जेल, न्यायाधीश अतिरिक्त न्यायाधीश, दीवानी न्यायाधीश, लघुवाद न्यायालय तथा मुंसिफ न्यायालय की स्थापना की। जिला न्यायाधीश का न्यायालय जिले का प्रमुख न्यायालय था। अपने क्षेत्राधिकार के सभी दीवानी न्यायालयों पर इसका नियंत्रण था। इसके न्यायाधीश को किसी भी प्रकार के मामले सुनने और निर्णय देने का अधिकार था। एक अतिरिक्त न्यायाधीश, दीवानी न्यायाधीश तथा मुंसिफ न्यायालय की डिग्री या आदेश के विरूद्ध अपीले इस न्यायालय द्वारा सुनी जाती थी। जिला न्यायाधीश को किसी अपील को या मुकदमें को अपने अधीन न्यायालय में स्थानान्तरित करने का भी अधिकार था। जब कोई मामला जिला न्यायाधीश के पास विचाराधीन हो और उसके लिए किसी अतिरिक्त न्यायाधीश की आवश्यकता हो तो राजप्रमुख ऐसे अतिरिक्त न्यायाधीश की नियुक्ति कर सकता था। इस तरह नियुक्त न्यायाधीश को जिला न्यायाधीश द्वारा प्रदत्त कार्यों को करना होता था। जिला न्यायाधीश और अतिरिक्त न्यायाधीश के निर्णय आदेश के खिलाफ अपील संघ के उच्च न्यायालय द्वारा सुनी जाती थी। दीवानी न्यायाधीश को 10,000 रूपये तक मुकदमें या अपीलें सुनने का अधिकार था तथा मुंसिफ न्यायालय को 3000 रूपये तक मामले सुनने का अधिकार था।[40]

प्रशासनिक श्रेणियाँ

मत्स्य संघ को कई जिलों में विभाजित किया गया था तथा प्रत्येक जिले को कई उप-जिलों में विभाजित किया गया था तथा प्रत्येक उप-जिले को कई तहसीलों में विभाजित किया गया था। मत्स्य संघ (प्रशासन) 1948 के अध्यादेश संख्या 3 में प्रशासक को अधिकार दिया गया था कि वह जिलों और तहसीलों का सीमांकन करे तथा उनके मुख्यालय निश्चित करे। इस अध्यादेश के तहत नियुक्त जिलाधीश जिले का प्रमुख राजस्व एवं

प्रशासनिक अधिकारी था तथा उप-जिला अधिकारी उप-जिले का प्रशासक, जबकि तहसीलदार एवं नायब तहसीलदार तहसीलों में कार्य की देखरेख करते थे। इसके अलावा जिलाधीश जिला मजिस्ट्रेट के रूप में भी कार्य करता था तथा क्रिमिनल प्रोसीजर कोड के तहत सभी अधिकारियों, आयुक्तों एवं राजस्व मण्डल के सदस्यों की नियुक्ति राजप्रमुख द्वारा की जावेगी। राजस्व सेटलमेंट की सम्भावनाओं का पता लगाने के लिए एक विशेष अधिकारी की नियुक्ति की गई। सरकार ने यह निश्चित किया कि 18 मार्च, 1948 से पैलेस डिपार्टमेंट तथा उसके अधिकारियों का वेतन राजा का दायित्व होगा तथा इस पर होने वाले व्यय को सम्बन्धित राजा के प्रिवीपर्स में से वसूला जायेगा।

संघ के गठन के एक वर्ष के भीतर ही इसकी सरकार ने अपनी एक वर्ष की उपलब्धियों पर संतोष प्रकट किया। परन्तु आर्थिक मंदी तथा राजनीतिक क्षेत्र में परिवर्तनों के कारण इसके कष्टों को भी नगण्य नहीं माना जा सकता था।[41] लेकिन इस एक वर्ष के भीतर प्रशासन की एक समन्वित पद्धति का विकास किया गया तथा प्रशासनिक इकाईयों का आधुनिकीकरण किया गया एवं प्रत्येक क्षेत्र में परिवर्तन का प्रभाव परिलक्षित हुआ। सभी दिशाओं में उन्नति की सशक्त नींव डाली गई। एक ही वर्ष के भीतर संघ ने कई अध्यादेश जारी किये, जैसे मत्स्य भ्रष्टाचार निरोधक अध्यादेश, मत्स्य विद्युत अध्यादेश, मत्स्य सीमा शुल्क तथा पथकर अध्यादेश, मत्स्य आदतन अपराधी पंजीकरण अध्यादेश, मत्स्य उच्च न्यायालय अध्यादेश, मत्स्य दीवानी न्यायालय अध्यादेश, मत्स्य सार्वजनिक सुरक्षा अधिनियम, मत्स्य किराया नियंत्रण अध्यादेश, मत्स्य धर्मकाँटा अध्यादेश, मत्स्य शरणार्थी अध्यादेश, मत्स्य मनोरंजन तथा जुआ अध्यादेश तथा मत्स्य दहेज प्रथा उन्मूलन अध्यादेश।[42]

इस दरमियान राजस्थान में राजनीतिक घटनाएँ तीव्र गति से घटित होती रही। शेष राजपूताना की रियासतों के नये बनने वाले संघों का मत्स्य संघ के अस्तित्व तथा इसके जारी रहने पर प्रभाव पड़ा। अतः यहाँ उन पर चर्चा करना आवश्यक है, क्योंकि इन घटनाओं ने अन्ततः राजस्थान के गठन तथा मत्स्य संघ के उसमें विलय को अग्रेषित किया था।

राजस्थान संघ

एकीकरण का अगला चरण हाडौती से प्रारम्भ हुआ। राजस्थान संघ निर्माण के लिए विचार-विमर्श शुरू हुआ। 3 मार्च, 1948 को कोटा, डूँगरपुर और झालावाड़ के शासकों ने रियासती विभाग के समक्ष प्रस्ताव रखा कि बाँसवाड़ा, डूँगरपुर, बूँदी, झालावाड़, किशनगढ़, कोटा, प्रतापगढ़, शाहपुरा, टोंक, लावा और कुशलगढ़ के ठिकानों को मिलाकर संयुक्त राजस्थान का निर्माण कर दिया जाये। वे मालवा एवं मध्य भारत में अपने राज्यों को शामिल करवाने के समर्थक नहीं थे। भारत सरकार ने यह प्रस्ताव स्वीकार कर लिया। इन सभी रियासतों का क्षेत्रफल 16,807 वर्गमील था और जनसंख्या 23 लाख 34 हजार 220 थी। इन सब की औसत आय 1 करोड़ 90 लाख थी। इन सभी रियासतों के नरेशों ने विलय पत्र पर हस्ताक्षर कर दिये। बाँसवाड़ा महारावल चन्द्रवीर सिंह ने बड़े ही दुःखी मन से हस्ताक्षर

किया। प्रस्तावित संघ के पड़ोस में ही मेवाड़ राज्य भी था जो कि रियासती विभाग के मापदण्ड के अनुसार अपना स्वतंत्र अस्तित्व बनाए रखने में समक्ष था। इसीलिए रियासती विभाग मेवाड़ राज्य पर विलय के लिए दबाव डालने के पक्ष में नही था फिर भी नरेशों के आग्रह पर रियासती विभाग ने मेवाड़ को प्रस्तावित संघ में शामिल होने का निमंत्रण दिया। मेवाड़ महाराणा भूपाल सिंह और प्रधानमंत्री सर रामामूर्ति नहीं चाहते थे कि 1300 वर्ष पुरानी मेवाड़ रियासत जिसका अतीत बड़ा गौरवमय रहा है का नाम भारत के मानचित्र से हटा दिया जाये। इसलिए उन्होंने रियासती विभाग का प्रस्ताव अस्वीकार कर दिया।[43] मेवाड़ सरकार के इस फैसले से मेवाड़ प्रजामंडल के नेता बड़े क्षुब्ध थे। उनमें इसकी तीव्र प्रतिक्रिया हुई। उनका मानना था कि मेवाड़ पृथक इकाई के रूप में रहा तो उसका तीव्र औद्योगिकीकरण व विकास होना सम्भव नहीं होगा। माणिक्यलाल वर्मा ने दिल्ली में अपने वक्तव्य में कहा कि मेवाड़ की 20 लाख जनसंख्या के भाग्य का फैसला महाराणा और उनके प्रधानमंत्री नहीं कर सकते। प्रजामण्डल का स्पष्ट रूख था कि मेवाड़ भी प्रस्तावित संघ में शामिल हो। महाराणा और उसकी सरकार अपने पूर्व निर्णय पर अटल रहे। परिणामतः रियासती विभाग ने मेवाड़ बिना ही राजस्थान संघ के निर्माण का फैसला किया। इसका उद्घाटन 25 मार्च, 1948 ई0 को होना तय हुआ।[44]

प्रस्तावित संघ में कोटा रियासत सबसे बड़ी थी अतः रियासती विभाग ने कोटा महाराव को प्रस्तावित संघ का राजप्रमुख तथा कोटा को संघ की राजधानी घोषित किया। कोटा महाराव को राजप्रमुख बनाना बूँदी महाराव बहादुर सिंह को नहीं भाया क्योंकि कोटा महाराव उसके छुटभैय्या हुआ करते थे। वह उदयपुर पहुँचा तथा उसने मेवाड़ महाराणा से प्रस्तावित संघ में शामिल होने का आग्रह किया परन्तु उन्होंने इसे अस्वीकार कर दिया। मेवाड़ की राजनीति में तेजी से परिवर्तन आ रहे थे। मेवाड़ में मंत्रिमण्डल के गठन को लेकर महाराणा और प्रजामण्डल के बीच मतभेद उत्पन्न हो गये थे। अंततः यह तय हुआ कि मंत्रिमण्डल में प्रजामण्डल के मंत्रियों का बहुमत होगा। महाराणा द्वारा दीवान की नियुक्ति की जाएगी। मंत्रिमण्डल में दीवान के अतिरिक्त 7 मंत्री होंगे जिनमें से 4 को प्रजामण्डल मनोनीत करेगा, 2 मंत्री क्षत्रिय परिषद के प्रतिनिधि के रूप में रखे जायेंगे। एक निर्दलीय प्रत्याशी होगा जो महाराणा व प्रजामण्डल की सहमति से मंत्रिमण्डल में लिया जाएगा। प्रजामण्डल की तरफ से प्रेमनारायण (प्रधानमंत्री), बलवन्त सिंह, मोहनलाल सुखाड़िया और हीरालाल कोठारी को नामजद किया गया। निर्दलीय सदस्य के रूप में महाराणा ने मोहन सिंह मेहता का नाम रखा जो उस समय वित्त मंत्री था। प्रजामण्डल को मोहनसिंह का नाम स्वीकार्य नहीं था क्योंकि उसने 1942 के आंदोलन के दौरान विद्यार्थी आन्दोलन को कुचलने में शिक्षामंत्री की हैसियत से कोई कमी नहीं छोड़ी थी। इस प्रश्न को लेकर महाराणा और प्रजामण्डल के बीच गतिरोध उत्पन्न हो गया। प्रजामण्डल की एक आवश्यक बैठक 14 मार्च, 1948 ई0 को बुलाई गयी जिसमें मोहनलाल सुखाड़िया एवं हीरालाल कोठारी के त्याग पत्र की बात रखी गई तथा प्रजामण्डल की महासमिति की बैठक बुलाने का निर्णय लिया गया जिसमें सरकार

के विरूद्ध उठाये जाने वाले कदमों पर विचार-विमर्श किया जाना था।

मेवाड़ सरकार घबरा गई। अतः उसमें प्रजामण्डल के प्रस्तावित सदस्य जीवन सिंह चौरड़िया को निर्दलीय सदस्य के रूप में शामिल करने की बात स्वीकार कर ली। मेवाड़ की राजनीति में जागीरदारों का हमेशा से वर्चस्व बना रहा था। अब सत्ता जनप्रतिनिधियों के हाथ में जाते देख वे खिन्न थे।[45] जीवनसिंह चौरड़िया को मंत्रिमण्डल में लिया जाना प्रजामण्डल की जीत थी। जागीरदारों व प्रधानमंत्री रामामूर्ति को इससे आघात लगा। वे येन-केन प्रकारेण प्रजामण्डल के प्रभाव को कम करने के लिए प्रयत्नशील थे। उनका मानना था कि मेवाड़ राजस्थान संघ में विलय हो जाता है तो प्रस्तावित संघ के प्रशासन में आई.सी.एस. अधिकारियों का वर्चस्व हो जाएगा। जागीरदारों को प्रधानमंत्री ने राणा को विलय की सलाह दी जिसे उसने स्वीकार कर लिया। महाराणा ने भी यह महसूस किया कि मेवाड़ की जनता भी प्रजामण्डल के प्रचार के फलस्वरूप यह सोचने लगी है कि पृथक् मेवाड़ विकास नहीं कर पायेगा अतः उसके लिए संयुक्त राजस्थान में विलय होना यथोचित है। अतः 23 मार्च, 1948 ई0 को महाराणा ने मेवाड़ को संयुक्त राजस्थान में विलय करने के अपने प्रस्ताव से मेनन को अवगत करा दिया। यह सब गोपनीय ढंग से किया गया जिसकी सूचना प्रजामण्डल को नहीं दी गई। राज्य सरकार ने 23 मार्च, 1948 ई0 को एक विशेष गजट के द्वारा प्रजामण्डल के साथ किये गये समझौते के अनुसार प्रेमनारायण माथुर को प्रधानमंत्री के पद पर आरूढ़ किया गया, परन्तु शपथ समारोह को कुछ समय के लिए टाले रखा। राजस्थान संघ के उद्घाटन की तिथि 25 मार्च, 1948 ई0 तय की जा चुकी थी तथा सभी तैयारियाँ भी पूरी की जा चुकी थी इसीलिए उद्घाटन के कार्यक्रम में परिवर्तन किया जाना सम्भव नहीं था।[46] अतः राजस्थान संघ का विधिवत् उद्घाटन 25 मार्च, 1948 ई0 को वी.एन. गाडगिल द्वारा कोटा दरबार हाल में किया गया। गोकुललाल असावा को मुख्यमंत्री पद की शपथ दिलाई गई। कोटा, बूँदी तथा डूँगरपुर के नरेश क्रमशः राजप्रमुख, वरिष्ठ उपराजप्रमुख और कनिष्ठ उपराजप्रमुख बनाये गये। भारत सरकार की सलाह से मंत्रिमण्डल निर्माण का कार्य स्थगित रखा गया।

संयुक्त राजस्थान

राजस्थान के एकीकरण का तीसरा चरण मेवाड़ राज्य के राजस्थान संघ में सम्मिलित होने पर सम्पन्न हुआ। राजस्थान संघ के उद्घाटन (25 मार्च 1948) के तीन दिन पश्चात् 28 मार्च को मेवाड़ महाराणा ने प्रस्तावित संयुक्त राजस्थान में विलय के लिए अपनी स्वीकृति रियासती विभाग के पास भेज दी। अब मेवाड़ सरकार तथा भारत सरकार के बीच मेवाड़ विलय सम्बन्धी समझौतों की शर्तों पर विचार-विमर्श शुरू हुआ। रियासती विभाग मेवाड़ जैसी प्राचीनतम और ऐतिहासिक रियासत के विलय के लिए हर सम्भव शर्त मानने को तैयार था। महाराणा की तरफ से 3 प्रमुख माँगें रखी गई- पहली शर्त यह थी कि महाराणा को संयुक्त राजस्थान का वंशानुगत राजप्रमुख बनाया जाये, दूसरी शर्त थी कि उन्हें 20 लाख रूपये वार्षिक प्रिवीपर्स (निजी खर्च राशि) के रूप में दिये जाये और तीसरी शर्त यह

थी कि उदयपुर को संयुक्त राजस्थान की राजधानी बनाया जाये। रियासती विभाग ने सभी माँगों के प्रति सहानुभूतिपूर्ण रवैया अपनाया। महाराणा को संयुक्त राजस्थान का आजन्म राजप्रमुख स्वीकार कर लिया गया परन्तु उसके उत्तराधिकारी को यह अधिकार नहीं दिया गया। रियासती विभाग के नियमानुसार किसी को भी प्रिवीपर्स के रूप में 10 लाख रूपये वार्षिक से अधिक के रूप में देय नहीं था परन्तु महाराणा के लिए बीच का रास्ता निकाला गया। महाराणा को 10 लाख रूपये वार्षिक प्रिवीपर्स, 5 लाख रूपये वार्षिक राजप्रमुख के पद का भत्ता और शेष 5 लाख रूपये वार्षिक मेवाड़ राजवंश की गरिमा व परम्परा के अनुरूप धार्मिक कार्यों में खर्च के लिए देना स्वीकार किया गया। उदयपुर को संयुक्त राजस्थान की राजधानी बनाने का निर्णय लिया गया।[47]

इस बीच मेवाड़ में क्षत्रिय सभा और प्रजामण्डल के बीच कशमकश चल रही थी। 4 अप्रैल को विधानसभा के 2 स्थानों के लिए चुनाव होना था। एक तरफ प्रजामण्डल अध्यक्ष भूरेलाल बयाँ और दूसरी तरफ क्षत्रिय परिषद का उम्मीदवार गुमानसिंह था। झंडे के मामले को लेकर क्षत्रिय परिषद् तथा प्रजामण्डल के कार्यकर्ताओं के बीच झगड़ा हो गया। मतदान स्थगित करना पड़ा। प्रजामण्डल के नेताओं ने अपराधियों को दण्ड देने की मांग की। महाराणा को कहा गया कि वह निकम्मे शासन का अन्त कर अविलम्ब राज्य सत्ता जनप्रतिनिधियों को सुपुर्द करने की व्यवस्था करे। 5 अप्रैल को उदयपुर में आम हड़ताल रही। एक स्थान पर एकत्रित भीड़ पर पुलिस ने बिना चेतावनी के ही गोली चला दी जिससे आनन्दीलाल एवं शान्तिलाल नामक दो छात्रों की मौत हो गई। उदयपुर में तनावपूर्ण माहौल बन गया। प्रजामण्डल ने इस गोलीकाण्ड की न्यायिक जाँच की माँग की। केन्द्र में कांग्रेस की सरकार होने से महाराणा घबरा गया। जमींदार व जागीरदार वर्ग की सलाह से महाराणा ने मेवाड़ विलय की प्रक्रिया में गति प्रदान की।

रियासती विभाग ने उपर्युक्त तीन प्रमुख माँगें तो स्वीकार कर ली थी, इसके अतिरिक्त महाराणा को निजी सम्पत्ति के प्रश्न पर उदारतापूर्वक विचार करने का आश्वासन दिया गया। साथ ही साथ गोलीकाण्ड की न्यायिक जाँच नहीं करवाने की बात भी कही गई। रियासती विभाग ने राणा की मनचाही शर्तें स्वीकार कर ली। महाराणा को संतुष्ट करने के लिए संयुक्त राज्य के संविधान में संशोधन किया गया और नये संघ को 'यूनाइटेड स्टेट्स ऑफ राजस्थान' कहा गया।[48] राजधानी तो उदयपुर रखी गई परन्तु एक वर्ष में विधानसभा का एक अधिवेशन कोटा में आयोजित किया जाना तय किया गया। कोटा में कमिश्नर मुख्यालय रखा गया। इसके अतिरिक्त जंगलायत की स्कूल, पुलिस प्रशिक्षण कॉलेज, हवाई प्रशिक्षण कालेज आदि संस्थाएँ कोटा के महत्व को बनाए रखने के लिए वहाँ रखे गये। उस समय संघ में शामिल होने वाली किसी भी रियासत के शासक को इतनी रियायतें नहीं दी गई जितनी कि उदयपुर रियासत को दी गई। भारत सरकार के लिए इसका बड़ा महत्व था। उदयपुर रियासत के विलय ने राजस्थान की अन्य बड़ी रियासतों के विलय को आसान कर दिया। सभी शर्तें तय होने के पश्चात् महाराणा ने 11 अप्रैल, 1948 ई0

को विलय-पत्र पर हस्ताक्षर कर दिये। इस संघ का विशेष महत्व था, इसलिए इस संघ का विधिवत् उद्घाटन 18 अप्रैल, 1948 ई0 को भारत के प्रधानमंत्री पं0 जवाहर लाल नेहरू द्वारा सम्पन्न हुआ। इस संघ में 27977 वर्ग मील भूमि थी। 42 लाख 60 हजार 918 जनसंख्या थी और इसकी वार्षिक आय 3 करोड़ 16 लाख थी। कोटा के महाराव भीमसिंह को वरिष्ठ उपराजप्रमुख और बूंदी तथा डूँगरपुर के शासकों को कनिष्ठ उपराजप्रमुख बनाया गया।[49]

लोकप्रिय मंत्रिमण्डल का गठन किया गया। माणिक्य लाल वर्मा को मुख्यमंत्री बनाया गया। मंत्रिमण्डल के गठन को लेकर महाराणा एवं माणिक्यलाल वर्मा में मतभेद उत्पन्न हो गया। महाराणा का आग्रह था कि मुख्यमंत्री अपने मंत्रिमण्डल में जागीरदारों के प्रतिनिधियों को भी स्थान दे जिसके लिए वर्मा जी तैयार नहीं थे। अंततः पं. नेहरू व सरदार पटेल के हस्तक्षेप के कारण महाराणा ने माणिक्य लाल वर्मा द्वारा प्रस्तुत मंत्रियों की सूची पर हस्ताक्षर कर दिये। उसने जागीरदारों के प्रतिनिधित्व पर जोर नहीं दिया। सूची के अनुसार उसके मंत्रिमण्डल में गोकुललाल असावा (शाहपुरा), प्रेमनारायण माथुर, भूरेलाल बयाँ, मोहनलाल सुखाड़िया (उदयपुर), भोगीलाल पंड्या (डूँगरपुर), अभिन्न हरि (कोटा) और बृजसुन्दर शर्मा (बूंदी) को मंत्रिपरिषद् की शपथ दिलाई गई। यह मंत्रिमण्डल 11 माह तक कार्यरत रहा। यह मंत्रिमण्डल पूर्णतया प्रजामण्डलों के प्रतिनिधियों से गठित था।

वृहत् राजस्थान

मई, 1948 ई0 को सिरोही राज्य का प्रबंध बंबई सरकार को सौंप दिया गया। अब राजपूताना की चार रियासतें जयपुर, जोधपुर, बीकानेर और जैसलमेर स्वतंत्र रियासत के रूप में रह गई थी। 20 जनवरी, 1948 ई0 को अखिल भारतीय देशी राज्य प्रजा परिषद की राजपूताना प्रान्तीय सभा ने एक प्रस्ताव पारित किया था जिसमें राजपूताना की सभी रियासतों को मिलाकर वृहत् राजस्थान के निर्माण की माँग की गई थी। भारत सरकार के सामने इस प्रस्ताव को मूर्त देने में कुछ कठिनाइयाँ थी। रियासती विभाग इन राज्यों को जीव्य राज्यों की श्रेणी में स्वीकार कर चुका था। रियासती विभाग द्वारा निर्धारित मापदण्ड के अनुरूप ये रियासतें अपना स्वतंत्र अस्तित्व बनाए रखने में सक्षम थी। लॉर्ड माउण्ट बेटन भारत सरकार की ओर से इन रियासतों को 7 जनवरी, 1948 ई0 को आश्वासन दे चुके थे कि विलय के सिद्धान्त छोटी रियासतों पर लागू नहीं किये जायेंगे।[50] सरदार पटेल ने 20 फरवरी, 1948 ई0 को बीकानेर नरेश को लिखित में यह आश्वासन दिया था कि बड़ी रियासतों का विलय जनता व शासकों की सहमति से ही किया जाएगा। इन दिनों जागीरदार वर्ग अपने आपको संगठित करने में लगा हुआ था तथा उन्हें शासक वर्ग का भी समर्थन प्राप्त था। इसलिए सरदार पटेल जल्दी में कोई कदम उठाने के पक्ष में नहीं थे। सरदार पटेल की नीति रही कि विलय की माँग जनता के प्रतिनिधियों की तरफ से आये। इन राज्यों का विलय प्रजामण्डलों पर निर्भर करता था।

बीकानेर में प्रजामण्डल अपेक्षाकृत कमजोर था तथा बीकानेर महाराजा अपनी रियासत को स्वतंत्र रखना चाहता था। उसने जून, 1948 ई0 में भी अपनी स्वतंत्रता और बीकानेरी झण्डे को राष्ट्रीय झण्डे के समान दर्जा देने की बात कही। महाराजा को जब यह ज्ञात हुआ कि उदयपुर के महाराणा ने अपनी रियासत के विलय की बात स्वीकार कर ली है तो उसने अपने प्रधानमंत्री दाउदसर को महाराणा के पास भेजा और कहलाया कि जो रियासत मुगलों के सामने नहीं झुकी वह कांग्रेस सरकार के सामने कैसे झुक गई? महाराणा ने कहा कि वह तो कांग्रेस सरकार को अपनी रियासत समर्पित कर चुके हैं, अन्य राज्यों को भी इसका अनुसरण करना ही होगा। दाउदसर को अपने अभियान में सफलता नहीं मिली। महाराणा और सादूल सिंह की भविष्यवाणी कुछ ही समय में सही साबित हुई।

जोधपुर में जयनारायण व्यास के नेतृत्व में लोक परिषद् काफी शक्तिशाली थी, परन्तु वहाँ परिस्थितियाँ विशिष्ट सरकार की थी। जोधपुर रियासत पाकिस्तान की सीमा पर स्थिति थी। जोधपुर नरेश का पाकिस्तान के प्रति झुकाव और फिर पाकिस्तान की तरफ से सम्भावित आक्रमण के कारण लोक परिषद के आन्दोलनों की स्पष्ट रूपरेखा नहीं बन सकी। उदाहरणतः लोक परिषद ने 8-9 जनवरी, 1948 ई0 से उत्तरदायी शासन की स्थापना के लिए आन्दोलन चलाने की घोषणा की थी, परन्तु पाकिस्तान के संभावित आक्रमण की वजह से कार्यक्रम स्थगित करना पड़ा।[51] जोधपुर के साथ-साथ बीकानेर और जैसलमेर राज्यों की सीमाएँ भी पाकिस्तान से जुड़ी हुई थी। पाकिस्तान की तरफ से आक्रमण की सदैव संभावनाएँ बनी रहती थी। इसके अलावा यह भाग रेगिस्तानी था जिसके आर्थिक विकास की सम्भावना भी बहुत कम थी क्योंकि संसाधनों का अभाव था। इन कारणों से रियासती विभाग का सोचना था कि इन तीनों रियासतों को काठियावाड़ की रियासतों से जोड़कर एक पृथक् केन्द्रीय प्रशासित प्रदेश बना दिया जाये। देश की सुरक्षा की दृष्टि से भी यह उपयुक्त था। मेनन की इस योजना को राजस्थान के नेताओं ने अस्वीकार कर दिया। वे राजस्थान की विभिन्न रियासतों को अलग-अलग इकाईयों में विभाजित करने के पक्ष में नहीं थे, उनका मन एकीकृत राजस्थान के निर्माण में था, अतः इस योजना को त्यागना पड़ा।

मई, 1948 ई0 में मध्य भारत संघ का निर्माण हुआ जिसमें इन्दौर और ग्वालियर जैसी बड़ी रियासतें भी शामिल हो गई थी। इस बीच समाजवादी दल ने वृहत् राजस्थान के निर्माण का आह्वान किया। उसने अखिल भारतीय स्तर पर एकीकृत राजस्थान की स्थापना के लिए 'राजस्थान आन्दोलन समिति' का गठन किया। समाजवादी नेता जयप्रकाश नारायण ने 9 नवम्बर, 1948 ई0 को उदयपुर में एक सभा को सम्बोधित करते हुए शीघ्रताशीघ्र वृहत् राजस्थान के निर्माण की माँग की थी। 'राजस्थान आन्दोलन समिति' ने दिल्ली में 1 दिसम्बर, 1948 ई0 को एक प्रस्ताव पारित किया जिसमें कहा गया था कि राजपूताना की सभी रियासतों तथा अजमेर-मेरवाड़ा के केन्द्र शासित प्रदेश को मिलाकर अविलम्ब वृहत् राजस्थान का निर्माण किया जाएगा।[52] समाजवादी नेता राममनोहर लोहिया ने अपने एक वक्तव्य में माँग की कि जयपुर, बीकानेर और जैसलमेर तथा मत्स्य प्रदेश को संयुक्त

राजस्थान में मिलाकर वृहत् राजस्थान के रूप में एक सुदृढ़ इकाई का तुरन्त निर्माण किया जाना चाहिए।

समाजवादी आन्दोलन ने राजस्थान के नेताओं तथा रियासती विभाग के कर्णधारों को इस दिशा में सोचने के लिए बाध्य कर दिया। भारत सरकार के लिए अब वृहत् राजस्थान के निर्माण को अधिक समय तक टालना सम्भव नहीं रहा। वी.पी. मेनन ने सम्बन्धित रियासतों के नरेशों से विचार करने के पूर्व जयपुर राज्य के दीवान सर वी.टी. कृष्णामाचारी और बीकानेर के दीवान सी.एस. वेंकटाचारी से वृहत् राजस्थान संबंधी विषय पर मन्त्रणा करने हेतु एक बैठक का आयोजन किया। वी.टी. कृष्णामाचारी राजस्थान की रियासतों को एक इकाई के रूप में संगठित करने के पक्ष में नहीं था। उसका तर्क था कि ऐसा करने से राजस्थान राज्य में राजपूतों की प्रधानता (हेजेमनी) बनी रहेगी। जैसे पूर्व पंजाब में सिक्खों की प्रधानता थी। ऐसा करना देश के लिए हितकर प्रमाणित नहीं होगा। वह राजस्थान को तीन इकाईयों में विभाजित करने पर पक्षधर था। उसके अनुसार संयुक्त राजस्थान यथास्थिति में रहे। दूसरे इकाई में जोधपुर, जैसलमेर और बीकानेर राज्यों को रखा जाये और इसे पश्चिमी राजस्थान संघ का नाम दिया जाये। भरतपुर और धौलपुर राज्यों को उत्तर प्रदेश में शामिल कर दिया जाये।[53] राजस्थान की तीसरी इकाई जयपुर, अलवर और करौली रियासतों को मिलाकर बनाई जाये। वी.टी. कृष्णामाचारी के सुझावों में काफी वजन था परन्तु वी.पी. मेनन और सी.एस. वेंकटाचारी वी.टी. के मत से सहमत नहीं थे क्योंकि प्रदेश जन-भावना एकीकृत और वृहत् राजस्थान के निर्माण के पक्ष में थी, अतः उन्होंने जनभावना को महत्व देते हुए वृहत् राजस्थान के निर्माण के पक्ष में अपनी राय प्रकट की। इसके अतिरिक्त समाजवादी दल द्वारा वृहत् राजस्थान के निर्माण के लिए प्रारम्भ आन्दोलन की अधिक समय तक अवहेलना नहीं की जा सकती थी। वे समाजवादियों को इसका श्रेय देने के पक्ष में नहीं थे।

दिसम्बर, 1948 ई0 के आरम्भ में सरदार पटेल की अनुमति से वी.पी. मेनन ने जयपुर, जोधपुर और बीकानेर के राजाओं से वृहत् राजस्थान के निर्माण के लिए बातचीत की शुरूआत की। तीनों शासक अपनी-अपनी रियासतों को स्वतंत्र इकाई के रूप में रखना चाहते थे। बीकानेर शासक सादूल सिंह अपनी रियासत को स्वतंत्र इकाई के रूप में रखने के लिए काफी आतुर था उसने अपनी एक गुप्त टिप्पणी में लिखा कि बीकानेर रियासत अपना स्वतंत्र अस्तित्व बनाए रखने वाली रियासतों की श्रेणी रखी गई है और अभी तक ऐसी मान्यता रही है। एकाएक ये परिवर्तन कैसे हो गया? उस पर विलय के लिए दबाव क्यों डाला जा रहा है? परिस्थितियाँ अब काफी बदल चुकी थी। देशी नरेश अब अपनी बातें मनवाने की स्थिति में नहीं थे। भारतीय संघ में रियासतों के मिल जाने के बाद अब भारत सरकार की स्थिति मजबूत हो चुकी थी। एकीकरण का कार्य निश्चय ही राजाओं की इच्छा से प्रारम्भ किया गया था, परन्तु यह सहमति परिस्थितिवश थी। मेनन की उपर्युक्त चारो रियासतों के शासकों से सामूहिक एवं अलग-अलग बातचीत हुई। यह बात स्पष्ट सामने आई कि

रियासतों का विलय अवश्यम्भावी है। शासक यह जानते थे कि राज्य सत्ता उनके हाथों में ज्यादा दिनों तक रहने वाली नहीं है। वे चाहे वृहत् राजस्थान संघ में शामिल हो या न हो सत्ता तो उनके हाथ से जायेगी, अतः यह सोचकर कि उनकी रियासतों का विलय देश और जनता के हित में है, चारो शासकों ने वृहत् राजस्थान संघ में शामिल होने के लिए अपनी सहमति प्रकट कर दी। जैसलमेर का शासन प्रबंध पहले से ही केन्द्र के अधीन था। 14 जनवरी, 1949 ई0 को सरदार पटेल ने उदयपुर में एक विशाल आम सभा में घोषणा की कि जोधपुर, बीकानेर और जयपुर के शासकों ने सिद्धान्ततः अपने राज्यों के वृहत् राजस्थान संघ में विलय को स्वीकार कर लिया है। वृहत् राजस्थान के निर्माण की घोषणा का सर्वत्र स्वागत हुआ।[54]

राजस्थान की भावी शासन-व्यवस्था के सम्बन्ध में कुछ महत्वपूर्ण निर्णय लेने के लिए 3 फरवरी, 1949 ई0 को गोकुलभाई भट्ट (अध्यक्ष, प्रांतीय कांग्रेस कमेटी), जयनारायण व्यास (मुख्यमंत्री, जोधपुर), माणिक्यलाल वर्मा (मुख्यमंत्री , उदयुपर), हीरालाल शास्त्री (मुख्यमंत्री, जयपुर) को दिल्ली में एक बैठक में बुलाया गया। इस बैठक में सर्व-सम्मति से निर्णय लिया गया कि जयपुर महाराजा सवाई मानसिंह को आजीवन राजप्रमुख बनाया जाये तथा मेवाड़ राजघराने की प्रतिष्ठा और गरिमा को देखते हुए मेवाड़ महाराणा भूपाल सिंह को महाराजप्रमुख का सम्मानजनक पद दिया जाये। जोधपुर और कोटा के शासकों को वरिष्ठ उपराजप्रमुख तथा बूँदी और डूँगरपुर के शासकों को कनिष्ठ उपराजप्रमुख बनाने का निर्णय लिया गया। जयपुर, जोधपुर, बीकानेर तथा जैसलमेर के शासकों को क्रमशः- 18 लाख, 17 लाख 50 हजार, 17 लाख और 2 लाख 80 हजार रूपये वार्षिक प्रिवीपर्स के रूप में दिया जाना तय किया गया। जयपुर महाराजा सवाई मानसिंह को राजप्रमुख के पद के भत्ते के रूप में 5.50 लाख रूपये प्रतिवर्ष अतिरिक्त धनराशि देना तय किया गया। राजधानी के सम्बन्ध में मतभेद था अतः इसका निर्णय सरदार पटेल पर छोड़ दिया गया। सरदार पटेल ने राजधानी परिवर्तन के लिए विशेषज्ञों की एक समिति गठित की। इस समिति ने राजधानी के लिए जयपुर को उपयुक्त बताया। राजस्थान के अन्य बड़े नगरों के महत्व को बनाए रखने के लिए सलाह दी गई कि हाईकोर्ट, शिक्षा विभाग, खनिज विभाग और कृषि विभाग क्रमशः जोधपुर, बीकानेर, उदयपुर और भरतपुर में रखे जाये। समिति की सिफारिशों को मान लिया गया। अब राजस्थान के मुख्यमंत्री की नियुक्ति को लेकर काफी कशमश रही, परन्तु अंततः सरदार पटेल की इच्छा से हीरालाल शास्त्री को मुख्यमंत्री बनाना तय किया गया। यह भी निर्णय लिया गया कि राज्य सरकार के महत्वपूर्ण विभागों में दो या तीन आई.ए.एस. अधिकारियों को परामर्शदाता के रूप में नियुक्त किया जाये। यह एक प्रकार से मंत्रिमण्डल पर नियंत्रण रखने के लिए किया गया था। इस प्रकार सारी व्यवस्था हो जाने के पश्चात् सरदार पटेल ने 30 मार्च, 1949 ई0 को जयपुर के टाउन हॉल में वृहत् राजस्थान का उद्घाटन किया। 4 अप्रैल, 1949 ई0 को हीरालाल शास्त्री ने नये राज्य का कार्यभार संभाल लिया।[55] 7 अप्रैल को शास्त्री ने अपने मंत्रिमंडल का गठन

किया जिसमें सिद्धराज ढड्ढा (जयपुर), प्रेमनारायण माथुर और भूरेलाल बयाँ (उदयपुर), फूलचन्द बाफना, नरसिंह कछवाहा और रावराजा हनुवन्त सिंह (जोधपुर), रघुवरदयाल गोयल (बीकानेर) और वेदपाल त्यागी (कोटा) को शामिल किया गया। जयपुर, जोधपुर, बीकानेर और जैसलमेर रियासतों के संयुक्त राजस्थान संघ में मिल जाने से अब लगभग पूरे राजस्थान का निर्माण हो चुका था। इसीलिए 30 मार्च को हम आज भी राजस्थान दिवस के रूप में मनाते हैं।

पूर्वी राजस्थान की चार रियासतों के एकीकरण से मत्स्य संघ का गठन राजस्थान के नवनिर्माण के इतिहास में एक महत्वपूर्ण घटना थी। इस तरह अस्तित्व में आया संघ अद्र्ध प्रभुसत्ता वाली राजनैतिक इकाईयों का एक बेमेल संघ था। इनके राजनैतिक, प्रशासनिक तथा आर्थिक विकास का स्तर एक दूसरे से भिन्न था। संघ की कार्यप्रणाली जनता की आकांक्षाओं की पूर्ति नहीं कर सकी। यह उम्मीद थी कि यह कुशल और स्वच्छ प्रशासन देगा तथा इस क्षेत्र में उत्तरदायी तथा जनतंत्रात्मक संस्थाओं की नींव डालेगा, परन्तु असंख्य विवशताओं एवं समस्याओं के कारण संघ ने इन सब आकांक्षाओं पर पानी फेर दिया। रियासतों में प्रशासनिक ढाँचा वैयक्तिक तथा आदिम प्रकृति का रहा तथा प्रशासनिक कर्मचारी भी बदलाव हेतु पूर्णरूप से तैयार नहीं थे। अतः वे सदस्यों से मुकाबला करने में असमर्थ रहे। इसके अतिरिक्त बीसों प्रशासकों को जो विभिन्न स्तरों के थे तथा जो विभिन्न परम्पराओं से सम्बद्ध थे, को एक समूह में लाना सरल कार्य नहीं था, यद्यपि वे प्रशासनिक दृष्टि से एक समूह में आ गये थे। इतना ही नहीं, विभिन्न इकाईयों को एक समान कानून, वेतन श्रृंखला तथा सेवा नियमों में लाने की आन्तरिक समस्या थी।[56]

कांग्रेस मंत्रिमण्डल के प्रशासन में आने के साथ ही असंतुष्ट एवं प्रतिक्रियावादी शक्तियाँ सरकार के विरूद्ध क्रिया करने में जुट गई थी। ये विभिन्न नामों से कार्य कर रही थी। कुछ स्थानों पर इन्हें 'संघीस्ट' कहा जाता था, जबकि अन्य स्थानों पर उन्हें समाजवादी या जनाधिकार समिति के कार्यकर्ता कहा जाता था। इन सबका उद्देश्य सरकार को बदनाम करना और यदि सम्भव हो तो सरकार को गिराना था। उन्होंने खाद्य स्थिति तथा महँगाई का पूर्ण रूप से दोहन किया। अलवर में उनकी गतिविधियों के केन्द्र राजगढ़ तथा नीमराणा थे। भरतपुर में किसान सभा तथा नागरिक पार्टियों ने सरकार के विरूद्ध अपनी गतिविधियों को संचालित किया उनकी माँग थी कि मंत्रिमण्डल में किसान मंत्रिमण्डल शामिल किया जाये। समाजवादियों ने नीमराणा में भू-राजस्व कर हटाने की झूठी आशा लोगों में जगाई, अतः इस दल के प्रकाशन 'अलवर पत्रिका' पर पाबन्दी लगा दी गई। इसके फलस्वरूप एक सक्रिय कार्यकर्ता कुंज बिहारी लाल मोदी सरकार के निर्णय के विरोध में 26 जनवरी, 1949 ई0 को भूख हड़तान पर बैठ गया। पार्टी ने धौलपुर में एक सभा की और एक प्रस्ताव पारित किया कि 'भरतपुर' और 'धौलपुर' का एक पृथक् प्रदेश बनाया जाये, जिसका नाम 'ब्रज प्रदेश' रखा जाये। किसान मजदूर पार्टी के 'जनता' साप्ताहिक ने भी उन्हीं बातों का प्रचार किया।

राष्ट्रीय स्वयं सेवक संघ के कार्यकर्ताओं ने सार्वजनिक सभाओं के माध्यम से मुसीबतें खड़ी की। ये जुलूस निकालते तथा सरकार की निषेधाज्ञाओं का उल्लंघन करते। वे अपने नेता गायकवाड़ को रिहा कराना चाहते थे। अतः पुलिस महानिरीक्षक ने 3 दिसम्बर, 1948 ई0 को अलवर, भरतपुर, धौलपुर और करौली के पुलिस अधीक्षकों को आज्ञा दी कि आर.एस.एस. के तमाम सक्रिय कार्यकर्ताओं को 'मत्स्य सार्वजनिक सुरक्षा अध्यादेश' के तहत 10 दिसम्बर, 1948 की दोपहर तक गिरफ्तार कर ले। 12 दिसम्बर, 1948 को भारत सरकार ने सभी प्रान्तीय सरकारों को आदेश दिया कि यदि राज्य कर्मचारी आर.एस. एस. की गतिविधियों में शामिल पाये जाये या उससे सम्बन्धित किसी भी अपराध के दोषी पाये जाये तो उनको तत्काल प्रभाव से निलम्बित कर दिया जाये। इस कारण मत्स्य संघ की स्थिति और खराब हुई।[57]

नीमराना का जागीरदार मत्स्य संघ में बिना उसकी सम्मति के विलय से नाराज था। वह अपनी जागीर को पंजाब के गुड़गाँव में मिलाना चाहता था। इसलिए वह सरकार विरोधी गतिविधियों से जुड़ गया। उसने मत्स्य संघ के विरूद्ध नीमराणा के विलय को चुनौती देते हुए उसे किले से अपना सामान लेने की अनुमति न देने के विरोध में सरकार के विरूद्ध मुकदमा दायर कर दिया। 'खाकसार' मुस्लिम लीग व राष्ट्रीय गार्ड जैसे साम्प्रदायिक संगठनों ने भी सरकार के लिए समस्यायें खड़ी की। ये संगठन 'मेवस्तान' बनवाने का लक्ष्य लेकर चल रहे थे। अलवर और भरतपुर के मेव अब लूटपाट, आगजनी तथा हिन्दुओं को मारने में ही लगे हुए थे। अतः सरकार ने अलवर के तिजारा व निमली में मेवों की गतिविधियों पर रोक लगाने तथा उन लोगों में जो अपना घर-बार छोड़कर जा रहे थे, विश्वास जगाने के लिए सेना की तैनाती की।

रियासती राजाओं की प्रशासन के प्रति उदासीनता ने भी सरकार के लिए समस्यायें खड़ी की। मत्स्य संघ की स्थापना के समय से ही धौलपुर महाराजा ने सार्वजनिक सभाओं में आना बंद कर दिया था। कुछ विभागों के कार्यकर्ताओं जैसे- निजी कार्यालय, निजी स्टाफ, तोशाखाना आदि को वेतन भुगतान के सम्बन्ध में उनके और सरकार के मध्य विवाद ने उन्हें संघ के प्रति उदासीन कर दिया। इतना ही नहीं भरतपुर और धौलपुर के राजाओं ने गुप्त रूप से किसान सभा के जाट मंत्री को शामिल करने की माँग का समर्थन किया। करौली महाराजा ने किसी न किसी बहाने से भरतपुर में हुए मत्स्य संघ के उद्‌घाटन समारोह में भाग नहीं लिया तथा उन्होंने करौली में स्वाधीनता समारोह में भी भाग नहीं लिया।[58]

मत्स्य संघ की स्थापना के समय से ही जनता मंत्रिमण्डल से खुश नहीं थी, क्योंकि इसमें सभी वर्गों को प्रतिनिधित्व नहीं दिया गया था। किसान सभा के मंत्री श्री रतन सिंह द्‌वारा मेनन को 4 अप्रैल, 1948 ई0 को लिखे अपने पत्र में लिखा कि सामान्य रूप में जनता तथा विशेष रूप से किसान सभा यह महसूस करती है कि अन्तरिम मंत्रिमण्डल ठीक से कार्य नहीं कर रहा है। इस मंत्रिमण्डल में ग्रामीण लोगों का विश्वास नहीं रहा है। अतः वर्तमान मंत्रिमण्डल को तत्काल भंग किया जाये तथा सभी दलों व वर्गों को उचित प्रतिनिधित्व देते

हुए नये मंत्रिमण्डल का तुरन्त गठन किया जाये। अलवर शहर में 11 नवम्बर 1948 ई0 को आयोजित सभा में गिरधर शर्मा तथा कुंजबिहारी मोदी सहित राजनैतिक कार्यकर्त्ताओं ने तुरन्त चुनाव कराने की माँग की। समाजवादी नेता राममनोहर लोहिया ने भरतपुर में 3 दिसम्बर, 1948 ई0 को आयोजित एक सभा में मत्स्य सरकार की कटु आलोचना की और कहा कि 'हमारा विचार था कि अंग्रेजों के भारत छोड़कर चले जाने के बाद परेशानियाँ समाप्त हो जायेंगी, पर यह सत्य सिद्ध नहीं हो सका बल्कि परेशानियाँ पहले ही की तरह जारी है। इसका कारण है कि सरकार में शामिल प्रतिनिधियों का चुनाव नहीं हुआ है। सरकार बदल गई है, परन्तु नीतियां वही पुरानी है, जो पहले थी। भरतपुर जो छोटा सा संगठन था, अन्य इकाईयों के साथ मिला दिया गया तथा मत्स्य संघ जैसी विशाल इकाई का निर्माण कर दिया गया। सात माह गुजरने के बाद भी विकास नजर नहीं आ रहा है। अलवर में एक मंत्री से पूछा गया कि कपड़ा, मिट्टी का तेल तथा गेहूँ कैसे आयात किया जाता है एवं किस तरह उसका वितरण होता है, तो मंत्री ने लोगों से कहा कि इस तरह के प्रश्न पूछने का उन्हें कोई अधिकार नहीं है, क्योंकि उनकी नियुक्ति जनता द्वारा नहीं हुई थी। उसकी नियुक्ति तो सरदार पटेल ने की थी। इस समय मंत्री यदि जनता द्वारा चुना जाता तो उसे इस तरह उत्तर देने का साहस नहीं होता।[59]

मत्स्य संघ में अनुभवी राजनीतिज्ञों की भी कमी थी। नेताओं की पहचान अपने ही राज्य की सीमाओं तक थी तथा कोई ऐसा नेता नहीं था जो प्रान्तीय स्तर का हो। अतीत में इन रियासतों में प्रतिनिधित्व वाली संस्थाएँ भी नहीं थी, जो उन्हें राजनैतिक या संगठनात्मक प्रशिक्षण देती। यद्यपि अब जनतांत्रिक नेतृत्व का भार उन पर आ गया था, परन्तु उनकी चारित्रिक परिसीमाएँ क्षमताएँ, दृष्टिकोण आदि उनका पीछा नहीं छोड़ रहे थे। मत्स्य संघ में राजनैतिक संगठन अभी निर्माणावस्था में था तथा बेमेल तत्वों के मिश्रण से वह ऐसा लग रहा था मानों वह एक दूसरे से टकराते पत्थरों से भरा ठेला है। इसके अतिरिक्त जनता के विभिन्न वर्गों में भी असंतोष था। मंत्रिमण्डल को जाट नेताओं के विरोध का भी सामना करना पड़ा। जागीरदारों, जो सरकारी भूमि सुधार सम्बन्धी प्रयासों से भयभीत थे, ने अपने काश्तकारों से भूमि वापस लेने का अभियान छेड़ दिया। सेना के लोगों को अपनी वेतन श्रृंखला, पदस्थापना तथा स्थानान्तरण की चिन्ता थी, मजदूर वर्तमान कार्य दशाओं से असंतुष्ट थे, विस्थापित लोग भी मुसीबत में थे, कांग्रेस विरोधी तत्व भी स्थिति का अपने पक्ष में दोहन कर रहे थे और सबसे ऊपर कांग्रेस संगठन भी विभाजित था।

संयुक्त वृहत् राजस्थान

वृहत् राजस्थान के निर्माण होने तक लगभग राजस्थान की सभी रियासतें राजस्थान में सम्मिलित हो चुकी थी अब सिर्फ मत्स्य संघ का विलय शेष रह गया था। ग्यारह माह की अल्पावधि में भरतपुर और धौलपुर की जनता अन्तरिम मंत्रिमण्डल की योजनाओं से असंतुष्ट हो गई। कांग्रेस कार्यकर्त्ताओं का बहुमत मत्स्य संघ का उत्तर प्रदेश या दिल्ली में विलय चाहता था। जागीरदारों की इच्छा राजस्थान के साथ थी। किसान सभा चाहती थी कि

भरतपुर और धौलपुर का अलग प्रान्त बने और उसका नाम ब्रज प्रदेश रखा जाये। अलवर और भरतपुर के मेव 'मेवस्तान' चाहते थे। इसके अलावा मत्स्य संघ आर्थिक दृष्टि से बहुत कमजोर था, अतः अकेले खड़ा नहीं रह सकता था।[60] बिखराव की सभी सम्भावनाओं को टालने के लिए भारत सरकार ने 13 फरवरी, 1949 ई0 को अलवर, भरतपुर, करौली और धौलपुर के राजाओं और मत्स्य संघ के मंत्रियों को दिल्ली बुलाया। बातचीत के दौरान अलवर व करौली के राजाओं ने राजस्थान संघ के साथ विलय की इच्छा व्यक्त की, परन्तु भरतपुर एवं धौलपुर में ऐसी एकता नहीं थी। कुछ मंत्री संघ का राजस्थान में विलय के पक्ष में थे, जबकि दूसरे लोग भाषा के अपनत्व के कारण उत्तर प्रदेश के साथ विलय चाहते थे।[61] 23 मार्च, 1949 ई0 को मेनन ने राजाओं के साथ आगे चर्चा की। भरतपुर के महाराजा ने उस दिन सूचना दी कि उनकी प्रजा का बहुमत राजस्थान संघ के साथ विलय के पक्ष में है। धौलपुर महाराजा भी बाद में सशर्त विलय के लिए तैयार हुए। उन्होंने शर्त रखी कि यदि उनकी प्रजा चाहेगी तो वे अपने राज्य का विलय उत्तर प्रदेश में कर देंगे। इन दो रियासतों में जनमत संग्रह करने के लिए स्टेट मिनिस्ट्री ने एक कमेटी नियुक्त की, जिसमें शंकर राव देव को चेयरमैन एवं आर.के. सिद्धवा तथा प्रभुदयाल हिम्मत सिंह को सदस्य के रूप में सम्मिलित किया गया। इस कमेटी की नियुक्ति 4 अप्रैल, 1949 ई0 को की गई। कमेटी इस निष्कर्ष पर पहुँची की जनमत का अधिकांश भाग राजस्थान के साथ विलय के पक्ष में था। कमेटी ने यह भी सुझाव दिया कि कुछ समय पश्चात् लोगों को जनमत के आधार पर अपनी भावना को प्रकट करने का अवसर दिया जाये।[62] भारत सरकार ने कमेटी की अनुशंसा को स्वीकार किया तथा सम्पूर्ण मत्स्य संघ के राजस्थान में विलय हेतु कदम उठाये।

10 मई, 1949 ई0 को मत्स्य संघ के चारों राजाओं का सम्मेलन दिल्ली में हुआ। इस सम्मेलन में राजस्थान के राजप्रमुख और मुख्यमंत्री भी शामिल हुए। राजाओं ने मत्स्य संघ के संविदा पत्र को भंग किया तथा राजस्थान के साथ विलय हेतु अपनी सहमति दी। संविदा में यह प्रावधान किया गया कि जब भारत सरकार संतुष्ट हो ले तो उसे यह प्रयास करना चाहिए कि भरतपुर व धौलपुर की जनता राजस्थान के साथ रहना चाहती है अथवा यू.पी. के साथ विलय चाहती है। मत्स्य संघ के प्रशासन को 15 मई 1949 ई0 को राजस्थान में हस्तान्तरित कर दिया गया।[63] वर्तमान समय की परिस्थितियों में मत्स्य संघ का विलय ही एकमात्र उचित समाधान था, अन्य कोई भी कदम क्षेत्र की एकता और समरसता के लिए घातक सिद्ध होता। इस कदम ने राजस्थान के एकीकरण की प्रक्रिया को पूर्णता प्रदान की। इस प्रकार इन 5 प्रमुख चरणों में वर्तमान राजस्थान का निर्माण सम्पन्न हुआ। राजस्थान के निर्माण में विभिन्न प्रजामण्डलों के कार्यकर्ताओं और नेताओं, विशेषकर जयनारायण व्यास, माणिक्यलाल वर्मा, हीरालाल शास्त्री, गोकुलभाई भट्ट आदि की महत्वपूर्ण भूमिका रही। देशी राज्यों का भारतीय संघ में अधिमिलन, एकीकरण और लोकतंत्रीकरण की सफल प्रक्रिया में सरदार पटेल और उनके सचिव वी.पी. मेनन के नाम सदैव स्मरणीय रहेंगे। आज राजस्थान का जो स्वरूप निखर कर हमारे सामने आया है, वह हमारे हजारों कर्मठ स्वतंत्रता

सेनानियों के त्याग, बलिदान और तपस्या का परिणाम है।

जहाँ तक राजस्थान के नवनिर्माण का प्रश्न है उसकी शुरूआत और समापन भी पूर्वी राजस्थान की रियासतों के साथ जुड़ा है। राजस्थान के नवनिर्माण की शुरूआत मत्स्य संघ के निर्माण से हुई जिसके बाद विभिन्न चरणों से गुजरते हुए वृहत् राजस्थान का निर्माण हुआ तथा इसमें मत्स्य संघ के विलय के पश्चात् राजस्थान अपने वर्तमान स्वरूप में निखर कर हमारे सामने आया। इन रियासतों को एकीकृत राजस्थान संघ में शामिल करना कोई आसान कार्य नहीं था परन्तु सरदार पटेल ने अपने कुशल नेतृत्व के बूते इन रियासतों के विलय को संभव बनाया जिसमें प्रजामंडल आन्दोलन से जुड़े कुशल नेताओं का भी महत्वपूर्ण योगदान रहा जिसके लिए हम इन विभूतियों के सदा ऋणी रहेंगे।

1. एन0एन0 मित्रा, दी इण्डियन एनुअल रजिस्टर, भाग 1, जनवरी-जून, 1947, कलकत्ता, पृ0 108
2. बी0एल0 पानगड़िया, राजस्थान में स्वतन्त्रता संग्राम, राजस्थान हिन्दी ग्रन्थ अकादमी, जयपुर, 1985, पृ0 100
3. करणीसिंह, बीकानेर राजघराने का केन्द्रीय सत्ता से सम्बन्ध, (1465-1949), पृ0 373-74
4. के0एम0 मुन्शी का पत्र- पिलग्रिमिज टू फ्रीडम, जि. 1, पृ0 481
5. बी0एल0 पानगड़िया, पूर्व उद्धृत, पृ0 101
6. वी0पी0 मेनन, द स्टोरी ऑफ द इन्टीग्रेशन ऑफ इण्डियन स्टेट्स, ऑरियन्ट लौगंमैन, लन्दन, 1956, पृ0 75-76
7. एम0एस0 जैन, आधुनिक राजस्थान का इतिहास, पंचशील प्रकाशन, जयपुर, 1989, पृ0 373
8. बी0एल0 पानगड़िया, पूर्व उद्धृत, पृ0 103
9. मेवाड़ प्रजामण्डल पत्रिका, 15 मार्च, 1948
10. जी0एन0 शर्मा, राजस्थान का स्वतंत्रता संग्राम का इतिहास, राजस्थान हिन्दी ग्रन्थ अकादमी, जयपुर, 1998, पृ0 398-99
11. भारतीय रियासतों के बारे में श्वेत पत्र, मिनिस्ट्री ऑफ स्टेट्स, भारत सरकार, नई दिल्ली, 1950, पृ0 33
12. द हिन्दुस्तान टाइम्स, दिल्ली, 15 जुलाई, 1947
13. करणीसिंह, पूर्व उद्धृत, पृ0 380
14. 16 जुलाई, 1947 का वी0पी0 मेनन द्वारा इंग्लैण्ड में भारतीय उपसचिव सर पैट्रिक को दिया गया तार
15. 8 अगस्त, 1947 का माउण्ट बेटन का भारत सचिव को प्रतिवेदन, उद्धृत, ट्रांसफर ऑफ पावर

16. आर0एल0 हाण्डा, हिस्ट्री ऑफ फ्रीडम स्ट्रगल इन प्रिन्सली स्टेट्स, सेन्ट्रल न्यूज एजेन्सी, नई दिल्ली, 1978, पृ0 319
17. 16 अगस्त, 1947 का माउण्ट बेटन का प्रतिवेदन
18. बी0एल0 पानगड़िया, पूर्व उद्धृत, पृ0 103
19. भारतीय रियासतों पर श्वेत पत्र, पूर्व उद्धृत, पृ0 158-159
20. वी0पी0 मेनन, दी ट्रान्सफर ऑफ दी पॉवर इन इण्डिया, ऑरियन्ट लौगंमैन, कलकत्ता, 1957, पृ0 416
21. ओ0पी0 सारस्वत, स्वतंत्रता संग्राम और राजस्थान (1857-1956), राजस्थान स्वर्ण जयंती समारोह समिति, जयपुर, 2011, पृ0 144-145
22. आर0एल0 हाण्डा, पूर्व उद्धृत, पृ0 321-22
23. डी0डी0 गौड़, कॉन्स्टीट्यूशनल डेवलपमेंट ऑफ ईस्टर्न राजपूताना स्टेट्स, ऊषा पब्लिशिंग हाऊस, जयपुर, 1978, पृ0 199-200
24. वही, पृ0 201
25. एम0एस0 जैन, पूर्व उद्धृत, पृ0 383
26. डी0डी0 गौड़, पूर्व उद्धृत, पृ0 219
27. फाइल नं0 11 (17) पृ0 47, भरतपुर अफेयर्स, आर0जी0ए0. (गृहमंत्री, भारत सरकार का भरतपुर महाराजा को पत्र)
28. फाइल नं0प्ए0डी0/48-प्, भरतपुर अफेयर्स, आर0जी0ए0
29. वी0पी0 मेनन, पूर्व उद्धृत, पृ0 254
30. द हिन्दुस्तान टाइम्स, 1 मार्च, 1948
31. मत्स्य संघ की संविदा की अनुसूची-प्
32. द हिन्दुस्तान टाइम्स, 17 मार्च, 1948
33. फाईल नं0 सी0बी0/बी0एन0 5/37 (भरतपुर के प्रशासक एस0एन0 सपुर का मत्स्य संघ, अलवर के प्रशासक के0बी0एल0 सेठ को डी0ओ0 लेटर), आर0जी0ए0
34. फाइल नं0 सी0बी0/बी0एन0 5/37 (पेपर रिगार्डिंग किसान सभा अगेन्स्ट मर्जर इन्टू मत्स्य यूनियन, आर0जी0ए0)
35. एल0एन0 सरीन, फ्रीडम एण्ड आफ्टर, आत्माराम एण्ड सन्स, दिल्ली, 1967, पृ0 09
36. एडवर्ड माइकल, द लास्ट ईयर ऑफ ब्रिटिश इण्डिया, केसेल एण्ड कम्पनी, लंदन, 1963, पृ0 189
37. आर0एल0 हाण्डा, पूर्व उद्धृत, पृ0 320-21
38. वी0पी0 मेनन, पूर्व उद्धृत, पृ0 90
39. मत्स्य संघ की संविदा का अनुच्छेद-प्ग्ध्2
40. एम0एस0 जैन, पूर्व उद्धृत, पृ0 380

41. भारतीय रियासतों पर श्वेत पत्र, मिनिस्ट्री ऑफ स्टेट्स, भारत सरकार, नई दिल्ली, 1950, पृ0 161-162
42. वी0पी0 मेनन, पूर्व उद्धृत, पृ0 99-100
43. जी0एन0 शर्मा, पूर्व उद्धृत, पृ0 368
44. बी0एल0 पानगड़िया, पूर्व उद्धृत, पृ0 105-106
45. जी0एन0 शर्मा, पूर्व उद्धृत, पृ0 407-08
46. वी0पी0 मेनन, पूर्व उद्धृत, पृ0 255-56
47. बी0एल0 पानगड़िया, पूर्व उद्धृत, पृ0 107-108
48. करणीसिंह, पूर्व उद्धृत, पृ0 382-83
49. वी0पी0 मेनन, पूर्व उद्धृत, पृ0 261
50. बी0एल0 पानगड़िया, पूर्व उद्धृत, पृ0 114
51. वी0पी0 मेनन, पूर्व उद्घृत, पृ0 90
52. करणीसिंह, पूर्व उद्धृत, पृ0 412
53. बी0एल0 पानगड़िया, पूर्व उद्धृत, पृ0 109
54. एम0एस0 जैन, पूर्व उद्धृत, पृ0 389
55. सरदार पटेलस् कोरस्पोन्डेन्स, जिल्द 7, पृ0 422-28
56. डी0डी0 गौड़, पूर्व उद्धृत, पृ0 212-13
57. फाइल नं0 17/पी0एल0/48, आर0जी0ए0 (चीफ मिनिस्टर एवं एडमिनिस्ट्रेटर की गोपनीय रिपोर्ट)
58. फाइल नं0 जी0ए0-प/33/48 मत्स्य संघ, आर0जी0ए0
59. फाईल नं0 सी0बी0/बी0एन0 5/37, किसान सभा संबंधी पत्रावली, आर0जी0ए0
60. फाईल नं0 22/पी0एल0/48, अलवर राज्य, आर0जी0ए0 (1 दिसम्बर, 1948 को समाप्त हुए सप्ताह की भरतपुर जिले की कानून व्यवस्था की रिपोर्ट)
61. जी0एन0 शर्मा, पूर्व उद्धृत, पृ0 409-11
62. वी0पी0 मेनन, पूर्व उद्धृत, पृ0 201
63. राजस्थान डिस्ट्रिक्ट गजेटियर, भरतपुर, पृ0 20-21

6

समाज, सामंत एवं शिक्षा

हमारे देश में सामाजिक ढ़ाँचे की तरह पूर्वी राजस्थान में भी समाज के स्वरूप का वही निरूपण परम्परा से चला आ रहा था जिसे वर्ण व्यवस्था कहते है। इस व्यवस्था का आधार गुण और कर्म था। इस व्यवस्था में विद्वानों को ब्राह्मण, योद्धाओं को क्षत्रिय, व्यापारियों को वैश्य तथा सेवकों को शूद्र की संज्ञा दी गई। यह वर्ण विभाजन पारस्परिक सम्बन्ध, खान-पान, विवाह आदि बंधनों से निर्धारित होता रहा और कर्म के अनुरूप वर्ण की पहचान होती रही। समाज का यह परम्परागत स्वरूप देशी रियासतों में अंग्रेजी सत्ता की स्थापना के पूर्व तक बना रहा परन्तु औपनिवेशिक शासन के दौरान समाज में जो परिवर्तन आये वे लम्बे समय तक स्थायी रहे। 19वीं सदी के प्रारम्भ से ही सामाजिक परिवर्तन का दौर शुरू हुआ जो 20वीं सदी में स्पष्ट रूप से दृष्टिगोचर होने लगा। प्रस्तुत अध्याय में उन सभी सामाजिक पहलुओं पर दृष्टि डाली गयी है जो विवेचाधीन काल में अपना प्रभाव डाल रहे थे।[1]

पूर्वी राजस्थान के सामाजिक जीवन की मुख्य विशेषताओं में उसका विशिष्ट सामाजिक ढांचा है जिसका अध्ययन हम इस अध्याय में आगे करेगें जो सामाजिक जीवन को सम्पूर्णता प्रदान करने के साथ-साथ देशभर में पूर्वी राजस्थान के सामाजिक जीवन की अलग पहचान भी प्रस्तुत करता है।

जाति व्यवस्था

देश के अन्य भागों की तरह पूर्वी राजस्थान में भी जाति व्यवस्था का विकास क्रमशः हुआ है और जाति-व्यवस्था भौगोलिक, राजनैतिक, सामाजिक, धार्मिक एवं आर्थिक कारणों की अन्तर्कियाओं का परिणाम है। जाति-व्यवस्था, वर्ण व्यवस्था का ही व्यावहारिक रूप है जो और अधिक जटिल है। वर्ण और जाति-व्यवस्था में अधिकांश लोग विश्वास रखते है जिसकी धुरी पर जन-विश्वास, रीति-रिवाज, परम्पराएँ, आदर्श, भाषाएँ, मत-मतान्तर तथा सांस्कृतिक मूल्य अक्षुण्ण बने हुए है। ये सभी तत्व इस प्रदेश की अन्तर्तम भावनाओं को सिंचित करने तथा प्राणवान बनाने में सक्षम है। यही कारण है वर्ण-व्यवस्था का सांस्कृतिक पहलू तथा जातिगत-जीवन एक-दूसरे पर आश्रित बनकर आज तक जीवित है। 18वीं

शताब्दी के अन्त तक पूर्वी राजस्थान में परम्परागत सामाजिक ढाँचा अपना अस्तित्व बनाये हुए था। इस सामाजिक व्यवस्था में सर्वोच्च स्थान नरेशों का था तथा उनके नीचे सामन्तों का। सामन्तों से नीचे सामान्य समाज होता था, जो विविध जातीय परिवारों से संगठित रहता था। समाज में जातियों का महत्व उनके द्वारा अपनाये गये विशुद्ध व्यवसायों पर निर्भर रहता था।[2]

जाति-व्यवस्था को स्थायित्व प्रदान करने तथा उनके कर्तव्य का पालन करवाने का दायित्व सम्बन्धित जाति पंचयातों का था। जाति-पंचायतें अपनी जाति की उन्नति के लिए खान-पान, शादी-विवाह एवं रीति-रिवाजों के सम्बन्ध में समय-समय पर नियम बनाती थी और अपनी जाति के लोगों से जातीय नियमों एवं मर्यादाओं का पालन करवाती थी। सामाजिक संगठन में प्रत्येक जाति की अग्रता उस जाति की वंशोत्पत्ति तथा उसके द्वारा अंगीकृत व्यवसाय पर निर्भर करती थी। बुद्धिमान, सम्पन्न और राजभक्त होते हुए भी निम्न जातियों के लोगों को अछूत ही माना जाता था। तत्कालीन राजपूत शासकों ने परम्परागत सामाजिक ढाँचे को बनाये रखने में काफी योगदान दिया।[3]

अंग्रेजों के साथ राजस्थान के शासकों द्वारा संधियाँ करने के पश्चात् पूर्वी राजस्थान की रियासतों जयपुर, अलवर, भरतपुर, करौली एवं धौलपुर में जाति-प्रथा का परम्परागत स्वरूप अक्षुण्ण था परन्तु आर्थिक दृष्टि से उसमें परिवर्तन आने लगा। प्रत्येक जाति अपने परम्परागत व्यवसाय के अतिरिक्त अन्य व्यवसाय भी अपनाने लगी। उदाहरणार्थ 1921 ई0 की जनगणना रिपोर्ट के अनुसार 49 प्रतिशत ब्राह्मण पुरुष और 61.8 प्रतिशत ब्राह्मण स्त्रियों का मुख्य व्यवसाय कृषि था। भरतपुर के गौड़ ब्राह्मण व्यापार-वाणिज्य में दक्ष थे। 1921 ई0 की जनगणना रिपोर्ट के अनुसार राजपूत व वैश्य समुदाय के लोगों के व्यवसाय में भी परिवर्तन आया तथा वे अपने परम्परागत कार्य छोड़कर अन्य कार्य भी करने लगे परन्तु किसान जातियों जैसे: जाट, मीना (मीणा), गुर्जर, माली, अहीर आदि की व्यवसायिक स्थिति में कोई उल्लेखनीय परिवर्तन नहीं आया था। दलित समाज की स्थिति ब्रिटिश काल में भी दयनीय बनी रही। 1914 से 1919 ई0 के मध्य राजस्थान से सेना में भर्ती होने वालों में 24 प्रतिशत जाट, 22 प्रतिशत राजपूत, 7 प्रतिशत मीना (मीणा), 16 प्रतिशत गुर्जर एवं 3 प्रतिशत अहीर थे। शिक्षा में रुचि पैदा होने के कारण विशेष रूप से किसान जातियों का सरकारी सेवाओं में प्रवेश होने लगा।[4]

पूर्वी राजस्थान की रियासतों में जनसंख्या का घनत्व राजस्थान की अन्य रियासतों की तुलना में अधिक था क्योंकि यह क्षेत्र अधिक उपजाऊ था। उपजाऊ होने की वजह से इन रियासतों से लोगों का निष्क्रमण ब्रिटिश भारत में पश्चिम राजस्थान की रियासतों की तुलना में बहुत कम हुआ परन्तु फिर भी बीसवीं सदी के प्रारम्भिक दशकों में इन रियासतों में जनसंख्या में कमी का कारण उन वर्षों में लगातार पड़ने वाले अकाल एवं महामारियां थी। पूर्वी राजस्थान की इन रियासतों में विभिन्न वर्षों में जनसंख्या निम्नवत् रही -

पूर्वी राजस्थान के विभिन्न राज्यों की जनसंख्या

देशी राज्य जनसंख्या
1891 1901 1931
अलवर 7,67,786 8,24,487 7,49,751
भरतपुर 6,40,303 6,26,665 4,86,954
धौलपुर 2,79,890 2,70,973 2,54,986
करौली 1,56,587 1,56,786 1,40,525
जयपुर 28,23,966 26,58,666 26,32,000
स्रोतः सेन्सस ऑफ इण्डिया,1931

पूर्वी राजस्थान का समाज मुख्य रूप से चार वर्णो-ब्राह्मण, क्षत्रिय, वैश्य तथा शूद्र में विभक्त था। पूर्वी राजस्थान में इन चार प्रमुख समुदाय या वर्णों के साथ मीना (मीणा), जाट, गुर्जर तथा मेव जातियों का बाहुल्य था जो यहाँ के सामाजिक एवं सांस्कृतिक जीवन में महत्वपूर्ण स्थान रखती थी। समय के साथ प्रजातीय मिलावट, भौगोलिक विस्तार तथा हस्तकलाओं की अभिवृद्धि जैसे कारकों के कारण ब्राह्मण, क्षत्रिय, वैश्य तथा शूद्र चारों वर्ण कई उपजातियों में विभक्त हो गये।[5] एक तरफ हिन्दू धर्म ने जहाँ सभी हिन्दुओं की सांस्कृतिक एकता के लिए अतीत में प्रयास किये, वहीं जाति-व्यवस्था ने उनको सामाजिक दृष्टि से विघटित कर दिया। यह व्यवस्था अप्रजातन्त्रिक एवं अधिनायकवादी रही जिसमें जन्म की श्रेष्ठता को प्रतिपादित किया गया न कि गुणों की। इससे पहल रकने की भावना, आत्म विश्वास तथा साहस की भावना का लोप हो गया। इसने न केवल प्रजातान्त्रिक राज्य के विकास की प्रक्रिया को प्रभावित किया बल्कि अस्पृश्यता की समस्या को भी जन्म दिया। इसने समानता को नकारते हुए परम्परा के आधार पर असमानता को स्वीकार कर लिया। जाति-व्यवस्था ने विवाह नामक सामाजिक संस्था को भी प्रभावित किया तथा जाति के अन्दर ही विवाह के लिए निश्चित नियम बन गये जिनका निर्वहन करना अनिवार्य बना दिया गया। समाज में विभिन्न जाति समूहों की भूमिकाएँ भी निश्चित हो गई। ब्राह्मण ज्ञान के उपदेशक थे, क्षत्रिय युद्ध करने वाले, वैश्यों का कार्य सम्पत्ति का उत्पादन करना था तथा शूद्रों का कार्य सेवा करना था। जातियों के इन्हीं कार्यों के सन्दर्भ में पूर्वी राजस्थान की रियासतों की जाति व्यवस्था का अध्ययन करना आवश्यक हो जाता है।[6]

ब्राह्मण-समाज में ब्राह्मणों का स्थान सर्वोपरि था। पूर्वी राजस्थान की रियासतों में ब्राह्मणों को राज्य द्वारा भूमि-अनुदान, प्रतिष्ठा और पद का लाभ दिया जाता था। ब्राह्मणों के भी दो वर्ग थे। इनमें से पहला वर्ग वह था जो पुरोहिती का काम करता था जिन्हें भूमि-दान में दी जाती थी जिनसे वे मन्दिरों का रख-रखाव करते थे। दूसरा वर्ग उन ब्राह्मणों का था जो कृषि, व्यापार, राजकीय तथा राजनैतिक कार्यों में संलग्न थे। जयपुर राज्य में पालीवाल तथा श्रीमाली ब्राह्मणों में अधिकांश कृषि कार्य में संलग्न थे।[7] ब्राह्मणों में अधिकांश कृषि कार्य पहले से होता था परन्तु ब्रिटिश संरक्षण काल में ब्राह्मणों की कृषि कार्य पर निर्भरता बढ़ती गई। अलवर के ब्राह्मण अधिकतर गौड़, सारस्वत और कान्यकुन्जों जबकि

भरतपुर में पंच-गौड़ तथा पंच-द्रविड वर्गों में विभक्त थे। धौलपुर में गोलापुर ब्राह्मण थे जो अपने आपको पाठक ब्राह्मण कहते थे। राज्य में ब्राह्मणों को राजगुरु, राजव्यास व राजपुरोहित की पदवियों से सुशोभित किया जाता था। ब्रिटिश संरक्षण काल में भी ब्राह्मणों की सामाजिक एवं धार्मिक प्रतिष्ठा बनी रही।[8]

क्षत्रिय-ब्राह्मणों के पश्चात् समाज में क्षत्रियों का वर्चस्व था क्योंकि उनका संबंध राजकुलों से था तथा वे शासक जाति से थे। राजपूतों के पास बड़ी-बड़ी जागीरें थी। सामान्यतः राजपूत राज्य व जागीरी सेवा में रहना पसन्द करता था। उनमें अन्य व्यवसाय अपनाने की प्रवृत्ति नहीं थी। पूर्वी राजस्थान में मुख्य रूप से कछवाहा, राजावत, नरुका, यादव, राठौड, चौहान आदि गौत्र के राजपूत थे। सब गौत्रों या वंशों ने एक विशिष्ट प्रकार की समरुपता समान रीति-रिवाजों को अपनाते हुए प्राप्त कर ली थी। जयपुर रियासत में राजावत वंश की सत्ता थी। जयपुर राजघराना भी राजावत गौत्र से संबंधित था। अलवर रियासत में कछवाहा और चौहान का आधिपत्य था। भरतपुर राज्य में चौहान, राठौड़ तथा कछवाहा वंश के राजपूत थे। ये अधिकतर सेना में थे या फिर राज्य सेवा में। धौलपुर में सरमथुरा की जागीर पर यादव वंश का आधिपत्य था।[9] करौली के भी अधिकतर राजपूत यादव वंश के थे। समय के साथ-साथ राजपूतों के व्यवसायों में भी परिवर्तन आने लगा, उन्हें छोटे-बड़े व्यवसाय करने पड़े।[10] 1921 ई0 की सेन्सस रिपोर्ट के अनुसार 1000 राजपूतों में से केवल 8 सैनिक सेवा पर और 43 भूमि की आय पर और 76 खेती पर निर्भर थे। शेष अन्य 873 राजपूत विभिन्न व्यवसायों पर निर्भर थे।

वैश्य-राजस्थान में वैश्य को सामान्यतः बनिया कहा जाता था। व्यापार-वाणिज्य और बोहरगत (लेन-देन) वैश्यों का परम्परागत व्यवसाय था। वैश्यों में भी अनेक जातियाँ तथा उपजातियाँ विद्यमान थी। पूर्वी राजस्थान में मुख्यतः खण्डेलवाल, अग्रवाल तथा माहेश्वरी जातियाँ थी। वैश्य लोग राजपूत राज्यों में बैंकर का कार्य भी करते थे। सेठ-साहूकारों का राजपूत राज्यों में बड़ा आदर व सम्मान था। आवश्यकता पड़ने पर वे राजाओं को ऋण दिया करते थे। 1817 ई0 में जयपुर राज्य ने स्थानीय साहूकारों से आठ लाख रुपये कर्ज लेकर अंग्रेज सरकार को खिराज की रकम का भुगतान किया था। फिर भी वैश्यों का मुख्य व्यवसाय व्यापार-वाणिज्य तथा रुपयों का लेन-देन ही था। वे मुख्यतः थोक व्यापारी थे और सामान को एक प्रान्त से दूसरे प्रान्त में लाने-ले जाने और क्रय-विक्रय का काम करते थे।[11] कई वैश्य परिवार खालसा भूमि के राजस्व तथा चूँगी की वसूली का इजारा लेने का काम भी करते थे। वैश्य लोग सैनिकों को ब्याज पर कर्ज देने का कार्य तथा उन्हें वस्त्र एवं आवश्यक सामान देने का कार्य भी करते थे। वैश्यों ने शासकों को अपनी सत्ता को सुदृढ़ करने के लिए समय-समय पर आर्थिक सहयोग दिया था। जिसके एवज में शासक भी इनको पूरा-पूरा संरक्षण दिया करते थे। उन्नीसवीं सदी में वैश्य जाति के अनेक लोग राज्यों में उच्च पदों पर आसीन थे जैसे-दीवान, प्रबन्धक एवं वकील।

उन्नीसवीं सदी के उत्तरार्द्ध में राजस्थान के राज्यों में अनेक आर्थिक परिवर्तन हुए जिसके फलस्वरूप वहाँ के वैश्य परिवारों की आय के साधन अवरुद्ध होने लगे। नये भू-बन्दोबस्त और चूँगी नियमों के लागू होने से भू-राजस्व और सायर (चूँगी) वसूली से सम्बन्धित इजारा व्यवस्था का अन्त हो गया। वैश्य अपने प्रमुख व्यवसाय इजारेदारी से वंचित हो गये थे। आधुनिक बैंकिग व्यवस्था से भी उनको काफी नुकसान हुआ। ग्रामीण क्षेत्र में रहने वाले वैश्यों ने कृषि कार्य भी अपनाया। इसी समय राजस्थान में दुर्भिक्षों का प्रकोप रहा। ऐसे में उन्नसवीं सदी के मध्य से वैश्यों का राजस्थान से निष्क्रमण का सिलसिला शुरु हुआ परन्तु पूर्वी राजस्थान से पश्चिम राजस्थान की तुलना में वैश्यों का पलायन अपेक्षतया कम हुआ।[12] अंग्रेजी कम्पनियों को भी अपने तैयार माल को बेचने एवं कच्चा माल प्राप्त करने के लिए थोक व्यापारियों और दलालों की आवश्यकता थी जिसे इन वैश्यों ने पूरा किया इन्हें ब्रिटिश सरकार ने पूरा संरक्षण दिया जिससे लोग आगे जाकर बड़े उद्योगपति बन गये।

पूर्वी राजस्थान के सामाजिक, आर्थिक एवं राजनीतिक जीवन में जाट, मीना (मीणा), गुर्जर, अहीर, माली एवं मेव जैसी कृषक एवं पशुपालक जातियों का महत्वपूर्ण स्थान रहा है। इन जातियों की व्यावसायिक स्थिति में कोई विशेष परिवर्तन नहीं आया था। पूर्वी राजस्थान की भरतपुर एवं धौलपुर रियासत पर जाटों का शासन अवश्य था परन्तु अधिकतर जाट अभी भी कृषि एवं पशुपालन पर ही निर्भर थे। मीना (मीणा) जाति का जहाँ तक प्रश्न है पूर्वी राजस्थान में इनकी संख्या सर्वाधिक थी। राजपूतों से पूर्व पूर्वी राजस्थान के बहुत बड़े क्षेत्र पर जिसमें जयपुर, अलवर, करौली एवं सवाई माधोपुर शामिल है पर मीना (मीणा) जाति का शासन था।अंग्रेजी सरकार द्वारा दोहरा आर्थिक शोषण करने के विरुद्ध मीनों (मीणों) द्वारा विद्रोह करने पर उनके विरुद्ध जरायम पेशा एक्ट एवं अन्य पाबन्धियाँ लगाने से मीना (मीणा) जाति की आर्थिक स्थिति बीसवीं सदी के प्रारम्भ में बहुत दयनीय हो चुकी थी। जीविकोपार्जन के एकमात्र सहारे कृषि एवं पशुपालन से भी बहुत से मीना (मीणा) वंचित हो गये थे।

गुर्जर एवं अहीर मुख्य रूप से पशुपालन किया करते थे एवं कृषि कार्य से भी जुड़े थे। समय के साथ-साथ इन लोगों ने सरकारी नौकरी की तरफ भी रूझान दिखाया। मेव जो कि धर्म परिवर्तित करके मुसलमान बन गये थे अधिकतर भरतपुर एवं अलवर रियासतों में रहते थे। इन लोगों का भी मुख्य व्यवसाय कृषि एवं पशुपालन था। इनकी बहुलता के कारण भरतपुर एवं अलवर का बहुत बड़ा क्षेत्र मेवात कहलाता है। भूमिकर में वृद्धि होने से कृषिकर्मी लोग सामान्यतः ऋणग्रस्त रहते थे इस कारण कुछ लोग जीवनयापन के अन्य साधन तलाशने लगे। शहरों की तरफ लोगों का पलायन होने लगा। जाट, मीना (मीणा), गुर्जर, अहीर आदि जातियों के कुछ लोग राजकीय एवं सैनिक नौकरियाँ करने लगे। शिक्षा में इनकी रुचि होने लगी थी जिससे सरकारी नौकरियों में ये लोग प्रवेश पाने लगे।[13]

शूद्रों की स्थिति अभी भी बहुत दयनीय थी। शूद्रों का प्रमुख कार्य द्विजों की सेवा करना था। प्रमुख शूद्र जातियों में चमार, बलाई, कोली, भंगी, कहार, कसाई, धोबी, तेली, मोची, नाई, कुम्हार आदि थी। इन्हें समाज में बहिष्कृत समझा जाता था। सर्वाजनिक कुओं एवं तालाबों से पानी भरने पर भी इन लोगों पर प्रतिबंध लगा दिये गये थे। इनका मन्दिरों में प्रवेश वर्जित था। दलित बच्चों का स्कूलों में प्रवेश भी वर्जित था। धौलपुर राज्य सेवा नियुक्ति नियम 1941 द्वारा दलितों की पुलिस में नियुक्ति पर पाबंधी लगा दी गई। पूर्वी राजस्थान की अन्य रियासतों जयपुर, अलवर, भरतपुर एवं करौली में भी दलितों पर कई प्रतिबंध लगा रखे थे। सवर्णों के सामने न तो दलित घोड़ी पर बैठ सकते थे न ही सोने-चाँदी के आभूषण पहन सकते थे। दलितों को घी की मिठाईयाँ बनाने का भी अधिकार नहीं था। दलितों को सवर्णों के सामने नंगे पैर चलना पड़ता था। उपर्युक्त तमाम प्रतिबंधों की वजह से उनका जीवन नारकीय था। तत्कालीन रियासतों ने अछूतों के उद्धार के लिए प्रयास भी किये तो अधूरे मन से किये।[14]

अलवर हरिजन सेवक संघ तथा हिन्दू संगठन आन्दोलन ने हरिजन उद्धार में काफी हद तक सफलता प्राप्त की। अलवर महाराजा जयसिंह ने 23 अप्रैल, 1933 के भारत धर्म महामण्डल के बनारस अधिवेशन में अपने अध्यक्षीय भाषण में पण्डितों से दलितों की समस्याओं के समाधान की अपील की और कहा कि पौराणिक हिन्दू धर्म ग्रन्थों के अनुसार वे सनातन हिन्दू धर्म का अभिन्न हिस्सा है। धौलपुर महाराजा उदभानसिंह ने हरिजनों के लिए कुएँ खुदवाने के लिए 600 रुपये दान दिये जो दलितों के प्रति उनकी सहानुभूति को दर्शाता है। परन्तु ये सब सुधार उनकी समस्याओं की तुलना में नाकाफी थे। हाँलाकि गाँधी जी द्वारा बीसवीं सदी के तीसरे दशक में चलाये गये अछूतोद्धार आन्दोलन के परिणामस्वरूप अब लोगों में अछूतों के प्रति सहानुभूति जागृत हुई। उनके प्रति जो तिरस्कार की भावना थी उसमें कमी आई। समाज में उन्हें सम्मानजनक स्थान देने की बात पर विचार होने लगा।

स्त्रियों की स्थिति

सामाजिक जीवन में स्त्रियों का महत्वपूर्ण स्थान है, क्योंकि लौकिक उत्सव और पारिवारिक जीवन में इनकी भूमिका का एक विशिष्ट स्थान है। लोक-संस्कृति, जिसको जीवन्त संस्कृति कहना चाहिए, स्त्रियों द्वारा ही संचालित एवं परिवर्द्धित होती है। विभिन्न उत्सवों, संस्कारों, मेलों आदि के रचनात्मक स्वरूप को सजाने का काम नारियाँ ही करती है। पूर्वी राजस्थान के समाज के साधारण समाज में अगर स्त्रियों की दशा की बात की जाये तो वे पुरुषों के साथ कंधे से कंधा मिलाकर घर से बाहर निकलकर खेतों में काम करती थी तथा हर कार्य में पुरुष का हाथ बँटाती थी।[15] मेलों और उत्सवों में खुलकर भाग लेती थी और आनन्द उठाती थी। ग्रामीण अर्थव्यवस्था में स्त्रियों का योगदान सर्वदा प्रशंसनीय रहा है। कृषि एवं शिल्प कार्य में स्त्रियों का योगदान पुरुषों के समान रहा है। जहाँ तक उच्च घरानों की स्त्रियों का प्रश्न है उनका जीवन स्तर भी सम्मानजनक था। उन्हें सभी सुविधाएँ

उपलब्ध थी, उनमें से कई धर्मनिष्ठ एवं अध्ययनशील भी होती थी। अन्तःपुर में रहना और पति की मृत्यु के पश्चात् सती हो जाना ही इनका जीवन होता था जो इनके जीवन को नीरस बनाता था।

जहाँ तक शिक्षा का प्रश्न है वह उच्च वर्ग की महिलाओं तक की सीमित थी क्योंकि राजदरबारों में उनकी शिक्षा की व्यवस्था थी परन्तु साधारण वर्गों की महिलाओं के लिए शिक्षा अभी दूर थी जिसका कारण इन वर्गों की गरीबी एवं पिछड़ापन था। तत्कालीन रियासती नरेशों द्वारा शिक्षा को पर्याप्त महत्व नहीं देना भी इसका एक प्रमुख कारण था।[16] समाज में स्त्री को चाहे कितना ही उच्च स्थान दिया गया हो चाहे उसे दुर्गा, सरस्वती, लक्ष्मी की दृष्टि से देखा गया हो परन्तु वास्तविक स्थिति यह थी कि ब्रिटिश राज के दौरान भी समाज में सती प्रथा, जौहर, वैश्यावृति, कन्या वध, डायन प्र्रथा, बाल विवाह, पर्दा प्रथा आदि कुरीतियों के प्रचलन के कारण उच्च एवं निम्न वर्ग दोनों ही वर्गों की स्त्रियों की स्थिति दयनीय थी। राजस्थान में ब्रिटिश शासन के दौरान ब्रिटिश पदाधिकारियों द्वारा इन कुरीतियों को दूर करने के लिए तत्कालीन शासकों पर दबाव डालकर दूर करवाने का प्रयास किया गया।

सती प्रथा-

सती प्रथा जैसी कुप्रथा का उल्लेख पुराणों में मिलता है। इस प्रथा के अनुसार मृत पति के साथ उसकी पत्नी जीवित जल जाती थी। इस प्रथा को सहगमन भी कहते है। इस प्र्रथा का प्रचलन हमारे देश में प्राचीन काल से ही रहा है। पूर्वी राजस्थान में भी यह कुप्रथा अठारहवीं शताब्दी एवं उसके बाद भी प्रचलन में रही।[17] जयपुर राज्य में सवाई प्रताप सिंह और जगतसिंह की पत्नियाँ उनकी मृत्यु के बाद सती हो गई। राजस्थान में सती प्रथा का प्रचलन मुख्यतः राजपूत, ब्राह्मण और वैश्य जाति में था। राजाओं की मृत्यु पर उनके साथ उनकी पत्नियों के साथ उप-पत्नियाँ, दासियाँ, खवासनें भी सती हो जाया करती थी। सामन्तों में भी इस प्रथा का प्रचलन बहुत अधिक था।[18]

युद्ध के समय या आक्रमणों के समय बंदी बनाने, जलील करने, धर्म परिवर्तन की संभावना या अपनी अस्मत की रक्षा के लिए अनेक स्त्रियाँ सती प्रथा का अनुसरण करती थी। धीरे-धीरे स्वार्थी तथा प्रतिष्ठा संबंधी तत्वों ने भी इस प्रथा को बढ़ावा दिया। राजघरानें की महिलाएँ सिर पर पगड़ी पहनकर, हाथ में खंजर लेकर, घोड़े या पालकी में बैठकर अपने पतियों की सवारी के साथ महलों के मुख्य द्वारों एवं प्रमुख मार्गों से गुजरती थी और श्मशान पहुँचकर चिता में प्रवेश कर जाती थी।

एक ओर रुढ़ीवादी तत्वों ने सती-प्रथा का समर्थन किया तो दूसरी ओर कुछ शास्त्रों, भाष्यों एवं जैन विद्वानों ने इस प्रथा को पाप तथा आत्महत्या की संज्ञा देते हुए इसका विरोध किया। सल्तनत काल में मुहम्मद बिन तुगलक तथा मुगल काल में अकबर ने इस प्रथा को रोकने का प्रयास किया जिसमें उन्हें सफलता नहीं मिली। भाग्यवश राजाराम मोहन राय के प्रयासों से विलियम बैन्टिक ने 1829 ई0 में एक कठोर कानून बनाकर सती प्रथा

को गैर-कानूनी घोषित कर दिया, जिससे सम्पूर्ण भारतवर्ष के साथ-साथ पूर्वी राजस्थान के राज्यों में भी इस प्रथा को गैर-कानूनी घोषित कर दिया गया। 1830 ई0 में अलवर, 1844 ई0 में जयपुर एवं 1847 ई0 के अन्त तक धौलपुर, करौली भरतपुर आदि सभी राज्यों में इस कुरुर प्रथा पर रोक लगा दी गई।[19] हालांकि इसके बाद भी राजस्थान में सती की छुट-पुट घटनाएँ होती रही परन्तु उन्नीसवीं सदी के अन्त तक यह प्रथा प्रायः समाप्त सी हो गई। 1861 ई0 में जब चार्ल्स वुड भारत सचिव बने तो उन्होंने सती-प्रथा उन्मूलन कानून को कठोरता से लागू करवाने का प्रयास किया। समाधि प्रथा को भी गैर कानूनी घोषित कर दिया गया।[20]

कन्या वध-राजस्थान के समाज में विशेष रूप से राजपूतों में मादा शिशुओं की हत्या आम बात थी। अन्य जातियों में भी यह प्रथा प्रचलन में थी। अपनी जाति में विवाह के नियमों के कारण दहेज प्रथा को प्रोत्साहन प्राप्त होने के कारण प्रर्याप्त खर्च ने राजपूतों को मादा शिशुओं की हत्या के लिए बाध्य कर दिया। इस तरह वे मादा शिशु की हत्या के कारण अपमान से बच जाते थे। मुख्य रूप से पुत्री के विवाह में होने वाले खर्चे की समस्या से बचने के लिए इस कुप्रथा को प्रोत्साहन मिला।[21] कन्या के लिए वर ढूंढ़ने में आने वाली समस्याएँ जैसेः अपने समकक्ष एवं उच्च परिवार ढूँढ़ना, टीका, दहेज तथा चारण व भाटों को दिया जाने वाला 'त्याग' आदि जो सामान्य राजपूत परिवार के लिए संभव नहीं था। अतः राजपूत अपनी कन्याओं का वध करके अपने आपको भावी संकट से मुक्त रखना चाहता था। मीना (मीणा), जाट, मेव जाति के लोगों में भी यह प्रथा प्रचलन में थी। वस्तुतः अहंमन्यता, कुल प्रतिष्ठा, निर्धनता व अन्धविश्वास के कारण यह प्रथा प्रचलित थी। इसका धर्म से कोई सम्बन्ध नहीं था। यह एक विशुद्ध सामाजिक समस्या थी।

इस कुप्रथा को रोकने के लिए कई प्रयास किये गये जिसमें ब्रिटिश सरकार का महत्वपूर्ण योगदान रहा। जेम्स सदरलैण्ड, जे. लुडलों तथा टी. रोबिन्सन के प्रयासों से राजपूताना की रियासतों में कन्या-वध को गैर-कानूनी अपराध घोषित कर दिया गया। 1844 ई0 तक जयपुर तथा अन्य रियासतों में कन्या-वध को अवैध घोषित कर दिया गया। देश हितेषनी सभा एवं वाल्टर कृत हितकारिणी सभा के माध्यम से समाज सुधार के प्रयास किये गये ताकि विवाह में खर्च पर नियंत्रण किया जा सके। वाल्टर कृत राजपूत हितकारिणी सभा का गठन तत्कालीन ए.जी.जी. कर्नल वाल्टर द्वारा किया गया। इस सभा ने कन्या वध को कम करने का भरसक प्रयास किया। भरतपुर महाराजा बलवन्तसिंह ने भी एक ऐसी प्रणाली शुरू की जिसके द्वारा विवाह पर खर्च होने वाले खर्च में दान की राशि जिसे 'घोर' कहा जाता था, एक निश्चित सीमा में बाँध दिया गया, जिससे भरतपुर में राजपूत समाज में कन्या वध की प्रथा काफी कम हो गई।[22]

ब्रिटिश सरकार की सक्रियता पाश्चात्य शिक्षा के प्रभाव व जागृति, ईसाई मिशनरियों के प्रयासों से उन्नीसवीं सदी के अन्त तक यह प्रथा लगभग समाप्त हो चुकी थी। अब लोगों के दृष्टिकोण में परिवर्तन आने लगा था। वे भी अब इसे अपराध समझने लगे थे। 1911 ई0 की

जनगणना में प्रति 1000 पुरुषों पर स्त्रियों का अनुपात 1881 ई0 की तुलना में 57 अधिक था। 1881 ई0 में यह अनुपात 852 तथा जो 1911 ई0 में अब 909 था।[23] इस प्रथा को रोकने में ब्रिटिश सरकार के प्रयास सराहनीय थे।

बहु विवाह- मान्यताओं और सामाजिक परिवेश के अनुरूप पूर्वी राजस्थान की रियासतों में भी अन्य रियासतों की तरह बहु-विवाह का प्रचलन था। यह प्रथा हिन्दू समाज में पहले से ही प्रचलन में थी परन्तु मुगलों के देखा-देखी में इस प्रथा को और अधिक बढ़ावा मिला। सरदार सामन्त तथा सम्पन्न लोगों में बहु-विवाह का प्रचलन अधिक था।[24] पत्नियों की संख्या के आधार पर सामाजिक स्थिति का निर्धारण होने लगा। बहु-विवाह का प्रचलन सामान्यतः मीना (मीणा), जाट, गुर्जर जातियों में भी था। इस प्रथा के कई कारण गिनाये जाते थे। परन्तु सामान्यतः पहली पत्नी के बाँझ होने या पहली पत्नी द्वारा पुत्र को जन्म न देने के कारण पति दूसरा विवाह करता था। नाता प्रथा एवं धारीचा के कारण भी कई बार बहु-विवाह हुआ करते थे। जिसके तहत पति की मृत्यु होने पर स्त्री को अपने देवर के साथ विवाह करना पड़ता था जिसे चूड़ी पहनाना कहा जाता था।[25] ऐसे विवाह को समाज में वैध माना जाता था तथा उससे उत्पन्न होने वाली सन्तान को भी पूरी तरह से वैध माना जाता था तथा ऐसे विवाहों को पूर्णतया सामाजिक स्वीकार्यता हासिल थी।

नाता प्रथा को विधवा-विवाह अथवा पुनर्विवाह की श्रेणी में रखा जा सकता है जिसे पूर्ण सामाजिक मान्यता प्राप्त थी। ऐसे विवाहों का प्रचलन सामान्यतः मीना (मीणा), जाट, गुर्जर जैसी कृषक एवं पिछड़ी जातियों में था। चूड़ी पहनाने की रस्म ने कहीं न कहीं बहु-विवाह को बढ़ावा भी दिया।

राज घरानों, सामन्तों एवं जागीरदारों में बहु-विवाह का प्रचलन अधिक था। राजाओं के यहाँ कई पत्नियाँ उप-पत्नियाँ एवं रखैल हुआ करती थी। बीकानेर अभिलेखागार में जयपुर की महारानियों के कई पत्र उपलब्ध है जिनसे पता लगता है कि उनके विवाह के पश्चात् महाराजाओं के साथ सहवास के अवसर की प्रतीक्षा एक स्वप्न सा बन गया था। इन पत्रों में उनकी करुणा झलकती है जो बहु-पत्नी प्रथा का उदाहरण है।

अलवर महाराजा जयसिंह की चार पत्नियाँ थी। भरतपुर के राजा बदनसिंह को अपनी राजनैतिक स्थिति सुदृढ़ करने के लिए कई मुखियाओं की पुत्रियों के साथ विवाह करना पड़ा। महाराजा के हरम में विभिन्न जातियों और कबीलों की 150 स्त्रियाँ थी।[26] भरतपुर महाराजा सूरजमल की एक पत्नी कुर्मी जाति, दूसरी माली जाति एवं तीसरी जाट जाति से थी। भरतपुर शासक रामसिंह के तो कई पत्नियाँ थी। करौली महाराजा भँवरपाल के छः पत्नियाँ थी। इसी तरह से भोमपाल के तीन पत्नियाँ थी। गणेशपाल के दो पत्नियाँ थी। बहु-विवाह वाली गृहस्थी में षड़यंत्र एवं ईर्ष्या आम बात थी। पहली पत्नी को परिवार के संस्कारों में साथ बैठने की इजाजत होती थी। पूर्वी राजस्थान की राजनैतिक परिषद ने अपने 22 अगस्त, 1940 ई0 के धौलपुर अधिवेशन में पूर्वी राजस्थान की रियासतों के शासकों से बहु-विवाह को समाप्त करने का आग्रह किया।[27] सामाजिक संगठनों एवं समाज सुधार

आन्दोलनों के बावजूद पूर्वी राजस्थान की रियासतों के सामंतों, सरदारों, जागीरदारों एवं जमींदारों में यह प्रथा चलती रही।

पर्दा प्रथा-प्राचीन हिन्दू धर्म में पर्दा प्रथा का कहीं उल्लेख नहीं मिलता परन्तु आगे चलकर धर्मशास्त्रों एवं स्मृतिकारों ने अपनी व्यवस्था देकर तथा इसे अपनी प्रतिष्ठा से जोड़कर महिलाओं पर थोप दिया गया। कुछ लोगों के अनुसार इस प्रथा के पीछे मुस्लिम आक्रान्ताओं से अपनी महिलाओं को सुरक्षित बचाये रखना भी एक कारण था जिससे इनकी अस्मिता की रक्षा की जा सके परन्तु गहराई से अध्ययन करने पर यह ज्ञात होता है कि हिन्दुस्तान के अन्य क्षेत्रों की तरह ही राजस्थान की पूर्वी रियासतों में भी पर्दा प्रथा का प्रचलन मुसलमानों के आक्रमणों से पहले ही था। पूर्वी राजस्थान की सभी जातियों में पर्दा प्रथा का प्रचलन था। मध्यकाल में इसे और बढ़ावा मिला। राजपूत समाज में तो पर्दा प्रथा और कठोर थी स्त्री को सदैव पर्दे में रहना होता था। राजमहलों एवं सामंतों की हवेलियों में स्त्रियों के लिए अलग से 'जनानी ड्योढी' हुआ करती थी, जहाँ पर पुरुष का प्रवेश निषेध था। राजमहल में किसी उत्सव या समारोह के आयोजन पर उन्हें जालीदार झरोखे से देखने की ही इजाजत होती थी। यदि उन्हें किसी कारणवश बाहर जाना होता था तो पालकी में बैठकर। मुस्लिम समाज में भी कुरान और हदीस के अनुसार यह प्रथा अधिक प्रचलन में थी। ससुराल में घुँघट रखना नारी का नैतिक कर्त्तव्य बन गया जिसे परम्परा का अमलीजामा पहना दिया गया।[28]

उन्नीसवीं सदी में कुछ समाज सुधारकों ने इस कुप्रथा का विरोध किया जिसमें दयानन्द सरस्वती एवं उनके आर्य समाज का प्रमुख योगदान रहा। उनका कहना था कि पर्दा प्रथा वेद सम्मत नहीं है। साथ ही उनका यह भी कहना था कि सार्वजनिक जीवन के सभी अवसरों पर महिलाओं की उपस्थिति अनिवार्य होनी चाहिए।[29] पर्दा-प्रथा को दूसरा आघात पहुँचाया शिक्षा के प्रसार ने। पूर्वी राजस्थान में स्त्री शिक्षा को सबसे पहले प्रोत्साहन दिया ईसाई मिशनरियों ने जिसके परिणामस्वरूप कुछ स्त्रियाँ शिक्षित होकर घर की चार दिवारी से बाहर निकलकर आई तथा राजस्थान के जन-आन्दोलन में बढ़-चढ़कर भाग लिया।

दहेज, नेग, टीका एवं त्याग-पूर्वी राजस्थान के समाज में दहेज, नेग, टीका एवं त्याग आदि प्रथाएँ किसी अभिशाप से कम न थी। त्याग प्रथा का प्रचलन राजपूतों में अधिक था जो कि विवाह के अवसर पर चारणों को दिया जाता था। राजा तो किसी प्रकार से इस प्रथा का निर्वहन करने में सक्षम होते थे परन्तु सामंत एवं जागीरदारों में भी इस प्रथा के प्रचलन से उनकी आर्थिक स्थिति कई अवसरों पर उन्हें सोचने पर मजबूर करती थी जिससे राजपूतों में कन्या वध को प्रोत्साहन मिला। इसी प्रकार पूर्वी राजस्थान के समाज में नेग का प्रचलन था। यह प्रथा विवाह से संबंधित है जिसके अन्तर्गत ब्राह्मण, नाई, राणा आदि अपने यजमानों से नेग लिया करते थे। विवाह के अवसर पर ये लोग लगभग 15 दिनों तक अपने यजमान के यहाँ विभिन्न अवसरों पर विभिन्न संस्कारों को सम्पन्न करवाया करते थे।[30]

दहेज एवं टीका का प्रचलन प्रारम्भ में साधारण रूप में था तथा एक पिता अपनी पुत्री को विवाह के अवसर पर आवश्यक वस्त्राभूषण आदि उपहार के रूप में दिया करता था। परन्तु धीरे-धीरे इसका स्वरूप बिगड़ता गया। कुलीन परिवार अपनी प्रतिष्ठा के लिए अधिक से अधिक दहेज देने लगे। बाद में यह प्रथा सामान्य होने लगी तथा सामान्य व्यक्ति भी अपने पुत्र के विवाह में अधिक से अधिक दहेज की माँग करने लगा। उच्च कुल, उच्च शिक्षा एवं उच्च व्यवस्था और धनाढ़्य परिवार वाले अपने कुल और प्रतिष्ठा के अनुसार अधिक दहेज की माँग करने लगे और कन्या का पिता भी अपनी पुत्री के बेहतर भविष्य के लिए मुँह माँगा दहेज देने को तैयार हो जाता था। शिक्षा और सामाजिक जागरूकता बढ़ने के साथ-साथ यह प्रथा और उग्र रूप धारण करती गई और आज एक संक्रामक रोग की तरह फैल गई है। दहेज-प्रथा के दुष्परिणाम स्वरूप बेमेल विवाह, वेश्यावृत्ति, कन्यावध, कन्या विक्रय आदि कुप्रथाओं को बढ़ावा मिला। सामाजिक सुधार आन्दोलनों एवं शिक्षा के प्रसार के बावजूद दहेज प्रथा पर रोक लगाना संभव नहीं हो पाया।

उन्नीसवीं एवं बीसवीं सदी के मध्य तक अगर हम महिलाओं की स्थिति का मूल्यांकन करे तो यह स्पष्ट तौर पर उभर कर आता है कि उनकी स्थिति दयनीय थी। उन पर बहुत से प्रतिबन्ध थे। सती प्रथा, डायन प्रथा, कन्या वध, वैश्यावृत्ति, दहेज प्रथा आदि ने उनके जीवन को नारकीय बना दिया था।[31] उच्च एवं निम्न वर्ग दोनों ही वर्गों से संबंधित स्त्रियों की स्थिति दयनीय थी। राहुल सांस्कृत्यायन ने अपनी रचना 'राजस्थान रनिवास' में 'जनानी ड्योढ़ी' में रानियों और अन्य स्त्रियों की दयनीय स्थिति का सजीव चित्रण किया है। अंग्रेजी सरकार ने भी राजपरिवार में प्रमुख भूमिका निभाने वाली रानियों के राजनैतिक एवं आर्थिक अधिकारों को सीमित या समाप्त करने का कार्य किया। भरतपुर में 'जनानी ड्योढ़ी' की आय को राज्य की आय में शामिल कर लिया गया। करौली में रानियों की जागीरे कम कर दी गई।[32] कई बार रानियों को अपने खर्चों को पूरा करने के लिए पोलिटिकल एजेंटों को प्रसन्न करना होता था अथवा महाजनों से ऋण लेना पड़ता था। अंग्रेजों ने कुलीय एकता और प्रधानता को कमजोर करने के लिए राजकुमारों को अंग्रेजी पढ़ी-लिखी लड़कियों से विवाह करने के लिए प्रोत्साहित किया। करौली में बस्वा रानी (जो एक ठिकाने से थी) को कछवाहा और सिसोदिया रानियों की तुलना में अधिक तरजीह दी गई। इससे उच्च वर्ग की लड़कियों के पालन-पोषण पर भी कम ध्यान दिया जाने लगा। राजमहलों की रानियों के साथ-साथ ठिकानों में उच्च कुल की महिलाओं की दशा में गिरावट और तेजी से आई। मध्यम एवं निम्न वर्गों की स्त्रियों की दशा में गिरावट और चिन्ताजनक थी क्योंकि उनकी स्थिति पहले से ही शैक्षिक, आर्थिक एवं राजनैतिक दृष्टि से बहुत सोचनीय थी। हम कह सकते है समाज-सुधार आन्दोलनों एवं ब्रिटिश सरकार के प्रयासों से स्त्री सुधार के लिए जो प्रयास किये गये उनकी तुलना में उनकी समस्याएँ कहीं अधिक थी।

सामाजिक कुप्रथाएँ एवं सुधार के प्रयास

तत्कालीन समाज में कई कुप्रथाएँ थी जो परम्परा तथा अन्धविश्वास के कारण राजस्थान में प्रचलित थी इनमें बेगार, दास प्रथा, मानव व्यापार आदि कुप्रथाएँ ऐसी थी जिनका शिकार पुरुष एवं महिलायें दोनों समान रूप से थे। अंग्रेज संरक्षण काल से पूर्व पूर्वी राजस्थान का सामाजिक जीवन अपना परम्परागत अस्तित्व बनाये हुए था। अंग्रेजी संरक्षण काल में पूर्वी राजस्थान के समाज में आर्थिक परिवर्तन होने लगे थे परन्तु बेगार, दास प्रथा, मानव व्यापार जैसी कुप्रथाएँ समाज में अभी भी विद्यमान थी। समाज में सामन्तवाद के विकास के कारण इन कुप्रथाओं को और अधिक बढ़ावा मिला। अपनी शासकीय शक्ति एवं जीवनशैली को बनाये रखने के लिए तत्कालीन शासकों सामन्तों, जागीरदार एवं जमींदारों ने इन कुप्रथाओं के विकास एवं अस्तित्व को बनाये रखने में महत्वपूर्ण योगदान दिया। इन कुप्रथाओं के विकास में सबसे महत्वपूर्ण योगदान जाति-प्रथा का था जो अप्रजातांत्रिक और अधिनायकवादी रही। इस व्यवस्था में जन्म की श्रेष्ठता को सिद्ध किया गया न कि गुण-कर्म की। इससे पहल करने की भावना, आत्म-विश्वास तथा साहस की भावना का लोप हो गया। इन कुप्रथाओं की रोकथाम की तरफ तत्कालीन शासकों ने कोई ध्यान नहीं दिया। अंग्रेज सरकार ने समय-समय पर विभिन्न कानून बनाकर इन प्रथाओं को प्रतिबन्धित किया जिससे बीसवीं शताब्दी तक इन कुप्रथाओं पर काफी हद तक नियंत्रण किया जा सका।

बेगार- बेगार प्रथा का प्रचलन पूर्वी राजस्थान की सभी रियासतों में था। प्राचीन समय में राज्य के सामने आये किसी भी संकट का सामने करने के लिए जनता स्वेच्छा से बेगार देती थी। जैसे युद्ध के समय, पुनर्निर्माण के समय अथवा अकाल पड़ जाने पर रैय्यत स्वेच्छा से बेगार देती थी। प्राचीन समय में धातु मुद्रा का प्रचलन नहीं होने कारण गाँव में नाई, धोबी, कुम्हार, बढ़ई, लुहार, दर्जी आदि को एक निश्चित मात्रा में अनाज दे दिया जाता था। जिसके बदले वे वर्ष भर राज्य तथा ठिकाने की सेवा करते थे।[33] उस समय स्वेच्छा से तथा सद्भावनावश अपनी सेवाएँ देते थे, किन्तु कालान्तर में प्रत्येक व्यक्ति से मालगुजारी लेना आरम्भ कर दिया गया और साथ ही परम्परागत मुफ्त सेवाएँ भी लेने लग गये। किस व्यक्ति से कौनसी बेगार ली जाये यह जाति के आधार पर निश्चित कर दिया गया। उन्नीसवीं शताब्दी में पूर्वी राजस्थान की रियासतों द्वारा अंग्रेजी संरक्षण स्वीकार करने के पश्चात् आर्थिक व्यवस्था में तेजी से परिवर्तन आया। अंग्रेजी आर्थिक नीतियों की वजह से घरेलू व्यवसाय समाप्त हो रहे थे। फलस्वरूप कृषि पर निर्भरता बढ़ती जा रही थी। श्रमिक वर्ग की निर्भरता कृषि पर अधिक होने लगी जो पहले अन्य व्यवसायों में कार्यरत थे। ये श्रमिक कम मजदूरी में काम करने के लिए भी मजबूर थे।

कृषि श्रमिकों की अधिक उपलब्धता के कारण सामन्तों तथा राज्य द्वारा किसानों का शोषण स्वाभाविक था। इस शोषण का भार पहले से कृषि कार्य में लगे किसानों पर भी पड़ रहा था। पुराने किसान खेती छोड़कर कहीं जा नहीं सकते थे तथा नये श्रमिक किसी भी कीमत पर अपना तथा अपने परिवार का पेट भरना चाहते थे। ऐसी स्थिति में सामन्तों तथा

राज्य द्वारा अपनी रैय्यत से मनचाही बेगार लेना आसान हो गया।[34] मजदूरों, कारीगरों तथा कार्यकर्ताओं को राज्य द्वारा किसी भी समय और किसी भी अवधि के लिए कार्य करने के लिए बाध्य किया जा सकता था। यहाँ तक कि महिलाएँ, बूढ़े, विधवाएँ भी इससे मुक्त नहीं थी। यहाँ तक कि महिलायें भी जो काम करने में अक्षम थी उन्हें बीच-बाजार कोड़े मारे जाते तथा यातनाएँ दी जाती थी। व्यक्तिगत श्रम के अलावा कृषि करने वाले श्रमिकों को अपनी बैलगाड़ियाँ तथा ईंधन देना पड़ता था, नाईयों को दाढ़ी बनानी पड़ती थी और महलों में दीपक जलाने पड़ते थे, कुम्हारों को पानी भरना पड़ता था, बढ़ई को फर्नीचर का कार्य करना पड़ता था, धोबियों को कपड़े धुलने पड़ते थे। इन लोगों को ये सब कार्य बिना पुरस्कार या भुगतान के करने पड़ते थे।

उन्नीसवीं सदी के उत्तराद्र्ध में युद्धों का खतरा समाप्त हो गया था। राजाओं के राज्य तथा सामन्तों की जागीरे सुरक्षित हो जाने से उनके रहन-सहन में भारी परिवर्तन आने लगा था। राजा व सामन्त विलासी हो गये थे। राजा और सामन्त पाश्चात्य शैली से प्रभावित होने लगे। पश्चिमी शैली की वेशभूषा, खान-पान, ब्रिटिश अधिकारियों के आगमन पर पाश्चत्य शैली की व्यवस्था आदि घटनाएँ थी जिनका सामूहिक प्रभाव उनकी जीवन शैली पर पड़ा। राजा और सामन्तों ने अपने महल और हवेलियाँ पाश्चात्य शैली में बनाने प्रारम्भ किये साथ ही उन्हें पाश्चात्य शैली की सामग्री से सजाना भी प्रारम्भ कर दिया।[35] नई जीवन शैली के लिए जो आवश्यकताएँ हुई, उन आवश्यकताओं के लिए बेगार प्रथा का प्रसार स्वाभाविक था। राजाओं और सामन्तों की आवश्यकताएँ निरन्तर बढ़ती रहती थी और उनकी पूर्ति के लिए वे अपनी रैय्यत का शोषण करने लगे। ब्रिटिश संरक्षण से पूर्व रैय्यत संकटकाल में स्वेच्छा से बेगार देती थी परन्तु उन्नीसवीं सदी में यह प्रथा एक परम्परा बन गई तथा खालसा व जागीरी ठिकानों में उसने वांछित सेवा का रूप ले लिया और वह बेगार बन गई, जो अनिवार्य रूप से देनी पड़ती थी। जो भी खालसा के गाँव या जागीर में रहता और खेती या अन्य पेशा करता उसको यह परम्परागत बेगार देनी पड़ती थी। ब्राह्मण और राजपूत के अलावा अन्य सभी जातियों को बेगार अनिवार्य रूप से देनी पड़ती थी। तत्कालीन सामाजिक व्यवस्था में जो जाति सामाजिक दृष्टि से जितनी नीची थी उसे उतनी ही अधिक बेगार देनी पड़ती थी।[36]

उन्नीसवीं एवं बीसवीं सदी में बेगार प्रथा ने एक विकृत रूप धारण कर लिया था। पुरुषों और स्त्रियों की सार्वजनिक रूप से मारपीट करना तो आम बात थी। सामन्त तथा दरबार के कारिन्दे किसानों की स्त्रियों की नाजायज तलाशी लेते थे और इस बहाने उन स्त्रियों की इज्जत पर हाथ भी डाल देते थे। सामन्त जबरन किसानों की स्त्रियों को उठा ले जाते थे और अपनी शारीरिक भूख शान्त करने के बाद उन्हें मुक्त करते थे। रैय्यत पर होने वाले इन जुल्मों ने ही रैय्यत को आंदोलनकारी बना दिया। जगह-जगह किसान आंदोलन होने लगे। राजनैतिक और गैर राजनैतिक संगठनों ने बेगार प्रथा को समाप्त करने के लिए कई प्रयास किये। अलवर प्रजामण्डल तथा राजपूताना स्टेट पीपूल्स कॉन्फ्रेन्स ने इस प्रथा के विरूद्ध

धर्म युद्ध सा किया। राजपूताना स्टेट पीपूल्स कॉन्फ्रेन्स ने अजमेर में 23-24 नवम्बर, 1928 ई0 के सम्मेलन में बेगार प्रथा को समाप्त करने का संकल्प किया तथा शासकों से इस प्रथा को समाप्त करने के लिए आवश्यक कदम उठाने का आग्रह किया।[37]

अलवर रियासत में इसे कानून बनाकर निषिद्ध कर दिया गया। शहरों और गाँवों दोनों में बेगार को निषिद्ध कर दिया गया।[38] भरतपुर में भी यह प्रथा समाप्त कर दी गई। भरतपुर महाराजा ने फरवरी, 1927 ई0 में रूपवास के पशु मेले में जनता से यह अपील की कि अगर बेगार का कोई भी मामला सामने आये तो जनता सीधे उन्हें रिपोर्ट करे ताकि शाही फरमान की अवज्ञा करने वाले दोषी व्यक्ति को उचित दण्ड दिया जा सके।[39] यद्यपि बेगार-प्रथा को कानून द्वारा निषिद्ध कर दिया गया फिर भी धौलपुर रियासत में उच्च अधिकारियों में भी यह प्रथा जारी रही। करौली एवं जयपुर रियासतों में भी यह प्रथा जारी रही तथा जो सुधार होने चाहिए थे वे हो नहीं सके तथा देश की आजादी के बाद जब राजस्थान का एकीकरण हुआ तथा जागीरदारी प्रथा का अन्त हुआ तब कहीं जाकर इस प्रथा का उन्मूलन हो सका।[40]

दास प्रथा-

राजस्थान में प्राचीन काल से ही दास-प्रथा प्रचलित थी पूर्वी राजस्थान भी इससे अछूता नहीं था। यहाँ के परम्परागत सामाजिक ढाँचे में दास, दासी, गोला और गोली का एक समूह था परन्तु सामाजिक समूह में इनका स्वतंत्र अस्तित्व नहीं था। युद्ध बन्दियों को अक्सर दास बना लिया जाता था। कई बार आर्थिक तंगी के चलते व्यक्ति अपने आपको तथा अपने परिवार को दास बनने के लिए सुपुर्द कर देता था। राजपूतों में लड़की के विवाह के समय दहेज के साथ दास-दासियाँ (गोला-गोली) देने के लिए लड़के-लड़कियों को खरीदा जाता था। राजपूत सामन्त लड़कियों को रखैल के रूप में रखने के लिए भी खरीदते थे। वैश्यावृत्ति हेतु भी लड़कियाँ खरीदी जाती थी। साधु लोग भी अपने चेले बनाने के लिए लड़कों की खरीद करते थे। इन सभी कारणों से दास-प्रथा को बढ़ावा मिला। शासकों का अपनी प्रजा पर निरकुंश अधिकार था। अपने परिवार की स्त्रियों के सम्मान एवं पवित्रता की रक्षा के लिए लोग स्वेच्छा से या विवशता से दासत्व स्वीकार कर लेते थे। इससे एक भिन्न वर्ग का जन्म हुआ, जिसके लोग अपने शासक के साथ या अभिजात्य व्यक्ति के साथ जुड़े रहते थे। इन्हें गोला, दरोगा, चाकर, दास, खानेजादा, चेला इत्यादि नामों से पुकारा जाता था।[41] इनकी स्त्रियों को गोली, डावरी, बढ़ारन, बाई आदि कहा जाता था। इन दासों को घरेलू कार्य या सैनिक कार्यों में लगाया जाता था। स्वामी अपनी पुत्री की शादी में वंशानुगत दासियां दहेज में देता था, मानों वे दासियां मानव नहीं जानवर हो।

दासों पर उनकी बीबी-बच्चों सहित राजा का स्वामित्व होता था। इनकी शादी तथा तलाक स्वामी की इच्छा पर निर्भर था।[42] अधिकांश दास अपने दासत्व से खुश नहीं थे। इन दासों को अनेक संकटों का सामना करने के बाद भी अपने स्वामी की आज्ञा का पालन करना पड़ता था चाहे वह आज्ञा निम्नस्तरीय और अमानवीय ही क्यों न हो। राजघरानों में

तो दासों के लिए एक अलग विभाग रखने का रिवाज था। इस विभाग को राजलोक कहा जाता था। यह विभाग दासों के रहने, खाने-पीने और उनके काम-काज का प्रबन्ध करता था। इस विभाग की सिफारिश पर किसी दास या दासी की शादी या मृत्यु पर राज्य की ओर से पैसा दिया जाता था। मृतक दास की विधवा और बच्चों की देख-रेख शासक या दास-स्वामी करता था। इनके काम-काज को देखकर साफ कहा जा सकता है कि राजस्थान के सामाजिक जीवन में दासों की अच्छी स्थिति नहीं थी। हालांकि कई बार स्वामी की निष्ठापूर्वक सेवा करने एवं बदलते हुए सामाजिक एवं राजनीतिक वातावरण में चतुर, बुद्धिमान और साहसी दासों ने समाज में प्रमुखता प्राप्त की थी।

जब कोई सुन्दर दासी शासक को पसन्द आ जाती थी तो वह उसे रति सुख के लिए अपने पास रख लेता था, इनमें जो दासियाँ चतुर, बुद्धिमान और महत्वाकांक्षी होती थी, वे अपनी हीन स्थिति से उठकर हरम की मुखिया बन जाती थी। शासक उसके रूप और यौवन का दीवाना होता था, अतः व्यवहारिक दृष्टि से वह एक प्रकार से रानी बन जाती थी।[43] सामाजिक समूह में दासों का ऊपर उठना काफी महत्वपूर्ण था। कभी-कभी ऐसे दास शक्तिसम्पन्न होकर प्रजा पर ज्यादतियाँ करने लग जाते थे। अव्यवस्था का लाभ उठाकर किसानों की पैदावार छीन लेते थे। जो दास शाही परिवार की सेवा में होते थे, उनका दर्जा ऊँचा होता था। ये दास राजपूतों के रीति-रिवाज मानते थे। स्त्रियाँ जिन्हें गोलियाँ कहा जाता था, नौकरानियाँ हुआ करती थी, इन्हें उनके माता-पिता को भारी रकम देकर खरीदा जाता था।

शासक की इच्छा किसी दासी को अन्तःपुर में रखने की होती थी तो उसका विवाह किसी गोले (दास) से करवाकर उसे तत्काल अपने अन्तःपुर में रखवा लिया जाता था तथा उसके पति को कुछ पैसा देकर निकलवा दिया जाता था। इस प्रकार उसके पति से उसका सम्बन्ध विच्छेद करवा दिया जाता था। इस प्रकार उप-पत्नी के रूप में स्वीकृत गोली 'पड़दायत' कहलाती थी अर्थात् अब उसे अन्तःपुर के पर्दे में रहना पड़ता था।[44] यदि शासक प्रसन्न होकर उसे पैरों में सोने के आभूषण पहनने की स्वीकृति दे देता था तो उसका पद और सम्मान बढ़ जाता था और वह पासवान अथवा खवासन कहलाने लगती थी और उत्सव-त्यौहारों आदि में उसकी बैठक रानियों के नीचे रहती थी। जिन लड़कियों को अन्तःपुर में दाखिल नहीं किया जाता था वे या तो 'डावरी' के रूप में जनाना महलों में सेविका के रूप में जीवन व्यतीत करती थी अथवा उन्हें शासकों की पुत्रियों के विवाह में दहेज के रूप में दे दिया जाता था। इन दासियों को अपने स्वामी की हर प्रकार से सेवा करनी पड़ती थी जिसके बदले इन्हें साधारण भोजन, वस्त्र आदि दिया जाता था। इनका जीवन गुलामों जैसा नारकीय था। उनमें स्वाभिमान जैसी कोई चीज नहीं रह गई थी।[45] राजमहलों तथा सामन्तों व सम्पन्न लोगों के यहाँ सुन्दर स्त्री दासियों का दैहिक शोषण होता था।

अलवर रियासत के महाराजा के बारे में इंग्लैण्ड के सम्राट के भारत में स्टेट सेक्रेटरी वेजबुडवेन ने लिखा था कि महाराजा एक बहुत ही विशिष्ट व्यक्ति है जो जीवन के प्रत्येक

क्षेत्र में अपनी विशिष्टता रखता है तथा जिसके राज्यका प्रशासन अति विशिष्ट है तथा जिसके यहाँ दरबार में 2599 दासियाँ है। उन्नीसवीं सदी के उत्तरार्द्ध में पूर्वी राजस्थान में सुधारों का दौर चला साथ ही शिक्षा का भी विकास हुआ। धीरे-धीरे घरेलू दासों में भी चेतना जागृत होने लगी। गौरीशंकर ओझा के सभापतित्व में पुष्कर में एक सम्मेलन आयोजित हुआ जिसमें गोला समुदाय के लगभग 200 लोग शामिल हुए। उनमें अपने स्वामियों का इतना अधिक भय था कि वे केवल एक प्रस्ताव पास कर पाये कि उन्हें गोला न कहकर रावणा राजपूत कहा जाये। बीसवीं शताब्दी के आरम्भ में घरेलू दास-दासियों को वंशानुगत परतन्त्रता से मुक्त करवाने की दिशा में प्रयास हुए, परन्तु विशेष सफलता नहीं मिली। 1921 ई0 की जनगणना के अनुसार समस्त राजस्थान में घरेलू दास-दासियों की संख्या 1,60,755 थी जिनमें से आधे वंशानुगत थे। राजस्थान में यह कुप्रथा विधि सम्मत बना दी गई थी। बीसवीं सदी के तृतीय व चतुर्थ दशक में राष्ट्रीय व अन्तर्राष्ट्रीय दबाव तथा शिक्षा के प्रसार के फलस्वरूप घरेलू दासों को मुक्त करवाने के सम्बन्ध में सफल प्रयास हुए।[46] शिक्षित जागीरदारों एवं उनके पढ़े-लिखे लड़कों ने घरेलू दासों को सुविधाएँ प्रदान की तथा उन्हें वंशानुगत दासता से मुक्त करने की ओर ध्यान दिया। देश की आजादी के पश्चात् 6 जून, 1948 ई0 को राजस्थान संघ सरकार ने दास प्रथा को समाप्त कर दिया।[47]

ब्रिटिश संरक्षणकालीन राजस्थान में मानव व्यापार भी एक कुप्रथा थी। पूर्वी राजस्थान भी इस समस्या से ग्रसित था। कई रियासतों में तो लड़के-लड़कियों के क्रय-विक्रय पर नियमानुसार कर वसूल किया जाता था। भरतपुर, हिंडोन व्यापार के केन्द्र थे। उत्तर प्रदेश और मालवा-मध्यप्रदेश से बच्चे बेचने के लिए लाये जाते थे। बच्चों को खरीदने बेचने का कार्य मुख्यतः बंजारे करते थे। घरेलू दास बनाने के लिए तथा वैश्यावृत्ति के लिए इन बच्चों को खरीदा जाता था। तत्कालीन प्रलेखों व दस्तावेजों में मानव व्यापार सम्बन्धी जानकारी मिलती है। इसे राज्य की ओर से कानूनी मान्यता प्राप्त थी। इस प्रथा को रोकने के लिए ब्रिटिश सरकार द्वारा निरन्तर दबाव डाला जाता रहा जिसके परिणामस्वरूप उन्नीसवीं सदी के अन्त तक इस कुप्रथा का अन्त हो सका। यह कुप्रथा राजस्थान के समाज में एक कलंक थी जो कि मानवीय मूल्यों के खिलाफ थी।[48]

पूर्वी राजस्थान के समाज में व्याप्त बेगार, दास प्रथा, मानव व्यापार, सती प्रथा, कन्या वध, डायन प्रथा जैसी अमानवीय कुप्रथाओं के कारण सामाजिक जीवन निम्नतम स्तर पर था। उन्नीसवीं शताब्दी में भारत में ब्रह्म समाज और आर्य समाज की स्थापना से पुनर्जागरण का युग प्रारम्भ हुआ।[49] समाज में एक नई चेतना जागृत हुई और समाज आधुनिकीकरण की ओर उन्मुख होने लगा जिसका प्रभाव पूर्वी राजस्थान के समाज पर भी पड़ा। आर्य समाज का प्रभाव राजस्थान के समाज पर अधिक पड़ा क्योंकि स्वामी दयानन्द सरस्वती का कार्यक्षेत्र राजस्थान रहा। स्त्री समाज के उत्थान में आर्य समाज का विशेष योगदान रहा। स्वामी दयानन्द सरस्वती ने स्त्रियों को समाज में उचित स्थान दिलाने का आह्वान किया तथा स्त्री शिक्षा को अपना मूल विषय बनाया। पर्दा प्रथा तथा बाल-विवाह के

वे कट्टर विरोधी थे। उन्होंने विधवा विवाह का समर्थन किया। स्वामी दयानन्द की वाणी में उग्रता थी, चुनौती थी और ललकार की शक्ति थी। उनके ओजपूर्ण और विलक्षण तर्क-बुद्धि से प्रभावित होकर बहुत से लोग उनके अनुयायी हो गये। आर्य समाज की शाखाएँ पूर्वी राजस्थान की सभी रियासतों में खोली गई। अजमेर आर्य समाज का प्रमुख केन्द्र था। करौली के शासक तथा जयपुर के ठिकानेदारों के साथ स्वामी दयानन्द के व्यक्तिगत सम्बन्ध थे। वे उनसे अत्यधिक प्रभावित थे।[50]

आर्य समाज ने जाति-प्रथा का घोर विरोध किया और घोषणा की कि वर्ण व्यवस्था कर्म पर आधारित है न कि जन्म पर। जाति प्रथा को समाप्त करने के लिए अन्तर्जातीय विवाह होने लगे। आर्य समाजी जाति-प्रथा तथा छुआछूत को नहीं मानते थे। आर्य समाज ने पूर्वी राजस्थान में जाति-प्रथा के कठोर बंधनों को ढीला करने का कार्य किया। आर्य समाज ने दलितोद्धार के कार्य भी किये। प्रमुख आर्य समाजी हरविलास शारदा के प्रयासों से अप्रैल, 1930 ई0 में बाल विवाह निरोधक कानून 'शारदा एक्ट' के नाम से देशभर में लागू कर दिया गया। इस कानून के अनुसार 14 वर्ष से कम आयु की लड़की तथा 18 वर्ष से कम आयु के लड़के की शादी अवैध थी। आर्य समाज ने डायन प्रथा, बहु विवाह, दहेज प्रथा का भी विरोध किया। आर्य समाज द्वारा किये गये प्रयासों से ही प्रभावित होकर राजस्थान में कुछ अन्य संस्थाओं द्वारा भी सामाजिक कुरीतियों को दूर करने के लिए समय-समय पर प्रयास किये गये।[51] देश हितैषणी सभा एवं वाल्टरकृत हितकारिणी सभा के गठन द्वारा राजपूतों में विवाह के समय होने वाले फिजूल खर्चों पर नियंत्रण करने का प्रयास किया गया। मृत्युभोज के सम्बन्ध में भी नियम बनाये गये। उपपत्नी तथा रखैल रखने की प्रथा की भर्त्सना की गई। बहु-विवाह पर पाबंदी लगाई गई।[52]

समाज में व्याप्त सामाजिक कुरीतियों के खिलाफ आवाज उठाने एवं उनकी रोकथाम में मध्यम वर्ग के सामाजिक आंदोलन के साथ-साथ समाचार पत्रों एवं अंग्रेजी शिक्षा का भी महत्वपूर्ण योगदान रहा। जयपुर के हीरालाल शास्त्री का महिला उत्थान में महत्वपूर्ण योगदान है जिन्होंने महिला शिक्षा के लिए एक शिक्षण संस्थान की स्थापना की जो आज वनस्थली विद्यापीठ के नाम से स्त्री शिक्षा के क्षेत्र में नये कीर्तिमान स्थापित कर रहा है।[53] समाचार पत्रों की अगर हम बात करें तो जयपुर समाचार (1935), अलवर पत्रिका (1943), नवजीवन (1939), नवज्योति (1936) आदि ने सामाजिक एवं राजनैतिक चेतना जागृत करने में महत्वपूर्ण योगदान दिया। राजस्थान सेवा संघ, प्रजामण्डल आन्दोलन आदि ने भी समाज सुधार के क्षेत्र में महत्वपूर्ण कार्य किये। इस प्रकार हम कह सकते है कि पूर्वी राजस्थान के समाज में व्याप्त सामाजिक कुरीतियों को समाप्त करने में सामाजिक एवं धार्मिक संस्थाओं एवं आन्दोलनों के साथ-साथ राजनीतिक संगठनों के कार्यक्रमों एवं आन्दोलनों का भी महत्वपूर्ण योगदान रहा है।

सामन्त व्यवस्था

राजस्थान के सामाजिक और राजनीतिक जीवन में सामन्त व्यवस्था का महत्वपूर्ण स्थान रहा है। इस व्यवस्था के जन्म से जुड़ा प्रश्न बड़ा विवादस्पद है परन्तु यह निश्चित है कि सामन्त व्यवस्था का जन्म राजपूत राज्यों की स्थापना के साथ ही हो गया था क्योंकि यह व्यवस्था राजपूत राज्यों की सैनिक व्यवस्था और संगठन के साथ जुड़ी हुई थी। राज्यों की स्थापना के साथ अपने राज्य में व्यवस्था बनाये रखने तथा बाह्य आक्रमणों से अपने राज्य की सुरक्षा करने के लिए राजपूत नरेशों ने अपने परिवारजनों, कुलीय सम्बन्धियों तथा अपने विश्वस्त सेनानायकों एवं अधीनस्थों को जागीरें देकर अपना सामन्त बना लिया। राजस्थान के शेष भागों की तरह सामन्त व्यवस्था पूर्वी राजस्थान के सामाजिक एवं राजनीतिक जीवन का एक महत्वपूर्ण पहलू थी। खालसा क्षेत्र के चारों ओर सामन्तों की जागीरें हुआ करती थी जिससे खालसा क्षेत्र सुरक्षित होता था। राज्य की विशेष सेवा करने पर ही किसी सामन्त को खालसा भूमि में से जागीर दी जाती थी। खालसा भूमि में से जागीर प्राप्त सामन्त अपने आपको बहुत गौरवान्वित महसूस करता था। राज्यों के विस्तार के साथ ही सामन्तों की जागीरों और उनके अधिकारों में वृद्धि होने लगी तथा सामन्तों की संख्या में भी वृद्धि होने लगी।

सामन्त प्रथा का स्वरूप-पूर्वी राजस्थान की रियासतों में सामन्तवाद का स्वरूप पितृ सत्तात्मक था, जहाँ छोटे-बड़े सभी सामन्त राजा के साथ खून के रिश्तों का दावा करते थे। राजा सर्वोपरि होता था।[54] शासक के बाद सामन्तों का स्थान महत्वपूर्ण होता था। प्रत्येक राज्य का संगठन कुलीय भावना पर आधारित था। अधिकांश सामन्त और अधिकारी राजा के वंश की विभिन्न शाखाओं के मुखिया होते थे। राज्य केवल शासक की सम्पत्ति नहीं था, बल्कि कुलीय सामन्तों की सामूहिक धरोहर था। सामन्त अपने-आपको कुलीय सम्पत्ति का हिस्सेदार मानते थे। जाति व्यवस्था के कारण समाज के निम्न वर्ग के लोग इन कुलीनों के साथ सम्मिलित नहीं हो सकते थे। सिर्फ पवित्र रक्त वाले ही सामन्त हो सकते थे। इनका राजा के साथ बन्धुत्व एवं रक्त का सम्बन्ध था, स्वामी और सेवक का नहीं।[55] इस सम्बन्ध के कारण ही शासक की स्थिति बराबर वालों में प्रथम के समान थी। सामन्त घरेलू और राजनीतिक मामलों में सामाजिक समानता का दावा करते थे। यद्यपि अन्य कुलों के राजपूतों को उनकी योग्यता के आधार पर जागीरें दी जाती थी परन्तु महत्वपूर्ण और विश्वसनीय पदों पर स्वकुलीय सामन्तों को ही नियुक्त किया जाता था। एक ही कुल के सदस्य होने कारण तथा स्वामी धर्म के सिद्धान्त से प्रेरित होकर वे राजा की सेवा करने लिए सदैव तत्पर रहते थे।

सामन्तों को सेना में काम करने के लिए उपाधियाँ तथा सम्मान प्रदान किया जाता था और नागरिक सेवा में भी इन्हीं को पद प्रदान किये जाते थे। ये लोग सिर्फ अधिकारी ही होते थे। इन्हें कभी भी वंश परम्परा अधिकार से वंचित नहीं किया जाता था।[56] युद्ध के समय सामन्त राजा की सेवा करने के लिए सदैव तत्पर रहते थे क्योंकि उनमें यह भावना निहित थी कि वे अपनीपैतृक सम्पत्ति की सामूहिक रक्षा करने के लिए ऐसा कर रहे है। राजा की

ओर से अपने भाई-बेटों को वंशानुगत जागीरें दी जाती थी। राजा अपने सामन्तों को भाई जी और काका जी आदि आदरसूचक शब्दों से सम्बोधित करता था। शासक प्रायः सामन्तों से भी शासन कार्य सम्बन्धी सलाह लिया करता था। सामन्तों की इच्छा के विपरीत किसी महत्वपूर्ण विषय पर निर्णय लेना शासक के लिए सम्भव नहीं था। यहाँ तक कि सामन्तों की सहमति बिना शासक द्वारा मनोनीत उत्तराधिकारी उसका स्थान नहीं ले सकता था।[57] सामान्यतः पूर्वी राजस्थान की सभी रियासतों में ज्येष्ठाधिकार की परम्परा थी तथापि यदि सामन्तों को ज्येष्ठ पुत्र की योग्यता एवं नेतृत्व क्षमता पर सन्देह होता था तो वे मृत राजा के किसी अन्य योग्य पुत्र अथवा भाई को सिंहासन पर बैठा देते थे।

कर्नल जेम्स टॉड के अनुसार सामन्त व्यवस्था का मूल सिद्धान्त यह है कि राजा आश्रय दे सामन्त अपने राजा के प्रति निर्धारित कर्त्तव्यों का पालन करे। इस सिद्धान्त के अन्तर्गत यह व्यवस्था एक ओर सामन्तों को अपने स्वामी को दी जाने वाली सेवाओं के लिए बाध्य करती थी, तो दूसरी ओर राजा पर अपने सामन्तों की रक्षा का दायित्व भी आ जाता था। यदि यह सिद्धान्त दोनों पक्षों की ओर से भंग हो जाता था तो एक पक्ष अपनी भूमिका खो बैठता था दूसरा पक्ष अपना प्रभुत्व एवं अधिकार खो देता था। इससे यह स्पष्ट था कि शासक को सामन्तों के विशेषाधिकारों का सम्मान करना पड़ता था तथा सामन्तों को राजा के प्रति अपने निर्धारित कर्त्तव्यों का पालन करना पड़ता था। राजा राज्य रूपी शिविर के मुख्य खम्भे के समान था तथा उसके सामन्त उस शिविर के चारों ओर लगी खूँटियों के समान थे।[58] यदि उस शिविर में लगी एक खूँटी को भी अलग कर दिया जाये, तो समस्त शिविर धराशायी हो जाये। ठीक इसी प्रकार के राजा और सामन्तों के सम्बन्ध थे। सामन्तों के अधिकार, विशेषाधिकार और कर्त्तव्य सहयोग और निष्ठा के सिद्धान्त पर आधारित थे। दोनों पक्षों में से यदि एक भी पक्ष अपने सहयोग और निष्ठा से च्युत हो जाता था, तो सामन्त व्यवस्था की नींव हिलने लग जाती थी।

सामन्तों की सेवाएँ एवं शुल्क-

सामन्त राजाओं को दो प्रकार से सैनिक सहायता देते थे-युद्धकालीन एवं शांतिकालीन। युद्ध के समय सामन्त अपने दल-बल सहित सैन्य सेवा हेतु जाता था एवं शांति के समय राज्य के सामान्य कार्यों के लिए जागीर के अनुसार सैनिक एवं सवार देता था। सैनिक सेवा के लिए सभी राज्यों में अलग-अलग नियम बने हुए थे। सामन्तों को सैनिक सेवा के अलावा रेख, उत्तराधिकार शुल्क तथा कुछ अन्य शुल्क भी देने पड़ते थे जिनका उल्लेख अग्रांकित है।[59]

सैनिक सेवा-सैनिक सेवा शासकों और सामन्तों के आपसी संबंधों की मुख्य कड़ी थी। राज्य को सैनिक सेवा प्रदान करना सामन्तों का महत्वपूर्ण कार्य था, जिसे चाकरी कहा जाता था। सामन्तों द्वारा दी जाने वाली सैनिक सेवा को दो भागों में बाँटा जा सकता है, युद्ध कालीन सेवा और शान्तिकालीन सेवा। युद्ध के समय सभी सामन्तों को शासक से रूक्का प्राप्त कर अपनी सेना (जमीयत) सहित शासक की सेवा में उपस्थित रहना पड़ता था।

शान्ति के समय सामन्तों को अपनी सेना के साथ एक निश्चित समय के लिए शासक की सेवा में उपस्थित होना पड़ता था। सामन्तों की सेना की संख्या उनकी जागीर के पट्टे में दर्ज 'रेख' पर आधारित होती थी। सामन्त किसी कारणवश चाकरी हेतु अनुपस्थित रहते थे तो इसकी सूचना शासक को देनी पड़ती थी, परन्तु अपनी सेना को शासक की सेवा हेतु भेजना ही पड़ता था। चाकरी की अवधि समाप्त होने पर शासक की अनुमति से ही सामन्त अपनी जागीर में जा सकते थे। सैनिक सेवा के सम्बन्ध में भी अलग-अलग राज्यों में अलग-अलग नियम थे। जयपुर राज्य में पाँच सौ की वार्षिक आय पर एक सवार और एक हजार की आय एक सवार और के हिसाब से सैनिक सेवा ली जाती थी।[60]

समय-समय पर भिन्न-भिन्न लोगों को जागीरें देते समय शासक अपनी इच्छानुसार सैनिक सेवा तय कर देते थे। जिन जागीरदारों को अपनी जागीरों से बहुत कम आय होती थी, उन्हें जागीर के बदले सैनिक सेवा नहीं देनी पड़ती थी। पूर्वी राजस्थान की रियासतों में अंग्रेजी संरक्षण के बाद शासकों एवं सामन्तों में सैनिक सेवा के सम्बन्ध में विवाद हो गया। इस विवाद का मूल कारण था शान्ति और व्यवस्था की स्थापना के लिए अंग्रेज अधिकारियों के नियंत्रण में स्थापित बटालियनों के व्यय सम्बन्धित मामलों में राज्यों से सख्ती के साथ वसूली किया जाना।[61] ब्रिटिश संरक्षणकाल में आपसी युद्धों का अन्त हो जाने से शासकों को अब अपने सामन्तों की सैनिक सेवाओं की अब उतनी आवश्यक न रही। सैनिक बटालियनों के लिए नकद रुपये चुकाने के फलस्वरूप राजाओं ने भी अब अपने सामन्तों से सैनिक सेवा के बदले में नकद रुपये वसूलने का निश्चय किया। इससे दोनों पक्षों में तनाव पैदा हो गया। काफी विवाद के बाद ब्रिटिश सरकार की मध्यस्थता से यह समस्या हल हो पाई परन्तु इससे सामन्तों की सैनिक शक्ति निर्बल पड़ गई।

रेख-सामन्तों से राजकीय माँगों का हिसाब रेख के आधार पर लिया जाता था। रेख के दो अर्थ होते थे। एक अर्थ में रेख का अभिप्राय गाँव की उस अनुमानित वार्षिक आय से था जो कि शासकों द्वारा दिये गये जागीर के पट्टे में दर्ज होती थी, दूसरे अर्थ में रेख का अभिप्राय उस सैनिक कर से था जो कि कुछ राज्यों में सैनिक सेवा के अलावा सामन्त से लिया जाता था।[62] रेख एक ऐसा मापदण्ड था जिसके आधार पर जागीरदारों से राजकीय माँगों जैसे कि उत्तराधिकार शुल्क, सैनिक सेवा, न्यौता शुल्क आदि का हिसाब-किताब लिया जाता था। यही बात शासकों और सामन्तों में विवाद का कारण बनी क्योंकि पट्टों में दर्ज रेख के अनुमानित आंकड़ों और वास्तविक उपज में बड़ा अन्तर होता था। शासकों की शिकायत यह रहती थी कि वास्तविक आय रेख से काफी अधिक है वहीं सामन्त इसे हमेशा कम बताते थे जिससे दोनों में हमेशा तनाव बना रहता था। रेख न तो नियमित रूप से वसूल किया जाता और न ही इसकी कोई निश्चित दर थी। अलग-अलग शासकों के समय अलग-अलग दरों के हिसाब से रेख वसूल की गई। सामन्तों और शासकों के मध्य रेख को लेकर जब विवाद बढ़ने लगे तो 1817 ई0 में ब्रिटिश रेजिडेन्ट की मध्यस्थता से दोनों पक्षों में समझौता हो गया और सामन्तों ने 80 रूपये प्रति एक हजार आय की दर से नियमित रेख चुकाना स्वीकार कर

लिया। रेख का जहाँ तक प्रश्न है यह व्यवस्था सामन्त व्यवस्था का आधार थी परन्तु पूर्वी राजस्थान में यह प्रथा कम प्रचलित थी।[63] इसका प्रचलन पश्चिम राजस्थान में अधिक था। हालांकी पूर्वी राजस्थान के राज्यों में भी शुल्क वसूली का यहीं तरीका था।

उत्तराधिकार शुल्क-यह शुल्क जागीर के नये उत्तराधिकारी द्वारा वसूला जाता था। इसे अलग-अलग राज्यों में अलग-अलग नाम से जाना जाता था, जैसे-हुक्मनामा, पेशकशी, कैद-खालसा, तलवार बँधाई, नजराना आदि। राजपूतों में इस प्रथा का विकास मुगल दरबार की देन है। सामन्त की मृत्यु होने पर उसकी जागीर अस्थाई तौर पर जब्त कर ली जाती थी तथा उसके उत्तराधिकारी द्वारा नजराना पेश करने पर उसे उस जागीर का नया पट्टा दे दिया जाता था।[64] जयपुर राज्य में यह शुल्क नये उत्तराधिकरी को देना पड़ता था। तभी जागीर पर सम्बन्धित सामंत का उत्तराधिकार वैध माना जाता था। यदि कोई जागीरदार शुल्क अदा करने में सक्षम नहीं होता था तो वह एक वर्ष तक अपनी जागीर को खालसा के अन्तर्गत रखकर शुल्क से मुक्त हो सकता था, परन्तु इससे जागीरदार की प्रतिष्ठा को गहरा आघात लगता था इसलिए वह यह शुल्क चुकाने के लिए विवश हो जाता था। जिन रियासतों में उपज कम या न के बराबर होता थी उन्हें इस शुल्क से छूट दी जाती थी।

उत्तराधिकार शुल्क वास्तव में जागीर के पट्टे का नवीनीकरण शुल्क था। पट्टे का अर्थ था-शासक द्वारा जागीरदार को जागीर से राजस्व वसूली का अधिकार सौंपना। जागीरदार की मृत्यृ की सूचना मिलते ही राज्य की तरफ से दीवानी अधिकारी के नेतृत्व में कुछ कर्मचारियों का एक दल जागीर के मुख्य गाँव को भेज दिया जाता था। जब तक उत्तराधिकारी शुल्क जमा नहीं कर दिया जाता था अथवा जमा देने की जमानत नहीं हो पाती तब तक जागीर जब्त रहती और जब्ती दल का सारा खर्चा जागीरदार को उठाना पड़ता था।[65] यदि जागीरदार को उत्तराधिकार शुल्क अधिक लगता था तो उसके बदले में वह एक वर्ष के लिए अपनी जागीर को जब्ती के अन्तर्गत रख सकता था। चूँकि इसे अपमानजनक माना जाता था। अतः कोई भी जागीदार इसके लिए तैयार नहीं होता था। सैनिक सेवा तथा उत्तराधिकार शुल्क के अलावा सामन्तों को अन्य अनियमित कर भी चुकाने पड़ते थे जैसे कि राजा के राज्यभिषेक के अवसर पर नजराना, राजा और उसके ज्येष्ठ पुत्र के प्रथम विवाह के समय पर नजराना, राजकुमारियों के विवाह पर न्यौत का रूपया, राजाओं की तीर्थयात्राओं पर उन्हें भेंट इत्यादि। इन करों की वसूली अलग-अलग शासकों के समय अलग-अलग दरों से की जाती रही।

दरबार में उपस्थिति- करों की अदायगी के अलावा सामन्तों को कुछ और कर्तव्यों का भी पालन करना पड़ता था। उन्हें प्रतिवर्ष एक निश्चित अवधि के लिए राजा के दरबार में उपस्थित रहना पड़ता था और इस अवधि में राजा की पूर्व अनुमति के बिना वे राजधानी नहीं छोड़ सकते थे। निश्चित अवधि के अलावा कुछ अन्य अवसरों जैसे-अक्षय तृतीया, दशहरा आदि पर भी सामन्तों को दरबार में उपस्थित होना पड़ता था। राजधानी में शासक की अनुपस्थिति पर किसी भी सामन्त को रनिवास की देखभाल का काम सौंपा जा सकता

था।[66] इसी तरह रनिवास की स्त्रियों के यात्रादि पर जाने पर उनकी सुरक्षा का भार तथा व्यवस्था सम्बन्धी काम भी किसी न किसी सामन्त को करना पड़ता था। सामन्तों के असन्तोष का सबसे बड़ा कारण यह था कि उन्हें स्वयं अपने पुत्र-पुत्रियों का विवाह करने से पूर्व शासक को इसकी सूचना देनी पड़ती थी। इसी प्रकार सामन्तों को नया दुर्ग अथवा परकोटा बनाने के लिए भी भी शासक से पूर्व अनुमति लेनी पड़ती थी। पूर्वी राजस्थान की रियासतों में सामन्तों को शासकों के प्रति अपने कर्तव्यों का पालन करना ही पड़ता था। शासक और सामन्तों के सम्बन्ध आपसी समझ और विश्वास के आधार पर टिके हुए थे।

सामन्तों के विशेषाधिकार- पूर्वी राजस्थान में जयपुर जैसे बड़े राज्य के प्रथम श्रेणी के जागीरदार अपने आपको कुलीय राज्य के संरक्षक और राजा का सलाहकार समझते थे और यह आशा करते थे कि राजा राज्य के महत्वपूर्ण विषयों पर उनसे विचार-विमर्श करे। इसे सामन्त अपनी प्रतिष्ठा समझते थे। प्रथम श्रेणी के सामन्त अपने शासक का खास रुक्का मिलने पर ही दरबार में उपस्थित होते थे। राजदरबार में उपस्थित होने पर शासक को उन लोगों का उनकी श्रेणी और पद मर्यादानुसार सम्मान करना पड़ता था। और जब वे अपनी जागीरों को वापस लौटते थे तो उनको सिरोपाव देकर विदा करना पड़ता था। शासक के राज्याभिषेक, राजघराने में विवाह, युवराज के जन्म आदि अवसरों पर शासक से सिरोपाव (सम्मान) प्राप्त करना उनका विशेषाधिकार था। अपनी श्रेणी के अनुसार शासक से लवाजमा जिसमें नक्कारा, निशान, चँवर-चँवरी, सोने-चाँदी की छड़ी इत्यादि होती थी प्राप्त करना भी उनका विशेषाधिकार होता था। कुछ सामन्तों को अपना सिक्का ढ़ालने का विशेषाधिकार भी मिला हुआ था। कुछ सामन्तों को शराब की भट्टियाँ चलाने का अधिकार मिला हुआ था।

सामन्तों को अपने पुत्र-पुत्रियों के विवाह के अवसर पर अपने शासक से सिरोपाव और न्यौत की रकम प्राप्त करने का हक था। कुछ सामन्तों को सामान्य न्यायालयों में उपस्थित होने से छूट मिली हुई थी और शासक की पूर्व अनुमति के बिना उन पर अभियोग नहीं चलाया जा सकता था। जागीरी क्षेत्रों में सामन्तों को कई प्रकार के न्यायिक अधिकार मिले हुए थे। मुगलकाल की मनसबदारी व्यवस्था का अनुसरण करते हुए पूर्वी राजस्थान के राजाओं ने भी अपने सामन्तों की श्रेणी, पद और प्रतिष्ठा का निर्धारण करने का निश्चय किया।[67] परिणामस्वरूप कुलीय भावना पर आधारित भाई-बिरादरी अब स्वामी और सेवक में परिवर्तित हो गई।

जयपुर में प्राथमिक रूप से जागीरदारों का विभाजन 'बारह कोटड़ी' से आधारित था। सरदारों में सबसे मुख्य राजावत कछवाहा होते थे। जो राजवंश के निकट सम्बन्धी थे। उसके बाद बारह कोटडी वाले नाथावात, चतुरभुजोत, खंगारोत, कल्याणोत आदि थे। इनके अतिरिक्त शेखावतों, नरुकों, बांकावतो, गोगावतों की कोटड़िया थी। राजा भारमल के समय से ही जागीरों को जयपुर रियासत में कोटडी कहा जाने लगा था।[68] जो जागीरदार कछवाहा राजवंश से ही निकले हुए थे उनको भाई-बेटे कहा जाता था। इनकी दो श्रेणियाँ

थी-ताजीमी और खासबांकी। ताजीमी सरदार जब दरबार में महाराजा को नजर करता था तब महाराजा स्वयं खड़ा होकर नजर लेता था। ऐसे सरदारों को पैर में सोना पहनने का अधिकार था। इनको खास रूक्का भेजकर आवश्यकता होने पर दरबार में बुलाया जाता था तथा सिरोपाव देकर विदा किया जाता था।

समय-समय पर सामन्तों के अधिकारों में काफी उतार-चढ़ाव आता रहा। उन्नीसवीं सदी तक पूर्वी राजस्थान के सामन्तों की स्थिति काफी निर्बल हो चुकी थी जिसका मूल कारण अंग्रेजी प्रभुत्व की स्थापना था। मुगलों के प्रभाव के कारण वहाँ सामंत पहले से ही निर्बल थे। पूर्व की तुलना में पश्चिम व दक्षिण राजस्थान में राजपूतों की संख्या भी अधिक थी इसलिए पूर्व में सामन्तों का अधिक प्रभाव भी नहीं रहा।[69] इसीलिए पूर्वी राजस्थान में सामन्तों का स्थानीय दबाव कम ही था तथा उनकी मान्यता भी कम थी। उनकी तुलना में भरतपुर, धौलपुर में शासक अधिक शक्तिशाली होते गये और उनके सामन्तों की शक्ति कमजोर पड़ गई।

ग्रासिये और भौमिये- सामन्त व्यवस्था में ग्रासियों और भौमियों का भी महत्वपूर्ण स्थान था। ग्रासियें वे जागीदार थे जो सैनिक सेवा के बदले में शासन द्वारा दी गई भूमिका की उपज का जो ग्रास कहलाती थी का उपभोग करते थे। ऐसी भूमि सेवा में ढिलाई करने या आज्ञा का उल्लंघन करने पर छीनी जा सकती थी या फिर दी जा सकती थी। भौमिये राजपूत वे थे जिन्होंने राज्य की रक्षा में या राजकीय सेवाओं के लिए अपना बलिदान दिया था। ऐसे लोगों को राज्य की ओर से दी गई भूमि पर नाममात्र का कर देना पड़ता था। भौमियें भी छोटे भौमिये और बड़े भौमियें हुआ करते थे। छोटे भौमियों को डाक पहुँचाने तथा राजकीय अधिकारियों के दौरे के समय सहायता पहुँचाने अथवा खजाने को हिफाजत से पहुँचाने का काम सौंपा जाता था।

उन्नसवीं शताब्दी के पूर्वाद्ध तक सामन्तों का अपने राज्यों में महत्वपूर्ण स्थान था तथा समाज में उनकी मान्यता तथा प्रतिष्ठा थी।[70] सामन्तों को व्यापक न्यायिक अधिकार प्राप्त थे। व्यापारी वर्ग व दुकानदारों से उनकी सुरक्षा के बदले राहदारी व अन्य शुल्क वसूलने का अधिकार था।[71] ब्रिटिश संरक्षण की स्थापना के पश्चात् पूर्वी राजस्थान की रियासतों के शासकों ने ब्रिटिश सरकार की सहायता से सामन्तों पर निरंकुश नियन्त्रण स्थापित करने की कोशिश की। सामन्त अपने परम्परागत अधिकार छोड़ने को तैयार नहीं थे जिससे दोनों पक्षों में विवाद हुआ। पारस्परिक विवाद के प्रमुख विषय थे-खालसा भूमि पर सामन्तों द्वारा बलात् अधिकार, सामन्तों से ली जाने वाली सैनिक सेवा, रेख, हुक्मनामा (उत्तराधिकार शुल्क), सामन्तों द्वारा की जा रही विशेष अधिकारों की माँग आदि। इस विवाद में अंग्रेजों की नीति किसी भी एक पक्ष के प्रति झुकाव व सहानुभूति प्रदर्शित करने की नहीं थी, बल्कि दोनों पक्षों को कमजोर रखने तथा राजा व सामन्तों दोनों को अपना आश्रित बनाने की थी।[72] सर्वप्रथम ब्रिटिश सरकार ने सामन्तों को खालसा भूमि पर से अपना आधिपत्य हटाने के लिए बाध्य किया। जयपुर के कुछ सामन्तों ने खालसा भूमि हटाने में आनाकानी की

तो उनके खिलाफ सैनिक कार्यवाही की गई। सामन्तों के राजस्व वसूली सम्बन्धी अधिकारों को सीमित व नियमित करने के लिए बाध्य किया गया। अब सामन्त शासन व डोली के नाम पर किसी को भी भू-अनुदान देने के लिए सक्षम नहीं थे।

ब्रिटिश संरक्षण से पहले जागीर क्षेत्र के लोग कहीं भी अन्य जगह जागीरदार की अनुमति बिना नहीं बस सकते थे। राजाओं पर दबाव डालकर ब्रिटिश सरकार ने सामन्तों से यह अधिकार छीन लिया। ब्रिटिश सरकार ने पूर्वी राजस्थान के व्यापारियों को ब्रिटिश भारत में बसने के लिए प्रेरित किया जिससे सेठ-साहूकार ब्रिटिश भारत में बसने लगे।[73] व्यापारी वर्ग जागीरदारों के नियंत्रण से मुक्त हो गया। इससे समाज में सामन्तों की प्रतिष्ठा में कमी आई। अंग्रेजों द्वारा राजस्थान के राज्यों पर नियंत्रण करने के लिए विभिन्न बटालियनों एवं रेजिमेन्ट्स की स्थापना की और इनके खर्चे के लिये सम्बन्धित राज्यों से नकद रुपया लिया जाने लगा। इस व्यवस्था के हो जाने से राजाओं को अब बड़ी सेना रखने की आवश्यकता नहीं रही, अतः राजाओं ने भी अपने सामन्तों से सैनिक सेवाओं के बदले नकद रुपया लेना निश्चित किया। इस कारण से सामन्तों एवं राजाओं के बीच दीर्घकाल तक संघर्ष चलता रहा और अन्ततः सैनिक सेवाओं के बदले नकद रुपया लिया जाने लगा। 1945-46 ई0 में अलवर रियासत में कुल 138 जागीरें थी जिसमें से सबसे महत्वपूर्ण जागीर नीमराना थी जिसे 6,300 रुपये वार्षिक सैनिक सेवा के बदले राज्य को चुकाने पड़े थे।[74] पूर्वी राजस्थान के अन्य राज्यों में भी 60 रुपये प्रति सवार प्रतिवर्ष के हिसाब से वसूली की गई, परन्तु यह राशि घटती-बढ़ती रही। अन्ततः 1884 ई0 में यह तय हुआ कि जागीरदार अपनी वार्षिक आय का एक तिहाई भाग सैनिक सेवा के बदले में राज्य के खजाने में जमा कराएँ।

अलवर और करौली में सामन्तों को अपनी जागीर की आय का एक निश्चित भाग सैनिक सेवा के बदले राजकोष में जमा करवाना पड़ता था। जयपुर राज्य में 1925 ई0 से सैनिक सेवा के बदले नकद रुपया लिया जाने लगा। अब सामन्तों के लिए सैनिक रखना संभव नहीं रहा जिससे सामन्तों की शक्ति एवं प्रतिष्ठा दोनों काफी कमजोर हो गई। अब शासक के विरूद्ध कोई विद्रोह नहीं कर सकते थे।[75] इससे अब अंग्रेजों के आगमन पर अपने पड़ौसी राज्यों को सैनिक सहायता देना या लेना दोनों ही संभव नहीं रहा। सामन्तों के न्यायिक अधिकारों को कम करने के लिए कदम उठाये गये। छोटे सामन्तों के न्यायिक अधिकार समाप्त कर दिये गये।[76] प्रथम श्रेणी के जागीदार को फौजदारी मामले में 6 महीनों तक की सजा तथा 300 रुपये तक जुर्माना लगाने का अधिकार था तथा 1000 रुपये तक के दीवानी मुकदमें सुनने का अधिकार था। परन्तु अब ब्रिटिश भारत की तरह न्यायालय स्थापित होने लगे। सरदारों के विरूद्ध अभियोगों की सुनाई के लिए सरदार कोर्ट्स स्थापित किये गये।[77] सामान्य जनता की तरह जागीरदारों को भी न्यायालय शुल्क देने के लिए बाध्य होना पड़ा। न्यायिक अधिकार छिन जाने से सामन्त भी सामान्य जनता की श्रेणी में आ गये। जिससे समाज में उनका प्रभाव बहुत कम हो गया।

जागीरदारों के नाम पर आने वाले माल पर भी ब्रिटिश संरक्षणकाल में अब चुँगी लगने लगी जिससे वे पहले मुक्त थे। सामन्तों द्वारा व्यापारियों से वसूला जाने वाला राहदारी एवं दाना-पानी शुल्क भी अंग्रेजों द्वारा उनसे छीन लिया गया जिससे व्यापारियों पर सामन्तों का प्रभाव नहीं रहा। सेठ-साहूकारों को अब अपने आसामियों से ऋण वसूलने के लिए जागीरदारों का दरवाजा खटखटाने की जरूरत नहीं रही। अब वे सार्वजनिक न्यायालय में अपने ऋण की वसूली बड़ी आसानी से कर सकते थे।[78] इस प्रकार सामाजिक संरचना में उनका वर्चस्व कम होने लगा। अब सामन्त राज्य में सत्ता के स्रोत नहीं रहे। उत्तराधिकार सम्बन्धी मामलों में सामन्तों का नियन्त्रण प्रायः समाप्त कर दिया गया यह निर्णय अब पॉलिटिकल एजेंट लेने लगा था कि किसे शासक बनाना है।[79] ब्रिटिश सरकार ने पूर्वी राजस्थान के राज्यों में ऐसी नौकरशाही को प्रोत्साहन दिया जो उनके प्रति निष्ठावान व स्वामिभक्त हो। प्रशासनिक व्यवस्था में सामन्तों की उपेक्षा की गई। उनके प्रभाव को कम करने का प्रयास किया गया। कुछ पढ़े-लिखे सामन्तों को प्रशासन में उच्च पद दिये गये, परन्तु उन्हें हमेशा निष्ठावान बने रहने के लिए प्रोत्साहित किया जाता था तथा राज्य में बढ़ते हुए राष्ट्रवाद को रोकने के लिए सख्त हिदायत दी जाती थी।[80]

ब्रिटिश संरक्षण के पूर्व सामन्तों की प्रतिष्ठा थी क्योंकि वे अपनी जागीरों में उपस्थित रहते थे और प्रजा के कल्याण कार्यों में लगे रहते थे। व्यापार-वाणिज्य, शान्ति, व्यवस्था और न्यायिक सभी क्षेत्रों के अनुपालक थे। वस्तुतः वे जननेता थे। उन्नीसवीं सदी के उत्तराद्र्ध एवं बीसवीं सदी के पूर्वाद्ध में सामन्तों की स्थिति में तेजी से परिवर्तन आया। परिवर्तित सामाजिक व्यवस्था में अब पूँजी, अर्थव्यवस्था, व्यापारिक सम्बन्धों व शैक्षणिक योग्यता आदि का महत्व बढ़ गया। सामन्तों ने इन तथ्यों की ओर ध्यान नहीं दिया और व्यापार-वाणिज्य को वैश्यों का क्षेत्र माना तथा शिक्षा को आजीविका का एक साधन मात्र समझा। जागीरों में जो स्कूलें खुली उनमें अपने बच्चों को अपनी थोथी प्रतिष्ठा के चक्कर में नहीं पढ़ाया। इस प्रकार वे प्रगति की दौड़ में पीछे रह गये। जिससे समाज में उनकी पहली वाली प्रतिष्ठा नहीं रही।[81]

अंग्रेजी संरक्षण काल के दौरान सामन्त अत्याचारी हो चुके थे क्योंकि अब वे सुरक्षित हो चुके थे। अब उन्हें किसानों को खुश रखने की जरूरत नहीं थी। अंग्रेजों के सम्पर्क से वे अब विलासी व निष्क्रिय हो चुके थे। उन्हें प्राश्चात्य संस्कृति का रंग चढ़ चुका था। विदेशी वस्तुओं के प्रति उनका आकर्षण बढ़ने लगा था। विदेशी शराब के आदी होने लगे थे जिससे अतिरिक्त खर्चा होने लगा जिसकी पूर्ती के लिय वे किसानों से अनेक कर वसूलने लगे। उनसे लाग-बाग और बेगार ली जाने लगी। अब यह जागीरदार प्रथा पैतृक नहीं रहकर शोषणात्मक बन गई थी। बीसवीं सदी में पूर्वी राजस्थान में भी राष्ट्रीय आन्दोलन से प्रेरित होकर प्रजामण्डलों की स्थापना हुई। प्रजामण्डल आन्दोलनों ने राजनीतिक चेतना जागृत की जिसका प्रभाव सभी वर्गों पर पड़ा।[82] परिणामस्वरूप किसानों ने जागीरदारों के खिलाफ आन्दोलन किये। नीमूचाणा किसान आन्दोलन एवं जयपुर राज्य में हुआ किसान आन्दोलन

तथा भरतपुर व अवलर में हुआ मेव किसान आन्दोलन इसके उदाहरण है।[83] राजनीतिक संगठनों द्वारा पूर्वी राजस्थान में जागीरदारी प्रथा के विरूद्ध व्यापक आन्दोलन किया गया तथा ब्रिटिश भारत की तरह राजनीतिक अधिकारों की माँग करते हुए व्यापक आन्दोलन चलाया गया जिससे जागीरदारों का अस्तित्व खतरे में पड़ गया जिससे सामन्त प्रथा उन्मूलन की सशक्त भूमिका तैयार हो सकी।

शिक्षा

राजस्थान में गाँवों, कस्बों और नगरों में चटशालाएँ, पाठशालाएँ, उपासरे, मन्दिर और मस्जिदों में पढ़ने-पढ़ाने का प्रबन्ध बहुत पहले से ही था। इनमें निःशुल्क शिक्षा दी जाती थी। अठारहवीं से बीसवीं सदी तक यह परम्परा विशेष रूप से गाँवों में चलती रही। पाठ्यक्रम में पढ़ना-लिखना और गणित मुख्य विषय थे। अंग्रेजों से सन्धियाँ हो जाने के पश्चात् राजस्थान में नियुक्त अंग्रेज प्रशासकों को राज्यों के राजा, सामन्तों, प्रशासकों आदि से बातचीत करने तथा इनके साथ किये जा रहे पत्र व्यवहार में भाषा सम्बन्धी कठिनाई का अनुभव हो रहा था। अतः वे चाहते थे कि पत्र व्यवहार अंग्रेजी भाषा में हो। ईसाई धर्म प्रचारकों के माध्यम से वे अंग्रेजी शिक्षा के साथ-साथ ईसाई धर्म का प्रचार की करना चाहते थे। व्यापारी वर्ग को भी अंग्रेज प्रशासकों एवं एजेन्टों से भाषा के कारण संपर्क बनाये रखने में कठिनाई होती थी। इन सब कारणों से समस्त राजस्थान में अब आधुनिक अंग्रेजी शिक्षा का प्रचार आरम्भ हुआ। इसकी शुरूआत अजमेर से हुई क्योंकि अजमेर सीधे अंग्रेजों के नियंत्रण में था।[84] अजमेर के पश्चात् जयपुर में विशेष रूप से शिक्षण संस्थाओं की स्थापना हुई जिसका सकारात्मक प्रभाव समस्त पूर्वी राजस्थान की रियासतों अलवर, भरतपुर, धौलपुर एवं करौली में हुआ और वहाँ भी अंग्रेजी शिक्षा की शुरूआत हुई।

जयपुर रियासत में आधुनिक शिक्षा की शुरूआत रामसिंह द्वितीय (1835-1880 ई0) के समय से मानी जाती है। उन्हीं के समय 1844 ई0 में जयपुर में 'महाराजा स्कूल' की स्थापना हुई थी। यही स्कूल बाद में महाराजा कॉलेज के नाम से प्रसिद्ध हुआ। 1947 ई0 में इसे हाईस्कूल का दर्जा दिया गया। 1873 ई0 में इसे इन्टरमीडिएट और 1888 ई0 में सवाई माधोसिंह (1880-1922 ई0) के समय इसे डिग्री कॉलेज बनाया गया। 1900 ई0 तक राजस्थान में यह एकमात्र स्नोतकोत्तर महाविद्यालय था। इसी कॉलेज में 1905 ई0 में बी.एस.सी. कक्षाएँ प्रारम्भ की गई।[85] महाराजा रामसिंह के समय ही 1845 ई0 में जयपुर में संस्कृत कॉलेज की स्थापना हुई जिसे माधोसिंह द्वितीय के समय आशातीत सफलता मिली। ख्याति प्राप्त विद्वान दुर्गाप्रसाद और गिरधर शर्मा इस कॉलेज में अध्यापन कार्य कर रहे थे, इस कॉलेज के विद्यार्थी पहले बनारस संस्कृत कॉलेज द्वारा आयोजित परीक्षा में बैठते थे। बाद में जयपुर राज्य की ओर से ही संस्कृत परीक्षाएँ आयोजित की जाने लगी। 1861 ई0 में जयपुर में एक मेडिकल कॉलेज की स्थापना की गई। परन्तु इसकी उपलब्धि सराहनीय नहीं रही क्योंकि 1867 ई0 तक इससे मात्र 12 छात्रों ने डिग्री प्राप्त की। शल्य चिकित्सा के प्रति अरूचि, पाश्चात्य शिक्षा के प्रति अविश्वास, भारी व्यय आदि कारणों

से सरकार ने इसे 1867 ई0 में बन्द कर दिया तथा यहाँ के छात्रों को आगरा मेडिकल कॉलेज में स्थानान्तिरत कर दिया गया। 1947 ई0 में पुनः मेडिकल कॉलेज जयपुर में खोला गया।[86]

1866 ई0 में जयपुर राज्य में स्त्री शिक्षा के लिए सरकारी स्कूल खोले गये जिससे स्त्री शिक्षा में जागरूकता आ सकी। उन्नीसवीं सदी के अन्त तक जयपुर राज्य में 9 बालिका स्कूल कार्यरत थे। भरतपुर में 3, करौली में 1 बालिका स्कूल इस समय थे। ये सभी स्कूल प्राथमिक स्तर के थे। अभी समाज में स्त्री शिक्षा के प्रति रूचि जागृत नहीं हुई थी। बाल विवाह पर्दा प्रथा और योग्य शिक्षिकाओं के अभाव के कारण भी स्त्री शिक्षा में प्रगति नहीं हो पाई थी। स्त्री शिक्षा का सर्वाधिक प्रसार अजमेर-मेरवाड़ा तथा जयपुर में हुआ। सोफिया गर्ल्स स्कूल की स्थापना 1914 ई0 में हुई जिसे 1927 ई0 में सरकार से मान्यता प्राप्त हुई। इसे 1935 ई0 में हाईस्कूल और 1942 ई0 में इन्टरमीडिएट मेंक्रमोन्नत कर दिया गया। इस कॉलेज में शिक्षा का माध्यम अंग्रेजी ही था।

1941 ई0 की जनगणना के अनुसार जयपुर राज्य में 27 बालिका विद्यालय थे जिनमें एक शिक्षक प्रशिक्षण पाठशाला और दो सैकण्डरी स्कूल थे। प्रधानमंत्री मिर्जा इस्माइल के काल में जयपुर में लड़कियों की शिक्षा के लिए महारानी इन्टर मीडिएट कॉलेज खोला गया जिसे कालान्तर में (1949 ई0) डिग्री कॉलेज में क्रमोन्नत कर दिया जाता है।[87]

जयपुर राज्य में 1866 ई0 में सरदारों एवं राजपूत बालकों के लिए 'नोबल्स स्कूल' की स्थापना की गई। अलवर राज्य में भी इस प्रकार की स्कूल की स्थापना की गई। इन स्कूलों में सामन्तों एवं सामान्य राजपूतों के बच्चों को शिक्षा दी जाती थी। इन स्कूलों में विद्यार्थियों के लिए राज्य की ओर से निःशुल्क रहने, भोजन व वस्त्र की व्यवस्था थी। जयपुर, बाँदीकुई एवं फुलेरा में रेलवे स्कूल खोले गये जिनमें रेलवे कर्मचारियों के बच्चे पढ़ा करते थे। कैथेलिक मिशन ने 1941 ई0 में लड़कों के लिए जयपुर में 'सेंट मैरी बोएज' नामक स्कूल खोला जिसका नाम 1945 ई0 में बदलकर सेंट जेवियर रख दिया गया। इसका पाठ्यक्रम कैम्ब्रिज विश्वविद्यालय द्वारा निर्धारित था। बाद में राजपूताना विश्वविद्यालय द्वारा निर्धारित पाठ्यक्रम इसमें लागू किया गया। इसमें शिक्षा का माध्यम अंग्रेजी था। यहाँ के लड़कों को हिन्दी की परीक्षा में भी उत्तीर्ण होना पड़ता था। इस स्कूल की प्रतिष्ठा सम्पूर्ण राजस्थान में आज भी बहुत है। 26 मार्च, 1869 ई0 को महाराजा रामसिंह द्वारा 'सामाजिक विज्ञान सभा' की स्थापना की गई जिसका उद्देश्य था सामाजिक बुराईयों को दूर करना तथा स्कूल, कॉलेज की स्थापना को प्रोत्साहन देना। माधोसिंह के समय जयपुर में चिकित्सा शिक्षा के क्षेत्र में अभूतपूर्व प्रयास किये गये तथा जयपुर में मेयो अस्पताल एवं जनाना अस्पताल की स्थापना की गई। एक्स-रे उपकरण एवं प्रयोगशालाओं की स्थापना की गई।[88]

हीरालाल शास्त्री ने 1935 ई0 में जयपुर में 'जीवन शिक्षा कुटीर' नाम से एक महिला शिक्षण संस्थान की स्थापना की जहाँ भारतीय संस्कृति के पक्ष में लड़कियों को शिक्षा दी

जाती थी।[89] बालिका स्कूलों में हस्तशिल्प, बुनाई, सिलाई, दस्तकारी आदि की भी शिक्षा दी जाती थी। 1938 ई0 में प्राथमिक एवं माध्यमिक विद्यालयों के विस्तार के लिए एक शिक्षा समिति भी गठित की गई। शिक्षा विभाग के अन्तर्गत एक सार्वजनिक पुस्तकालय भी बोला गया जो राज्य द्वारा वित्त पोषित था। इस पुस्तकालय का 1937 ई0 में लगभग 41,936 लोगों ने उपयोग किया। इस प्रकार हम देख सकते हैं कि उन्नीसवीं एवं बीसवीं सदी में जयपुर राज्य में शिक्षा के क्षेत्र में सम्मानजनक प्रगति हुई।

अलवर राज्य में शिक्षा का जहाँ तक प्रश्न है वहाँ भी शिक्षा विभाग था परन्तु राजाओं द्वारा जनता को शिक्षित करने की तरफ विशेष रुचि नहीं ली जाती थी क्योंकि उनका मानना था कि शिक्षित होकर उनके लिए ही वे लोग खतरा बन सकते है।[90] अंग्रेजी शिक्षा को बढ़ावा देने के लॉर्ड विलियम बैंटिक के संकल्प के अनुसार 1842 ई0 में महाराजा बन्नेसिंह द्वारा एक स्कूल अलवर में खोली गई जो अपने तरह की राजपूताना में दूसरी स्कूल थी। इस तरह की पहली स्कूल अजमेर में थी।[91] मुंशी उम्मेदसिंह की इसमें अंग्रेजी के पहले शिक्षक के तौर पर नियुक्ति की गई। मुंशी शिवदयाल सिंह के सहयोग से इस स्कूल ने काफी प्रगतिकी, 1870 ई0 में इसे हाई स्कूल बना दिया गया। तात्कालिक पॉलिटिकल एजेन्ट हेमिल्टन की राय में जयपुर की तुलना में अलवर में शिक्षा की व्यवस्था अच्छी थी। 1901 ई0 की जनगणना के अनुसार अलवर राज्य साक्षरता में पूरे राजपूताना में 2.7 प्रतिशत साक्षरता के साथ बारहवें स्थान पर था। 1941 ई0 में साक्षरता की दर 5 प्रतिशत थी।[92] राज्य में स्कूलें निजी एवं राज्य द्वारा वित्त पोषित दोनों ही प्रकार की होती थी। राज्य द्वारा वित्त पोषित स्कूलों के रख-रखाव के लिए एक प्रतिशत कर अलग से राजस्व के अन्तर्गत ही वसूला जाता था। यह शिक्षण शुल्क हलकाबंदी (ग्रामीण) स्कूलों पर खर्च किया जाता था। प्रारम्भ में निःशुल्क शिक्षा दी जाती थी परन्तु बाद में 1938 ई0 में वरिष्ठ छात्रों से शुल्क वसूला जाने लगा।

1929 ई0 में महाराजा जयसिंह द्वारा शिक्षा विभाग में कुछ सुधार प्रारम्भ किये गये। हिन्दू-मुस्लिमों के लिए धार्मिक शिक्षा की शुरूआत की गई। सैनिक शिक्षा के लिए एक नोबल्स स्कूल की स्थापना की गई ताकि राज्य के लिए दक्ष सैनिक तैयार किये जा सके।[93] बड़ी संख्या में बालिका विद्यालयों की भी राज्य में स्थापना की गई। अलवर में ईसाई मिशनरीज ने भी स्कूल खोले। 1880 ई0 में अलवर में प्रेस्बिटेरियन मिशन का केन्द्र खुला। इस विभाग की स्थापना के एक वर्ष के दौरान ही वहाँ सात एंग्लों-वर्नाक्युलर स्कूल खोले गये। इस मिशन ने अपना स्टैण्डर्ड मिडिल स्कूल तक ही सीमित रखा। इस मिशन ने शिक्षकों को प्रशिक्षण देने का कार्य भी किया। अलवर के अलावा राजगढ़ और बाँदीकुई में भी मिशन द्वारा स्कूल खोलें गये। राजगढ़ के स्कूल में चमारों को भी प्रवेश दिया गया था। समाज के पददलित लोगों के उत्थान में मिशन का सराहनीय योगदान रहा था। मिशन ने लड़कियों के लिए अलग से स्कूल स्थापित किया। 1901 ई0 में अलवर राज्य में तीन बालिका स्कूल संचालित थे।[94] 1930 ई0 में राजऋषि इन्टरमीडिएट कॉलेज की

स्थापना की गई जोकि माध्यमिक एवं उच्च माध्यमिक शिक्षा बोर्ड, राजपूताना से सम्बन्ध था। 1945 ई0 में इसे डिग्री कॉलेज के रूप में क्रमोन्नत करके आगरा विश्वविद्यालय से सम्बद्ध कर दिया गया।

अलवर राज्य में शिक्षा नीति के खिलाफ मुस्लिम समुदाय ने विरोध किया विशेष रूप से धार्मिक शिक्षा के खिलाफ जिसके अन्तर्गत कुरान की पढ़ाई को लेकर वे कोई पाबंधी नहीं चाहते थे।[95] शिक्षा के माध्यम के रूप में उन्होंने उर्दू की वकालत भी की। यह विद्रोह अलवर तक सीमित नहीं रहकर ब्रिटिश भारत के क्षेत्रों गुडगाँव एवं रोहतक में भी फैल गया।[96] अलवर के मुसलमानों को बाहर के मेव मुसलमानों का समर्थन मिलने लगा। इन लोगोंने ब्रिटिश सरकार का ध्यान आकर्षित करने की कोशिश भीकी। इन लोगों ने सार्वजनिक सम्पत्ति को नुकसान पहुँचाया तब महाराजा ने ब्रिटिश सेना की मदद माँगी ताकि विद्रोहियों पर नियंत्रण किया जा सके।

अंग्रेज सरकार ने तुरन्त मदद की जिससे अलवर में शान्ति स्थापित हो सकी। इसके बदले में ब्रिटिश सरकार ने राजा से अलवर में एक ब्रिटिश राजस्व अधिकारी एवं पुलिस महानिरीक्षक की नियुक्ति की माँग की जिसे न चाहते हुए भी अलवर महाराजा को मानना पड़ा। महाराजा तेजसिंह द्वारा शिक्षा के क्षेत्र में सराहनीय प्रयास किये गये।[97] जागीरदारों को शिक्षा के लिए प्रेरित किया गया। शिक्षा निदेशालय की स्थापना की गई। इस निदेशालय द्वारा स्कूलों में फीस, प्रवेश, पाठ्यक्रम, शिक्षकों की नियुक्ति हेतु विज्ञापन एवं उनकी सेवा शर्तों आदि सम्बन्धी नियम बनाये जाते थे एवं उन्हें लागू करवाया जाता था। निदेशालय का प्रमुख निदेशक होता था जिसे सहायता करने के लिए निरीक्षकों की नियुक्ति की गई थी। प्राथमिक एवं माध्यमिक शिक्षा को बढ़ावा देने के लिए राज्य को चार क्षेत्रों में बाँटकर प्रत्येक क्षेत्र में एक निरीक्षक की नियुक्ति की गई थी। अलवर राज्य में शिक्षा की स्थिति को हम निम्न सारणी के माध्यम से समझ सकते है:-

अलवर राज्य में शिक्षा की स्थिति

वर्ष विद्यालय छात्र शिक्षक व्यय (रुपयों में)
1873-74 92 3403 119 26,587
1875-76 107 3716 142 36,919
1894-95 116 5363 214 43,908
1906-07 95 4891 199 30,254
1912-13 94 4409 179 58,732
1938-39 187 14909 440 2,25,596
1939-40 185 15495 491 2,39,815
1944-45 211 16604 480 3,78,103
1945-46 229 17372 607 4,74,824

स्रोत: रिपॉर्ट ऑन दी एडमिनिस्टेªशन ऑफ अलवर स्टेट, 1945-46

भरतपुर राज्य बीसवीं सदी के प्रथम दशक में साक्षरता की दृष्टि से राजपूताना के राज्यों में ग्यारहवें स्थान पर था। भरतपुर राज्य में 2.8 प्रतिशत लोग इस समय लिख-पढ़ सकते थे। 1939 ई0 में साक्षरता की दर बढ़कर 5.30 हो जाती है। जिसमें ब्रिटिश सरकार एवं शासकों दोनों का ही महत्वपूर्ण योगदान था। भरतपुर राज्य में निजी एवं राज्य द्वारा वित्त पोषित दोनों तरह की स्कूलों थी, जिन्हें शहरी स्कूल, तहसीली स्कूल तथा हलकाबंदी (ग्रामीण) की श्रेणियों में बाँटा गया था। बालिकाओं की स्कूलों की भी अलग श्रेणी मौजूद थी। पॉलिटिकल एजेन्ट वॉल्टर की रिपोर्ट के अनुसार 1842 ई0 के शुरूआत में महाराजा बलवन्त सिंह द्वारा एक स्कूल खोली गई थी।[98] 1856 ई0 तक इस स्कूल की स्थिति अच्छी नहीं थी तथा 55 में से सिर्फ 40 विद्यार्थी ही नियमित स्कूल आया करते थे परन्तु 1856 ई0 में जब इस स्कूल में भोलानाथ दास को नियुक्त किया गया तो छात्रों की संख्या बढ़कर 426 हो गई जो कि भरतपुर में अब तक का रिकॉर्ड था।[99] बाद में इस स्कूल में अंग्रेजी की शुरूआत की गई। स्वयं महाराजा जसवंत सिंह ने इसी स्कूल में अंग्रेजी सीखी थी, बाद के शासकों ने भी भरतपुर में अशिक्षा को दूर करने में सराहनीय कदम उठाये जिसकी प्रशंसा तात्कालीन अजमेर-मेरवाड़ा के विद्यालयी निरीक्षक ई0 एफ. हैरिस ने की थी। हैरिस का कहना था कि प्राथमिक और माध्यमिक शिक्षा के क्षेत्र में भरतपुर ने बहुत प्रगति की है जिसका गवाह वह स्वयं है। स्कूलों का स्तर प्रतिष्ठित था। शिक्षकों एवं शिक्षण दोनों की गुणवत्ता में काफी सुधार उस समय तक हो चुका था। शिक्षकों का वेतन बढ़ाया गया। स्कूलों में अब अच्छे छात्रों को तैयार किया जा रहा था। अब भरतपुर केन्द्रीय सलाहकार समिति भी शिक्षा में रुचि लेने लगी थी। 1939-40 ई0 में इस समिति ने सारे राज्य में आधारभूत शिक्षा को पाँच सालों में लागू करने का संकल्प लिया। इस प्रस्ताव को राज्य परिषद और शासक द्वारा अनुमोदित भी करवाया गया।

भरतपुर केन्द्रीय सलाहकार समिति द्वारा 1940-41 ई0 में एक इन्टरमीडिएट कॉलेज की स्थापना के लिए एक प्रस्ताव पास किया गया। जिसके परिणामस्वरूप इसी वर्ष भरतपुर में एक इन्टर मीडिएट कॉलेज खोला गया। भरतपुर के अलावा 1944 ई0 में डीग में भी एक हाई स्कूल खोली गई।[100] शिक्षा विभाग अधीक्षक के नेतृत्व में कार्य करता था। जिसे सहायता करने के लिए विद्यालय निरीक्षक हुआ करते थे। इस विभाग ने समस्त राज्य में बुनियादी शिक्षा का प्रसार किया ताकि साक्षरता का प्रतिशत बढ़ाया जा सके। स्त्री शिक्षा को विशेष रूप से प्रोत्साहन दिया गया।[101] 1888 ई0 में भरतपुर में महिला शिक्षण के लिए स्कूल खोले गये। आगरा के नजदीक होने से भरतपुर में राजनीतिक जन-जागृति अन्य राज्यों की तुलना में अधिक थी अतः अधिकतर लोग पढ़ने के लिए नजदीक होने की वजह से आगरा चले जाया करते थे परन्तु फिर भी भरतपुर में शिक्षा के क्षेत्र में उन्नीसवीं व बीसवीं सदी में काफी प्रयास हुए।

1901 ई0 की जनगणना के अनुसार धौलपुर राज्य में मात्र 1.4 प्रतिशत लोग साक्षर थे। बीसवीं शताब्दी में धौलपुर में शिक्षा के क्षेत्र में प्रगति हुई। 1941 ई0 में राज्य में लगभग 5.6

प्रतिशत लोग साक्षर थे। बीसवीं शताब्दी में राज्य द्वारा शिक्षा के क्षेत्र में रुचि लेने के कारण शिक्षा के क्षेत्र में प्रगति हुई। गाँवों एवं तहसीलों में बहुत सी स्कूल खोले गये। चतुर्थ दशक के आरम्भ में धौलपुर में एक हाई स्कूल खोला गया जो कि राजपूताना एवं मध्य भारत बोर्ड से सम्बद्ध था।[102] राज्य की स्कूलों में प्राथमिक शिक्षा पूरी तरह से निःशुल्क थी तथा उच्च शिक्षा में भी नाममात्र का शुल्क लिया जाता था। गरीब व जरुरतमंद बच्चों के लिए मुफ्त में पुस्तकें दी जाती थी। देश एवं विदेश में उच्च शिक्षा के लिए प्रत्येक वर्ष के बजट में छात्रवृत्ति के लिए प्रावधान किया जाता था। निजी संस्कृत एवं फारसी संस्थानों तथा बाड़ी एवं धौलपुर के इस्लामिक अंजुमनों को भी आसानी से धनराशि दी जाती थी जिससे कि ये संस्थाएँ निर्बाध रूप से कार्य कर सके।[103] राज्य स्कूलों को हरिजनो लिए खोला गया परन्तु इन स्कूलों में उनकी उपस्थिति नगण्य रही। राज्य के संस्थानों में लड़कों को रोजाना पन्द्रह मिनट के लिए धार्मिक व नैतिक शिक्षा दी जाती थी। 1942 ई0 में महाराजा द्वारा धार्मिक शिक्षा का एक नियमित पाठ्यक्रम लागू किया गया तथा इस विषय में प्रथम दो स्थानों पर रहने वाले छात्रों के लिए स्वर्ण पदक एवं रजत पदक देने की शुरूआत की। श्री महारानी कन्या पाठशाला में लड़कियों को भी धार्मिक शिक्षा प्रमुखता से दी गई। धौलपुर में उन्नीसवीं शताब्दी में भले की शिक्षा के क्षेत्र में बहुत कम प्रयास किये गये तथा शिक्षा की स्थिति बहुत खराब थी परन्तु बीसवीं सदी में राज्य दरबार द्वारा किये गये सराहनीय प्रयासों से शिक्षा के क्षेत्र में प्रगति हो सकी।

करौली राज्य शिक्षा के क्षेत्र में काफी पिछड़ा हुआ था। 1901 ई0 की जनगणना के अनुसार राज्य में सिर्फ 2.3 प्रतिशत लोग शिक्षित थे।[104] 1871 ई0 में सिर्फ एक प्राथमिक विद्यालय करौली में विद्यमान था। पूर्वी राजपूताना के पॉलिटिकल एजेन्ट सर स्मिथ के प्रयासों से यह विद्यालय 1886 ई0 में हाई स्कूल के रूप में क्रमोन्नत हुआ।[105] बाद में पोलिटिकल एजेन्ट बने कर्नल मॉरटेली ने राज्य की पाँच तहसीलों में पाँच स्कूल खोले ताकि ग्रामीणों की पहुँच स्कूलों तक हो सके तथा अधिक से अधिक लोग पढ़ सके। प्राथमिक शिक्षा निःशुल्क होने के बावजूद स्कूलों की कमी एवं राज्य की विभाजनकारी नीति के कारण शिक्षा के क्षेत्र में महत्वपूर्ण कार्य नहीं हो सका। अछूतों को इन स्कूलों में प्रवेश से दूर रखा जाता था। तीस के दशक में हरिजन बालकों के लिए एक प्राथमिक विद्यालय खोला गया परन्तु ऊँची जाति के लोगों के विरोध के कारण इसे बंद कर दिया गया।[106] करौली राज्य में स्कूलों की संख्या, छात्रों की संख्या तथा उन पर किया जाने वाला व्यय निम्नांकित था:-

करौली राज्य में शिक्षा की स्थिति

वर्ष हाई स्कूल प्राथमिक स्कूल बालिका स्कूल कुल स्कूलें छात्र व्यय (रूपयों में)

1907-08 01 5 01 7 380 4146

1910-11 01 6 01 8 436 6,374

1912-13 01 7 01 9 464 7,303

1914-15 01 8 01 10 584 6,895

1928-29 01 8 01 10 621 10,672
1933-34 01 8 01 10 803 11,169
1938-39 01 11 01 13 1,013 12,314
1939-40 01 16 01 18 1,250 13,391
1943-44 01 18 01 20 1872 16,402
1944-45 01 18 01 20 2,156 19,317

स्रोतः रिपॉर्ट ऑन दी एडमिनिस्ट्रेशन ऑफ करौली स्टेट, 1944-45

पूर्वी राजस्थान में शिक्षा-प्रसार का कार्यक्रम गैर-सरकारी तौर पर अधिक कारगर व सफल रहा। गैर-सरकारी संस्थाओं ने अपने नियमित पंजीकृत न्यासों व सोसायटियों द्वारा तथा कुछ प्रतिष्ठित सेठ-साहूकारों ने निजी तौर पर शिक्षा के विस्तार में महत्वपूर्ण योगदान दिया। आर्य समाज एजूकेशन सोसायटी, अजमेर, राजस्थान शिक्षा मण्डल, बम्बई, मारवाड़ी रिलीफ सोसायटी, कलकत्ता, बनस्थली विद्यापीठ, बनस्थली आदि का नाम विशेष उल्लेखनीय है जिनके माध्यम से पूर्वी राजस्थान में ही नहीं बल्कि सम्पूर्ण राजस्थान में शिक्षा का प्रसार हुआ। इन संस्थाओं ने कई प्राथमिक व माध्यमिक स्कूल खोले तथा कहीं-कहीं कॉलेज भी स्थापित किये जहाँ हजारों की संख्या में बालक-बालिकाओं ने शिक्षा अर्जित की। विभिन्न जातियों की संस्थाओं ने भी स्कूल व कॉलेज खोले। जयपुर में खण्डेलवाल, अग्रवाल, माहेश्वरी, जैन, पारीक और कायस्थ आदि समाजों ने प्राथमिक से लेकर डिग्री कॉलेज तक की शिक्षण संस्थाएँ खोली जो आज भी संचालित है। इन संस्थाओं से हजारों बालक-बालिकाएँ लाभान्वित हुए।[107]

पूर्वी राजस्थान में भी सम्पूर्ण राजस्थान की तरह शिक्षा के प्रसार में अंग्रेज अधिकारियों, शासकों, इसाई धर्म-प्रचारकों, गैर-सरकारी संस्थाओं, प्रतिष्ठित व्यक्तियों और सेठ-साहूकारों का सामूहिक योगदान रहा। व्यवसायी तथा नौकरशाही वर्ग ने अंग्रेजी शिक्षा के माध्यम से आगे बढ़ने तथा अंग्रेजों की कृपा प्राप्त करने की आशा से उसका स्वागत किया। राजाओं ने भी कभी अनिच्छा से ही सही परन्तु शिक्षा के क्षेत्र में अंग्रेजों के प्रयासों से कुछ योगदान दिया। इन राजाओं ने शिक्षण संस्थाओं की स्थापना के लिए धन राशि देने के साथ-साथ कुछ शिक्षण संस्थाओं की स्थापना भी की उन्हें संरक्षण दिया तथा राज्य के बजट में शिक्षा के लिए प्रावधान भी किया गया।[108] ब्रिटिश काल में अगर हम दृष्टिपात करते है तो कह सकते है कि पूर्वी राजस्थान में शिक्षा के विस्तार की गति धीमी ही रही तथा ब्रिटिश भारत की तुलना में राजस्थान की ये रियासतें शिक्षा के क्षेत्र में बहुत पिछड़ी हुई थी हालांकी लोकतांत्रिक व्यवस्था के अन्तर्गत बाद में शिक्षा पर अधिक ध्यान दिया जाने लगा।

1. जी0एन0 शर्मा, आधुनिक राजस्थान का इतिहास, ग्रन्थ भारती, जयपुर, 1994, पृ0 249
2. एस0एल0 नागौरी, राजस्थान का सांस्कृतिक इतिहास, मलिक एण्ड कम्पनी, जयपुर, 2010, पृ0 49

3. एम0एस0 जैन, आधुनिक राजस्थान का इतिहास, पंचशील प्रकाशन, जयपुर, 1989,पृ0 225
4. सेन्सस ऑफ इण्डिया, 1921, जिल्द XXIV राजपूताना, भाग 1, पृ0 229-30, और 236
5. ए0आर0 देसाई, सोशल बैकग्राउण्ड ऑफ इण्डियन नेशनैलिज्म, पॉपुलर प्रकाशन, मुम्बई, 1959, पृ0 224-225
6. बी0जी0 गोखले, ऐनशिएण्ट इण्डिया: हिस्ट्री एण्ड कल्चर, एशिया पब्लिशिंग हाऊस, बॉम्बे, 1952, पृ0 134
7. दस्तरी रेकॉर्ड्स फाइल नं0 15, वि0सं0 1882
8. एम0एस0 जैन, पूर्व उद्धृत, पृ0 253
9. आर0पी0 व्यास, आधुनिक राजस्थान का वृहत् इतिहास, भाग 2, राजस्थान हिन्दी ग्रन्थ अकादमी, 2007, पृ0 403
10. द राजपूताना गजेटियर, भाग 1, कलकत्ता, 1879, पृ0 251
11. कालूराम शर्मा, उन्नीसवीं सदी के राजस्थान का सामाजिक एवं आर्थिक इतिहास, पंचशील प्रकाशन, जयपुर, 2005, पृ0 109
12. प्रकाश व्यास, राजस्थान का सामाजिक इतिहास, पंचशील प्रकाशन, जयपुर, 2001, पृ0 70-71
13. एम0एस0 जैन, पूर्व उद्धृत, पृ0 231
14. धौलपुर स्टेट सर्विस एपोइण्टमेन्ट रूल्स, 1941, पृ0 3
15. एस0एल0 नागैरी, पूर्व उद्धृत, पृ0 59
16. कर्नल जेम्स टॉड, एनाल्स एण्ड एन्टीक्वीटिज ऑफ राजस्थान, भाग1, ऑक्सफोर्ड यूनीवर्सिटी प्रेस, लंदन, 1960, पृ0 505
17. सती स्तंभ, चित्तौड़, रणथम्भौर आदि, वि0सं0 1500-1800
18. कालूराम शर्मा, पूर्व उद्धृत, पृ0 118
19. एम0एस0 जैन, पूर्व उद्धृत, पृ0 234
20. बी0एल0 ग्रोवर, आधुनिक भारत का इतिहास, एस0 चन्द एण्ड कम्पनी लि0, नई दिल्ली, 2012, पृ0 176
21. विनसेन्ट स्मिथ, द ऑक्सफोर्ड हिस्ट्री ऑफ इण्डिया, 1961, पृ0 454
22. आर0पी0 व्यास, पूर्व उद्धृत, पृ0 409
23. सेन्सस ऑफ इण्डिया, 1911, जिल्द XXII राजपूताना, भाग1, पृ0 126-140
24. ए0सी0 बनर्जी, लेक्चर्स ऑन राजपूत हिस्ट्री, ए0 मुखोपाध्याय एण्ड फर्म, कलकत्ता 1962, पृ0 454
25. द गजेटियर ऑफ इण्डिया, इण्डियन यूनियन, भाग1, कन्ट्री एण्ड पिपुल, दिल्ली, मिनिस्ट्री ऑफ आई0बी0, 1965, पृ0 541
26. रिपोर्ट ऑन द एडमिनिस्ट्रेशन ऑफ करौली स्टेट, 1906-07, पृ0 01

27. द हिन्दुस्तान टाइम्स, 20 अगस्त, 1940
28. एस0एल0 नागौरी, पूर्व उद्धृत, पृ0 61
29. रामधारी सिंह दिनकर, संस्कृति के चार अध्याय, लोक भारती प्रकाशन, इलाहाबाद, 2015, पृ0 407
30. जी0एन0 शर्मा, पूर्व उद्धृत,पृ0 256
31. बिपिन चन्द्र, भारत का स्वतंत्रता संघर्ष, हिन्दी माध्यम कार्यान्वय निदेशालय, दिल्ली विश्वविद्यालय, 2011, पृ0 56-57
32. एम0एस0 जैन, पूर्व उद्धृत, पृ0 248
33. रामनारायण चौधरी, राजपूताना टूडेः मॉडर्न रिव्यू, कलकत्ता, दिसम्बर, 1928
34. प्रकाश व्यास, पूर्व उद्धृत, पृ0 168
35. कर्नल सदरलैण्ड रिपोर्ट, 7 अगस्त, 1947
36. जी0एन0 शर्मा, पूर्व उद्धृत, पृ0 264
37. ए0एन0 सुन्दरीसनम, इण्डियन स्टेट रजिस्ट्रार एण्ड डायरेक्टरी, मद्रास, 1929, पृ0 313-14
38. द अलवर स्टेट एडमिनिस्टे[a]शन रिपोर्ट, 1945-46, पृ0 27
39. किशन सिंह, एलिगेशन अगेन्स्ट भरतपुर (1925-27) एण्ड अदर रेलिवेन्ट मेटर्स, इण्डियन प्रेस, इलाहाबाद, 1928, पृ0 1017
40. आर0एन0 चौधरी, हरिजन इन करौली, द हिन्दुस्तान टाइम्स, 3 नवम्बर, 1933
41. रिपोर्ट ऑफ दी सेन्सस ऑफ, 1891, भाग2, दी कास्ट ऑफ मारवाड़, जोधपुर, 1894, पृ0 181
42. द राजपूताना गजेटियर, भाग3 ए, पायोनियर प्रेस, इलाहाबाद, 1909, पृ0 88-89
43. जी0एन0 शर्मा, सोशल लाइफ इन मेडिवल राजस्थान, लक्ष्मीनारायण अग्रवाल, आगरा, 1968, पृ0 99-101
44. प्रकाश व्यास, पूर्व उद्धृत, पृ0 104-105
45. आर0पी0 व्यास, पूर्व उद्धृत, पृ0 411
46. आर0पी0 व्यास, सोशल चेंजेज इन राजस्थान (लेख), प्रकाशित सोशियो इकॉनोमिक हिस्ट्री ऑफ राजस्थान, पृ0 136 -37
47. द हिन्दुस्तान टाइम्स, 8 जून, 1948.
48. आर0पी0 व्यास, पूर्व उद्धृत, पृ0 410.
49. बिपिन चन्द्र, पूर्व उद्धृत, पृ0 55
50. रामलखन शुक्ल, आधुनिक भारत का इतिहास, हिन्दी माध्यम कार्यान्वय निदेशालय, दिल्ली विश्वविद्यालय, 2010, पृ0 354.
51. रामधारी सिंह दिनकर, पूर्व उद्धृत, पृ0 406-407.
52. अजमेर रिकॉर्ड, कमिश्नर ऑफिस, फाइल नं0 2 (1886).

53. प्रकाश व्यास, पूर्व उद्धृत, पृ0 267.
54. एस0एल0 नागौरी, पूर्व उद्धृत, पृ0 262.
55. एम0एस0 जैन, पूर्व उद्धृत, पृ0 225.
56. ए0सी0 बनर्जी, द राजपूत स्टेट्स एण्ड ईस्ट इण्डिया कम्पनी, ए0 मुखोपाध्याय एण्ड फर्म, कलकत्ता, 1961, पृ0 13.
57. प्रकाश व्यास, पूर्व उद्धृत, पृ0 147.
58. केशव ठाकुर, कर्नल टॉड कृत राजस्थान का इतिहास, भाग1, साहित्यागार, जयपुर, 2008, पृ0 81.
59. पी0वी0 पॉवलेट, गजेटियर ऑफ अलवर, पृ0 242.
60. इम्पीरियल गजेटियर ऑफ इण्डिया, वॉल्यूम, कलोरेण्डन प्रेस, ऑक्सफोर्ड, 1908, पृ0 265.
61. एस0एल0 नागौरी, पूर्व उद्धृत, पृ0 263.
62. जी0एन0 शर्मा, पूर्व उद्धृत, पृ0 251.
63. पॉलिटिकल एजेंट्स लेटर ऑफ जनवरी 18, 1947.
64. आर0पी0 व्यास, पूर्व उद्धृत, पृ0 399.
65. एस0एल0 नागौरी, पूर्व उद्धृत, पृ0 2
66. जी0एन0 शर्मा, पूर्व उद्धृत, पृ0 252.
67. जी0एन0 सिंह, इंडियन स्टेट्स एण्ड ब्रिटिश इण्डिया देअर फ्यूचर रिलेशन्स, नंद किशोर एण्ड ब्रदर्श, बनारस, 1930, पृ0 28.
68. जी0एन0 शर्मा, पूर्व उद्धृत, पृ0 86-87.
69. एम0एस0 जैन, पूर्व उद्धृत, पृ0 228.
70. कर्नल सदरलैंड रिपोर्ट, 7 अगस्त, 1947.
71. सी0यू0 एचिसन, ए कलेक्शन ऑफ ट्रीटीज, इन्गेजमेन्ट्स एण्ड सनद्स, वॉल्यूम तृतीय, कलकत्ता, 1932, पृ0 23.
72. कालूराम शर्मा, पूर्व उद्धृत, पृ0 97.
73. एन0आर0 खड्गावत, राजस्थान्स रॉल इन द फ्रीडम स्ट्रगल ऑफ 1857, गवर्नमेन्ट ऑफ राजस्थान, जयपुर, 1957, पृ0 12.
74. रिपोर्ट ऑन द एडमिनिस्ट्रेशन ऑफ अलवर स्टेट, 1945-46, पृ0 177-180.
75. रिपोर्ट ऑन द एडिमिनिस्ट्रेशन ऑफ जयपुर स्टेट, 1925-26, पृ0 11.
76. रिपोर्ट ऑन द एडमिनिस्ट्रेशन ऑफ जोधपुर स्टेट, 1884-85, पृ0 14.
77. राजस्थान राज्य अभिलेखागार (बीकानेर रिकॉडर्स), रेजीडेन्सी फाइल नं. 4 'ब' (1883-94)
78. कालूराम शर्मा, पूर्व उद्धृत, पृ0 103.
79. एस0एल0 नागौरी, पूर्व उद्धृत, पृ0 270.

80. द राजपूताना गजेटियर, वॉल्यूम प्रथम, कलकत्ता, 1879 पृ0 148-149.
81. श्यामलदास, वीर विनोद, पृ0 1330.
82. विनीता परिहार, राजस्थान में प्रजामण्डल आन्दोलन, राजस्थान हिन्दी ग्रन्थ अकादमी, जयपुर, 2010, पृ0 11-12.
83. के0एस0 सक्सेना, द पॉलिटिकल मूवमेन्ट्स एण्ड अवेकनिंग इन राजस्थान (1857-1947), एस0 चन्द एण्ड कम्पनी, नई दिल्ली, 1972, पृ0 188-89.
84. जी0एन0 शर्मा, पूर्व उद्धृत, पृ0 270.
85. जदूनाथ सरकार, ए हिस्ट्री ऑफ जयपुर, ऑरियंट ब्लैकस्वॉन, नई दिल्ली, 2009, पृ0 351.
86. एम0एल0 शर्मा, हिस्ट्री ऑफ द जयपुर स्टेट, पृ0 264-269.
87. कालूराम शर्मा, पूर्व उद्धृत, पृ0 377.
88. जदूनाथ सरकार, पूर्व उद्धृत, पृ0 352.
89. प्रकाश व्यास, पूर्व उद्धृत, पृ0 267.
90. पी0एल0 चूड़गर, प्रिंसेज अंडर द ब्रिटिश प्रोटेक्शन, विलियम एण्ड नॉरगेट लिमिटेड, लंदन, 1929, पृ0 87.
91. आर0एन0 चौधरी, द जेनेसीस ऑफ मॉडर्न एजुकेशन इन राजस्थान, प्रोसिडिंग ऑफ द राजस्थान हिस्ट्री कांग्रेस, जोधपुर, 1967, पृ0 160.
92. रिपॉर्ट ऑन द एडमिनिस्ट्रेशन ऑफ अलवर स्टेट, 1945-46, पृ0 117.
93. ए0एन0 सुन्दरीसनम्, पूर्व उद्धृत, पृ0 470.
94. जी0सी0 वर्मा, हिस्ट्री ऑफ एजूकेशन इन राजस्थान, वॉल्यूम प्रथम, पृ0 57-60.
95. के0एस0 सक्सेना, पूर्व उद्धृत, पृ0 188.
96. ए0जी0जी0 सर लियोनार्ड रेयनॉल्ड का भारत सरकार को पत्र, 14 मई, 1932, पत्र सं0 984/15-कॉन्फिडेन्सियल/32.
97. फाईल नं0 43/3 (पार्ट-1) 33, पॉलिटिकल डिपार्टमेन्ट, नेशनल आर्काइव्ज ऑफ इण्डिया, नई दिल्ली.
98. आर0एन0 चौधरी, पूर्व उद्धृत, पृ0 160.
99. रिपोर्ट ऑन द एडमिनिस्ट्रेशन ऑफ भरतपुर स्टेट, 1911-12, पृ0 44-45.
100. डी0डी0 गौड़, कॉनस्टीट्यूशनल डवलपमेंट और ईस्टर्न राजपूताना स्टेट्स, ऊषा पब्लिशिंग हाऊस, कलकत्ता, 1970, पृ0 76-79.
101. आर0पी0 व्यास, पूर्व उद्धृत, पृ0 417.
102. द लीडर, 8 अगस्त, 1933, एजूकेशन इन धौलपुर-बृज मोहन लाल जुत्शी, धौलपुर न्यूज फाइल नं0 CA/D-5.
103. सरदार रणबीर सिंह, धौलपुर स्टेट एण्ड इट्स रूलर्स, नेशनल प्रेस, दिल्ली, पृ0 4.

104. इम्पीरियल गजेटियर ऑफ इण्डिया, वॉल्यूम XV, कलेरेन्डन प्रेस, ऑक्सफोर्ड, 1908, पृ0 33.
105. रिपोर्ट ऑन द एडमिनिस्ट्रेशन ऑफ करौली स्टेट, 1894-95, पृ0 29.
106. आन0एन0 चौधरी, हरिजन इन करौली, द हिन्दुस्तान टाइम्स, 3 नवम्बर, 1933.
107. एम0एस0 जैन, पूर्व उद्धृत, पृ0 251-53.
108. एफ0एल0 रीड, रिपोर्ट ऑन द स्टेट ऑफ ऐजूकेशन इन दी नेटिव स्टेट्स ऑफ राजपूताना, 1905.

7

लोक एवं संस्कृति

सामाजिक जीवन और सम्बन्धित संस्थाओं में लोक-जीवन का महत्वपूर्ण स्थान है। स्थानीय संस्कृति की अभिव्यक्ति लोक जीवन के विभिन्न स्वरूपों- लोक-कला, लोकगीत, लोक-नृत्य, लोक-नाट्य, लोकोत्सवों एवं मेलों में स्पष्ट रूप से देखी जा सकती है क्योंकि इनके साथ प्राचीन परम्पराएँ एवं विचारधाराएँ जुड़ी रहती है। ये विचारधाराएँ और परम्पराएँ धार्मिक, ऐतिहासिक अथवा सामाजिक होती हैं। पूर्वी राजस्थान के समाज में लोक-जीवन की एक समृद्ध परम्परा विद्यमान रही है जो यहाँ की लोक संस्कृति को जीवन्त बनाती है। प्रत्येक लोकगीत, लोक-नाट्य, लोक-कला, लोकोत्सव एवं मेला यहाँ के लोक जीवन की किसी किंवदन्ती अथवा किसी ऐतिहासिक कथानक से जुड़ा हुआ है। समाज के सांस्कृतिक पहलू की अभिव्यक्ति लोक-जीवन के इन्हीं स्वरूपों में होती है जिनमें प्रत्येक तबके का व्यक्ति सम्मिलित ढंग से बड़े उत्साह से भाग लेता है। पूर्वी राजस्थान के प्राकृतिक वातावरण में विभिन्नता होने से लोक-कलाओं एवं लोकोत्सवों का भी एक विशिष्ट स्वरूप बन गया है। अलग-अलग मौसम में अलग-अलग स्थानों में वेश-भूषा, नाच-गान या प्रदर्शन आदि विभिन्न विशेषताओं को समेटे हुए पूर्वी राजस्थान भारतवर्ष में अपनी विशिष्ट सांस्कृतिक पहचान रखता है। प्रस्तुत अध्याय में उन सभी सांस्कृतिक पहलुओं पर प्रकाश डाला गया है जिनसे पूर्वी राजस्थान अपनी रंग-बिरंगी संस्कृति हेतु विश्व प्रसिद्ध है।

लोकोत्सव एवं मेले

पूर्वी राजस्थान कला एवं संस्कृति का घर है। यहाँ लोकोत्सव एवं मेलों की अनूठी परम्परा रही है। इन लोकोत्सवों तथा मेलों में सम्पूर्ण लोक-जीवन पूरी सक्रियता से सम्मिलित होता है, जिससे यहाँ की लोक-संस्कृति जीवंत हो उठती है। ये लोकोत्सव व मेले सांस्कृतिक सद्भाव तथा भाईचारे की भावना भी जागृत करते हैं।

पूर्वी राजस्थान के समाज में कुछ त्यौहार एवं मेले ऐसे हैं जो हिन्दू एवं जैन धर्म के लोगों द्वारा सम्मिलित रूप से मनाये जाते हैं जैसे कैलादेवी एवं महावीर जी का मेला। मुस्लिम समाज के भी अपने त्यौहार हैं जो पूरे उल्लास के साथ मनाये जाते हैं। पूर्वी राजस्थान में

शायद ही कोई महीना ऐसा हो जिसमें कोई मेला या त्यौहार न हो। इन पर्वों, त्यौहारों एवं मेलों के अपने गीत है और संस्कृति है जिनसे इनके प्रति समाज की गहरी भावात्मक आस्था पाई जाती है। ये त्यौहार व मेले लोक आस्था को बनाये हुए तथा समाज को सांस्कृतिक एकता के सूत्र में पिरोये हुए है। पूर्वी राजस्थान में भी देश के अन्य भागों की तरह हिन्दुओं द्वारा प्रमुख रूप से दीपावली, दशहरा, हली, रक्षाबन्धन, गणेश चतुर्थी, महाशिवरात्रि, कृष्ण जनमाष्टमी आदि त्यौहार मनाये जाते थे परन्तु यहाँ की विशेष सांस्कृतिक पहचान के द्योतक थे[1], यहाँ मनाये जाने वाले स्थानीय त्यौहार गणगौर, तीज, शीतलाष्टमी, अन्नकूट, अक्षय तृतीया आदि। त्यौहारों के समय सामान्य प्रजा एवं राजा एक साथ मिलकर इन्हें मनाया करते थे।[2] गणगौर, तीज जैसे त्यौहारों का अध्ययन अति आवश्यक है जो कि यहाँ की स्थानीय संस्कृति की आज भी विशेष पहचान बने हुए है।

गणगौर- राजस्थान के त्यौहारों में गणगौर का उत्सव बड़े महत्व का है। जयपुर में इस त्यौहार को विशेष उल्लास के साथ मनाया जाता है। सधवा स्त्रियाँ एवं कुमारियाँ इसको असीम श्रद्धा और निष्ठा से मनाती हैं। यह त्यौहार गण (शिव) और गौर (पार्वती) के असीम प्रेम एवं परिणय का परिचायक है। यह त्यौहार समस्त पूर्वी राजस्थान में चैत्र कृष्ण एकम से चैत्र शुक्ल तृतीया तक लगातार 18 दिनों तक सधवा स्त्रियों एवं कुमारियों द्वारा मनाया जाता है। इस कामना के साथ कि सधवाओं का सुहाग चिरकालीन रहे और कुमारियों को अच्छे वर की प्राप्ति हो। यह त्यौहार एक व्रत का भी अंग माना जाता है। स्त्रियाँ 18 दिनो तक व्रती रहकर शिव-पार्वती का पूजन करती हैं। यह त्यौहार पार्वती के गौने का प्रतीक है। यह त्यौहार होलिका-दहन से प्रारम्भ होता है। इस अवसर पर होली की राख के पिण्ड बनाये जाते हैं और यव के अंकुर के साथ इसका पूजन होता है। कुमारियाँ बाग-बगीचों से फूलों को कलश में सजाकर गीत गाती हुई अपने घर ले जाती हैं। इस अवसर पर चूड़ा और चूंदड़ी की अक्षयता की कामना की जाती है और उसी के अवसर पर विविध नृत्यों का आयोजन और गीतों का गायन किया जाता है।

गणगौर का त्यौहार शिव-पार्वती के रूप में ईसरजी और ईसरीजी के पूजन की प्रतिमाओं के रूप में मनाया जाता है। ऐसी मान्यता है कि इस त्यौहार का प्रारम्भ पार्वती जी के गौने या अपने पिता के घर पुनः लौटने और उसकी सखियों द्वारा स्वागत गान को लेकर हुआ था।[3] इसी स्मृति में आज भी गणगौर की काष्ठ प्रतिमाओं को सजा कर मिट्टी की प्रतिमाओं के साथ स्त्रियाँ किसी जलाशय पर जाती है और नृत्य और लोकगीतों की ध्वनि से मिट्टी की प्रतिमाओं का विसर्जन कर काष्ठ प्रतिमाओं को पुनः लाकर स्थानापन्न करती हैं। नव विवाहिताएँ शादी के बाद पहला गणगौर अपने पीहर में मनाती हैं और यह मान्यता समस्त राजस्थान में है।[4] गणगौर पर महिलाओं के सोलह श्रृंगार होते हैं और इसी आधार पर माँ गौरी का सोलह श्रृंगार किया जाता है और सोलह रूपों में उनकी पूजा होती है। इसके पीछे यह मान्यता है कि उन्हें इससे सदा सुहागन का आशीर्वाद प्राप्त होता है।

जब गणगौर की पूजा की जाती है तो सोलह महिलाओं द्वारा सोलह बार निम्न गीत का गायन किया जाता है।

गौर-गौर गणपति ईसर पूजै पार्वती
पार्वती का आला-गीला
गौर का सोने का टीका दे, टमका दे
झाला राणी व्रत कर्यो खैरो खाण्डो लाडू ल्यायो
लाडू ले बीरा न दियो, बीरो म्हानै चूंदड़ दी
चूंदड़ म्हानै गौर उड़ाई गौर म्हानै सुहाग दियो, भाग दियो
सन-मन सोलाह्, ईसर भोला
दोन्यू जोड़ा, जोड़ ज्वारा
राणी पूजै राज नै, म्है पूजा सुहाग नै
राणी को राज बढ़तो जायै, म्हारौ सुहाग बढ़तो जायै
कीड़ी-कीड़ी जात दै, जात दै गुजरात दै
गुजराता को पाणी, दे दे घोड़ा धाणी
धाणी मे सिंघाड़ा, पाणी में भिज्योड़ा
हरी-हरी दोब लै, दोब का डांड लै
पह्प का फूल लै, सूरज जी को डोरो लै
सोना को कचौलो लै, गणगौर पूज लै।[5]

हकीकत बहियों से प्रमाणित होता है कि इस त्यौहार को जयपुर में बड़े ही धूमधाम से मनाया जाता था। जयपुर में गणगौर की सवारी भी निकाली जाती थी जो आज भी निकलती है। गणगौर की सवारी का कर्नल जेम्स टॉड और कविराज श्यामलदास ने बड़ा रोचक वर्णन किया है। जहाँ सभी जातियों के स्त्री-पुरुष रंग-रंगीले आभूषणों से सुसज्जित होकर गणगौर की सवारी को देखते थे।[6] जयपुर में आज भी पुराने शहर में परम्परागत गणगौर की सवारी निकाली जाती है।

तीज- तीज का त्यौहार सम्पूर्ण भारत में प्रसिद्ध है। यह त्यौहार ऋतु प्रधान होते हुए भावुकता से भी सम्बन्धित है। वर्षा ऋतु के महीने में जब पावस की रिमझिम और चारों ओर छाई हरियाली अपने सौन्दर्य से भरी छटा से धरती को महका देती है, तब इस छटा का उल्लास तीज के त्यौहार के रूप में दिखाई देता है। वर्षा ऋतु जब अपने पूर्ण यौवन में होती है और जब प्रकृति पूर्णरूप से हरियाली से आच्छादित होती है, नदी-नाले बहने लगते हैं और सरोवर पूरे भर जाते है, ऐसे हरियाली के वातावरण में इसको मनाया जाता है। राजस्थान में जहाँ वर्षा कम होती है वहाँ इसे काफी हर्ष से मनाया जाता है क्योंकि शुष्क भूमि में थोड़ी सी भी हरियाली की आभा हृदयाकर्षक लगती है। आसमान में छाने वाली काली घटा से इसका नाम जोड़कर लोगों ने इसका नाम काजली या कजली तीज कर दिया है। श्रावण शुक्ल तृतीया को नवविवाहिताएँ एवं बालिकाएँ इस त्यौहार को मनाती है। एक दिन पूर्व वे हाथों

और पाँवों में मेहन्दी लगाती है और दूसरे दिन अपने पीहर जाती है, जहाँ उन्हें नई पोशाक दी जाती है।

विवाह पश्चात् किसी अनिष्ट के भय से पहला तीज नवविवाहिताएं अपने पीहर में मनाती है। श्रावण के महीने में तीज के अवसर पर सभी नवविवाहिताएँ पेड़ पर झूला डालकर झूलती हैं। साथ-साथ ऋतु और श्रृंगार से सम्बन्धित गीत गाती हैं। झूला झूलते समय मनोविनोद भी करती हैं। लोकगीतों के अध्ययन से पता चलता है कि नवविवाहिता पत्नी अपने पति से मिलने हेतु विरहातुर होकर तीज की रात को तड़प-तड़पकर गुजारती हैं। ऐसा भी वर्णन मिलता है कि पति भी अपनी पत्नी से मिलने के लिए नदी-नालों को पार कर किसी भी तरह से अपने घर लौटता है। इस त्यौहार के अवसर पर राजस्थान में जगह-जगह झूले लगते हैं और सरोवरों के तट पर मेलों का आयोजन होता है। यहाँ प्रेमिकाएँ अपने प्रेमियों को देखकर श्रृंगार-रस प्रधान गीत गाती हैं और नृत्य करती है। लोकगीतों में इसीलिए इस अवसर पर सुखद, सुरंगा और सुहावना गाया जाता है।[7]

तीज का त्यौहार जयपुर में प्रमुख रूप से मनाया जाता है। यहाँ पर त्यौहार बड़े ही धूमधाम से मनाया जाता है। राजस्थान भर से लोग यहाँ आकर तीज का आनन्द उठाते हैं। लोकगीत और लोकनृत्यों का आयोजन होता है। अलगौजे की बीन बजाते मदमस्त युवक-युवतियाँ यौवन रस से लबालब हँसते-गाते मौज के सागर में गोते लगाते हैं। युवक-युवतियों में जयपुर की तीज देखने का बड़ा चाव रहता है। पुराने शहर के परकोटे में बैण्ड-बाजों व राजस्थानी वेश-भूषा से सुसज्जित हाथी-घोड़ों की सवारी निकलती है। इसके बाद दिखाई पड़ती है तीज माता। यह तीज माता सचमुच एक सजीव मूर्ति सी नजर आती है। तीज की सवारी दिखाने का अनुग्रह करते हुए प्रेयसी यह गीत गाती है-

"तीज की सवारी, पिया घणी लागै प्यारी।"

तीज का त्यौहार सम्पूर्ण पूर्वी राजस्थान में बड़े उत्साह से मनाया जाता है। इस त्यौहार को तत्कालीन राजाओं द्वारा भी प्रोत्साहित किया गया। राजघरानों में बड़े ही भव्य तरीके से इसे मनाया जाता था। इस त्यौहार का महत्व इसी जगह है कि बाहर रहने वाले राजस्थानी मूल के लोग बाहर भी इसे बड़े उत्साह के साथ आज भी मनाते हैं।[8]

शीतलाष्टमी- यह पर्व चैत्र मास की कृष्ण अष्टमी को मनाया जाता है। इस अवसर पर शीतला माता की पूजा अर्चना की जाती है। माता-पूजन के लिए स्त्रियाँ एक दिन पहले पूरी-पापड़ी आदि बनाती हैं और दूसरे दिन उस बासी सामग्री से माता की पूजा की जाती है। उस दिन को बास्योड़ा अर्थात् बासी भोजन का दिन कहते हैं। माता को भोग लगाने के बाद बास्योड़ा के दिन इसी बासी भोजन को खाया जाता है। ऐसी लोक मान्यता है कि शीतला माता का पूजन करने से वह बच्चों को स्वस्थ और सकुशल रखती है, अन्यथा वह रूष्ट होकर उन्हें चेचक रोग से पीड़ित कर देती है। चेचक को इसीलिए छोटी माता कहा जाता है। हालांकि अब चेचक के टीके लगने से यह बीमारी ठीक हो जाती है, परन्तु पहले माता की पूजा अर्चना से ही लोग इस बीमारी का एकमात्र इलाज मानते थे। शीतलाष्टमी का त्यौहार सम्पूर्ण पूर्वी

राजस्थान में आज भी उत्साह के साथ मनाया जाता है। जयपुर जिले में चाकसू तथा नायला में शीतला माता का प्रसिद्ध मेला भी लगता है।[9]

अन्नकूट- दीपावली के अगले दिन अर्थात् कार्तिक शुक्ल प्रतिपदा को सम्पूर्ण पूर्वी राजस्थान में गोवर्धन पूजा या अन्नकूट उत्सव मनाया जाता है। मंदिरों में अन्नकूट (भोग) तैयार किया जाता है। जयपुर में इस दिन चूरमा, दाल, बाटी बनाई जाती है जिसका भोग गाय के गोबर से बने गोवर्धन अर्थात् श्रीकृष्ण को लगाया जाता है। गोवर्धन का अर्थ गौवंश की वृद्धि से है। इस दिन बैलों को, बछड़ों को, नहलाया जाता है, उनका श्रृंगार किया जाता है, उनकी पूजा की जाती है। उनके सींगों को रंगा जाता है। बछड़ों से हल जुतवाने का शगुन कराया जाता है तथा महिलायें गीत गाती हैं।

जन्माष्टमी- यह त्यौहार भाद्रपद कृष्ण अष्टमी को भगवान श्रीकृष्ण के जन्म के उपलक्ष्य में मनाया जाता है। पूर्वी राजस्थान में ब्रज का कुछ क्षेत्र भी आता है तथा मथुरा के निकट होने से यह त्यौहार बड़े ही उत्साह व श्रद्धा के साथ मनाया जाता है। इस दिन लोग बिना कुछ खाये दिनभर उपवास रखते हैं तथा मध्यरात्रि में कृष्ण जन्मोत्सव मनाकर ही अल्पाहार करते हैं।[10] इस दिन सम्पूर्ण पूर्वी राजस्थान के गाँव-गाँव में ठाकुर जी अर्थात् श्रीकृष्ण के मंदिरों में कार्यक्रम होते हैं। झाँकियां सजती हैं, भजन-कीर्तन, गायन-वादन और प्रवचन होते हैं। पूर्वी राजस्थान के जनमानस में श्रीकृष्ण अधिक पूज्य होने के कारण यह त्यौहार बड़े ही उल्लास के साथ मनाया जाता है।

हिन्दुओं की भाँति मुसलमानों के द्वारा भी अपने सभी त्यौहार जैसे ईदुलजुहा, रमजान, मुहर्रम आदि मिलजुलकर उत्साह के साथ मनाये जाते हैं। पूर्वी राजस्थान में जैन धर्म के लोगों की संख्या भी अच्छी है तथा इन लोगों द्वारा भी महावीर जयंती, पर्यूषण पर्व आदि उत्साह से मनाये जाते हैं। ईसाई धर्म के लोगों द्वारा भी क्रिसमस और गुड़ फ्राइडे मनाया जाता है।

मेले जन-जीवन के अभिन्न अंग होते हैं, जिन्हें धार्मिक व सामाजिक परम्परा से संजोया जाता है। कई मेले स्थानीय भावनाओं और कई सामाजिक एवं धार्मिक दृष्टि से आयोजित होते हैं।[11] इन मेलों में नृत्य-गान, तमाशा, प्रदर्शन, खरीद-फरोख्त आदि की व्यवस्था रहती है, जिसके द्वारा सद्भावना, उल्लास, कला, शिल्प आदि की अभिवृद्धि होती है। मेलों का सांस्कृतिक पक्ष कला-प्रदर्शन तथा सद्भावनाओं की अभिवृद्धि है। तीज, ताजिया, गणगौर आदि मेले इसी संज्ञा में आते हैं। एक विशेष स्थान पर जन-समूह का मिलन, नृत्य-गान आदि से हमारी सांस्कृतिक एकता का अच्छा प्रदर्शन होता है। पूर्वी राजस्थान के प्रमुख मेलों में शीतला माता का मेला, भर्तृहरि का मेला, तीज का मेला, मेंहदीपुर बालाजी का मेला, बाणगंगा मेला, कैलादेवी का मेला, गणेश मेला, महावीर जी का मेला तथा कुछ पशु मेले प्रमुख हैं।

शीतला माता का मेला- शीतला माता का मेला चैत्र कृष्ण अष्टमी को जयपुर के पास चाकसू में शील की डूँगरी पर लगता है। इस दिन ठण्डे पकवानों से शीतला माता को भोग

लगाया जाता है। इस दिन को इसीलिए बास्योड़ा कहा जाता है। स्त्रियाँ शीतला माता के भजन अथवा लोकगीत गाती हुई माता के दर्शन करने आती हैं तथा रातभर जागरण करती हैं। परम्परा के अनुसार शीतला माता का पुजारी कुम्हार जाति का होता है। कुम्हार ही माता की आरती करते हैं तथा अपने हिस्से का चढ़ावा लेते हैं। जयपुर के ही पास नायला गाँव में भी शीतलाष्टमी के दिन मेला लगता है। शीतला माता को मातृरक्षिका देवी के रूप में माना जाता है। इसे समस्त उत्तर भारत में मातामाई या महामाई के नाम से जाना जाता है। इस मेले में विशेष रूप से मीना (मीणा) जाति के लोग शामिल होते हैं जो इस मेले की सांस्कृतिक पहचान को आज भी बनाये रखे हैं।[12]

भर्तृहरि का मेला- यह मेला अलवर जिले में भर्तृहरि बाबा के आश्रम में प्रतिवर्ष भाद्रपद में लगता है। राजस्थान की सम्पूर्ण संस्कृति यहाँ कुछ दिनों के लिए मुखर उठती है। इस मेले में अधिकांश मीना (मीणा), गुर्जर, अहीर, जाट लोग शामिल होते हैं। देश के कोने-कोने से साधु-सन्त और बाबा लोग यहाँ भर्तृहरि के आश्रम में धूणा लगाते हैं।[13] साधुओं की उपस्थिति से यहाँ कुम्भ जैसा दृश्य दिखने लगता है। अरावली की सुरम्य घाटियों के बीच भाद्रपद में लगने वाला यह मेला लोकगीतों व नृत्यों से एक अलग ही छटा प्रस्तुत करता है।

कैलादेवी का मेला- कैलादेवी का मन्दिर करौली के पास त्रिकुट पर्वत की घाटी में स्थित है। यहाँ चैत्र शुक्ल अष्टमी को भव्य मेला भरता है। यह करौली राजवंश की कुलदेवी भी मानी जाती हैं। कैलादेवी के मेले में लाखों लोग दर्शन करने आते हैं। मेले में देवी के भजनों को कई तरह से गाते हुए लोगों के झुण्ड, राजस्थानी, वेश-भूषा पहने हुए देवी के प्रति श्रद्धा व्यक्त करते हैं।[14] प्रत्येक व्यक्ति लांगुरिया अर्थात् गीत गाते हुए सुना जा सकता है जिसके बोल निम्न प्रकार से है-

"कैलादेवी के भवन में, घुटरन खैले लांगुरिया"[15]

श्रीमहावीरजी का मेला- यह मेला करौली जिले में हिण्डौन के पास श्रीमहावीर जी गाँव में प्रतिवर्ष चैत्र शुक्ल त्र्योदशी से वैशाख कृष्ण प्रतिपदा तक लगता है। यह मेला सामाजिक समरसता व भाईचारे का प्रतीक है। इस मेले में देशभर से जैन धर्मावलम्बियों के साथ-साथ मीना (मीणा) व गुर्जर समुदायों के लोग भी शामिल होते हैं।

मेले के प्रारम्भ में रथयात्रा निकाली जाती है जिसमें मीणा, गुर्जर समुदाय के लोग बड़ी संख्या में शामिल होते हैं। रथयात्रा के पश्चात् ध्वजा होता है और अनेक सांस्कृतिक भजन-कीर्तन के कार्यक्रम होते हैं।

रणथम्भौर का गणेश मेला- रणथम्भौर दुर्ग में स्थित गणेश मंदिर में प्रतिवर्ष गणेश चतुर्थी को विशाल मेला भरता है जिसमें देशभर से लोग दर्शनार्थ आते हैं। पूर्वी राजस्थान के लोग अक्सर विवाह आदि मांगलिक कार्यों पर प्रथम निमंत्रण देने यहीं आते हैं। इस क्षेत्र के लोगों के यह गणेशजी लोक देवता के रूप में पूज्य है।[16]

इन मेलों के अतिरिक्त पूर्वी राजस्थान में शिवाड़ महादेव का मेला (सवाई माधोपुर) बाण गंगा मेला, बैराठ (जयपुर) तथा कुछ अन्य मेले और लगते हैं जो अपने-अपने क्षेत्रों में

काफी प्रसिद्ध हैं। पूर्वी राजस्थान में कुछ मेले लोकदेवताओं की स्मृति में भी लगते हैं जैसे तेजाजी महाराज का मेला, हीरामन बाबा का मेला, गोगाजी का मेला।[17] इन लोक संतों ने अपने जीवन को लोक कल्याण के लिए अर्पित किया था अतः इनकी स्मृति में भी प्रतिवर्ष मेले लगते हैं जिनमें हजारों लोग श्रद्धापूर्वक शामिल होते हैं। उक्त मेलों के अलावा बहरोड़, करौली एवं जयपुर में कुछ पशु मेले भी लगते हैं, जहाँ पशुओं की खरीद-फरोख्त होती है। उपर्युक्त विवरण से हम यह कह सकते हैं कि पूर्वी राजस्थान त्यौहारों व मेलों का प्रदेश है जहाँ प्रत्येक महीने कोई न कोई मेला या त्यौहार होता है। पूर्वी राजस्थान में मनाये जाने वाले बहुत से त्यौहारों का संबंध लोक देवताओं व लोक देवियों से है जिनकी स्मृति में न केवल त्यौहार मनाये जाते हैं अपितु उनकी स्मृति में विभिन्न मेले भी लगते हैं। कैलादेवी का मेला, नारायणी माता का मेला, शीतला माता का मेला, तेजाजी का मेला, गोगाजी का मेला, भर्तृहरि का मेला आदि इसी श्रेणी में आते हैं। ये सभी मेले सम्बन्धित लोक देवताओं की स्मृति में लगते हैं तथा इनकी स्मृति में त्यौहार भी मनाये जाते हैं। इन त्यौहारों का पूर्वी राजस्थान के समाज में महत्वपूर्ण स्थान है।

लोक-संस्कृति

लोक संस्कृति की समस्त विधाओं में लोकगीत, लोक-नृत्य एवं लोक-नाट्यों का महत्वपूर्ण स्थान है। इन विधाओं में लोकजीवन, मनोरंजन और संस्कृति के विविध रूप देखने को मिलते हैं। इन विधाओं के लिए न कोई ग्रन्थ लिखा गया और न ही इनका प्रणेता कोई आदिपुरुष है। ये विधाएँ सामान्य लोक-जीवन से जुड़ी हुई हैं। सामुदायिक वातावरण और परम्परागत अभ्यास ने इन कलाओं को जीवित रखा है। मौखिक स्मृतियों और लौकिक रूढ़ियों में ढली यह कला आज भी जीवित है। प्राचीनकाल से पनपी यह परम्परा राजस्थान की संस्कृति की प्राण बनी हुई है। ये विधाएँ धर्म, समाज और परम्पराओं से जुड़ी हुई है जो आज भी जनसामान्य में लोकप्रिय है।

इन विधाओं को लोक शब्द से इसीलिए जोड़ा गया क्योंकि चाहे गाँव हो या शहर सभी स्थानों में लोकगीतों, लोक-नृत्यों, लोक-नाट्यों का प्रमुख स्थान है।[18] पूर्वी राजस्थान में पर्वो एवं धार्मिक तथा सामाजिक उत्सवों में ऐसे अनेक गीत, नृत्य और नाट्य मनोरंजन के साधन है, जो गाँवों, कस्बों और नगरों में समान रूप से मिलते हैं। सामाजिक जीवन और संस्कृति के प्रतीक चिन्हों के बीच कोई बंधिश नहीं होती। इनकी अभिव्यक्ति मनोवैज्ञानिक, बौद्धिक तथा धार्मिक प्रवृत्तियों में सर्वत्र मिलती है जिनका रसास्वादन सम्पूर्ण जनता करती है।[19] लोक का व्यक्त रूप मानव है, अतएव लोक-संस्कृति व्यवहारिक जीवन का परिष्कृत रूप है। लोक-संस्कृति के तीन मुख्य स्तम्भ लोकगीत, लोक-नृत्य तथा लोक-नाट्य है।

लोक-नाट्य

पूर्वी राजस्थान में लोक-नाट्य की परम्परा बड़ी प्राचीन है, जिसको हम ख्याल, रम्मत, लीलाएँ, नौटंकी, तमाशा और स्वांग के रूप में प्रचलित पाते हैं। लोक-नाट्य किसी के द्वारा

रचित नहीं है, उससे सम्बन्धित गीत और संवाद भी किसी ने नहीं बनाये। वास्तविकता तो यह है कि इनकी परम्परागत कथाएँ, संवाद या गीत सम्भागियों को कण्ठस्थ रहते हैं, कोई जाति विशेष इसमें भाग नहीं लेती। विशेष प्रकार के आयोजन तथा धुनों से सम्बद्ध ख्याल, लीलाएँ और स्वांग सार्वजनिक रूप में आयोजित किये जाते हैं जिनमें पात्र और दर्शक भली प्रकार परिचित रहते हैं। एक समूह में प्रस्तुत होने वाले लोक-नाट्यों में वेशभूषा, ढाल, नृत्य, संवाद आदि में बड़ी समानता रहती है। हर गाँव में इसके कोई न कोई पात्र रहते हैं जो इसको व्यवसाय के रूप में नहीं अपनाते अपितु इसके प्रसंगों को रूचि से याद रखते हैं और जिन्हें बड़े सम्मान की दृष्टि से खेला और देखा जाता है। सभी प्रदर्शन साधारण जीवन के अंग होते हैं और अपने आप में लोक-कला के उत्कृष्ट नमूने होते हैं। प्रदर्शनों में नाई, कुम्हार, बैरागी, भील, जाट, सरगडे, ब्राह्मण आदि सम्मिलित होते हैं।[20]

कई लोक-नाट्य व्यवसायियों द्वारा भी खेले जाते हैं। ये लोग एक स्थान से दूसरे स्थानों में जाते हैं और रासलीला, ख्याल एवं स्वांग के द्वारा लोगों का मनोरंजन करते हैं तथा सांस्कृतिक पक्षों का प्रदर्शन करते हैं। कभी-कभी नाटक, ख्याल आदि के कथानक शास्त्रीय या पौराणिक तत्वों से ओत-प्रोत रहते हैं। ऐसे मौलिक सिद्धान्तों के कुछ अंशों को संवाद, हास्यास्पद या भावनात्मक नृत्यों से भी प्रदर्शित कर दर्शकों को सम्मोहित किया जाता है।[21] जब ऐसे सामुदायिक नाटकों का स्वरूप व्यवसायिक प्रधान हो जाता है तो लोक-नाट्यों की धुन और प्रदर्शन में आधुनिकता भी प्रवेश कर जाती है और उसके लौकिक स्वरूप में गिरावट आ जाती है।

ख्याल- पूर्वी राजस्थान लोक-नाट्य की ख्याल शैली के लिए विख्यात है। ख्याल राजस्थान के लोक-नाट्य की सबसे लोकप्रिय विधा है। पूर्वी राजस्थान के दौसा, लालसोट, करौली, सवाई माधोपुर आदि क्षेत्रों में 'हैला ख्याल' प्रसिद्ध है जो विशेष रूप से मीना (मीणा) समुदाय में प्रचलित है। 'हैला ख्याल' में विशेष रूप से पुरुष ऐतिहासिक, धार्मिक व सामाजिक विषयों पर गीत गाते हुए नृत्य भी करते हैं। ख्याल वीर रस प्रधान भी है। इन ख्यालों ने व्यवसायिक होने पर राजस्थान से बाहर भी ख्याति प्राप्त की।[22] ये ख्याल कभी-कभी धार्मिक कथानकों को गायन, वादन और संवाद से सम्मिश्रित कर इनकी उपयोगिता को बढ़ा देते हैं। धर्म और वीर रस प्रधान ख्यालों में एकरूपता दिखाई देने के बावजूद ये अपने-अपने क्षेत्र में ध्येय की दृष्टि से विविधता लिए हुए है। इन ख्यालों की अपनी भाषाएँ तथा स्थानीय परिवेश है। ये ख्याल के अंग है। अमरसिंह रो ख्याल, पद्मनी रो ख्याल, पार्वती रो ख्याल आदि भिन्न-भिन्न रंगत प्रस्तुत करने पर भी सांस्कृतिक आधार पर समान है।

लीलाएँ- लीलाओं के माध्यम से धार्मिक एवं सामाजिक जीवन के पक्ष उजागर होते हैं। रामलीला और रासलीला पूर्वी राजस्थान में विशेष रूप से प्रसिद्ध है। रामायण और भागवत पर आधारित कथाओं के साथ लोक जीवन को इस तरह प्रदर्शित किया जाता है कि राम, सीता, कृष्ण और राधा एक साधारण व्यक्ति के रूप में आते हैं और उनकी पोशाकें भी लोक-

परिपाटी के अनुकूल होती है।[23]

लोकगीत

राजस्थानी लोकगीत संगीत के क्षेत्र में अनमोल है। इनको न तो किसी ने लिखा है और न ही इनका कोई रचयिता है। इनका प्रादुर्भाव मानस और वाणी से सम्बन्धित है। ये मौखिक परम्परा और अनुश्रुति पर आधारित है।[24] मानस पटल की उपज होने के नाते इनमें सांस्कृतिक और कलात्मक प्रवृत्तियाँ प्रविष्ट हो जाती हैं। इनमें मानव समाज की विशुद्ध मनोवृत्तियाँ और भावनाएँ समायोचित प्रसंगों पर हर्ष-विषाद, प्रेम-ईर्ष्या, उल्लास-भक्ति आदि प्रकट होती है। मौखिक होने से एकल और बहुधा सामूहिक रूप में इन्हें गाया जाता है। युग-युगान्तर से चली आ रही लोकगीत की यह विधा पूर्वी राजस्थान की संस्कृति के प्राण है। लोकगीतों में देश, मांड एवं राग-सौरठ का अधिक प्रयोग हुआ है। तालों में दादरा, रूपक, कहरवा ही विशेष रूप में प्रयुक्त हुई है। काव्यों में प्रयुक्त रागों में संतों के पदों, भजनों और हरजसों में धमाल, मल्हार, भैरवी आदि अनेक रागों का प्रयोग हुआ है।[25] रविन्द्रनाथ टैगोर के अनुसार, "लोकगीत संस्कृति का सुखद संदेश ले जाने वाली कला है।" महात्मा गांधी के अनुसार, "लोकगीत ही जनता की भाषा है- लोकगीत हमारी संस्कृति के पहरेदार हैं।"

लोकगीतों के माध्यम से बुद्धि, सौन्दर्य, सुख, भक्ति तथा आनन्द का अनुभव होता है। विवाह, जन्म या अन्य त्यौहारों पर पति-पत्नी, ननद-भौजाई, सती, मातृ-भक्ति, शौर्य, रीति-रिवाज, आराधना, ज्ञान, दर्शन, नीति आदि विषयों को प्राचीन और वर्तमानकालीन आदर्शों और मानव धर्म के सिद्धान्तों के रूप में इनमें व्यक्त किया जाता है। लोकगीत विभिन्न अवसरों पर सामूहिक रूप से गाये जाते हैं। लोक वाद्यों का प्रयोग इनकी मधुरता में वृद्धि करता है और कभी गीत के भावों को नृत्य द्वारा साकार किया जाता है, जिसे लोक नृत्य कहा जाता है। गीतों में उपदेश और त्याग का इतना वर्णन रहता है कि गाने वाले और सुनने वालों में एक नई प्रेरणा का भाव भर जाता है।[26] विवाह और पुत्र जन्म के गीतों में उल्लास है तो पुत्री की विदाई में लौकिक दुःख का प्राबल्य है। इसी तरह रात्रि-जागरण के गीतों में भक्ति रस समाया मिलता है। तीज के त्यौहार के गीतों में प्राकृतिक छटा और पति-पत्नी संयोग या वियोग तथा सहेलियों के सहवास के भावों का अच्छा संयोग दिखाई देता है। जन-जीवन में व्याप्त हर्ष, कामनाओं और अभिलाषाओं का यदि अविरल स्रोत प्राप्त करना है तो वह लोकगीतों में मिलेगा।

लोकगीतों का माध्यम स्त्रियाँ अधिक हैं। जितना प्रेम, स्नेह, विषाद, पीड़ा और उल्लास का चित्रण महिलाएँ कर सकती हैं, अन्य व्यक्ति नहीं कर सकते। उनके स्वर कण्ठ निकलते हैं व वास्तविकता के निकट सहज सहजता से पहुँचते हैं। गीत के बोल बालिका अवस्था से यौवनावस्था तक वेद वाक्य बन जाते हैं जिससे महिलाओं में एक अनमोल आस्था और शक्ति उत्पन्न होती है।[27] वेदों की भाँति लोकगीत भी हमारी संस्कृति के अटूट भण्डार बन गये हैं और समाज के भव्य भवन को स्थायित्व प्रदान करते हैं। लोकगीतों की भी दो

प्रमुख श्रेणियाँ हैं, जनसाधारण के गीत और व्यावसायिक जातियों के गीत। लोकगीतों में सर्वाधिक गीत ऐसे हैं, जो संस्कारों, त्यौहारों तथा पर्वों के अवसरों पर परिवार की स्त्रियों द्वारा गाये जाते हैं। इनमें जन्म से लेकर विवाह तक गाये जाने वाले गीतों की संख्या सर्वाधिक है। उदाहरण स्वरूप विवाह के अवसर पर वर की निकासी के समय घुड़-चढ़ी की रस्म होती है। इस अवसर पर 'घोड़ी' गाई जाती है, जो इस प्रकार है-

थै ल्या द्यो नै बन्ना का दादाजी, ऊँची सी घोड़ी
थै ल्या द्यो नै बन्ना का बाबाजी, ऊँची सी घोड़ी
म्हारी घोड़्या कै घुँघर मालल्, बरख्या कै फूँदा
वाह् चमकैली चन्द्रवल् घोड़ी, भलल्कला भाला।[28]

जब बरात दुल्हन के घर पहुँचती है तो स्वागत द्वार पर दूल्हे द्वारा तोरण की रस्म अदा की जाती है तो उस समय महिलाओं द्वारा गाया जाने वाला गीत इस प्रकार है-

तोरण आया राईबर, तरबर कांप्यो राज
पूछौ लाडी की मांयां नै, कामण कुण कर्या जी राज।[29]

विवाह के अगले दिन सुबह जयपुर शहर एवं आस-पास के ग्रामीण क्षेत्रों में आज भी विशेष रूप से मीना (मीणा) व राजपूत समुदाय में दूल्हे को 'कँवर कलेवा' देने का रिवाज है जिसमें हँसी-ठिठोली के साथ-साथ स्त्रियों द्वारा गीत गाये जाते हैं।[30] इन्हीं गीतों के माध्यम से वधू पक्ष व दूल्हे के बीच गीतों के माध्यम से ही संवाद होता है जिसका रोचक उदाहरण निम्न गीत के माध्यम से प्रस्तुत है-

धौया-धौया थालल्, परोस दिया भात जी
आवौ कँवरों बैठो म्हाकै साथ जी
बैठो म्हाकै साथ, बताओ थाकी जात जी
बाप म्हारो डैड छै, माई उद्धाल जी
बुआ म्हारी भगतण, डैडा कै साथ जी
या ल्यौ साला जी म्हारा माई-बाप रौ गौत जी।
धौया-धौया थालल्, परोस दिया भात जी
आऔ साला जी, बैठो म्हाकै साथ जी
बैठो म्हाकै साथ, बताओ थाकी जात जी
बाप म्हारो चौधरी, माई पटराणी जी
बुआ सौदरा, रसोइयाँ कै माय जी
या ल्यौ जीजाजी म्हारा माई-बाप रो गौत जी।।[31]

विवाह के पश्चात् दुल्हन की विदाई के समय बिछोह के दुःख को बेटी द्वारा रूंधे हुए गले से निम्न प्रकार से प्रकट किया जाता है[32]-

हैलौ कुण नै दैली जीजी, थारी लाडी सासरै चाली
जाग-बरण्डो खाली कर चाली

जीजी म्हारी-म्हारी करती, कांकड़ बारह् काडै छै
बिदा करैड़ा पावणा नै भायो डांटै छै।[33]

परिवार में बच्चे के जन्म के अवसर पर गाये जाने वाले गीत को 'जच्चा' कहते हैं। बच्चे के जन्म के कुछ दिन बाद राजस्थान में 'कुआं पूजन' संस्कार होता है, इस संस्कार पर जो जच्चा गाया जाता है, वो इस प्रकार से है[34]-

जच्चा नाह् लै, नाह-रै सिंजो लै
परसाया तैल रमा लै यै, म्हारी घणी मंगैजण जच्चा
जच्चा एक कह्यो री, म्हारी सुण लै
सुसरा जी नै आदर कर लै, म्हारी घणी मंगेजण जच्चा।[35]

विवाह, पुत्र जन्म से सम्बन्धित गीतों के अलावा प्रेम, यौवन पिपासा से सम्बन्धित गीत भी स्त्रियों द्वारा गाये जाते हैं। जैसे-

चुग-चुग कलियाँ सेज बिछाई
पौढ़णरी रुत आसी।[36]

अपने प्रियतम के दूर होने पर उसकी प्रेयसी द्वारा विरह गाया जाता है जिसे "ओल्यूँ" कहा जाता है। इस गीत में प्रेयसी अपने प्रियतम को संदेश "कुरजाँ" नाम पक्षी के माध्यम से भेजते हुए उसे सम्बोधित करते हुए, विरह की पीड़ा में तड़पते हुए "कुरजाँ या ओल्यूँ" गाती हैं[37] जो निम्न प्रकार से है-

सुपनो जगाई आधि रात मै, तनै म्है बताऊं मन की बात
कुरजाँ यै म्हारौ भँवर मिला द्यौ यै, संदेशो म्हारै पिव नै पुवां द्यौ यै
पुछै कुरजाँ म्हारै गाँव की, लागै धरम की भाण
कुरजाँ यै म्हानै भँवर मिला द्यो यै, संदेशो म्हारै, पिव ने पुवां द्यो यै।[38]

पूर्वी राजस्थान में अनेक उत्सवों, त्यौहारों, मेलों के दौरान भी अनेक लोकगीत गाये जाते हैं। गणगौर, तीज, शीतला माता, कैला माता के मेलों के दौरान विशेष रूप से गाये जाने वाले गीतों का विवरण इस अध्याय में पूर्व में दिया जा चुका है। इन सब लोकगीतों के अलावा कुछ गीत व्यवसायिक जातियों से सम्बन्धित है। इन जातियों में ढोली, मिरासी, भाट, राव, जोगी, कामड़, भोपे, कालबेलिया आदि है। पूर्वी राजस्थान में इसी श्रेणी में जयपुर की मांड गायकी बहुत प्रसिद्ध है। पूर्वी राजस्थान के लोकगीतों को हम क्षेत्रीय गीतों में मैदानी क्षेत्र के गीतों की श्रेणी में गिनते हैं जिनमें भाषा और स्वर-रचना की दृष्टि से वैविध्ययुक्त गीत प्रचलित है।[39] इन गीतों में भक्ति व श्रृंगार रस के गीतों का आधिक्य है जो कि सामूहिक रूप से गाये जाते हैं।

लोक-नृत्य

पूर्वी राजस्थान के जन-जीवन में लोक-नृत्य विशिष्ट स्थान रखते हैं, यहाँ के लोक-नृत्यों में लय, ताल, गीत, सुर आदि का सुंदर एवं संतुलित सामंजस्य देखने को मिलता है। लोक-नृत्य राजस्थान के जन-जीवन की संजीवनी बूटी है।[40] इसी बूटी की घूटी ले पूर्वी

राजस्थान के जन-जीवन ने अभाव-ग्रस्त रहते हुए भी मस्ती से जीना सीखा। यहाँ के लोक-नृत्यों से कालबेलियों, बंजारों, सांसियों एवं अन्य जातियों के रीति-रिवाजों एवं मान्यताओं के बारे में जानकारी प्राप्त होती है। लोक नृत्य भौगोलिक स्थिति एवं सामाजिक मान्यताओं से भी प्रभावित होते हैं। पूर्वी राजस्थान के पर्वतों, नदियों, जंगलों एवं जलवायु ने भी मानव के स्वभाव, चरित्र, कार्य एवं उसके संगीत तथा नृत्य को प्रभावित किया है। यहाँ के लोक-नृत्यों में मानव जीवन के संघर्ष का प्रस्तुतिकरण दिखाई देता है। लोक-नृत्यों को तीन श्रेणियों में बांटा जा सकता है- क्षेत्रीय लोक-नृत्य, जातीय लोक-नृत्य एवं व्यवसायिक नृत्य।[41]

पूर्वी राजस्थान में पुरुष एवं स्त्रियों दोनों ही के द्वारा कुछ नृत्यों का आयोजन किया जाता है जिसमें एकल, युगल और सामूहिक नृत्य मुख्य है। 'ऊब नाच' में महिला अकेली नाचती है जिसमें हाथ, पैर और कमर का मुड़ाव बड़ा रोचक होता है। सिर पर घड़ा या घड़े रखकर नाचना 'मटकी नाच' कहलाता है जिसमें कई करतब दिखाये जाते हैं। सामूहिक नाच में 'चपटी नाच', 'ताली नाच' और 'डांडिया नाच' बड़े रोचक होते हैं। विवाह, गणगौर या तीज के अवसर पर इन नृत्यों का विशेष महत्व रहता है। श्रावण मास में ये नृत्य अलग ही मनोहारी दृश्य प्रस्तुत करते हैं।[42] पूर्वी राजस्थान के प्रमुख लोक-नृत्यों में बम नृत्य, रणबाजा नृत्य, रतवई नृत्य, बम रसिया नृत्य, कठपुतली नृत्य आदि प्रमुख हैं।

बम नृत्य में एक बड़े नगाड़े का प्रयोग किया जाता है, जिसकी ऊँचाई तीन फीट तक होती है और जिसका व्यास लगभग दो फुट तक होता है, जिसे खड़े होकर दोनों हाथों में एक जैसे दो मोटे डंडे लेकर बजाया जाता है। इस नगाड़े को बम कहा जाता है। इस नृत्य में बम के साथ मंजीरा, खड़ताल, ढोलक, चिमटा, थाली आदि वाद्ययंत्र भी बजाये जाते हैं। इन वाद्यों के साथ-साथ गायक जिन्हें रसिया कहा जाता है, गीत गाते हैं। इसीलिए इसे बम रसिया भी कहा जाता है। यह नृत्य पुरुषों द्वारा फाल्गुन मास में नई फसल आने की खुशी में किसी भी चौपाल या चौक में किया जाता है। यह नृत्य अलवर-भरतपुर क्षेत्र में प्रचलित सर्वप्रमुख नृत्य है।[43] 'रणबाजा नृत्य' पूर्वी राजस्थान में मेव समुदाय का नृत्य है, जिसमें स्त्री-पुरुष दोनों भाग लेते हैं। 'रतवई नृत्य' अलवर क्षेत्र की मेव महिलाओं द्वारा किया जाने वाला नृत्य है, जिसमें वे सिर पर इंडोणी व सिरकी (खारी) रखकर हाथों में पहनी हुई हरी चूड़ियों को खनखनाती हुई नृत्य करती हैं व पुरुष अलगोजा व दमामी (टामक) वाद्य बजाते हैं।

कालबेलिया जाति एक प्रमुख नृत्य पारंगत जाति मानी जाती है। यह जाति पूर्वी राजस्थान में सभी जगह पाई जाती है, विशेष रूप से भरतपुर क्षेत्र में। इनका पारम्परिक वाद्य बीन या डफ है। होली, दीपावली व तीज-त्यौहारों पर इस जाति के लोग बड़ी मस्ती के साथ नृत्य करते हैं, जिसमें शरीर की लोच का प्रदर्शन देखते ही बनता है। नृत्य के दौरान आँखों की पुतलियों से अँगूठियाँ एवं मुंह से नोट उठाने के हैरतअंगेज कारनामे किये जाते हैं। नृत्य के दौरान पुरुष बीन, डफ एवं मंजीरा वादन करते हुए गायन में साथ देते हैं। कालबेलियों के प्रमुख नृत्य इंडोणी, शंकरिया तथा पणिहारी है। शंकरिया नृत्य, युगल नृत्य है, जिसमें स्त्री-पुरुष दोनों ही नृत्य करते हैं। प्रेम कहानी पर आधारित इस नृत्य में अंगों का

संचालन बड़ा ही सुन्दर होता है। पणिहारी नृत्य, प्रसिद्ध लोकगीत पणिहारी (पणिहारिन) पर आधारित है।[44] इसमें पणिहारिन स्त्रियाँ मटके हाथों में लेकर नृत्य करती हैं, जो बड़ा रोचक है। इंडोणी नृत्य में स्त्री-पुरुष गोल घेरा बनाकर नृत्य करते हैं। इसमें औरतों की पोशाक बड़ी कलात्मक और आकर्षक होती है। इन पर मणियाँ जड़ी रहती हैं। इसमें प्रमुख वाद्य यंत्र पूँगी और खंजरी होते हैं। कालबेलिया नृत्य की प्रसिद्ध नृत्यांगना गुलाबों ने विश्व स्तर पर ख्याति प्राप्त की है। ब्रिटिश महारानी के सामने भी गुलाबों अपनी मंडली के साथ नृत्य प्रस्तुत कर चुकी है जिसे काफी प्रशंसा प्राप्त हुई है।

नट, कंजर तथा सांसी जातियों के लोग भी लोक-नृत्य करते हैं। नट जाति के लोग कठपुतली नृत्य करते हैं। इसमें कठपुतली नचाने वाला नट अपने हाथ में डोरियों का गुच्छा थामकर नृत्य का संचालन करता है। जयपुर में हवामहल व जयगढ़ दुर्ग में आज भी नट लोग यह नृत्य दिखाते हुए पाये जाते हैं। कंजर जाति की स्त्रियाँ भी नृत्य में अत्यंत कुशल होती हैं। इनके प्रमुख नृत्य चकरी नृत्य तथा धाकड़ नृत्य है। इनकी महिलाएं बिना विश्राम किये 10-12 घण्टों तक लगातार नृत्य कर सकती हैं। पुरुष कलाकार नृत्य के दौरान ढोल व चंग पर साथ देते हैं। धाकड़ नृत्य शौर्य प्रधान है तथा चकरी नृत्य श्रृंगार प्रधान नृत्य है।[45]

घूमर नृत्य को नृत्यों का सिरमौर माना जाता है। यह नृत्य सामन्ती नृत्य है, जिसमें रजवाड़ों की नजाकत-नफासत साफ झलकती है। यह नृत्य पूर्वी राजस्थान में भी प्रचलित है, विशेषरूप से जयपुर क्षेत्र में। यह नृत्य महिलाओं का सर्वाधिक लोकप्रिय नृत्य है। शास्त्रीय संगीत पर आधारित यह नृत्य गीत, लय-ताल, धुन की दृष्टि से मधुर, जीवन्त और सशक्त है जिसमें मंथर गति से महिलाओं द्वारा समूह में चक्कर काटते हुए अपनी ही धुरी पर गोल घूमते हुए गणगौर व नवरात्रि पर्व पर नृत्य किया जाता है।[46] घूमर नृत्य की खास बात यह है कि हाव-भाव का प्रदर्शन सिर्फ हाथों के लटकों से ही किया जाता है। इसका प्रमुख गीत 'म्हारी घूमर छै नखराली ऐ माँ' है, जिसमें एक कुँआरी कन्या माँ से घूमर रमने जाने के लिए श्रृंगार सम्बन्धी प्रसाधन और आभूषण की माँग करती है। यह विशुद्ध रूप से महिलाओं का नृत्य है। इस नृत्य में घूमर गाया जाता है तथा ढोल, नगाड़ा एवं शहनाई बजाई जाती है। राजस्थान में सभी उत्सवों, समारोहों एवं विवाह के अवसर पर स्त्रियों का पसंदीदा नृत्य घूमर है।

लोक-नृत्यों का सीधा सह-संबंध लोकगीतों से रहा है। लोकगीतों के बिना लोक-नृत्य अधूरे हैं फिर चाहे लोक-नृत्यों का संबंध तीज-त्यौहार, उत्सव मेले, धार्मिक संस्कार किसी भी अवसर से हो। पूर्वी राजस्थान में कन्हैया-दंगल और हैला ख्याल की अगर हम बात करें तो ये बड़ी ही समृद्ध लोक कलाएँ हैं जिनमें लोक-संस्कृति की तीनों विधाएँ उपस्थित रहती हैं। इन दोनों ही कलाओं में लोक-नाट्य, लोकगीत तथा लोक-नृत्य तीनों ही विधाओं का अद्भुत सम्मिश्रण देखने को मिलता है। यह विधा पूर्वी राजस्थान के करौली, दौसा, लालसोट, गंगापुर सिटी क्षेत्रों में मीना (मीणा) जाति की एक समृद्ध सांस्कृतिक धरोहर है। इस क्षेत्र के बुजुर्ग श्रीनारायण सीहरा के अनुसार ये हैला ख्याल तथा कन्हैया दंगल धार्मिक

व ऐतिहासिक कथानकों पर आधारित है जो कि सामाजिक जीवन की जीवन्तता को प्रस्तुत करते हैं।[47]

पूर्वी राजस्थान के जनजीवन में रची-बसी यह लोक-संस्कृति ही समस्त भारतवर्ष में इसकी विशिष्ट पहचान का द्योतक है। इस लोक-संस्कृति की वजह से ही आधुनिकता के इस दौर में भी पूर्वी राजस्थान आज भी अपनी ऐतिहासिक एवं सांस्कृतिक विरासत को एक धरोहर के रूप में संजोये हुए हैं।[48] कोई भी त्यौहार, उत्सव व संस्कार आदि लोक-संस्कृति के माध्यमों लोकगीत एवं लोक-नृत्यों के बिना अधूरे हैं। जन्म से लेकर विवाह तक के सभी संस्कार इनके बिना सम्पन्न ही नहीं हो सकते हैं।[49] ये लोकगीत एवं लोक-नृत्य ही इन संस्कारों में प्राणवायु का कार्य करते हैं। यह बात अलग है कि समय के साथ इन लोकगीतों व लोक-नृत्यों के स्वरूप में कुछ बदलाव अवश्य आया है, परन्तु लोक-जीवन में चाहे वह गाँव हो या शहर इन लोकगीतों व लोक-नृत्यों का महत्व आज भी विद्यमान है।

लोक-कलाएँ

जनमानस की सांस्कृतिक आकांक्षा जब उपलब्ध वस्तुओं की सहायता से अपने सुंदरतम रूप में प्रस्तुत होती है तो वह लोक-कला का स्वरूप ग्रहण करती है। यह कला जनमानस की आंतरिक सृजनात्मकता को अभिव्यक्त करने हेतु अलंकरण का सहारा लेती है। लोक-कलाएँ राजस्थानी जन-जीवन का अभिन्न अंग है तथा वे ग्रामीणों के आन्तरिक सौन्दर्य, कलात्मक अभिव्यक्ति, लोक रंजकता आदि की परिचायक है। साथ ही ये कलाएँ उनके सामाजिक, धार्मिक एवं सांस्कृतिक जीवन से जुड़ी विभिन्न परम्पराओं, विश्वासों, अंध-विश्वासों की सरल स्वभाविक अभिव्यक्ति है।[50] इस लोक-कला का दर्शन हम लोग मांडणा, गोदना, थापा, मेहंदी-महावर, सांझी, कठपुतली कला तथा लोक अलंकरण के कुछ अन्य रूपों में करते हैं।

मांडणा- राजस्थानी लोक-कला का यह सबसे अधिक विकसित और प्रचलित रूप है। मांडणा का प्रचलन पूर्वी राजस्थान में विशेष रूप से है। राजस्थानी मांडणा गुजरात की रंगोली, महाराष्ट्र की रंगावली तथा बिहार की अरीपना से केवल आंचलिक रूप से ही भिन्न है। साधन और श्रम की दृष्टि से यह कलाएँ लगभग एक ही है।

राजस्थान की नारियां गृहस्थ जीवन में व्यस्तता के बावजूद भी कलात्मक मांडणा की रचना करती है जिनमें पवित्रता, मंगल कामना, सौन्दर्यानुभूति तथा कला-साधना की विशिष्ट छाप होती है। मांडणा से तात्पर्य अलंकृत करने से है। मांडणें घर की देहरी, चौखट, आंगन, चबूतरा, चौक, पूजन स्थल, दीवारों आदि को अलंकृत करने के लिए बनाये जाते हैं।[51] होली, दीवाली जैसे त्यौहारों से पूर्व ही औरतें एवं लड़कियाँ अपने घरों को मिट्टी एवं गोबर से लीपना-पोतना शुरू कर देती हैं तथा खड़िया मिट्टी से कूची की सहायता से दीवार या जमीन पर मांडणा बनाती हैं। ये मांडणे खड़िया मिट्टी, गेरू, हिरमिच, पेवड़ी, काजल एवं अन्य देशी रंगों के माध्यम से बनाये जाते हैं। लोक मानस की सहज झलक इन मांडणों में दिखलाई पड़ती है।

मांडणों में सरल और जटिल दोनों ही प्रकार की रेखाओं का प्रयोग होता है। असल में इन आकृतियों में प्रयोग किये जाने वाले रंग और उनकी रचना हेतु बनाई जाने वाली रेखाएं नारी विशेष की मनःस्थिति का दर्पण होती है। ज्यामितिक आकार जैसे त्रिभुज, आयत, वृत्त, अष्टकोण आदि रेखाएं उनकी प्रकृति को इंगित करने का माध्यम है।

गहरे रंग और उलझी हुई रेखाएं, हल्के रंग और सरल रेखाएं सभी उनमें मौजूद रहती हैं। घरों में चार चाँद लगाने वाले ये मांडणें शुभ शकुन के प्रतीक भी माने जाते हैं। इनमें गृहजीवन के सुख और समृद्धि की मंगलकारी भावना अंतर्निहित होती है।[52] मांडणों के उद्भव एवं विकास की यद्यपि कोई निश्चित तिथि बताना कठिन है तथापि यह कहना अतिशयोक्ति नहीं होगी कि जनजीवन में कलात्मक अभिरूचि उत्पन्न होने के साथ-साथ ही मांडणा अलंकरण की प्रथा भी चल पड़ी।

पूर्वी राजस्थान में मीना (मीणा) समुदाय में मांडणा अलंकरण की परम्परा अधिक प्रचलित रही है। मीना (मीणा) जाति का राष्ट्रीय पक्षी मोर से अधिक लगाव रहा है इसलिए मोरड़ी (मोरनी) मांडणा उनकी परम्परा का अंग है। बिल्लियों का जोड़ा, हाथी, घोड़ा, बैल, सिंह, चिड़िया, मुर्गा, पनिहारिन, घुड़सवार आदि दीवार पर बहुलता से अंकित करने की परम्परा रही है जो प्रकृति एवं पशु-पक्षी प्रेम का प्रतीक है। विवाह के अवसर पर गणेशजी, लक्ष्मी जी के पैर, स्वास्तिक आदि शुभ प्रतीकों के साथ-साथ दीवार पर हाथी, घोड़े, ऊँट, मोर-मोरनी, छड़ीदार चंवर धारिणी, पणिहारिन, सूर्य, चन्द्रमा, दीपक, थाली, पान, सुपारी आदि मांडणें बनाये जाते हैं।[53] राजस्थान में पथवारी का प्रचलन रहा है जो कि पथ की रक्षक होती है। पथवारी पर भी एक ओर काला-गोरा भैंरु जी तो दूसरी ओर कावड़िया वीर (श्रवण कुमार) का चित्रण किया जाता है। मांडणा की कला पीढ़ी दर पीढ़ी चलती आ रही है। घर की चतुर एवं अधेड़ महिलाएं अपने घर की कुमारियों को यह कला सिखाती है। तीज-त्यौहारों पर इनका चित्रण करते-करते कुमारियाँ भी सीख जाती है।[54] मांडणा लोक जन-जीवन की अभिव्यक्ति का एक सशक्त माध्यम है।

सांझी- अश्विन माह की प्रतिपदा से लेकर दशहरा तक सांझी बनाई जाती है। सांझी राजस्थानी कुमारियों का कलापूर्ण रंग बिरंगा उत्सव माना जाता है। कुँवारी लड़कियाँ सफेदी से पुती हुई दीवारों पर गोबर से आकार उकेरती हैं तथा सांझाी को माता मानकर अच्छे घर, वर के लिए कामना करती है। पितृपक्ष के पूरे 15 दिनों तक कन्याएँ विविध प्रकार की लोक रंजित सांझियाँ बनाती है। प्रथम दस दिन तक एक या दो प्रतीक ही प्रतिदिन बनाए जाते हैं, किन्तु अन्तिम पांच दिनों में बड़े आकारों में सांझी बनाई जाती है जिसे संझ्या कोट कहते हैं। ग्रामीण अंचलों में कृषि में व्यस्त गतिविधियों के बीच किशोरियाँ सांझी बनाने, उतारने व पूजन में मग्न रहती है। राजस्थान में इसे अलग-अलग नामों से जाना जाता है जैसे- सांझी, संझुली, सांझुली, सिंझी, सांझ के हाँजी, हाँज्या आदि। कन्याएँ मिलकर गोबर से रेखाओं को उभारकर, उनमें विभिन्न काँच के टुकड़े, मोती, चूड़ी, कौड़ी, पत्थर, पंख, कपड़ा, कागज, लाख के मोती, फूल पतियाँ आदि का प्रयोग करके एक दमकती हुई रंगीन चित्ताकर्षण आकृति

बनाती है जो कि एक मोजाइक सी प्रतीत होती है।[55]

यह कला केवल कलात्मक भावनाओं की अभिव्यक्ति मात्र नहीं है अपितु इसमें प्राचीन, पौराणिक, पारम्परिक, धार्मिक, आध्यात्मिक एवं प्रचलित सामाजिक कथाओं का आलेख भी किया जाता है। राजस्थान में प्रत्येक जगह सांझी के रूप में अंतर रहता है। कई जगह पहले दिन सूर्य, चन्द्रमा, तारे दूसरे दिन पांच फूल, तीसरे दिन पंखी, चौथे दिन हाथी सवार, पांचवें दिन चौपड़, छठे दिन स्वास्तिक, सातवें दिन घेवर, आठवें दिन ढोलक या नगाड़े, नवे दिन बन्दनवार व दसवें दिन खजूर का पेड़ बनाया जाता है। अन्तिम पाँच दिन की संझ्याकोट में बीचों-बीच सांझी माता सबसे बड़े आकार की व चारों ओर के अन्तराल में मानव, पशु-पक्षी आकृतियाँ बनाई जाती है। कहीं-कहीं पाँच पछेटा, छबड़ी, घड़ा, कलश, मोर-मोरनी, सीढ़ी, हनुमान, थाल, दोना, फेनी, घेवर, जलेबी आदि बनाई जाती है। ये केवल अलंकार होते हैं इनका कोई विशेष महत्व नहीं होता है। इनका आकार जड़ व गतिहीन होता है, किन्तु इनमें भिति चित्र की विशेषताएँ निहित होती हैं। कुछ आलेखकों का सरलता व अमूर्तता की ओर झुकाव प्रतिबिम्ब होता है।

सांझी को अंतिम दिन पाड़कर (उखाड़कर) कन्याएं जल में विसर्जित कर देती हैं। सांझी के चित्रण में गोबर के अतिरिक्त मिट्टी, चूना, पुष्प, पीतरा-पन्ना, हल्दी, कुमकुम, कौडी एवं मिर्च आदि का प्रयोग कर उन्हें अलंकृत किया जाता है।[56] सांझी की बरात की आकृतियां अत्यन्त आकर्षक और विशिष्ट होती है। सांझी में काँच, कागसी, नाना आभूषण एवं सखी-सहेलियों के चित्र भी बनाये जाते हैं जो कन्याओं के अखण्ड सौभाग्य की निशानी मानी जाती है। संझ्या कोट मूलतः सांझी का ही विकसित रूप है। दीवारों पर बने इस संझया कोट को बड़ी सांझी भी कहते हैं। आकार में बड़ा होने के कारण कोट बनाने में अधिक चतुराई व श्रम लगता है। बाजारों में अब तो बने बनाये संझया कोट भी मिलने लगे हैं। कलात्मकता की दृष्टि से ये एक ही अलंकरण के दो रूप हैं।

सांझी में लोक देवी गौरी (पार्वती) की पूजा की जाती है। कुमारियाँ प्रातःकाल दूब और पुष्प से तथा सायंकाल घी तथा शक्कर मिले आटे को छिड़ककर उसकी पूजा करती है। अमावस के दिन जब सांझी की बरात निकलती है तो दूध व घी का वूलर नहीं छांटा जाता है। इस दिन कुमारियाँ एकासणा या एक वक्त का भोजन करती हैं और सुन्दर कपड़ों से सजती है। वे समूह बनाकर सांझी को जल में विसर्जित करने जाती हैं और पास के पीपल की पूजा कती है। कुँवारी कन्याएँ जब सांझी निर्मित करती है, उसकी पूजा करती है, वूलर छांटती है और अंकन सामग्री लाती है तब गीत गुनगुनाती है। इन्हें सांझी गीत कहते हैं। सांझी पूर्वी राजस्थान की महत्वपूर्ण सामाजिक और सांस्कृतिक धरोहर है।

गोदना- लोक अलंकरण की एक विशिष्ट परम्परा है- गोदना जो कि समस्त राजस्थान में प्रचलित है। यह परम्परागत रूप से प्राचीनकाल से चली आ रही है। किसी तीखे औजार से शरीर की ऊपरी चमड़ी खोदकर उसमें काला रंग भरने से चमड़ी में पक्का निशान बन जाता है, जिसे गोदना कहते हैं। अहीर, गूजर, रेबारी, सांसी, भांभी, कसाई, बनजारा, खटीक,

कालबेलिया आदि जातियों की महिलाएं गोदना गुदवाने में अधिक रूचि रखती हैं। ग्रामीण क्षेत्रों में यह परम्परा आज भी प्रचलित है। कुछ खास क्षेत्रों में तो प्रत्येक महिला के लिए यह अंकन अनिवार्य सा माना जाता था क्योंकि यहाँ बिना गुदा हुआ नारी शरीर शुभ नहीं माना जाता किन्तु यह भावना पिछड़े हुए क्षेत्रों तक ही सीमित थी। पूर्व में बबूल का कांटा या सूई का प्रयोग गोदने के लिए किया जाता था जिसकी जगह वर्तमान में बिजली के औजार ले चुके हैं। गोदने में काले रंग के लिए कोयला, राख, जली हुई लकड़ी या कालिख को आक के पत्तों के रस या तिल के तेल के साथ मिलाकर चमड़ी में भरते हैं।[57]

गोदना सौन्दर्य व अन्धविश्वास का प्रतीक माना जाता है जैसे यह माना जाता है कि अनगुदा शरीर असुरक्षित है और स्वर्ग में प्रवेश नहीं पा सकता। ग्रामीण स्त्रियाँ चेहरे पर सौन्दर्य के लिए माथे, भवों, नाक के आस-पास ठोड़ी, गाल, गर्दन व आंखों के दोनों ओर रेखाओं व बिन्दुओं के द्वारा विभिन्न अलंकरण बनवाती है। तीन बिन्दु त्रिभुजाकार में (तीन मन ज्वर) चार बिन्दु चतुर्भुजाकार में (चार मन ज्वर) माथे, ठोड़ी व गाल पर बनाते हैं। आँखों के पास बनी कई रेखाएँ आँखों को सौन्दर्य प्रदान करती है। छाती, गर्दन, पीठ, पेट, कूल्हे, जांघ, टांग, टखने, बाहें, कलाई के पीछे अंगुलियों पर भी विभिन्न अलंकरण बनवाये जाते हैं। खुले अंगों पर गुदवाने की परम्परा अधिक रही है। गोदने के अलंकरण जाति विशेष व रूचि पर आधारित होते हैं।[58] कुछ स्त्रियाँ गोदने में चित्र गुदवाती हैं तो कुछ केवल नाम। कहीं-कहीं राम, लक्ष्मण, सीता, हनुमान, गणेश, लक्ष्मी आदि के चित्र बाँह पर बनवाये जाते हैं तो कई भागों में इनका केवल नाम ही मिलता है। स्वास्तिक, कलश, ओम व त्रिशूल का चित्रण भी देखने को मिलता है।

गोदना गुदवाने में प्रकृति की झलक भी देखने को मिलती है। पिछड़ी एवं आदिम जातियों के प्रकृति के करीब होने के कारण गोदना गुदवाने में पशु-पक्षी जैसे- गाय, ऊँट, घोड़ा, मोर-मोरनी, चिड़ियाँ, तोता, सांप, बिच्छू आदि का चित्रांकन फूल पत्तियों व वृक्षों के साथ-साथ किया जाता है। आम, बबूल, खजूर, कदम्ब, महुवा, बांस, पीपल आदि राजस्थानी वनस्पति का चित्रण भी किया जाता है। दैनिक जीवन में काम आने वाली वस्तुएँ जैसे- खाट, पंखी, थाली, शैया, घड़ा, चूल्हा आदि का अंकन भी किया जाता है। ये सभी अलंकरण सरलीकृत व ज्यामितीय आकारों में ढले हुए हैं व रेखाओं एवं बिन्दुपूर्ण है। पुरुषों के द्वारा भी गोदना गुदवाया जाता है। नट, कंजर, गाड़िया लुहार, सपेरे आदि जातियों के पुरुष भी गोदना गुदवाते हैं। अन्य लोक कलाओं की तुलना में गोदने की कला अधिक स्थाई होती है। गोदना गुदवाने में प्रायः शरीर से खून निकल आता है। अंगों में सूई अथवा बबूल के काँटे से आकृति बनाने के बाद उस पर कोयला और खेजड़े के पत्तों का काला पाउडर डाल दिया जाता है।[59] यह पाउडर खून सोख लेता है तथा अंग में एक स्थाई निशान बना देता है। सूखने के पश्चात् गोदना के अलंकरण उभर आते हैं। यह प्रथा सुदूर अरब, आस्टेªलिया, अफ्रीका आदि देशों में भी विद्यमान है। रेड इंडियन कहलाने वाले लोगों में प्रायः यह प्रथा प्रचलित है। गोदना समस्त राजस्थान के साथ-साथ पूर्वी राजस्थान की पिछड़ी व आदिम जातियों में महिलाओं

एवं पुरुषों का विशिष्ट लोक श्रृंगार है जो अब धीरे-धीरे विलुप्त होने की कगार पर है।

कठपुतली कला- लोक-कला के रूप में पूर्वी राजस्थान की कठपुतलियाँ और कठपुतली बनाने की कला विश्व भर में प्रसिद्ध है। इस कला का प्रचलन समस्त राजस्थान में है। देशी-विदेशी पर्यटकों के मनोरंजन के लिए पर्यटन स्थलों पर कठपुतली नृत्य दिखाते हुए कलाकार आज भी देखे जा सकते हैं। किलों, महलों एवं प्रमुख पर्यटन स्थलों पर देशी एवं विदेशी पर्यटकों के आकर्षण का प्रमुख केन्द्र यह कला है। वर्तमान में कठपुतली संचार व प्रचार का एक महत्वपूर्ण माध्यम बन चुकी है। शिक्षा, स्वास्थ्य सम्बन्धी कार्यक्रमों के प्रचार-प्रसार हेतु व मनोरंजन के लिए दूरदर्शन व चलचित्रों में इसका प्रयोग होने लगा है। विज्ञापनों में भी कठपुतली का प्रयोग किया जाने लगा है जिसे दर्शकों द्वारा पसंद भी किया जाता है। विश्व भर के संग्रहालयों में यहाँ की कठपुतलियाँ रखी गयी हैं। विदेशी पर्यटक अपने साथ यहाँ बनी कठपुतलियाँ ले जाना पसंद करते हैं। जब ग्रामीण लोक-कलाओं की बात आती है तो कठपुतली का उनमें विशिष्ट स्थान होता है। विदेशी मेहमानों और प्रतिनिधि मण्डलों के समक्ष भी कठपुतली द्वारा राजस्थानी संस्कृति के दिग्दर्शन करवाये जाते हैं।

कठपुतलियाँ बनाने में अरडू की लड़की का प्रयोग किया जाता है क्योंकि यह बहुत हल्की होती है। कठपुतलियाँ बनाने में समय एवं मेहनत बहुत ज्यादा लगती है।[60] अरडू की लकड़ी से कठपुतलियाँ बनाने के लिए लकड़ी की कटाई एवं छिलाई के बाद उसे कठपुतली का रूप देकर रंगा जाता है और सुनहरे वस्त्रों, गोटे-किनारी की चुनरी, घाघरा पहनाकर, पुरुष का दाढ़ी-मूछ लगाकर या अन्य आवश्यक साज सामान से इच्छित रूप दिया जाता है। पुरुष कठपुतली को आकार देते हैं तथा औरतें उसमें रंग भरती हैं। कपड़े सिलना व सजाकर गुड़िया का स्वरूप देती हैं। सामाजिक एवं सांस्कृतिक जीवन में इन कठपुतलियों का महत्वपूर्ण स्थान है। कुछ वर्षों पूर्व तक जब दूरदर्शन, चलचित्रों का प्रचलन कम था तब गाँवों में विशेष रूप से रात्रि चौपालों में मनोरंजन के लिए कठपुतली खेलों का आयोजन किया जाता था। लालटेन की मद्धम रोशनी में यह खेल दिखाने वालों के साथ गाना बजाने वाले, नाचने वाले और मसखरे भी होते थे। शहरों में भी विशेष अवसरों पर इनका आयोजन होता था परन्तु समय के साथ बदलाव स्वभाविक है जैसा कि इस कला के साथ भी हुआ और रेडियो, दूरदर्शन एवं सिनेमा के इस दौर में यह कला अब अपने अस्तित्व के लिए लड़ रही है।[61] इस कला से जुड़े कलाकारों को पर्याप्त मेहनताना नहीं मिलना, लागत अधिक होना, सरकारी सहायता नहीं मिलना आदि कारणों से यह विश्व प्रसिद्ध लोक-कला अब बड़े-बड़े आर्ट एम्पोरियम, शोरूम और हस्तकला केन्द्रों तक सीमित होकर रह गई है। इस कला के संरक्षण एवं अस्तित्व के लिए व्यक्तिगत एवं सहकारी प्रयास अपेक्षित है।

समस्त पूर्वी राजस्थान में मांडणा, गोदना, सांझी एवं कठपुतली कला के साथ-साथ थापा, मेंहदी-महावर, पाना आदि भी लोक-कला के अभिन्न अंग है। समस्त पूर्वी राजस्थान में विवाह, होली, दीपावली, अक्षय तृतीया एवं गणगौर के अवसर पर आपस में रंग लगाने और पीठ पर पूरे हाथ की छाप लगाने की परम्परा रही है इसे ही थापा कहा जाता है। मेंहदी-

महावर सदियों से चली आ रही मांगलिक लोक-कला है जिसे नारी के सौन्दर्य प्रसाधनों में मेंहदी या महावर रचाना कहा जाता है। कन्याएँ एवं वधुएँ अनेक मांगलिक अवसरों पर मेंहदी एवं महावर अनुरागपूर्वक रचाती हैं। जयपुर की मेंहदी राजस्थान भर में प्रसिद्ध है। मेंहदी महावर की परम्परा सम्पूर्ण पूर्वी राजस्थान में है जो कि सौभाग्यसूचक मांगलिक अलंकरण है। पूर्वी राजस्थान की एक और लोक-कला है पाना अथवा पाने का निर्माण जिसके अन्तर्गत कागज पर विभिन्न देवी-देवताओं का अंकन किया जाता है तथा त्यौहारों पर इन्हें दीवार पर चिपकाकर पूजन किया जाता है जैसे कि दीपावली पर समस्त राजस्थान में लक्ष्मीजी के पाने की पूजा की जाती है जिसमें लक्ष्मीजी के साथ-साथ गणेश जी एवं सरस्वती जी का भी अंकन होता है। लोक-कलाओं के क्षेत्र में पूर्वी राजस्थान भारतवर्ष में अपनी विशिष्ट पहचान रखता है। इन लोक-कलाओं की वजह से ही पूर्वी राजस्थान अपनी रंग-बिरंगी सांस्कृतिक पहचान दुनिया भर के सामने प्रस्तुत करता है जिससे दुनिया भर के पर्यटकों के लिए पूर्वी राजस्थान आज भी आकर्षण का केन्द्र बना हुआ है। आवश्यकता इस बात की है कि हमें हमारी इस अमिट पहचान को संरक्षित एवं संवर्द्धित करना है ताकि हमारी आने वाली पीढ़ियाँ भी इससे रूबरू हो सके।

1. बांकीदास री ख्यात, पत्र 361, हकीकत बही, वि0सं0 1833.
2. श्यामलदास, वीर विनोद, भाग 1, पृ0 120.
3. जी0एन0 शर्मा, सोशल लाइफ इन मेडिवल राजस्थान, लक्ष्मीनारायण अग्रवाल, आगरा, 1968, पृ0 167.
4. दस्तूर कौमवार, 1757 ई0, हकीकत बही, वि0सं0 1833.
5. गणगौर पूजन के दौरान "गौर-गौर गणपति ईसर पूजै पार्वती" गीत अवश्य गाया जाता है। जनश्रुति के अनुसार इसके गायन बिना गणगौर पूजन अधूरा माना जाता है। स्त्रियाँ पूजन के दौरान इसे बड़े की श्रद्धा पूर्वक सोलह बार गाती हैं।
6. एस0एल0 नागौरी, राजस्थान का सांस्कृतिक इतिहास, मलिक एण्ड कम्पनी, जयपुर, 2010, पृ0 88.
7. दस्तूर कौमवार, भाग 25, पत्र 701; हकीकत बही, 1766, 1767, 1774 ई0.
8. एस0एल0 नागौरी, पूर्व उद्धृत, पृ0 87-8
9. जी0एन0 शर्मा, आधुनिक राजस्थान का इतिहास, ग्रंथ भारती, जयपुर, 1994, पृ0 258.
10. एस0एल0 नागौरी, पूर्व उद्धृत, पृ0 89.
11. जी0एन0 शर्मा, पूर्व उद्धृत, पृ0 258.
12. प्रकाश व्यास, राजस्थान का सामाजिक इतिहास, पंचशील प्रकाशन, जयपुर, 2001, पृ0 198.
13. पी0 डब्ल्यू0, पाउलेट, गजेटियर ऑफ अलवर, 1988, पृ0 68.

14. जी0एन0 शर्मा, राजस्थान का सांस्कृतिक इतिहास, राजस्थान हिन्दी ग्रन्थ अकादमी, जयपुर, 2010, पृ0 70.
15. देवी की 'जात' को जाने वाले तीर्थयात्री 'लांगुरिया' गीत गाते हैं। लांगुरिया देवी का लाडला बेटा माना गया है। जनश्रुति के अनुसार इस गीत को गाये बिना न तो देवी प्रसन्न होती हैं और न ही 'जात' सफल होती है।.
16. देवस्थान फाइल, 18वीं सदी.
17. नैणसी री ख्यात, पत्र 28.
18. जी0एन0 शर्मा, पूर्व उद्धृत, पृ0 259.
19. ए हैण्डबुक ऑफ फॉकलर, लोक संस्कृति विशेष, 2010, पृ0 65.
20. जी0एन0 शर्मा, पूर्व उद्धृत, पृ0 175.
21. वही, पृ0 176.
22. 'हैला ख्याल' में पुरुष चंग की थाप पर सामूहिक गायन एवं नृत्य करते हैं। हैला से अभिप्राय है 'आवाज देते हुए' अर्थात् एक स्वर में हैला देते हुए सामूहिक गायन एवं नृत्य। यह धार्मिक एवं सामाजिक विषयों पर आधारित होता है।
23. जयसिंह नीरज, राजस्थान की सांस्कृतिक परम्परा, राजस्थान हिन्दी ग्रन्थ अकादमी, जयपुर, 2007, पृ0 149-150
24. लक्ष्मी कुमारी चूंडावत, सांस्कृतिक राजस्थान, पृ0 88-89.
25. के0सी0 माथुर, राजस्थान में स्वतंत्रता संग्राम एवं सांस्कृतिक परम्परा, पृ0 168.
26. बी0पी0 शर्मा का आलेख 'लोकगीत', राजस्थान की सांस्कृतिक परम्परा, संपादक जय सिंह नीरज, पृ0 118.
27. जी0एन0 शर्मा, पूर्व उद्धृत, पृ0 207.
28. साक्षात्कार- शान्ती, दीपपुरा, करौली.
29. साक्षात्कार- पारा देवी, महवा, दौसा.
30. 'कंवर कलेवा' दामाद को विवाह के अगले दिन जिसे 'बढ़हार' कहा जाता है को दिया जाता है। इस संस्कार में दामाद के साथ कलेवा में उसके बहनोई भी होते हैं। इस कलेवा के दौरान वधू पक्ष की महिलाएँ 'गालल् गीत' अर्थात् लोकगीतों में गालियां गाते हुए इनके साथ हँसी ठिठोली करती हैं। दोनों पक्ष गीतों के माध्यम से हंसी-मजाक करते हैं।
31. साक्षात्कार- धन्नी देवी, श्योपुर, जयपुर.
32. साक्षात्कार- सुशीला, गंगापुर सिटी.
33. विदाई के समय बेटी अपनी जीजी (माँ) से बेहद दुःखी मन से कह रही है कि वह अब किसे 'हैलो' अर्थात् आवाज देगी, उसकी लाडी अर्थात् लाडली बेटी तो अब घर खाली कर चली।
34. साक्षात्कार- कल्याणी देवी, राजगढ़, अलवर.

35. बच्चे के जन्म के कुछ दिनों बाद जच्चा अपने परिवार से आये कपड़े पहनकर जिसमें 'पीला' अर्थात् पीले रंग की ओढ़नी तथा 'चूड़ा' पहनकर परिवार की अन्य स्त्रियों के साथ कुआं पूजती है। इस संस्कार के दौरान गाये जाने वाले गीत को 'जच्चा' कहा जाता है।
36. जयसिंह नीरज, पूर्व उद्धृत, पृ0 122.
37. साक्षात्कार- सुनीता, नदबई, भरतपुर.
38. "ओल्यूँ" से तात्पर्य है याद। प्रेयसी अपने प्रियतम की याद में जो गीत गाती है, उसे 'ओल्यूँ' कहा जाता है। कुरजाँ एक पक्षी का नाम है जो संदेशवाहक के रूप में प्रेयसी का संदेश उसके प्रियतम तक पहुँचाता है अतः प्रेयसी द्वारा उसके प्रियतम की याद में गाया जाने वाला गीत 'कुरजाँ' भी कहलाता है।
39. पी0डी0 मित्तल, ब्रज का सांस्कृतिक इतिहास, राजकमल प्रकाशन, दिल्ली, 1966, पृ0 240
40. के0सी0 माथुर, पूर्व उद्धृत, पृ0 175.
41. एस0एल0 नागौरी, पूर्व उद्धृत, पृ0 238.
42. महेन्द्र भाणावत, लोकनाट्य परम्परा और प्रवृत्तियाँ, पृ0 5-6.
43. पी0डी0 मित्तल, पूर्व उद्धृत, पृ0 268.
44. एम0एल0 गुप्ता, भरतपुर संभाग का सांस्कृतिक एवं ऐतिहासिक अध्ययन, नवभारत प्रकाशन, जोधपुर, 2008, पृ0 49.
45. एस0एल0 नागौरी, पूर्व उद्धृत, पृ0 242.
46. पी0डी0 मित्तल, पूर्व उद्धृत, पृ0 240.
47. साक्षात्कार- श्रीनारायण सीहरा, दौसा.
48. के0सी0 माथुर, पूर्व उद्धृत, पृ0 163.
49. जी0एन0 शर्मा, पूर्व उद्धृत, पृ0 197.
50. वही, पृ0 196.
51. हुकुमचन्द जैन, नारायण लाल माली, राजस्थान का इतिहास, कला, संस्कृति, साहित्य, पररम्परा एवं विरासत, राजस्थान हिन्दी ग्रन्थ अकादमी, जयपुर, 2017, पृ0 229.
52. प्रेमचन्द गोस्वामी, राजस्थानः संस्कृति, कला एवं साहित्य, राजस्थान हिन्दी ग्रन्थ अकादमी, जयपुर, 2016, पृ0 165.
53. जयसिंह नीरज, पूर्व उद्धृत, पृ0 94.
54. प्रेमचन्द गोस्वामी, पूर्व उद्धृत, पृ0 166.
55. एच0सी0 जैन, एन0एल0 माली, पूर्व उद्धृत, पृ0 230.
56. जयसिंह नीरज, पूर्व उद्धृत, पृ0 94.
57. एच0सी0 जैन, पूर्व उद्धृत, पृ0 230.
58. वही, पृ0 231.
59. एम0एल0 गुप्ता, पूर्व उद्धृत, पृ0 101-102.

60. पी0सी0 गोस्वामी, पूर्व उद्धृत, पृ0 175.
61. एम0एल0 गुप्ता, जयपुर संभाग का जिलेवार सांस्कृतिक एवं ऐतिहासिक अध्ययन, नवभारत प्रकाशन, जोधपुर, 2008, पृ0 144.

8

निष्कर्ष

भौगोलिक दृष्टि से पूर्वी राजस्थान अरावली पर्वत माला के आस-पास स्थित है। वर्षा ऋतु में अरावली की यह पर्वत श्रृंखला हरियाली से आच्छादित हो मनोरम दृश्य प्रस्तुत करती है। इस पर्वत श्रृंखला ने जहां बाह्य आक्रमणों से पूर्वी राजस्थान के राज्यों को सुरक्षा प्रदान की वहीं दूसरी ओर इस पर्वत श्रृंखला पर स्थित विभिन्न महल एवं किले राजनीतिक सत्ता के केन्द्र थे। अरावली की इन सुरम्य घाटियों में स्थित विभिन्न धार्मिक आस्था के केन्द्र अलग-अलग संस्कृतियों, संस्थाओं और धर्मों के लोगों को आकर्षित करते हैं जो यहाँ की सांस्कृतिक पहचान है। मुगल एवं मराठों ने राजस्थान के राज्यों को जीतने एवं उन पर नियंत्रण रखने के लिए पूर्वी राजस्थान का मार्ग ही अपनाया। ब्रिटिश ईस्ट इंडिया कम्पनी और बाद में ब्रिटिश सरकार ने इसी क्षेत्र से रेल तथा सड़क मार्ग का विस्तार किया। यही वजह है कि आज भी यह क्षेत्र उत्तर भारत एवं पूर्वी भारत का प्रवेश द्वार माना जाता है। संक्षेप में इस क्षेत्र के इतिहास और भूगोल का अन्तर्सम्बन्ध अनूठा है।

मुगलों के पराभव से लेकर राजस्थान के राज्यों द्वारा अंग्रेजों के साथ की गई सन्धियों के बीच का काल राजस्थान के इतिहास में संक्रमण काल माना जाता है। अतीत में पूर्वी राजस्थान के जिन राज्यों ने अन्धकार के युग में स्वतंत्रता की मशाल को जलाये रखा, वही अपने अप्रतिम शौर्य व सृजन शक्ति से हीन होकर मुगल सत्ता के संध्याकाल में स्वयं अराजकता, अनाचार और अशान्ति की ओर अग्रसर होने लगे थे। विद्रोही सामन्तों ने गृहयुद्ध की स्थिति उत्पन्न कर दी थी। ऐसी परिस्थितियों में मराठों एवं पिण्डारियों के आक्रमणों ने कोढ में खाज का काम किया। मराठों एवं पिण्डारियों ने लूटमार और विध्वंस का जो मार्ग अपनाया उससे कुछ राजघरानों को तो राजमहल का खर्चा चलाने हेतु सेठ साहूकारों से आर्थिक सहायता तक लेनी पड़ी। आत्म सुरक्षा की प्रवृत्ति ने उन्हें मराठों के विरूद्ध अंग्रेजों से सन्धियाँ करनी पड़ी। इसी आलोक में सितम्बर 1803 ई0 को भरतपुर के साथ, नवम्बर 1803 ई0 को अलवर रियासत के साथ, जनवरी 1804 ई0 को धौलपुर रियासत के साथ, नवम्बर 1817 ई0 को करौली रियासत के साथ तथा अप्रैल 1818 ई0

को जयपुर रियासत के साथ सन्धि सम्पन्न हुई। इन सन्धियों का परिणाम यह हुआ कि अंग्रेजों ने इन रियासतों में हस्तक्षेप हेतु कई पदाधिकारी नियुक्त किये जैसे- रेजीडेण्ट, पोलिटिकल एजेण्ट, गवर्नर जनरल के एजेण्ट (एजीजी), दीवान तथा रियासतों में नियुक्त विभिन्न ब्रिटिश पदाधिकारी। इन सन्धियों के पश्चात् देशी रियासतों की आन्तरिक एवं बाह्य स्वतंत्रता हमेशा के लिए समाप्त हो गई।

ब्रिटिश सरकार द्वारा देशी रियासतों की स्वायत्तता पर निरन्तर आक्रमण किये जाने से इन रियासतों के राजाओं में अंग्रेजों के प्रति आक्रोश की भावना अवश्य थी परन्तु ये अंग्रेजों के प्रति स्वामिभक्त ही बने रहे। 1857 के विद्रोह में देशी रियासतों के नरेशों द्वारा ब्रिटिश सरकार को सहयोग करने के बावजूद पूर्वी राजस्थान में ब्रिटिश विरोधी भावना व्याप्त थी। सामान्यतः जनमत ब्रिटिश सत्ता के उन्मूलन के पक्ष में था। विप्लवकारियों को जनसमर्थन भी प्राप्त था। दिल्ली, आगरा एवं ग्वालियर जैसे महत्वपूर्ण केन्द्र जहाँ विद्रोह में आम जनता ने बढ़-चढ़कर हिस्सा लिया था के नजदीक होने से पूर्वी राजस्थान की रियासतों में विद्रोह को प्रेरणा एवं सहयोग मिला। उस समय राष्ट्रीयता का बोध आम जनता को नहीं हो पाया था परन्तु आम जनता द्वारा अंग्रेजी शोषण के विरूद्ध किये गये 1857 के विद्रोह से राष्ट्रीय आन्दोलन का सूत्रपात हुआ यह स्वीकार करने में कोई अतिशयोक्ति नहीं होगी।

जब पूरे देशभर में राष्ट्रीय आन्दोलन अपने चरम पर था। तब भी पूर्वी राजस्थान के देशी नरेशों ने वफादारी का सबूत दिया और ब्रिटिश सरकार की इच्छा पर अपने संसाधनों को छोड़ दिया। ये नरेश आजादी की माँग और संवैधानिक परिवर्तनों के प्रति अधिक संवेदनशील नहीं थे, क्योंकि वे स्वाधीनता प्राप्ति के पश्चात् अपने अधिकारों के प्रति सशंकित थे। अंग्रेजी संरक्षण काल में देशी रियासतों का प्रशासन एक तन्त्रात्मक था। परम सत्ता को छोड़कर रियासत का शासक ही अपने आप में राज्य था, अतः राजा और प्रजा के मध्य एक विस्तृत खाई दिखाई देती थी। पं0 जवाहर लाल नेहरू के अनुसार अधिकतर रियासतें प्रतिक्रिया एवं अकुशलता का पर्याय थी। इस व्यवस्था में शासक एवं सामन्त ही सत्ता के केन्द्र थे परन्तु अंग्रेजों से सन्धियाँ करने के पश्चात् सत्ता का केन्द्र अब राजा न होकर पोलिटिकल एजेन्ट बन चुका था।

पोलिटिकल एजेन्ट अंग्रेजी प्रतिमान के अनुसार समस्त राजस्थान में प्रशासनिक परिवर्तन चाहते थे। अंग्रेजी सरकार प्रशासनिक परिवर्तनों को व्यक्ति के अधिकारों और सब वर्गों के लिए नागरिक स्वतंत्रता का पोषक मानती थी। यह व्यवस्था एक ओर अंग्रेजों के लिए हितकर थी तो दूसरी तरफ आमजन के लिए भी प्रशासनिक सुधारों की दृष्टि से हितकर थी। अंग्रेज सर्वोच्च सत्ता ने नई प्रशासनिक संस्थाओं के निर्माण और गठन पर बल दिया। इसी के तहत प्रशासनिक, न्यायिक और भू-राजस्व व्यवस्था में आधुनिकीकरण के नाम पर परिवर्तन किया गया। वास्तव में यह परिवर्तन सत्ता हस्तान्तरण की प्रक्रिया का एक अंग था जिसमें पोलिटिकल एजेन्ट का प्रशासन पर परोक्ष नियंत्रण था।

ब्रिटिश सत्ता के प्रभाव से कतिपय प्रगतिशील राजाओं ने अपनी रियासतों में प्रतिनिधि संस्थाएं आरम्भ की, किन्तु उन्होंने यह कार्य पूरे मन से नहीं किया। प्रतिनिधि सभाओं तथा परिषदों से परामर्श मात्र शिष्टाचारवश लिया जाता था, न कि अधिकारवश। अतएव उनके निर्णय राजाओं के लिये बाध्यकारी नहीं थे। अतः ब्रिटिश कालीन पूर्वी राजस्थान की रियासतों में जनतांत्रिक संस्थाओं ने प्रगति की ओर आगे बढ़ना प्रारम्भ किया।

कांग्रेस द्वारा प्रारम्भ असहयोग आन्दोलन ने भी रियासती प्रजा को प्रोत्साहित किया। प्रबुद्धजनों के सहयोग से 1918 ई0 में राजपूताना मध्य भारत सभा नामक संस्था की स्थापना हुई। सभा का लक्ष्य रियासतों में उत्तरदायी सरकार की स्थापना करना व रियासती जनता को कांग्रेस संगठन का सदस्य बनाना था। सभा के संस्थापक सदस्य थे- जमनालाल बजाज, अर्जुन लाल सेठी, विजय सिंह पथिक, चांदकरण शारदा, गणेश शंकर विद्यार्थी आदि। रियासतों में जन-जागरण के उद्देश्य से बनाई गई संस्थाओं में यह प्रथम संस्था थी। इस संस्था ने धीरे-धीरे अपने को भारतीय राष्ट्रीय कांग्रेस के साथ जोड़ना प्रारम्भ किया। विजय सिंह पथिक द्वारा 1919 ई0 में स्थापित राजस्थान सेवा संघ के मुखपत्र 'राजस्थान केसरी' व बाद में 'तरुण राजस्थान' ने राजस्थान के प्रजाजनों की व्यथा को वाणी देने एवं घोर प्रतिक्रियावादी शासन व्यवस्था के दोषों को उजागर करने का प्रयास किया।

ए.बी. पटवर्धन, एम.एस. मेहता, पी.एल. चूड़कर, केलकर आदि गणमान्य लोगों द्वारा अखिल भारतीय देशी राज्य लोक परिषद की स्थापना की गई, जिसका प्रथम अधिवेशन 17-18 दिसम्बर, 1927 ई0 को बम्बई में हुआ। इसने देशी राज्यों में आन्दोलनों की गति को बढ़ाया तथा उत्तरदायी सरकार की मांग को उजागर किया। 1938 ई0 के हरिपुरा कांग्रेस अधिवेशन में देशी रियासतों की प्रजा को उत्तरदायी सरकार की स्थापना हेतु आन्दोलन के लिये प्रोत्साहित किया गया, फलस्वरूप पूर्वी राजस्थान की रियासतों में भी प्रजामण्डलों एवं प्रजा परिषदों की स्थापना हुई।

पूर्वी राजस्थान की देशी रियासतों में राष्ट्रीय आन्दोलन का नेतृत्व करने के लिए कांग्रेस के सहयोगी संगठन के रूप में जयपुर प्रजामण्डल (1936), धौलपुर प्रजामण्डल (1936), भरतपुर प्रजामण्डल (1938), अलवर प्रजामण्डल (1938) तथा करौली प्रजामण्डल (1938) की स्थापना हुई। इन प्रजामण्डलों से जुड़े प्रमुख नेता हरिनारायण शर्मा, कुँज बिहारी मोदी, शोभाराम कुमावत, देशराज ठाकुर, गोपीलाल यादव, ज्वाला प्रसाद, त्रिलोक चन्द माथुर, हीरालाल शास्त्री, जमनालाल बजाज, कर्पूरचन्द्र पाटनी आदि थे। प्रजामण्डलों से जुड़े ये नेता कांग्रेस के सहयोग से देशी रियासतों में संवैधानिक सुधारों के लिए प्रयासरत रहे जिसमें अन्ततः इन्हें सफलता प्राप्त हुई।

पूर्वी राजस्थान के देशी नरेश नई संस्थाओं से पुरानी संस्थाओं को बदलने में असमर्थ रहे। प्रजा को एक साथ दो शक्तियों से संघर्ष करना पड़ा। एक ओर निरंकुश राजा थे तो दूसरी ओर ब्रिटिश सरकार, जो इन राजाओं की पीठ पर थी। अतः रियासती जनता को तब तक कष्टों से मुक्ति नहीं मिल सकती थी, जब तक कि ब्रिटिश शासन समाप्त नहीं हो

जाता। रियासतों में प्रजामण्डल आन्दोलनों का सर्वाधिक योगदान इस बात में था कि इन्होंने पृथक-पृथक खण्डों में रहने वाली जनता को राष्ट्र की मुख्य धारा से सम्बद्ध किया तथा संवैधानिक एवं प्रशासनिक सुधारों के लिए मार्ग प्रशस्त किया।

भारत सरकार द्वारा निर्धारित मापदण्ड के अनुसार पूर्वी राजस्थान की सिर्फ जयपुर रियासत अपना स्वतंत्र अस्तित्व बनाये रख सकती थी। अलवर, भरतपुर, धौलपुर एवं करौली रियासतें इस मापदण्ड के अनुसार स्वतंत्र अस्तित्व बनाये नहीं रख सकती थी, अतः चारों रियासतों के राजाओं को 27 फरवरी, 1948 ई0 को दिल्ली बुलाया गया एवं चारों रियासतों के नरेशों के सामने एकीकरण का प्रस्ताव रखा जिस पर सभी ने अपनी सहमति दे दी। उन्हें यह भी स्पष्ट कर दिया गया कि यदि आवश्यक हुआ तो संघ को राजस्थान या संयुक्त प्रान्त में मिला दिया जायेगा। इस नये संघ को मत्स्य संघ की संज्ञा दी गई, क्योंकि प्राचीन महाकाव्यों में इसे मत्स्य प्रदेश के नाम से ही जाना जाता था। इस नये राज्य का उद्घाटन 18 मार्च, 1948 ई0 को भारत सरकार के तत्कालीन मंत्री एन.वी. गाडगिल द्वारा किया गया। इस संघ का राजप्रमुख धौलपुर महाराजा उदयभान सिंह को बनाया गया।

मत्स्य संघ के निर्माण से राजस्थान के एकीकरण का जो मार्ग प्रशस्त हुआ उसका परिणाम यह हुआ कि विभिन्न चरणों से गुजरते हुए 30 मार्च, 1949 ई0 को वृहत् राजस्थान का उद्घाटन हुआ जिसमें पूर्वी राजस्थान की जयपुर रियासत भी सम्मिलित थी। 15 मई, 1949 ई0 को मत्स्य संघ का प्रशासन वृहत् राजस्थान को हस्तान्तरित कर दिया गया। इस कदम ने राजस्थान के एकीकरण की प्रक्रिया को पूर्णता प्रदान की। इससे यह स्पष्ट है कि राजस्थान के एकीकरण की शुरूआत एवं समापन दोनों में पूर्वी राजस्थान की महत्वपूर्ण भूमिका रही है।

पूर्वी राजस्थान के सामाजिक जीवन में महत्वपूर्ण परिवर्तन ब्रिटिश शासन के दौरान ही हुए। अंग्रेजी सरकार ने राजनैतिक एवं आर्थिक लाभ हेतु पूर्वी राजस्थान की रियासतों में जो प्रशासनिक व्यवस्था लागू की उससे निश्चित तौर पर रूढ़िवादी सामाजिक व्यवस्था के बंधन ढीले पड़ने लगे। परन्तु जाति प्रथा, अस्पृश्यता, पर्दा प्रथा, बाल विवाह, बहु विवाह, विधवा-विवाह निषेध, मादा शिशु की हत्या का अस्तित्व बना रहा। जाति व्यवस्था ने हिन्दू समाज को कई कर्म बन्ध समूहों में विभक्त कर दिया। इस व्यवस्था में जन्म की श्रेष्ठता बनी रही न कि गुणों एवं कर्मों की। इसने न केवल प्रजातांत्रिक राज्य के विकास की प्रक्रिया को अवरूद्ध किया, अपितु अस्पृश्यता जैसी अलोकतांत्रिक व अमानवीय समस्या भी बनी रही। समाज में ब्राह्मण, क्षत्रिय एवं वैश्यों की स्थिति मजबूत थी। शूद्र कही जाने वाली जातियाँ अभी भी अपने परम्परागत व्यवसायों में ही कार्यरत थी जिससे उनकी स्थिति समाज में दयनीय थी।

अंग्रेजों द्वारा आधुनिक शिक्षा के प्रसार एवं उनकी आर्थिक नीतियों के परिणामस्वरूप प्रत्येक जाति अपने परम्परागत व्यवसाय के अतिरिक्त अन्य व्यवसाय भी अपनाने लगी। सवर्ण कही जाने वाली जातियों में व्यवसाय परिवर्तन विशेष रूप से होने लगा। उदाहरणार्थ

1921 ई0 की जनगणना रिपोर्ट के अनुसार 49 प्रतिशत ब्राह्मण पुरुष और 61.8 प्रतिशत ब्राह्मण स्त्रियों का मुख्य व्यवसाय कृषि था। मीना (मीणा), जाट, गुर्जर, माली, अहीर, मेव आदि कृषक एवं पशुपालक जातियों की व्यवसायिक स्थिति में कोई उल्लेखनीय परिवर्तन नहीं आया था। शिक्षा में रूचि पैदा होने के कारण इन जातियों का सरकारी सेवाओं में प्रवेश होने लगा परन्तु इनकी आर्थिक स्थिति अभी भी कमजोर थी।

तत्कालीन सामाजिक जीवन का नकारात्मक पहलू था सामन्तवाद। समाज में सामन्तवाद के विकास के कारण बेगार, दास प्रथा, मानव व्यापार, वैश्यावृत्ति आदि कुरीतियों को बढ़ावा मिला। अपनी शासकीय शक्ति एवं जीवन शैली को बनाये रखने के लिए तत्कालीन शासकों, सामन्तों, जागीरदार एवं जमींदारों ने कुप्रथाओं के विकास एवं अस्तित्व को बनाये रखने में महत्वपूर्ण योगदान दिया। इन कुप्रथाओं के कारण सामाजिक जीवन निम्नतम स्तर पर था। शासकों एवं सामन्तों द्वारा पाश्चात्य जीवन शैली अपनाने से बेगार प्रथा, दास प्रथा, मानव व्यापार, वैश्यावृत्ति आदि कुप्रथाओं को बढ़ावा मिला क्योंकि अब राजाओं और सामन्तों की आवश्यकताएँ निरन्तर बढ़ती रहती थी। इनकी पूर्ति के लिए वे अपनी रैय्यत का शोषण करने लगे। पुरुषों और स्त्रियों के साथ सार्वजनिक रूप से मारपीट करना, जबरन किसानों की स्त्रियों को उठा ले जाना और उनका बलात्कार करना तो आम बात थी। राजपूतों में लड़की के विवाह के समय दहेज के साथ दास-दासियाँ (गोला-गोली) देने हेतु लड़के-लड़कियों को खरीदा जाता था। रखैल के रूप में रखने के लिए तथा वैश्यावृत्ति हेतु भी लड़कियों को खरीदा जाता था, मानो वे सब मानव नहीं जानवर हो। इन कुरीतियों के खिलाफ आवाज उठाने एवं रोकथाम में मध्यम वर्ग के सामाजिक आन्दोलन के साथ-साथ अंग्रेज सरकार का भी महत्वपूर्ण योगदान रहा।

समाज में स्त्री को चाहे कितना ही उच्च स्थान दिया गया हो, उसे दुर्गा, सरस्वती, लक्ष्मी का रूप स्वीकार किया गया हो परन्तु वास्तविक स्थिति यह थी कि ब्रिटिश राज के दौरान भी समाज में सती प्रथा, कन्या वध, डायन प्रथा, वैश्यावृत्ति, बाल विवाह, बहु विवाह, पर्दा प्रथा आदि कुरीतियों के प्रचलन के कारण स्त्रियों की स्थिति दयनीय थी। ये कुप्रथाएँ धर्म, परम्परा और प्रतिष्ठा के नाम पर प्रचलित थी। सती प्रथा जैसी अमानवीय प्रथा को धार्मिक परम्परा का अंग माना जाता था। सती को महिमामण्डित करना भी आम बात थी। बहु विवाह, दास प्रथा आदि प्रतिष्ठा सूचक माना जाता था। एक से अधिक पत्नियाँ, उप-पत्नियाँ, रखैल, दासियां रखना समाज में प्रतिष्ठा का सूचक था। अहंमन्यता, कुल प्रतिष्ठा, दहेज प्रथा, गरीबी, अशिक्षा व अन्धविश्वास के कारण कन्या वध जैसी अमानवीय व क्रूर प्रथा का प्रचलन भी था।

ब्रिटिश राज के दौरान महिलाओं की दयनीय स्थिति में सुधार के लिए विभिन्न समाज सुधार आन्दोलनों के साथ समाचार पत्रों एवं अंग्रेजी शिक्षा का भी महत्वपूर्ण योगदान रहा। इससे महिलाओं की सामाजिक एवं शैक्षिक सहभागिता में भी परिवर्तन होने लगा। पश्चिमी शिक्षा से मिली चुनौती एवं पाश्चात्य सभ्यता एवं संस्कृति के प्रभाव ने समाज सुधारकों को

सचेत किया। अब भारतीय स्त्री को आदर्शवादी स्त्री तथा कर्त्तव्यपरायण गृहिणी के रूप में प्रदर्शित किया जाने लगा। उनके लिए भारतीय परिवेश में शिक्षा-दीक्षा की बात की जाने लगी। जब अंग्रेज सरकार ने सामाजिक कुरीतियों के उन्मूलन हेतु एक के बाद एक विभिन्न कानून पारित किये तो भारतीय समाज चिन्तकों को इन कुरीतियों के खिलाफ आवाज उठाने में सहायता व प्रोत्साहन मिला। कुछ प्रगतिशील व उदार देशी नरेशों ने भी अपने राज्यों में सामाजिक कुरीतियों के उन्मूलन में योगदान दिया। इन बुराइयों पर रोक लगाने में ब्रिटिश सरकार ने सकारात्मक कदम उठाया। यद्यपि इस सुधार नीति का परम्परागत भारतीय जनमानस में बहुत रोष था। फिर कम्पनी शासन के प्रभावों की समीक्षा अगर की जाय तो यह तथ्य उभरकर हमारे सामने आता है कि यहाँ का समाज अभी भी इस तरह के सामाजिक एवं सांस्कृतिक परिवर्तन के लिए तैयार नहीं था। यहाँ तक की विधवा पुनर्विवाह अधिनियम को 19वीं सदी के अन्त तक सामान्य रूप से स्वीकार नहीं किया जा सका।

विवेच्यकाल के दौरान एक तरफ ब्रिटिश सरकारी शिक्षा नीति की अंग्रेजी एवं पाश्चात्य ज्ञान-विज्ञान की भौतिकवादी धारा थी तो दूसरी तरफ 'शिक्षा धर्मेण शोभते' पर आधारित प्रतीच एवं प्राच्य के समन्वय की स्वतंत्र स्वावलम्बी शिक्षा धारा थी। 1835 ई0 के पश्चात् भौतिकवादी शिक्षा व्यवस्था ने अंग्रेजी शिक्षा की महत्ता स्थापित की तथा भारतीय युवा पीढ़ी को मानसिक दासता में जकड़ना आरम्भ किया। संक्षेपतः इसका लक्ष्य भारतीय बाबूओं को ब्रिटिश सरकारी कार्यालयों में कार्य करने के लिए प्राप्त करना था। इस प्रकार सम्मानित आजीविका अर्जन के लिए तत्कालीन समय में अंग्रेजी का ज्ञान आवश्यक था। अंग्रेजी शिक्षा के लिए जनता की बढ़ती मांग तथा देशी नरेशों द्वारा शिक्षा को प्रोत्साहन नहीं दिये जाने से भी आधुनिक अंग्रेजी स्कूल स्थापित हुए। अंग्रेजी शिक्षा को सार्वजनिक रूप प्रदान करने में ईसाई मिशनरियों का विशेष योगदान रहा।

पूर्वी राजस्थान में शिक्षा-प्रसार का कार्यक्रम गैर-सरकारी तौर पर अधिक कारगर व सफल रहा। गैर-सरकारी संस्थाओं ने अपने नियमित पंजीकृत न्यासों व सोसायटियों द्वारा तथा कुछ प्रतिष्ठित सेठ-साहूकारों ने निजी तौर पर शिक्षा के विस्तार में महत्वपूर्ण योगदान दिया। आर्य समाज एजूकेशन सोसायटी, राजस्थान शिक्षा मण्डल, वनस्थली विद्यापीठ, दिगम्बर जैन शिक्षा समिति आदि का नाम उल्लेखनीय है जिनके माध्यम से पूर्वी राजस्थान में ही नहीं अपितु समस्त राजस्थान में शिक्षा का प्रसार हुआ। इसका परिणाम यह हुआ कि देशी राजाओं ने भी बजट में शिक्षा के लिए प्रावधान किया तथा कुछ शिक्षण संस्थाओं की स्थापना भी की जिनमें महारानी कॉलेज, महाराजा कॉलेज, सेन्ट जेवियर स्कूल, अलवर का राजऋषि कॉलेज आदि प्रमुख है जो शिक्षा जगत में देशभर में आज भी प्रसिद्ध है। शिक्षा नीति का पर्यवेक्षण करने पर ज्ञात होता है कि सरकारी तौर पर शिक्षण गतिविधियों में अंग्रेजी सरकार का हस्तक्षेप नहीं था, सरकार का रूख लगभग तटस्थ ही था। आधुनिक शिक्षा एवं महिला शिक्षा के क्षेत्र में अंग्रेज सरकार का महत्वपूर्ण योगदान रहा।

पूर्वी राजस्थान की संस्कृति में उत्सवों एवं मेलों का प्रमुख स्थान है। स्थानीय उत्सव तीज और गणगौर बड़े ही उत्साह से मनाये जाते थे। इन त्यौहारों को राजघरानों द्वारा भी विशेष महत्व दिया जाता था। जयपुर के पूर्व राजघराने की इन त्यौहारों में आज भी उपस्थिति इस बात का प्रमाण है कि राजघराने भी इन त्यौहारों को विशेष महत्व एवं संरक्षण प्रदान करते थे, यह परम्परा आज भी कायम है।

तीज एवं गणगौर की सवारी देखने के लिए बड़ी संख्या में विदेशी मेहमानों की उपस्थिति इन त्यौहारों की अन्तर्राष्ट्रीय पहचान की द्योतक है। इसके अतिरिक्त सामाजिक एवं धार्मिक दृष्टि से आयोजित होने वाले विभिन्न मेले जैसे महावीरजी का मेला, ताजिया, कैलादेवी का मेला, भर्तृहरि का मेला, शीतला माता का मेला आदि हमारी सांस्कृतिक एकता के साथ-साथ धार्मिक एवं सांस्कृतिक सद्भाव एवं भाईचारे के भी प्रतीक थे। इन त्यौहारों व मेलों में स्त्री-पुरुष की बराबर भागीदारी होती थी, विशेष रूप से मेलों में मदमस्त युवक-युवतियाँ यौवन रस से लबालब हँसते-गाते भाग लेते थे। इस तरह यहाँ के स्थानीय त्यौहार एवं मेले निःसंदेह सामान्य जनमानस को एकत्रित कर पूर्वी राजस्थान की संस्कृति का जीवंत अंग बन गये।

राजस्थान के विशिष्ट भौगोलिक परिवेश में यहाँ रंगीन परिधानों व रंगों में लिपटी लोक-जीवन की छटा ही निराली है। देशी राजाओं के संरक्षण में लोक-कलाएँ निरंतर पल्लवित और विकसित होती रही। यहाँ के सांस्कृतिक जीवन की छटा लोकगीतों, लोक-नृत्यों, लोक-नाट्यों व लोक-कलाओं के माध्यम से दिग्दर्शित होती रही है। इतिहास, सामाजिक जीवन व नैतिक आदर्श लोक-जीवन की इन विधाओं के माध्यम से प्रवाहित होता रहा है। विशिष्ट स्वर, लय, ताल और भाव-भंगिमाओं में निबद्ध लोक रचनाएँ लोक-जीवन के हर्ष, विषाद, विरह-मिलन, प्रेम, उल्लास, वीरता, भक्ति, वैराग्य तथा अनेक भावों को अभिव्यक्त करती है। गणगौर के अवसर पर नृत्य के साथ-साथ 'भवंर म्हानै खेलण द्यौ गणगौर' गीत का गायन यहाँ के लोक-जीवन की प्रस्तुति का एक उपयुक्त उदाहरण है। हैला ख्याल यहाँ के लोक-जीवन की ऐसी विधा है जिसमें लोकगीत, लोक-नृत्य तथा लोक-नाट्य तीनों का अद्भुत सम्मिश्रण देखने को मिलता है। इसके अतिरिक्त विवेच्य काल में मांडणा, गोदना, सांझी, कठपुतली कला, मेंहदी-महावर, थापा आदि अलंकरण जनमानस की सांस्कृतिक आकांक्षा और आंतरिक सृजनात्मकता को अभिव्यक्त करने के अन्य माध्यम थे। ब्रिटिश उपनिवेशवादियों के आगमन से लोक-जीवन लगभग अप्रभावित ही रहा परन्तु आधुनिकता के साथ परिवर्तन अपेक्षित है। सामाजिक एवं सांस्कृतिक दृष्टि से लोक-जीवन का महत्व आज भी अक्षुण्ण बना हुआ है।

इस प्रकार उन्नीसवीं सदी के उत्तराद्र्ध एवं बीसवीं सदी के पूर्वाद्र्ध में पूर्वी राजस्थान का सम्पूर्ण अवलोकन करने के पश्चात् हम देखते हैं कि देशी रियासतों में प्रजामण्डल आन्दोलन एवं विभिन्न राजनीतिक संगठनों द्वारा चलाये गये राजनैतिक आन्दोलन के परिणामस्वरूप संवैधानिक सुधार हुए एवं उत्तरदायी शासन की स्थापना हुई। पुलिस,

प्रशासन, कानून एवं भू-राजस्व व्यवस्था में नये सुधार किये गये। सामाजिक कुप्रथाएँ जो सदियों से चली आ रही थी उनमें परिवर्तन आ रहा था। समाज-सुधार आन्दोलनों एवं ब्रिटिश सरकार के प्रयासों से स्त्री उत्थान के प्रयास किये गये। रेल, तार, डाक सेवा के विकास एवं आधुनिक शिक्षा के प्रसार से सामाजिक गतिशीलता प्रारम्भ हो गई। शिक्षा, चिकित्सा एवं विज्ञान के क्षेत्र में नवीन प्रयोग से जीवन सशक्त और सुगम हो गया। इस प्रकार पूर्वी राजस्थान में सभी क्षेत्रों में नवीन परिवर्तन हो रहे थे और ये परिवर्तन बीसवीं शताब्दी के पूर्वाद्र्ध में एक नवीन चेतना के रूप में स्पष्ट दिखाई देने लगते हैं।

सन्दर्भ ग्रन्थ सूची

- अजमेर रिकॉर्ड, कमिश्नर ऑफिस, फाइल नं0 2 (1886).
- अलवर राज्य कोन्फिडेन्शियल फाइल ग्रुप ए क्रमांक 1521, एफ0 ऑर्डिनेंस, 1933
- अलवर स्टेट न्यूज, फाइल नम्बर सी 4-ए/3, भाग 3, राजस्थान राज्य अभिलेखागार, बीकानेर
- आन0एन0 चौधरी, हरिजन इन करौली, द हिन्दुस्तान टाइम्स, 3 नवम्बर, 1933.
- आर0एन0 चौधरी, द जेनेसीस ऑफ मॉडर्न एजुकेशन इन राजस्थान, प्रोसिडिंग ऑफ द राजस्थान हिस्ट्री कांग्रेस, जोधपुर, 1967, पृ0 160.
- आर0एन0 चौधरी, हरिजन इन करौली, द हिन्दुस्तान टाइम्स, 3 नवम्बर, 1933
- आर0एल0 बत्रा, रिपोर्ट ऑन द फर्स्ट रिवाईज्ड सेटलमेंट, पृ0 12
- आर0एल0 हाण्डा, हिस्ट्री ऑफ फ्रीडम स्ट्रगल इन प्रिंसली स्टेट्स, सेन्ट्रल न्यूज एजेन्सी, नई दिल्ली, 1968, पृ0 232
- आर0एल0 हाण्डा, हिस्ट्री ऑफ फ्रीडम स्ट्रगल इन प्रिंसली स्टेट्स, सेन्ट्रल न्यूज एजेन्सी, नई दिल्ली, 1978, पृ0 79-80
- आर0एल0 हाण्डा, हिस्ट्री ऑफ फ्रीडम स्ट्रगल इन प्रिन्सली स्टेट्स, सेन्ट्रल न्यूज एजेन्सी, नई दिल्ली, 1978, पृ0 319
- आर0पी0 व्यास, आधुनिक राजस्थान का वृहत् इतिहास, भाग 2, राजस्थान हिन्दी ग्रन्थ अकादमी, जयपुर, 2007, पृ0 87.
- आर0पी0 व्यास, आधुनिक राजस्थान का वृहत् इतिहास, भाग 2, राजस्थान हिन्दी ग्रन्थ अकादमी, 2007, पृ0 403
- आर0पी0 व्यास, आधुनिक राजस्थान का वृहद् इतिहास, भाग 2, राजस्थान हिन्दी ग्रंथ अकादमी, जयपुर, 2007, पृ0 204
- आर0पी0 व्यास, सोशल चेंजेज इन राजस्थान (लेख), प्रकाशित सोशियो इकॉनोमिक हिस्ट्री ऑफ राजस्थान, पृ0 136 -37
- आर0सी0 मजूमदार (सम्पादक) ब्रिटिश पेरामाउंटेसी एण्ड इण्डियन रिर्नेसंस भाग 1, भारतीय विद्या भवन,बंबई, 1963, पृ0 967
- आर0सी0 मजूमदार, पूर्व उद्धृत, पृ0 360
- इम्पीरियल गजेटियर ऑफ इण्डिया, पूर्व उद्धृत, पृ0 258.
- इम्पीरियल गजेटियर ऑफ इण्डिया, पूर्व उद्धृत, पृ0 79-80
- इम्पीरियल गजेटियर ऑफ इण्डिया, भाग 2ए पृ0 322
- इम्पीरियल गजेटियर ऑफ इण्डिया, वॉल्यूम 11, कलेरेण्डन प्रेस, ऑक्सफोर्ड, 1908, पृ0 328

- इम्पीरियल गजेटियर ऑफ इण्डिया, वॉल्यूम 11, क्लेरेन्डन प्रेस, ऑक्सफोर्ड, 1908, पृ0 322.
- इम्पीरियल गजेटियर ऑफ इण्डिया, वॉल्यूम 15, कलेरेन्डन प्रेस, ऑक्सफोर्ड, पृ0 33
- इम्पीरियल गजेटियर ऑफ इण्डिया, वॉल्यूम 5, कलोरेण्डन प्रेस, ऑक्सफोर्ड, 1908, पृ0 265
- इम्पीरियल गजेटियर ऑफ इण्डिया, वॉल्यूम 5ए क्लेरेन्डन प्रेस, ऑक्सफोर्ड, 1908, पृ0 254.
- इम्पीरियल गजेटियर ऑफ इण्डिया, वॉल्यूम XV, कलेरेन्डन प्रेस, ऑक्सफोर्ड, 1908, पृ0 33.
- इम्पीरियल गजेटियर ऑफ इण्डिया, वॉल्यूम, कलोरेण्डन प्रेस, ऑक्सफोर्ड, 1908, पृ0 265.
- इम्पीरियल गजेटियर ऑफ ईस्टर्न राजपूताना स्टेट्स, गवर्नमेंट प्रेस, इलाहाबाद , 1906, पृ0 31.
- इम्पीरियल गजेटियर आँफ इण्डिया, वॉल्यूम 8ए क्लेरेन्डन प्रेस, ऑक्सफोर्ड, 1908, पृ0 78-79
- इरविन पेपर्सः इरविन का बिर्केनहेड के नाम पत्र, दिनांक 19 अगस्त, 1928
- उर्मिला फड़निस, टुवर्ड्स द इन्टीग्रेसन ऑफ इण्डियन स्टेट्स, (1919-1947), पृ0 15
- ए हैण्डबुक ऑफ फॉकलर, लोक संस्कृति विशेष, 2010, पृ0 65.
- ए0आर0 देसाई, सोशल बैकग्राउण्ड ऑफ इण्डियन नेशनैलिज्म, पॉपुलर प्रकाशन, मुम्बई, 1959, पृ0 224-225
- ए0एन0 सुन्दरीसनम, इण्डियन स्टेट रजिस्ट्रार एण्ड डायरेक्टरी, मद्रास, 1929, पृ0 313-14
- ए0एन0 सुन्दरीसनम्, पूर्व उद्धृत, पृ0 470.
- ए0जी0जी0 राजपूताना का पत्र पोलिटिकल सेक्रेटरी को कॉन्फिडेन्शियल नं0 24, 07 सितम्बर, 1927
- ए0जी0जी0 सर लियोनार्ड रेयनॉल्ड का भारत सरकार को पत्र, 14 मई, 1932, पत्र सं0 984/15-कॉन्फिडेन्सियल/32.
- ए0बी0 कीथ, स्पीचिज एण्ड डोकूमेन्ट्स ऑन इण्डियन पॉलिसी, (1750- 1921) मैथ्यून एण्ड कम्पनी लिमिटेड, लंदन, 1935, पृ0 383- 84
- ए0सी0 बनर्जी, द राजपूत स्टेट्स एण्ड ईस्ट इण्डिया कम्पनी, ए0 मुखोपाध्याय एण्ड फर्म, कलकत्ता, 1961, पृ0 13.
- ए0सी0 बनर्जी, लेक्चर्स ऑन राजपूत हिस्ट्री, ए0 मुखोपाध्याय एण्ड फर्म, कलकत्ता 1962, पृ0 454
- ए0सी0 बनर्जी, लेक्चर्स ऑन राजपूत हिस्ट्री, मुखर्जी एण्ड ब्रदर्स, कलकत्ता, 1966, पृ0 166

- एडमिनिस्टे[a]टिव रिपोर्ट ऑफ जयपुर स्टेट, 1947-48, पृ0 67
- एडमिनिस्टे[a]शन रिपॉर्ट ऑफ द धौलपुर स्टेट, 1933-34, पृ0 2-5
- एडवर्ड माइकल, द लास्ट ईयर ऑफ ब्रिटिश इण्डिया, केसेल एण्ड कम्पनी, लंदन, 1963, पृ0 189
- एन0आर0 खड़गावत, राजस्थानस् रोल इन द स्ट्रगल ऑफ 1857, गवर्नमेंट ऑफ राजस्थान, जयपुर, 1957, पृ0 14.
- एन0आर0 खड्गावत, राजस्थान्स रॉल इन द फ्रीडम स्ट्रगल ऑफ 1857, गवर्नमेन्ट ऑफ राजस्थान, जयपुर, 1957, पृ0 12.
- एन0एन0 मित्रा, दी इण्डियन एनुअल रजिस्टर, भाग 1, जनवरी-जून, 1947, कलकत्ता, पृ0 108
- एफ0एल0 रीड, रिपोर्ट ऑन द स्टेट ऑफ ऐजूकेशन इन दी नेटिव स्टेट्स ऑफ राजपूताना, 1905.
- एम. एल. सुखाडिया, मेवाड़ प्रजामंडल (1938-1945), नवजीवन प्रिंटिंग प्रेस, पृ. 1
- एम0एफ0 ओडार्डर: सेटलमेंट रिपोर्ट ऑफ अलवर, मार्च 1899
- एम0एल0 गुप्ता, जयपुर संभाग का जिलेवार सांस्कृतिक एवं ऐतिहासिक अध्ययन, नवभारत प्रकाशन, जोधपुर, 2008, पृ0 144.
- एम0एल0 गुप्ता, भरतपुर संभाग का सांस्कृतिक एवं ऐतिहासिक अध्ययन, नवभारत प्रकाशन, जोधपुर, 2008, पृ0 49.
- एम0एल0 शर्मा, हिस्टी[a] ऑफ जयपुर स्टेट, पृ0 137-38.
- एम0एल0 शर्मा, हिस्ट्री ऑफ द जयपुर स्टेट, पृ0 264-269.
- एम0एस0 जैन, आधुनिक राजस्थान का इतिहास, पंचशील प्रकाशन, जयपुर, 1989, पृ0 373
- एम0एस0 जैन, आधुनिक राजस्थान का इतिहास, पंचशील प्रकाशन, जयपुर, 1989,पृ0 225
- एम0एस0 जैन, आधुनिक राजस्थान का इतिहास, पंचशील प्रकाशन, जयपुर, 1995, पृ0 45-46.
- एम0एस0 जैन, आधुनिक राजस्थान का इतिहास, पंचशील प्रकाशन, जयपुर, 1995, पृ0 168-70
- एम0जे0 सहाय, द हिस्ट्री ऑफ भरतपुर, मून प्रेस, आगरा, 1912, पृ0 27
- एम0जे0 सहाय, दी लॉयल राजपूताना, दी इण्डियन प्रेस, इलाहाबाद, 1902, पृ0 196.
- एल0एन0 सरीन, फ्रीडम एण्ड आफ्टर, आत्माराम एण्ड सन्स, दिल्ली, 1967, पृ0 09
- एस0एन0 सेन, एटिन फिफ्टी सेवेन, मिनिस्ट्री ऑफ इन्फॉर्मेशन एण्ड ब्रॉडकास्टिंग, नई दिल्ली, 1958, पृ0 309.
- एस0एल0 नागौरी, अलवर राज्य का इतिहास, चिन्मय प्रकाशन, जयपुर, 1988, पृ0

49.

- एस0एल0 नागौरी, राजस्थान का सांस्कृतिक इतिहास, मलिक एण्ड कम्पनी, जयपुर, 2010, पृ0 49
- एस0एल0 नागौरी, राजस्थान का सांस्कृतिक इतिहास, मलिक एण्ड कम्पनी, जयपुर, 2010, पृ0 88.
- एस0बी0 चौधरी, सिविल रेबेलियन इन इण्डियन म्यूटिनी (1857-59), कलकत्ता, 1957, पृ0 140.
- ओ0पी0 सारस्वत, स्वतंत्रता संग्राम और राजस्थान (1857-1956), राजस्थान स्वर्ण जयंती समारोह समिति, जयपुर, 2011, पृ0 144-145
- ओ0पी0 सारस्वत, स्वतन्त्रता संग्राम और राजस्थान (1857-1956), राजस्थान स्वर्ण जयन्ति समारोह समिति, जयपुर, 2011, पृ0 11.
- करणीसिंह, बीकानेर के राजघराने का केन्द्रीय सत्ता से सम्बन्ध (1465-1949). पृ0 275-77
- करणीसिंह, बीकानेर राजघराने का केन्द्रीय सत्ता से सम्बन्ध, (1465-1949), पृ0 373-74
- करौली राज्य का संविधान, 1945, अनुच्छेद 4 (अ)
- करौली राज्य का संविधान, 1945, पृ0 13
- कर्नल जेम्स टॉड, एनाल्स एण्ड एन्टीक्वीटिज ऑफ राजस्थान, भाग1, ऑक्सफोर्ड यूनीवर्सिटी प्रेस, लंदन, 1960, पृ0 505
- कर्नल सदरलैंड रिपोर्ट, 7 अगस्त, 1947.
- कर्नल सदरलैण्ड रिपोर्ट, 7 अगस्त, 1947
- कालूराम शर्मा, उन्नीसवीं सदी के राजस्थान का सामाजिक एवं आर्थिक इतिहास, पंचशील प्रकाशन, जयपुर, 2005, पृ0 109
- किशन सिंह, एलिगेशन अगेन्सट् भरतपुर (1925-27) एण्ड अदर रिलेवेन्ट मेटर्स, इण्डियन प्रेस, इलाहाबाद, पृ0 587.
- किशन सिंह, एलिगेशन अगेन्स्ट भरतपुर (1925-27) एण्ड अदर रेलिवेन्ट मेटर्स, इण्डियन प्रेस, इलाहाबाद, 1928, पृ0 1017
- किशन सिंह, पूर्व उद्धृत, पृ0 587-88
- के0एम0 पन्निकर, एन इन्ट्रोडक्शन टू द स्टडी ऑफ द रिलेशन्स ऑफ इण्डियन स्टेट्स विद द गवर्नमेंट ऑफ इण्डिया, मार्टिन हॉपकिन सन एण्ड कम्पनी लिमिटेड, लंदन, 1927, पृ0 111
- के0एम0 मुन्शी का पत्र- पिलग्रिमिज टू फ्रीडम, जि. 1, पृ0 481
- के0एस0 सक्सेना, द पॉलिटिकल मूवमेन्ट्स एण्ड अवेकनिंग इन राजस्थान (1857-1947), एस0 चन्द एण्ड कम्पनी, नई दिल्ली, 1972, पृ0 188-89.
- के0एस0 सक्सेना, द पोलिटिकल मूवमेंट एण्ड अवेकनिंग इन राजस्थान

(1857-1947) एस0 चन्द एण्ड कम्पनी, नई दिल्ली, 1972, पृ0 189

- के0एस0 सक्सेना, दी पॉलिटिकल मूवमेंट एण्ड अवैकनिंग इन राजस्थान (1857-1947), एस0 चन्द एण्ड कम्पनी, नई दिल्ली, 1972, पृ0 188.
- के0सी0 माथुर, राजस्थान में स्वतंत्रता संग्राम एवं सांस्कृतिक परम्परा, पृ0 168.
- केशव ठाकुर, कर्नल टॉड कृत राजस्थान का इतिहास, भाग1, साहित्यागार, जयपुर, 2008, पृ0 81.
- कॉनस्टिट्यूशनल रिफॉमर्स इन अलवर स्टेट, फाइल नम्बर, 113, पृ0 46, राजस्थान राज्य अभिलेखागार, बीकानेर
- कॉनस्टिट्यूशनल रिफॉमर्स इन अलवर स्टेट, फाइल नम्बर, 114, पृ0 46, राजस्थान राज्य अभिलेखागार, बीकानेर
- गोपीनाथ शर्मा, आधुनिक राजस्थान का इतिहास, ग्रन्थ भारती, जयपुर, 1994, पृ. 207
- जगदीश सिंह गहलोत, कछवाहों का इतिहास, राजस्थानी ग्रन्थागार, जोधपुर, 1966, पृ0 251.
- जगन्नाथ प्रसाद मिश्र, आधुनिक भारत का इतिहास, पृ0 556.
- जदूनाथ सरकार, ए हिस्ट्री ऑफ जयपुर, ऑरियंट ब्लैकस्वॉन, नई दिल्ली, 2009, पृ0 351.
- जदूनाथ सरकार, ए हिस्ट्री ऑफ जयपुर, ओरियंट ब्लैकस्वॉन प्राइवेट लिमिटेड, नई दिल्ली, 2013, पृ0 170
- जमनालाल बजाज का घनश्यामदास बिड़ला को दिनांक 17 अप्रैल, 1940 का पत्र
- जयपुर प्रजामण्डल बस्ता नं0 24, फाइल नं0 10, पृ0 71
- जयपुर राज्य एडमिनिस्टे[a]टिव रिपोर्ट, 1942-43, पृ0 108
- जयपुर रिकॉडर्स, ए0जी0जी0 राजपूताना का पत्र पोलिटिकल सेक्रेटरी को, 7 सितम्बर, 1927, फाइल नं0 673 पी, 1927
- जयपुर स्टेट गवर्नमेंट गजट, दिनांक 1 जनवरी, 1940
- जयसिंह नीरज, राजस्थान की सांस्कृतिक परम्परा, राजस्थान हिन्दी ग्रन्थ अकादमी, जयपुर, 2007, पृ0 149-150
- जी0 एन्डरसन, ब्रिटिश एडमिनिस्ट्रेशन इन इण्डिया, मैकमिलन एण्ड कम्पनी लिमिटेड, लंदन, 1917, पृ0 10
- जी0एच0 ओझा, उदयपुर राज्य का इतिहास, भाग2, वैदिक यंत्रालय, अजमेर, 1931, पृ0 850
- जी0एच0 ट्रेवोर, ए चेप्टर ऑफ इण्डियन म्युटिनी- राजपूताना (1857-1956), स्पोट्सवुड एण्ड कम्पनी, लंदन, 1905, पृ0 02.
- जी0एन0 शर्मा, आधुनिक राजस्थान का इतिहास, ग्रंथ भारती, जयपुर, 1994, पृ0 258.
- जी0एन0 शर्मा, आधुनिक राजस्थान का इतिहास, ग्रन्थ भारती, जयपुर, 1994, पृ0

249

- जी0एन0 शर्मा, राजस्थान का इतिहास, शिवलाल अग्रवाल एण्ड कम्पनी, आगरा, 1995, पृ0 2.
- जी0एन0 शर्मा, राजस्थान का सांस्कृतिक इतिहास, राजस्थान हिन्दी ग्रन्थ अकादमी, जयपुर, 2010, पृ0 70.
- जी0एन0 शर्मा, राजस्थान का स्वतंत्रता संग्राम का इतिहास, राजस्थान हिन्दी ग्रन्थ अकादमी, जयपुर, 1998, पृ0 398-99
- जी0एन0 शर्मा, सोशल लाइफ इन मेडिवल राजस्थान, लक्ष्मीनारायण अग्रवाल, आगरा, 1968, पृ0 99-101
- जी0एन0 शर्मा, सोशल लाइफ इन मेडिवल राजस्थान, लक्ष्मीनारायण अग्रवाल, आगरा, 1968, पृ0 167.
- जी0एन0 सिंह, इंडियन स्टेट्स एण्ड ब्रिटिश इण्डिया देअर फ्यूचर रिलेशन्स, नंद किशोर एण्ड ब्रदर्श, बनारस, 1930, पृ0 28.
- जी0सी0 वर्मा, हिस्ट्री ऑफ एजूकेशन इन राजस्थान, वॉल्यूम प्रथम, पृ0 57-60.
- जेम्स टॉड, अनाल्स एण्ड एन्टीक्विटीज ऑफ राजस्थान, श्याम प्रकाशन, जयपुर, 2004, पृ0 138.
- डब्लू रॉ, फाइनल रिपोर्ट ऑन द फर्स्ट सेटलमेंट ऑफ करौली स्टेट, 1909-1912, पृ0 34
- डब्ल्यू रॉ, फाइनल रिपोर्ट ऑफ द फर्स्ट सैट्लमेंट ऑफ करौली स्टेट, 1909-12, पृ0 01.
- डी0डी0 गौड़, कॉस्टीट्यूशनल डवलपमेंट ऑफ ईस्टर्न राजपूताना स्टेट्स, ऊषा पब्लिशिंग हाऊस, जयपुर, 1978, पृ0 7-10
- डी0डी0 गौड़, कॉनस्टीट्यूशनल डवलपमेंट और ईस्टर्न राजपूताना स्टेट्स, ऊषा पब्लिशिंग हाऊस, कलकत्ता, 1970, पृ0 76-79.
- डी0डी0 गौड़, कॉन्स्टिट्यूशनल डवलपमेंट ऑफ ईस्टर्न राजपूताना स्टेट्स, ऊषा पब्लिशिंग हाऊस, जयपुर, 1978, पृ0 132-33
- डी0डी0 गौड़, कॉन्स्टीट्यूशनल डेवलपमेंट ऑफ ईस्टर्न राजपूताना स्टेट्स, ऊषा पब्लिशिंग हाऊस, जयपुर, 1978, पृ0 199-200
- तरूण राजस्थान, 6 अगस्त, 1928
- त्यागभूमि, दिनांक 6 मई, 1931 और 8 मई, 1931
- द अलवर स्टेट एडमिनिस्टे[a]शन रिपोर्ट, 1945-46, पृ0 27
- द अलवर स्टेट गजट एक्सट्राऑर्डनरी, 15 मई, 1928
- द अलवर स्टेट गजेटियर (एक्स्ट्राऑर्डिनरी), 15 मई, 1928
- द इम्पीरियल गजेटियर ऑफ ईस्टर्न राजपूताना स्टेट्स, इलाहाबाद राजकीय प्रेस, 1906, पृ0 31-32

- द गजेटियर ऑफ इण्डिया, इण्डियन यूनियन, भाग1, कन्ट्री एण्ड पिपुल, दिल्ली, मिनिस्ट्री ऑफ आई0बी0, 1965, पृ0 541
- द जयपुर गजट (एक्स्ट्राऑर्डिनरी), 26 अक्टूबर, 1942, पृ0 10-11
- द बॉम्बे क्रोनिकल, 3 नवम्बर, 1936
- द राजपूताना गजेटियर वॉल्यूम 1, कलकत्ता, 1879, पृ0 155
- द राजपूताना गजेटियर, भाग 1, कलकत्ता, 1879, पृ0 251
- द राजपूताना गजेटियर, भाग3 ए, पायोनियर प्रेस, इलाहाबाद, 1909, पृ0 88-89
- द राजपूताना गजेटियर, वॉल्यूम 1ए कलकत्ता, 1879, पृ0 144.
- द राजपूताना गजेटियर, वॉल्यूम प्रथम, कलकत्ता, 1879 पृ0 148-149.
- द लीडर, 8 अगस्त, 1933, एजूकेशन इन धौलपुर-बृज मोहन लाल जुत्शी, धौलपुर न्यूज फाइल नं0 CA/D-5.
- द हिन्दुस्तान टाइम्स, 1 मार्च, 1948
- द हिन्दुस्तान टाइम्स, 16 जुलाई, 1933
- द हिन्दुस्तान टाइम्स, 17 मार्च, 1948
- द हिन्दुस्तान टाइम्स, 20 अगस्त, 1940
- द हिन्दुस्तान टाइम्स, 8 जून, 1948.
- द हिन्दुस्तान टाइम्स, दिल्ली, 15 जुलाई, 1947
- द हिन्दुस्तान टाईम्स, 6 मई, 1944
- दस्तरी रेकॉड्र्स फाइल नं0 15, वि0सं0 1882
- दस्तूर कौमवार, 1757 ई0, हकीकत बही, वि0सं0 1833.
- दस्तूर कौमवार, भाग 25, पत्र 701; हकीकत बही, 1766, 1767, 1774 ई0.
- देवस्थान फाइल, 18वीं सदी.
- धौलपुर प्रजामण्डल संबंधी पत्र, 1935, पृ0 15
- धौलपुर स्टेट सर्विस एपोइण्टमेन्ट रूल्स, 1941, पृ0 3
- धौलपुर स्टेट, फाईल नम्बर 101, 1930, आर0जी0ए0 (धौलपुर स्टेट परिषद की कार्यप्रणाली, शक्तियां व गठन)
- [1]धौलपुर स्टेट, फाईल नम्बर 11, 1946-47, आर0जी0ए0 (निजी सचिव का न्यायिक सचिव को पत्र) क्रमांक 160, 16 मार्च, 1947
- धौलपुर स्टेट, फाईल नम्बर 174, जनवरी, 1947, आर0जी0ए0 (भू-राजस्व व्यवस्था की जाँच के संबंध में पोलिटिकल एजेन्ट के पत्र का प्रति उत्तर)
- नैणसी री ख्यात, पत्र 28.
- पी. डब्ल्यू पाऊलेट, गजेटियर ऑफ़ अलवा, पृ. 242
- पी0 डब्ल्यू0, पाऊलेट, गजेटियर ऑफ अलवर, 1988, पृ0 68.
- पी0एल0 चूड़गर, प्रिंसेज अंडर द ब्रिटिश प्रोटेक्शन, विलियम एण्ड नॉरगेट लिमिटेड,

लंदन, 1929, पृ0 87.

- पी0एस0 चौधरी, पूर्व उद्धृत, पृ0 24-28
- पी0एस0 चौधरी, राजस्थान बिटवीन द टू वर्ल्ड वॉरस्, पृ0 40-44
- पी0डी0 मित्तल, ब्रज का सांस्कृतिक इतिहास, राजकमल प्रकाशन, दिल्ली, 1966, पृ0 240
- पी0वी0 पॉवलेट, गजेटियर ऑफ अलवर, पृ0 242.
- पी0सी0 गोस्वामी, पूर्व उद्धृत, पृ0 175.
- पॉलिटिकल एजेंट्स लेटर ऑफ जनवरी 18, 1947.
- प्रकाश व्यास, राजस्थान का सामाजिक इतिहास, पंचशील प्रकाशन, जयपुर, 2001, पृ0 70-71
- प्रकाश व्यास, राजस्थान का सामाजिक इतिहास, पंचशील प्रकाशन, जयपुर, 2001, पृ0 198.
- प्रजामण्डल फाइल करौली नं0 1-2, पृ0 19
- प्रेमचन्द गोस्वामी, पूर्व उद्धृत, पृ0 166.
- प्रेमचन्द गोस्वामी, राजस्थानः संस्कृति, कला एवं साहित्य, राजस्थान हिन्दी ग्रन्थ अकादमी, जयपुर, 2016, पृ0 165.
- फतहसिंह, ए ब्रीफ हिस्ट्री ऑफ जयपुर स्टेट, पृ0 197-210
- फाइल नं0 11 (17) पृ0 47, भरतपुर अफेयर्स, आर0जी0ए0. (गृहमंत्री, भारत सरकार का भरतपुर महाराजा को पत्र)
- फाइल नं0 134 (2) पोलिटिकल 1924, एफ0पी0 (21 अ)
- फाइल नं0 17/पी0एल0/48, आर0जी0ए0 (चीफ मिनिस्टर एवं एडमिनिस्ट्रेटर की गोपनीय रिपोर्ट)
- फाइल नं0 5, द जयपुर गजट एक्स्ट्राऑर्डिनरी पब्लिश्ड बाय ऑथोरिटी रजिस्टर नं0 93, 44, 20, 2 सितम्बर, 1927, नोटिफिकेशन नं0 9270, नेहरू मेमोरियल लाइब्रेरी, नई दिल्ली
- फाइल नं0 जी0ए0-प्/33/48 मत्स्य संघ, आर0जी0ए0
- फाइल नं0 सी0बी0/बी0एन0 5/37 (पेपर रिगार्डिंग किसान सभा अगेन्स्ट मर्जर इन्टू मत्स्य यूनियन, आर0जी0ए0)
- फाइल नं0प्ए0डी0/48-प्, भरतपुर अफेयर्स, आर0जी0ए0
- फाईल नं0 22/पी0एल0/48, अलवर राज्य, आर0जी0ए0 (1 दिसम्बर, 1948 को समाप्त हुए सप्ताह की भरतपुर जिले की कानून व्यवस्था की रिपोर्ट)
- फाईल नं0 43/3 (पार्ट-1) 33, पॉलिटिकल डिपार्टमेन्ट, नेशनल आर्काइव्ज ऑफ इण्डिया, नई दिल्ली.
- फाईल नं0 सी0बी0/बी0एन0 5/37 (भरतपुर के प्रशासक एस0एन0 सपुर का मत्स्य संघ, अलवर के प्रशासक के0बी0एल0 सेठ को डी0ओ0 लेटर), आर0जी0ए0

- फाईल नं0 सी0बी0/बी0एन0 5/37, किसान सभा संबंधी पत्रावली, आर0जी0ए0
- बांकीदास री ख्यात, पत्र 361, हकीकत बही, वि0सं0 1833.
- बिपिन चन्द्र, भारत का स्वतंत्रता संघर्ष, हिन्दी माध्यम कार्यान्वय निदेशालय, दिल्ली विश्वविद्यालय, 2011, पृ0 56-57
- बी0एल0 ग्रोवर, आधुनिक भारत का इतिहास, एस0 चन्द एण्ड कम्पनी लि0, नई दिल्ली, 2012, पृ0 176
- बी0एल0 पानगड़िया, राजस्थान का स्वतंत्ाता संग्राम, राजस्थान हिन्दी ग्रन्थ अकादमी, जयपुर, 1985, पृ0 40-41
- बी0एल0 पानगड़िया, राजस्थान में स्वतन्त्रता संग्राम, राजस्थान हिन्दी ग्रन्थ अकादमी, जयपुर, 1985, पृ0 100
- बी0के0 शर्मा, राजस्थान में किसान एवं आदिवासी आन्दोलन, राजस्थान हिन्दी ग्रंथ अकादमी, जयपुर, 2011, पृ0 210-11
- बी0जी0 गोखले, ऐनशिएण्ट इण्डियाः हिस्ट्री एण्ड कल्चर, एशिया पब्लिशिंग हाऊस, बॉम्बे, 1952, पृ0 134
- बी0पी0 शर्मा का आलेख 'लोकगीत', राजस्थान की सांस्कृतिक परम्परा, संपादक जय सिंह नीरज, पृ0 118.
- बॉम्बे क्रॉनिकल, 25 मार्च, 1931
- भरतपुर कॉन्फिडेन्शियल बस्ता नं0 8, क्रमांक 127, पृ0 237
- भरतपुर ज्यूडिसियल सरक्यूलर, नम्बर 1, 1932, पृ0 2
- भरतपुर प्रजामण्डल फाइल नं0 28, क्रमांक 30, पृ0 2
- भरतपुर प्रजामण्डल फाइल नं0 9, क्रमांक 10, पृ0 75
- भरतपुर राजपत्र, वॉल्यूम 30, 25 दिसम्बर, 1939
- भरतपुर राज्य एडमिनिस्टेªटिव रिपोर्ट, 1940-41, पृ0 7
- भरतपुर राज्य कॉन्फिडेन्शियल बस्ता नं0 1, फाइल नं0 1, पृ0 1
- भरतपुर राज्य कॉन्फिडेन्शियल बस्ता नं0 3, क्रमांक 22, पृ0 29
- भरतपुर राज्य कॉन्फिडेन्शियल बस्ता नं0 7, क्रमांक 117,
- भरतपुर स्टेट कौन्सिल रिजोल्यूशन, नं0 1074, 9 अक्टूबर, 1934
- भारतीय राज्यों में संवैधानिक तथा प्रशासनिक सुधार-पीरियोडिकल इन्फॉर्मेशन सिक्रेट मिमो नम्बर 517/एल0एन0, भरतपुर दीवान टू ब्रिटिश पोलिटिकल एजेन्ट, 30 अक्टूबर, 1946
- भारतीय राष्ट्रीय कांग्रेस के 55 वे अधिवेशन के अवसर पर जारी, जयपुरः इट्स हिस्ट्री, रुलर्स एण्ड फैक्ट्स अपटू द ईयर 1948, लॉव् प्राइस पब्लिकेशन, दिल्ली, 2002, पृ0 28
- भारतीय रियासतों के बारे में श्वेत पत्र, मिनिस्ट्री ऑफ स्टेट्स, भारत सरकार, नई दिल्ली, 1950, पृ0 33

- भारतीय रियासतों पर श्वेत पत्र, पूर्व उद्धृत, पृ0 158-159
- भारतीय रियासतों पर श्वेत पत्र, मिनिस्ट्री ऑफ स्टेट्स, भारत सरकार, नई दिल्ली, 1950, पृ0 161-162
- मत्स्य संघ की संविदा का अनुच्छेद-प्ग्ध्2
- मत्स्य संघ की संविदा की अनुसूची-प्
- महेन्द्र भाणावत, लोकनाट्य परम्परा और प्रवृत्तियाँ, पृ0 5-6.
- मेवाड़ प्रजामण्डल पत्रिका, 15 मार्च, 1948
- मोरीसन का लॉरेंस को पत्र दिनांक, 14 फरवरी, 1857.
- रघुबीर सिंह, इण्यिन स्टेट्स एण्ड द नीऊ रेजिम, पृ0 34
- रघुवीर सिंह, पूर्व आधुनिक राजस्थान, राजस्थान विश्वविद्यापीठ, उदयपुर, 1951, पृ0 235-36.
- रघुवीर सिंह, पूर्व आधुनिक राजस्थान, राजस्थान विश्वविद्यापीठ, उदयपुर, 1951, पृ0 322
- राजपूताना एजेन्सी रिकॉर्ड (जयपुर ब्रांच) 1857-58 नं0 1 मिलीटरी, पृ0 4 (बाद में इसे 1857-58 की रिपोर्ट कहकर ही लिखा गया है।)
- राजपूताना पाक्षिक रिपोर्ट, अक्टूबर, 1943
- राजपूताना मध्य भारत सभा का वार्षिक विवरण, 1924, पृ0 1
- राजपूताना राज्य कॉन्फिडेन्शियल पाक्षिक रिपोर्ट, जून, 1944, पृ0 57
- राजस्थान की राजनीतिक स्थिति की पाक्षिक रिपोर्ट, 1927, फाइल नं0 421 पी0, 1927, एफ0पी0 (21 अ)
- राजस्थान डिस्ट्रिक्ट गजेटियर, भरतपुर, पृ0 20-21
- राजस्थान डिस्ट्रिक्ट गजेटियर, भरतपुर, पृ0 276
- राजस्थान राज्य अभिलेखागार (बीकानेर रिकॉडर्स), रेजीडेन्सी फाइल नं. 4 'ब' (1883-94)
- रामधारी सिंह दिनकर, पूर्व उद्धृत, पृ0 406-407.
- रामधारी सिंह दिनकर, संस्कृति के चार अध्याय, लोक भारती प्रकाशन, इलाहाबाद, 2015, पृ0 407
- रामनारायण चौधरी, बीसवीं सदी का राजस्थान, कृष्णा ब्रदर्स, अजमेर, 1980, पृ0 44
- रामनारायण चौधरी, राजपूताना टूडे: मॉडर्न रिव्यू, कलकत्ता, दिसम्बर, 1928
- रामनारायण चौधरी, वर्तमान राजस्थान, कृष्णा ब्रदर्स, अजमेर, 1975, पृ0 130-132
- रामलखन शुक्ल, आधुनिक भारत का इतिहास, हिन्दी माध्यम कार्यान्वय निदेशालय, दिल्ली विश्वविद्यालय, 2010, पृ0 354.
- रिपॉर्ट ऑन द एडमिनिस्ट्रेशन ऑफ अलवर स्टेट, 1945-46, पृ0 117.
- रिपॉर्ट ऑन द पॉलिटिकल एडमिनिस्टे[a]शन ऑफ राजपूताना स्टेट्स, 1898-99, पृ0 67
- रिपोर्ट ऑन द एडमिनिस्टे[a]शन ऑफ अलवर स्टेट, 1917-18, पृ0 36

- रिपोर्ट ऑन द एडमिनिस्टेªशन ऑफ करौली स्टेट, 1917-18, पृ0 02
- रिपोर्ट ऑन द एडमिनिस्ट्रेशन ऑफ अलवर स्टेट, 1894, पृ0 5
- रिपोर्ट ऑन द एडमिनिस्ट्रेशन ऑफ अलवर स्टेट, 1895-96, पृ0 36
- रिपोर्ट ऑन द एडमिनिस्ट्रेशन ऑफ अलवर स्टेट, 1895-96, पृ0 36
- रिपोर्ट ऑन द एडमिनिस्ट्रेशन ऑफ अलवर स्टेट, 1945-46, पृ0 102-103
- रिपोर्ट ऑन द एडमिनिस्ट्रेशन ऑफ अलवर स्टेट, 1945-46, पृ0 177-180.
- रिपोर्ट ऑन द एडमिनिस्ट्रेशन ऑफ करौली स्टेट, 1894-95, पृ0 29.
- रिपोर्ट ऑन द एडमिनिस्ट्रेशन ऑफ करौली स्टेट, 1906-07, पृ0 01
- रिपोर्ट ऑन द एडमिनिस्ट्रेशन ऑफ करौली स्टेट, 1932-33, पृ0 03
- रिपोर्ट ऑन द एडमिनिस्ट्रेशन ऑफ करौली स्टेट, 1932-33, पृ0 3
- रिपोर्ट ऑन द एडमिनिस्ट्रेशन ऑफ करौली स्टेट, 1939-40, पृ0 59-60
- रिपोर्ट ऑन द एडमिनिस्ट्रेशन ऑफ करौली स्टेट, पूर्व उद्धृत, पृ0 8
- रिपोर्ट ऑन द एडमिनिस्ट्रेशन ऑफ जयपुर स्टेट, 1939-40, पृ0 71-72
- रिपोर्ट ऑन द एडमिनिस्ट्रेशन ऑफ जोधपुर स्टेट, 1884-85, पृ0 14.
- रिपोर्ट ऑन द एडमिनिस्ट्रेशन ऑफ धौलपुर स्टेट, 1913-14, पृ0 12-13
- रिपोर्ट ऑन द एडमिनिस्ट्रेशन ऑफ धौलपुर स्टेट, 1942-43, पृ0 23-24
- रिपोर्ट ऑन द एडमिनिस्ट्रेशन ऑफ धौलपुर स्टेट, 1942-43, पृ0 9
- रिपोर्ट ऑन द एडमिनिस्ट्रेशन ऑफ धौलपुर स्टेट, पूर्व उद्धृत, पृ0 22
- रिपोर्ट ऑन द एडमिनिस्ट्रेशन ऑफ भरतपुर स्टेट, 1911-12, पृ0 44-45.
- रिपोर्ट ऑन द एडमिनिस्ट्रेशन ऑफ भरतपुर स्टेट, 1938-39, पृ0 4
- रिपोर्ट ऑन द एडमिनिस्ट्रेशन ऑफ भरतपुर स्टेट, 1941-42, पृ0 35
- रिपोर्ट ऑन द एडमिनिस्ट्रेशन ऑफ भरतपुर स्टेट, 1942-43, पृ0 2
- रिपोर्ट ऑन द एडमिनिस्ट्रेशन ऑफ राजस्थान, 1865-67 भाग-1, पृ. 13
- रिपोर्ट ऑन द एडमिनिस्ट्रेशन ऑफ राजस्थान, 1867-68, पृ0 18
- रिपोर्ट ऑन द एडमिनिस्ट्रेशन ऑफ राजस्थान, 1868-69, पृ0 77
- रिपोर्ट ऑन द एडमिनिस्ट्रेशन ऑफ राजस्थान, 1869-70, पृ0 25
- रिपोर्ट ऑन द एडिमिनिस्ट्रेशन ऑफ जयपुर स्टेट, 1925-26, पृ0 11.
- रिपोर्ट ऑन द पोलिटिकल एडमिनिस्ट्रेशन ऑफ भरतपुर स्टेट, 1944-45, पृ0 4
- रिपोर्ट ऑन द पोलिटिकल एडमिनिस्ट्रेशन ऑफ राजपूताना स्टेट्स, 1870-71, पृ0 182-83
- रिपोर्ट ऑन द पोलिटिकल एडमिनिस्ट्रेशन ऑफ राजपूताना स्टेट्स, पूर्व उद्धृत, पृ0 159-160
- रिपोर्ट ऑन दी इंडियन स्टेट्स कमेटी, 1928-29, पृ0 20-21
- रिपोर्ट ऑन पॉलिटिकल एडमिनिशट्रेशन ऑफ राजपूताना स्टेट्स, 1873-74, कलकत्ता,

पृ0 153.

- रिपोर्ट ऑफ दी सेन्सस ऑफ, 1891, भाग2, दी कास्ट ऑफ मारवाड़, जोधपुर, 1894, पृ0 181
- रोसिता फॉर्बस्, इण्डिया ऑफ द प्रिन्सेज, द बुक क्लब, लंदन, 1939, पृ0 81
- लक्ष्मी कुमारी चूंडावत, सांस्कृतिक राजस्थान, पृ0 88-89.
- विनसेन्ट स्मिथ, द ऑक्सफोर्ड हिस्ट्री ऑफ इण्डिया, 1961, पृ0 454
- विनीता परिहार, राजस्थान में प्रजामण्डल आन्दोलन, राजस्थान हिन्दी ग्रन्थ अकादमी, जयपुर, 2010, पृ0 30
- विनीता परिहार, राजस्थान में प्रजामण्डल आन्दोलन, राजस्थान हिन्दी ग्रन्थ अकादमी, जयपुर, 2010, पृ0 11-12.
- विश्वेश्वरनाथ रेऊ, पूर्व उद्धृत, पृ0 523-25
- विश्वेश्वरनाथ रेऊ, मारवाड़ का इतिहास, भाग2, गवर्नमेंट प्रेस, जोधपुर, 1940, पृ0 504
- वी0पी0 मेनन, द स्टोरी ऑफ द इन्टीग्रेशन ऑफ इण्डियन स्टेट्स, ऑरियन्ट लौगंमैन, लन्दन, 1956, पृ0 75-76
- वी0पी0 मेनन, दी ट्रान्सफर ऑफ दी पॉवर इन इण्डिया, ऑरियन्ट लौगंमैन, कलकत्ता, 1957, पृ0 416
- व्हाइट पेपर ऑन इण्डियन स्टेट्स, गवर्नमेन्ट ऑफ इण्डिया, मिनिस्ट्री ऑफ स्टेट्स, नई दिल्ली, 1950 पृ0 59-60
- श्यामलदास, वीर विनोद, पृ0 1330.
- श्यामलदास, वीर विनोद, भाग 1, पृ0 120.
- सती स्तंभ, चित्तौड़, रणथम्भौर आदि, वि0सं0 1500-1800
- सर टी0 रिले, लॉर्ड कर्जन इन इण्डियाः ए सलेक्शन फ्रॉम हिज स्पीचेज (1898-1905), पृ0 226
- सरदार पटेलस् कोरस्पोन्डेन्स, जिल्द 7, पृ0 422-28
- सरदार रणबीर सिंह, धौलपुर स्टेट एण्ड इट्स रूलर्स, नेशनल प्रेस, दिल्ली, पृ0 4.
- सरदार रणवीर सिंह, धौलपुर स्टेट एंड इट्स रूलर्स, नेशनल प्रेस, दिल्ली, पृ. 7
- साक्षात्कार- कल्याणी देवी, राजगढ़, अलवर.
- साक्षात्कार- धन्नी देवी, श्योपुर, जयपुर.
- साक्षात्कार- पारा देवी, महवा, दौसा.
- साक्षात्कार- शान्ती, दीपपुरा, करौली.
- साक्षात्कार- श्रीनारायण सीहरा, दौसा.
- साक्षात्कार- सुनीता, नदबई, भरतपुर.
- साक्षात्कार- सुशील, गंगापुर सिटी.
- सी0यू0 एचिसन, ए कलेक्शन ऑफ ट्रीटीज एंगेजमेन्ट्स एण्ड सनद्स, भाग 3,

सुपरइन्टेनडेन्ट गवर्नमेंट प्रिंटिंग इण्डिया, कलकत्ता, 1932, पृ0 104.

- सी0यू0 एचिसन, ए कलेक्शन ऑफ ट्रीटीज, इन्गेजमेन्ट्स एण्ड सनद्स, वॉल्यूम तृतीय, कलकत्ता, 1932, पृ0 23.
- सुमनेश जोशी, राजस्थान में स्वतंत्रता संग्राम के सेनानी, ग्रन्थागार, जयपुर, 1973, पृ0 528
- सेन्सस ऑफ इण्डिया, 1911, जिल्द XXII राजपूताना, भाग1, पृ0 126-140
- सेन्सस ऑफ इण्डिया, 1921, जिल्द XXIV राजपूताना, भाग 1, पृ0 229-30, और 236
- हिन्दुस्तान टाइम्स, 5 मार्च, 1948
- हिन्दुस्तान टाइम्स, दिल्ली, 6 अक्टूबर, 1946
- हीरालाल शास्त्री, कलेक्शन पेपर्स रिगार्डिंग स्ट्राइक इन जयपुर सिटी (1927-28), फाइल नं0 5, पृ0 1, नेहरू मेमोरियल लाइब्रेरी, नई दिल्ली
- हुकुमचन्द जैन, नारायण लाल माली, राजस्थान का इतिहास, कला, संस्कृति, साहित्य, पररम्परा एवं विरासत, राजस्थान हिन्दी ग्रन्थ अकादमी, जयपुर, 2017, पृ0 229.

www.ingramcontent.com/pod-product-compliance
Ingram Content Group UK Ltd.
Pitfield, Milton Keynes, MK11 3LW, UK
UKHW041638190726
13854UKWH00006B/2556

9 798890 660121